大学语文

主　编　史健男

副主编　赵洪义　韩美娜

编　委（排名不分先后）

郑玲玲　孙新运　王　萍　高　明

王红军　郎晓梅　张淑静　蒋文胜

朱傲蕾　赵　军　辛　颖

图书在版编目（CIP）数据

大学语文 / 史健男主编 . -- 沈阳 : 东北大学出版社 , 2022.5

ISBN 978-7-5517-2968-0

Ⅰ. ①大… Ⅱ. ①史… Ⅲ. ①大学语文课—高等学校—教材 Ⅳ. ① H193.9

中国版本图书馆 CIP 数据核字（2022）第 075932 号

出 版 者：东北大学出版社
地址：沈阳市和平区文化路三号巷 11 号
邮编：110819
电话：024-83687331（市场部） 83680267（社务部）
传真：024-83680180（市场部） 83680181（研发部）
网址：http://www.neupress.com
E-mail:neuph@neupress.com
印 刷 者：辽宁一诺广告印务有限公司
发 行 者：东北大学出版社
幅面尺寸：185 mm × 260 mm
印 张：20.5
字 数：436 千字
出版时间：2022 年 5 月第 1 版
印刷时间：2022 年 5 月第 1 次印刷
责任编辑：汪彤彤
责任校对：孙德海
封面设计：潘正一

ISBN 978-7-5517-2968-0 定 价：48.00 元

前言

对于应用型本科高校而言，大学语文课程在提升学生人文素养和鉴赏能力方面肩负着重要使命。高品质的教材是实现大学语文课程目标的重要载体，为全面贯彻党的教育方针，落实立德树人根本任务，使本教材更加适合应用型本科高校的办学定位和产出导向的实际需求，本教材编写团队成员立足多年教学实践，以大学语文课程的基础性、知识性、实用性为依托，确立了人文性、美育性和工具性相结合的编写原则，旨在传承、弘扬中华优秀传统文化，进一步增强新时代大学生的文化自信，培养他们的爱国主义精神和高尚道德情操，提高他们的文学素养、口语表达和实用写作能力。

本教材是针对应用型本科院校非中文专业学生的知识需求和能力培养编写的通识课程教材，包括文学鉴赏、口语表达、实用写作三编。

文学鉴赏编按照诗歌、散文、小说、戏剧四种文学体裁进行分类。每种文体皆由文体概述和经典篇目选讲两部分组成，选讲篇目为古今中外文学名篇佳作，内容丰富、涉猎广泛，融入课程思政元素。

口语表达编在介绍口语表达基础理论和基本方法的基础上，针对演讲、辩论开展了能力训练，通过设置范例展示、范例评析、技能训练等环节，增强了本教材的实践性和可操作性。

实用写作编在介绍应用文写作一般原理的基础上，全面系统地介绍了日常文书、公务文书、事务文书、传播文书、演说文书等应用文体的写作知识。每种文体后附有典型例文和写作训练，注重应用文写作能力的养成。

本教材由辽东学院汉语言文学专业大学语文教学团队编写，具体分工如下：

主编史健男负责本教材编写体系的设计和统稿，副主编赵洪义、韩美娜负责确定选文、审核例文、校对文字。

团队全体成员均参与教材内容的编写，第一章由史健男、辛颖、郎晓梅、孙新运编写，第二章由史健男、韩美娜、辛颖、张淑静编写，第三章由史健男、辛颖、高明编写，第四章由史健男、高明、孙新运编写，第五章由史健男、郑玲玲编写，第六章由王红军、朱傲蕾编写，第七章由赵洪义编写，第八章由赵军编写，第九章由赵洪义编写，第十章由王萍编写，第十一章由蒋文胜编写，第十二章由赵洪义编写。

本教材在编写过程中的努力付出旨在更好地服务教学，引导学生学以致用。由于大学语文的教学对象涉及多个学科专业，培养目标和教学条件存在一定差异，所以教师在使用本教材时，可因地制宜、因材施教、灵活处理。

本教材编写过程中，在文体知识、名篇解析、例文选用、训练素材等方面，有斟酌采用各家之说的地方，难以一一注明，在此向各位专家学者表示衷心的感谢。

受能力水平所限，本教材难免存在一些疏漏或不足，敬请广大读者不吝赐教，提出宝贵意见，以便日后修改完善、持续改进。辽东学院汉语言文学专业大学语文教学团队对关心支持本教材的专家、同人深致谢意！

编　者

2022 年 1 月

目录

上编
文学鉴赏

第一章　诗歌鉴赏 …… 2

第一节　文体概述 …… 2
第二节　古代诗歌名篇选讲 …… 5
第三节　现代诗歌名篇选讲 …… 23
第四节　外国诗歌名篇选读 …… 30

第二章　散文鉴赏 …… 34

第一节　文体概述 …… 34
第二节　古代散文名篇选讲 …… 37
第三节　现代散文名篇选讲 …… 55
第四节　外国散文名篇选讲 …… 66

第三章　小说鉴赏 …… 71

第一节　文体概述 …… 71
第二节　古代小说名篇选讲 …… 75

第三节 现代小说名篇选讲 …… 88
第四节 外国小说名篇选讲 …… 106

第四章 戏剧鉴赏 …… 117

第一节 文体概述 …… 117
第二节 古代戏曲名篇选讲 …… 120
第三节 当代戏剧名篇选讲 …… 129
第四节 外国戏剧名篇选讲 …… 139

中编

口语表达

第五章 口语表达概述 …… 148

第一节 口语表达基础理论 …… 148
第二节 口语表达基本方法 …… 154

第六章 口语表达训练 …… 170

第一节 演讲 …… 170
第二节 辩论 …… 178

下编

实用写作

第七章 应用写作的一般原理 …… 186

第一节 应用写作的特点与种类 …… 186
第二节 应用写作的主旨与材料 …… 188
第三节 应用写作的谋篇与章法 …… 195
第四节 应用写作的语言与表达 …… 200

第八章　日常文书写作 …… 210

第一节　申请书、倡议书、决心书、聘请书 …… 210
第二节　证明信、感谢信、表扬信、慰问信 …… 217
第三节　求职信 …… 223
第四节　启事 …… 227

第九章　公务文书写作 …… 231

第一节　公文的概念、特点与作用 …… 231
第二节　公文的种类与格式 …… 233
第三节　公文的语言特点与要求 …… 238
第四节　公文的行文方式与规则 …… 240
第五节　通知、通报、通告 …… 242
第六节　请示、报告 …… 257

第十章　事务文书写作 …… 269

第一节　计划 …… 269
第二节　总结 …… 275

第十一章　传播文书写作 …… 283

第一节　消息 …… 283
第二节　广告 …… 295

第十二章　演说文书写作 …… 310

第一节　演讲稿 …… 310
第二节　解说词 …… 317

上编

文学鉴赏

第一章　诗歌鉴赏

“诗者，志之所之也。在心为志，发言为诗，情动于中而形于言。”

——《毛诗序》

第一节　文体概述

诗歌是一种语词凝练、结构跳跃、富有节奏和韵律、高度集中地反映生活和抒发思想感情的文学体裁。白居易曾用比喻的方式给诗歌下定义：“诗者：根情、苗言、华声、实义。”（《与元九书》）诗歌是文学史上出现最早的一种文学体裁，在中国和西方都有着悠久的历史。

我国是诗歌起源的国度，《诗经》和《楚辞》是中国诗歌的两大源头，确立了中国诗歌的抒情传统。后来诗歌文体不断演变，“四言变而离骚，离骚变而五言，五言变而七言，七言变而律诗，律诗变而绝句，诗之体以代变也”[①]。律诗、绝句格律严谨，宋代的词、元代的曲，形式则比较自由。五四时期，随着白话文的倡导和西方诗体的传入，新文化运动中兴起的自由诗，不仅打破了古典诗歌的格律、平仄、篇幅等文体限制，而且具有鲜明的时代性，促使诗歌体裁发生了革命性变化。现在，自由诗被统称为新诗，今人所写的格律诗称为旧体诗。新诗与旧体诗在中国诗坛上并行不悖，都有自己存在和发展的空间。

在西方文学发展历程中，史诗、小说等叙事类文学体裁占据主导地位，《伊利亚特》《奥德赛》等史诗开创了西方绵延至今的叙事传统。同时，西方不乏抒情诗歌。抒情诗

① 胡应麟：《诗薮》，上海古籍出版社，1978，第 1 页。

最初是用七弦琴弹唱的歌曲。文艺复兴时期出现的十四行诗则是欧洲一种格律严谨的抒情诗体，发轫于意大利，后传到欧洲各国。19 世纪，英国浪漫主义诗人的诗作将抒情诗推到一个高峰。随着西方现代派诗歌的兴起，诗歌的题材、形式、技巧等又出现了一些新的因素。

一、诗歌的艺术特征

首先，诗具有凝练性，体现在用高度概括的艺术形象、极其精练的文学语词最集中地反映社会生活和表达思想感情。一切样式的文学作品都是现实生活的集中反映，但诗的概括性更为突出。它反映生活不是以广泛性和丰富性取胜，而是以集中性和深刻性见长。它吟咏的是使人最激动的生活事件。它要求精选生活材料，抓住感受最深、表现力最强的自然景物和生活现象，用极概括的艺术形象达到对现实的审美反映。它不像小说、戏剧那样去细致地刻画人物的外部特征和内心活动，去描写人物之间的冲突和构成这些冲突的细节。所谓“微尘中有大千，刹那间见终古”，所谓“片言可以明百意，坐驰可以役万景”，都指出了诗的凝练性特征。明代吴乔在《围炉诗话》中说：“意思犹五谷也。文，则炊而为饭；诗，则酿而为酒。”这个比喻也说明诗是最集中地反映生活的一种形式。即使是偏于情节叙述的叙事诗，其叙述内容也不能像小说那样铺展。即使如《长恨歌》一样的长诗，也只用了 120 句 840 个字。诗反映生活的高度集中性，要求诗的语词也必须极为凝练、精粹，用极少的言语去表现丰富的内容。这便促使诗人对语词进行反复锤炼，力争言简意深、一笔传神，在有限的诗行、词句中，准确、含蓄、生动地表现出事物的特征，勾勒出生活的场景。正是为了达到这个目的，唐代诗人皮日休“百炼成字，千炼成句”，苏联诗人马雅可夫斯基为了一个句子的语言安排，打了 60 次草稿。

其次，诗在结构上具有突出的跳跃性特征。它遵循想象、情感的逻辑，常常由这一端一跃而到另一端，或由过去一跃而到未来，超越了时间的藩篱、空间的鸿沟。诗的跳跃多由两个或两个以上的动作构成，动作之间没有持续性，只被同一个情感线索维系着。在动作、形象、图景之间的跳跃性结构方式，以断续表现连贯，以局部概括整体，给读者驰骋想象留下了开阔的领域。诗的跳跃性有多种结构形态，主要有时间上的、空间上的、时空综合的、客观动态向主观动态的、关联式的、平行式的、对比式的跳跃等。时间上的跳跃，是指从过去到现在，甚至到未来之间，进行大幅度的跳跃，如春夏秋冬、古今、昼夜、朝夕之间等。空间上的跳跃将东西南北、天上地下、海内海外的形象系列进行跳跃式组接。诗中形象、动作在时间和空间上的跳跃，常常是互为因果的。由于时间的变化，便引起空间的变化，或由于空间的变化，也便引起时间上的变化，这样两幅图景便在时空上同时产生了跳跃。而由眼中所见的外在的客观形象向心中所想的形象、思绪的跳跃，则构成了客观动态向主观动态的跳跃。诗中两个或两个以上的动作，并非一人一物所为，但它们有着某种意义的关联，便形成了关联式的跳跃。平行式的跳跃由两幅或多幅成平行关系的图景构成，对比式的跳跃则由几种形成强烈反差的形象组成，如此等等，不一而足。而采用何种跳跃式结构，则由诗人所要反映的生活和表达的思想感情而定。

最后，在各种文学样式中，诗是最强调韵律性的。诗的节奏主要指诗句中长短、强弱不同的音有规律地变化。如果各诗句停顿次数均匀，就会形成鲜明的节奏。我国古代诗歌中的停顿是有严格规定的，一般是四言二顿、五言三顿、七言五顿。调配声调也有助于加强节奏感。语音有高低、升降、曲直、长短的变化，因而形成不同的音调。古代汉语分为平、上、去、入四种声调，现代汉语分为阴平、阳平、上声、去声四种音调。有规律地搭配安排平声（阴平、阳平）与仄声（上声、去声、入声），便形成起伏交替的节奏。由音节长短以及音步多少构成的不同长短的句子，表现出不同情感的缓急节奏。诗的韵律，也称押韵，是指同韵母的字在相同位置上有秩序地重复出现。韵律包括头韵、腹韵和脚韵等。诗的押韵，一方面可以加强诗的节奏感，取得和谐整齐的感官审美效果；另一方面则主要是为了促进情感的抒发和意境的创造。

二、诗歌的类型

诗歌按抒情元素与叙事元素的比重不同，可分为抒情诗和叙事诗。按照格律规范，又可分为格律诗、自由诗和歌谣体诗等。

（一）抒情诗与叙事诗

抒情诗是直接抒发情感的诗歌体裁。抒情诗的主要特点是抒发诗人的思想感情，追求诗人情感表达的真实、真切。如戴望舒的《萧红墓畔口占》一诗，诗人就是通过意象、对比、隐喻等手法，寥寥四行表达了诗人对于生死、对于生命的深沉叹喟。抒情诗主要包括情诗、颂歌、哀歌、牧歌、田园诗、山水诗、讽刺诗、咏史诗等。

叙事诗的特点是由诗人采用有韵语言述说一个相对完整的故事，如《孔雀东南飞》《木兰辞》等。与叙事类小说相比，叙事诗不作详细铺叙，而是选取最具特征性的形象来吟唱，重在抒发诗人内在的情感。

（二）格律诗、自由诗与歌谣体诗

格律诗是一种有着固定格式和韵律的诗歌样式。中国古代诗歌中的绝句、律诗、词、曲等格律体诗对篇、句、行、字数和平仄、押韵等都有具体规定。西方的“十四行诗”在形式和韵律上也有严格的要求。

自由诗是相对于格律诗而言的。它没有固定的篇幅和句式、字数的限制，节奏和音韵也比较自由，适应情感表达的需要。此外，散文诗也属于自由诗的一种，它兼具散文与诗歌的特点，感情充沛，想象丰富，语言自由，又讲求诗的韵律和节奏，要求营造诗的意境。

歌谣体诗在音韵和篇幅上没有格律诗严格，但为了便于诵记和合乐，一般有一定的韵脚。在结构上，歌谣体诗每节大体一致，末节一般反复咏唱。歌谣体诗包括民歌、流行歌曲及各种小调的歌词。歌谣体诗贴近生活，语言多具有口语化特点，是一种富有生命力的民间文化文本。民歌体长诗《王贵和李香香》就借鉴陕北民歌“信天游”的形式以及比兴的手法，以群众喜闻乐见的语言形式，讲述了陕北乡村青年王贵与李香香的爱情故事，展示了陕北地区农民闹革命的生动景象。

第二节　古代诗歌名篇选讲

无　衣

《诗经·秦风》

【题解】

《诗经》是我国最早的一部诗歌总集，收集了西周初年至春秋中叶五百多年的305首诗歌，分为“风”“雅”“颂”三部分。“风”即国风，共160篇，是今陕西、山西、山东、河北、湖北等地的民间歌谣；雅，共105篇，是周王朝直接统治地区的乐歌；颂，共40篇，是统治者用于祭祀的乐歌。

《诗经》奠定了中国古代诗歌面向现实的传统。其题材广泛，或反映周人发祥创业的历史、周初的经济制度、生活情况和某些重大政治历史事件，或揭露社会的黑暗和统治者的罪恶，或表达人民反压迫的思想、兵役的痛苦和劳动生活，或描写男女爱情、婚姻，等等。

《诗经》大多为四言句式，章节回环往复，一唱三叹，多用“赋、比、兴”的艺术手法；风格自然朴素，生活气息浓厚；语言质朴优美，音节和谐明快；极富感染力，对后世文学产生了广泛而深远的影响。

岂曰无衣？与子同袍[1]。王于兴师[2]，修我戈矛[3]，与子同仇。
岂曰无衣？与子同泽[4]。王于兴师，修我矛戟[5]，与子偕作[6]。
岂曰无衣？与子同裳[7]。王于兴师，修我甲兵[8]，与子偕行[9]。

【注释】

[1]与子同袍，王先谦说："子者，秦民相谓之词。"(《诗三家义集疏》) 袍，战袍。

[2]于，解作往，或解作曰，都通。兴师，出兵。

[3]戈矛，兵器名。戈，平头戟，长六尺六寸。矛，长二丈。

[4]泽，假作"襗"，亵衣。犹今言里衣。

[5]戟，将戈、矛合成一体的兵器，能直刺，又能横击。

[6]作，起，起来。

[7]裳，战裙。

[8]甲兵，谓甲胄及兵器。

[9]偕行，犹同行。《汉书·赵充国辛庆忌传赞》引"偕"作皆，二字古通。

【阅读提示】

秦国位于今甘肃东部及陕西一带。班固在《汉书·赵充国辛庆忌传赞》中说，秦地"民俗修习战备，高上勇力，鞍马骑射。故秦诗曰：'王于兴师，修我甲兵，与子偕行。'其风声气俗自古而然，今之歌谣慷慨风流犹存焉。"朱熹《诗集传》也说："秦人之俗，大抵尚气概，先勇力，忘生轻死，故其见于诗如此。"这首诗意气风发，豪情满怀，确实反映了秦地人民的尚武精神。

每章开头都采用了问答式的句法。一句"岂曰无衣"，似自责，似反问，是不可遏止的愤怒与愤慨，仿佛在人们复仇的心灵上点上一把火。于是无数战士同声响应："与子同袍！""与子同泽！""与子同裳！"语言富有强烈的动作性："修我戈矛！""修我矛戟！""修我甲兵！"使人想象到战士们在磨刀擦枪、舞戈挥戟的热烈场面。

全诗采用了重叠复沓的形式。每一章句数、字数相等，但结构的相同并不意味简单的、机械的重复，而是不断递进、有所发展的。如首章结句"与子同仇"，是情绪方面的，说的是他们有共同的敌人。二章结句"与子偕作"，"作"是起的意思，这才是行动的开始。三章结句"与子偕行"，行训往，表明诗中的战士们将奔赴前线共同杀敌。

【思考练习】

1. 分析《无衣》回环往复表现手法的艺术效果。

2. 分析《无衣》体现出来的爱国主义情怀。

黍 离

《诗经·王风》

【题解】

王，是"王畿"的简称，即东周王朝的直接统治区，大致包括今河南的洛阳、偃师、巩义、温县、沁阳、济源、孟津等地。“王风”就是这个区域的诗。东周王朝失去了原来的宗主地位，对诸侯国非但无力控制，而且要受到强大诸侯国的欺凌，领土日见削减。然而在春秋之初，周王朝还不免要摆出一副天子尊严的架势，对所谓“无礼”的诸侯国进行征伐，但可悲的是，总是以失败告终。正因征伐频繁，贵族生活奢侈，人民兵役、劳役、经济负担沉重，生活苦不堪言。“王风”中的十首诗歌大部分是反映人民的这种痛苦呻吟和怨恨的。

彼黍离离[1]，彼稷之苗[2]。行迈靡靡[3]，中心摇摇[4]。知我者[5]，谓我心忧。不知我者，谓我何求[6]。悠悠苍天[7]，此何人哉[8]？

彼黍离离，彼稷之穗[9]。行迈靡靡，中心如醉[10]。知我者，谓我心忧。不知我者，谓我何求。悠悠苍天，此何人哉？

彼黍离离，彼稷之实。行迈靡靡，中心如噎[11]。知我者，谓我心忧。不知我者，谓我何求。悠悠苍天，此何人哉？

【注释】

[1]彼，犹今言那个地方，指西周宗庙宫室所在之地。黍，即大黄米。离离，结实累累。

[2]稷，为谷子，其米为小米。

[3]行迈，复合词，即行。靡靡，迟迟，指行走缓慢。

[4]中心，心中。摇摇，忧苦不安。《毛诗》：“摇摇，忧无所诉。”

[5]知我者，指知我心情者。

[6]谓我何求，谓我久留不去，何所要求。

[7]悠悠，谓远。苍天，犹今言青天。

[8]此何人哉，造成这种局面的到底是哪个人？

[9]穗，穗子。

[10]醉，言心中忧愁犹如醉酒一样。

[11]噎，咽喉闭塞，不能喘息。

【阅读提示】

关于《黍离》一诗的主旨，《毛诗序》认为，“黍离，闵宗周也。周大夫行役，至于宗周，过故宗庙宫室，尽为禾黍。闵周室之颠覆，彷徨不忍去，而作是诗也。”从此诗序于王风之首来看，确见其为编诗者之意旨，但历来争讼颇多，三家诗中韩、鲁遗说与毛序异，宋儒程颐更有臆说以为“彼稷之苗”是彼后稷之苗。近人读诗，新说迭出，比较有代表性的观点有：郭沫若在《中国古代社会研究》中将其定为旧家贵族悲伤自己的破产而作；余冠英在《诗经选》中认为当是流浪者诉述他的忧思；还有蓝菊荪的爱国志士忧国怨战说（《诗经国风今译》）；程俊英的难舍家园说（《诗经译注》）等。说法虽多，但诗中所蕴含的那份因时世变迁所引起的忧思是无可争辩的。虽然从诗文中无法确见具体背景，但其显示的沧桑感带给读者的心灵震撼值得细加体味。

【思考练习】

1. 王风是指哪个区域的民谣诗歌？
2.《黍离》的主旨可以从哪些方面理解？

橘 颂

《楚辞章句》

【题解】

楚辞，其本义是指楚地的歌辞，后来逐渐固定为两种含义：一是诗歌的体裁，二是诗歌总集的名称。楚辞的创作手法是浪漫主义的，它感情奔放，想象奇特，且具有浓郁的楚国地方特色和神话色彩。战国时期楚国的屈原吸收其营养，创作出《离骚》等巨制鸿篇，后人仿效，名篇继出，成为一种特征明显的文学作品，通称楚辞。

西汉刘向在前人基础上辑录的一部“楚辞”体的诗歌总集，收入战国楚人屈原、宋玉的作品以及汉代贾谊、淮南小山、严忌、东方朔、王褒、刘向诸人的仿骚作品。东汉王逸又有所增益，分章加注成《楚辞章句》。

后皇嘉树[1]，橘徕服兮[2]。受命不迁[3]，生南国兮。深固难徙，更壹志兮[4]。绿叶素荣[5]，纷其可喜兮。曾枝剡棘，圆果抟兮[6]。青黄杂糅，文章烂兮[7]。精色内白，类可任兮[8]。纷缊宜修，姱而不丑兮[9]。嗟尔幼志[10]，有以异兮。独立不迁，岂不可喜兮。深固难徙，廓其无求兮[11]。苏世独立，横而不流兮[12]。闭心自慎，不终失过兮[13]。秉德无私[14]，参天地兮。愿岁并谢[15]，与长友兮。淑离不淫，梗其有理兮[16]。年岁虽少，可师长兮[17]。行比伯夷，置以为像兮[18]。

【注释】

[1]后皇：即后土、皇天，指地和天。嘉：美，善。

[2]橘徕服兮：适宜南方水土。徕，通“来”。服，习惯。

[3]受命：受天地之命，即禀性、天性。

[4]壹志：志向专一。壹，专一。

[5]素荣：白色花。

[6]曾枝：繁枝。剡（yǎn）棘：尖利的刺。抟（tuán）：通“团”，圆圆的；又一

说，同“圜”(huán)，环绕，楚地方言。

［7］文章：花纹色彩。烂：斑斓，明亮。这两句是说橘子皮色青黄相杂，文采斑斓。

［8］精色：鲜明的皮色。类可任兮：就像抱着大道一样。类，像。任，抱。

［9］纷缊宜修：长得繁茂，修饰得体。姱（kuā）：美好。

［10］嗟：赞叹词。

［11］廓：胸怀开阔。

［12］苏世独立：独立于世，保持清醒。苏，苏醒，指的是对浊世有所觉悟。横而不流：横立水中，不随波逐流。

［13］闭心：安静下来，戒惧警惕。失过：即“过失”。

［14］秉德：保持好品德。

［15］愿岁并谢：誓同生死。岁，年岁。谢，死。

［16］淑离：美丽而善良自守。离，通“丽”。梗：正直。

［17］少：年少。师长：动词，为人师长。

［18］行：德行。伯夷：古代的贤人，纣王之臣。固守臣道，反对周武王伐纣，与弟叔齐逃到首阳山，不食周粟而死，古人认为他是贤人义士。置：植。像：榜样。

【阅读提示】

这是一首托物言志的咏物诗，表面上歌颂橘树，实际是诗人对自己理想和人格的表白。全诗可分两部分，前16句为第一部分，缘情咏物，重在描述橘树俊逸动人的外美，以描写为主；后半部分缘物抒情，转入对橘树内在精神的热情讴歌，以抒情为主。两部分各有侧重，又互相勾连，融为一体。诗人以四言的形式，用拟人的手法塑造了橘树的美好形象，从各个侧面描绘和赞颂橘树，借以表达自己追求美好品质和理想的坚定意志。

本诗借物抒志，以物写人，既沟通物我，又融汇古今，由此造出了清人林云铭所赞扬的“看来两段中句句是颂橘，句句不是颂橘，但见（屈）原与橘分不得是一是二，彼此互映，有镜花水月之妙”(《楚辞灯》）的奇特境界。从此以后，南国之橘便蕴含了志士仁人“独立不迁”、热爱祖国的丰富文化内涵，而永远为人们所歌咏和效法了。这一独特的贡献，仅属于屈原，所以宋代刘辰翁又称屈原为千古“咏物之祖”。

【思考练习】

1. 楚辞从哪些方面表现出楚地文学的特征？

2. 诗人通过颂橘来表达何种情感？

战城南

汉乐府

【题解】

汉乐府指由汉时乐府机关所采制的诗歌，汉代叫作“歌诗”，魏晋时始称“乐府”或“汉乐府”。后世文人仿此形式所作的诗，亦称“乐府诗”。它是继《诗经》《楚辞》而起的一种新诗体，开创了诗歌现实主义的新风。汉乐府用通俗的语言构造贴近生活的作品，由杂言渐趋向五言，采用叙事写法，刻画人物细致入微，创造人物性格鲜明，故事情节较为完整，开拓叙事诗发展成熟的新阶段，是中国诗史五言诗体发展的一个重要阶段。

战城南，死郭北[1]，野死不葬乌可食[2]。为我谓乌：“且为客豪[3]！野死谅不葬[4]，腐肉安能去子逃[5]！”水深激激[6]，蒲苇冥冥[7]；枭骑战斗死[8]，驽马徘徊鸣[9]。梁筑室[10]，何以南，何以北？禾黍不获君何食？愿为忠臣安可得？思子良臣[11]，良臣诚可思：朝行出攻，暮不夜归！

【注释】

[1]郭：外城。

[2]野死：战死荒野。乌：乌鸦。

[3]客：指战死者，死者多为外乡人故称之为“客”。豪：同“嚎”，大声哭叫、号叫。

[4]谅：当然。

[5]安：怎么。

[6]激激：清澈的样子。

[7]冥冥：深暗的样子。

[8]枭（xiāo）骑：通“骁”，作“勇”解，指善战的骏马。

[9]驽（nú）马：劣马，此诗中指疲惫的马。

[10]梁：表声字。

[11]良臣：指忠心为国的战士。

【阅读提示】

“战城南，死郭北，野死不葬乌可食。”城南、郭北，互文见义，是说城南城北，到处都在进行战争，到处都有流血和死亡。抒写一场激烈的战事，起句刚叙及“战”，便径接以“死”，而对士卒杀敌的悲壮场景，不作一语描述。战争过后，大地上横七竖八，躺满了尸体，成群的乌鸦，“呀呀”地叫着，争啄着这些无人掩埋的战士。面对这样的惨状，谁都不能不惊心动魄。表面上，是对战场上的景物作客观叙写，但这些景物，却是经过诗人严格挑选的典型画面，无一不寄托着诗人深沉的感情在内。这里，不只是对眼前战场的情景进行描述，而是把眼光移向了整个社会：战争不仅把无数的兵士推向了死亡的深渊，而且破坏了整个社会生产，给人民的生活带来了深重的灾难。

最后四句，诗人抒发了对死难士卒的哀悼之情。“思子良臣，良臣诚可思”，“子”和“良臣”在这里是同位语，指那些牺牲了的战士。诗人饱含感情，用一个“诚”字，倾吐了自己内心的悲痛。“朝行出攻，暮不夜归！”感叹战士一去不复返，语句极其沉痛，引起人莫大的悲哀。结尾两句同开头勇士战死遥相呼应，使全诗充满了浓重的悲剧气氛。

【思考练习】

1. 结合《战城南》谈谈汉乐府的现实主义手法。
2.《战城南》的创作手法有什么特点。

西洲曲

南朝民歌

【题解】

“南朝民歌”，产生年代始于三国东吴，迄于陈。留存总数近五百首，分为“吴声歌曲”和“西曲”两大类。前者产生于六朝都城建业（今南京）及周围地区，这一带习称为吴地，故其民间歌曲称为“吴歌”；后者产生于江汉流域的荆（今湖北江陵）、郢（今江陵附近）、樊（今湖北襄阳）、邓（今河南邓州）等几个主要城市，是南朝西部重镇和经济文化中心，故其民间歌曲称为“西曲”。“吴歌”“西曲”是原有的名称。北魏孝文、宣武时南侵，收得这两种歌曲，借用汉乐府分类，总谓之“清商”。后世沿袭之，南朝民歌大部分保存在宋代郭茂倩所编《乐府诗集·清商曲辞》里。《西洲曲》是南朝乐府民歌中最长的抒情诗篇，历来被视为南朝乐府民歌的代表作。

忆梅下西洲，折梅寄江北[1]。单衫杏子红，双鬓鸦雏色[2]。西洲在何处？两桨桥头渡[3]。日暮伯劳飞[4]，风吹乌臼树[5]。树下即门前，门中露翠钿[6]。开门郎不至，出门采红莲。采莲南塘秋，莲花过人头。低头弄莲子[7]，莲子清如水[8]。置莲怀袖中，莲心彻底红[9]。忆郎郎不至，仰首望飞鸿[10]。鸿飞满西洲，望郎上青楼[11]。楼高望不见，尽日栏杆头[12]。栏杆十二曲，垂手明如玉。卷帘天自高，海水摇空绿[13]。海水梦悠悠[14]，君愁我亦愁。南风知我意，吹梦到西洲。

【注释】

[1]忆梅下西洲，折梅寄江北：意思是说，女子见到梅花又开了，回忆起以前曾和情人在梅下相会的情景，因而想到西洲去折一枝梅花寄给在江北的情人。下，往。西洲，当是在女子住处附近。江北，当指男子所在的地方。

[2]鸦雏色：像小乌鸦一样的颜色。形容女子的头发乌黑发亮。

[3]两桨桥头渡：从桥头划船过去，划两桨就到了。

[4]伯劳：鸟名，仲夏始鸣，喜欢单栖。这里一方面用来表示季节，一方面暗喻女子孤单的处境。

[5]乌臼：现在写作“乌柏”。

[6]翠钿：用翠玉做成或镶嵌的首饰。

[7]莲子：和“怜子”谐音双关。

[8]清如水：隐喻爱情的纯洁。

[9]莲心：和“怜心”谐音，即爱情之心。

[10]望飞鸿：这里暗含有望书信的意思。因为古代有鸿雁传书的传说。

[11]青楼：油漆成青色的楼。唐朝以前的诗中一般用来指女子的住处。

[12]尽日：整天。

[13]卷帘天自高，海水摇空绿：意思是说，卷帘眺望，只看见高高的天空和不断荡漾着的碧波的江水。海水，这里指浩荡的江水。

[14]海水梦悠悠：梦境像江水一样悠长。

【阅读提示】

《西洲曲》，五言三十二句，是南朝乐府民歌中少见的长篇。全文感情十分细腻，“充满了曼丽宛曲的情调，清辞俊语，连翩不绝，令人‘情灵摇荡’。”《西洲曲》可谓这一时期民歌中最成熟、最精致的代表作之一。

首句由“梅”而唤起女子对昔日与情人在西洲游乐的美好回忆以及对情人的思念。纵然时空流转，思念却从未停歇。接下来是几幅场景的描写：西洲游乐，女子杏红的衣衫与乌黑的鬓发相映生辉、光彩照人；开门迎郎，满怀希望继而失望，心情跌宕；出门采莲，借采莲来表达对情人的爱慕与思念；登楼望郎，凭栏苦候，寄情南风与幽梦，盼望与情人相聚。这其中时空变化，心情也多变，时而焦虑，时而温情，时而甜蜜，时而惆怅，全篇无论是文字还是情感都流动着缠绵。

【思考练习】

1. 结合《西洲曲》谈谈你对南朝民歌的认识。

2.《西洲曲》通过哪些场景描写表达女子对情人的思念?

辛夷坞

王维

【题解】

王维 (701？—761)，字摩诘，祁州（今山西祁县）人。官终尚书右丞，世称王右丞，后人称之为“诗佛”。盛唐杰出诗人。

王维工诗善画，以“诗中有画，画中有诗”著称。前期曾写过一些边塞诗，后期则致力于山水田园诗的创作。与孟浩然同为盛唐山水田园诗派的代表人物，并称“王孟”。他的诗风格清新淡雅，意境幽远，耐人寻味。有《王右丞集》传世。

《辛夷坞》是王维《辋川集》二十首之第十八首。坞，四面高、中部低的小块地方。辛夷坞，蓝田辋川 (今陕西省蓝田县内) 风景胜地，王维辋川别业附近。诗题为辛夷坞，但作者却没有写这里的风景，实际上是在咏物。诗歌描述辛夷在寂静无人的山涧里，悄悄开放，又纷纷落去，以典型的物象表现出一个极其幽静的自然环境。

木末芙蓉花[1]，山中发红萼[2]。
涧户寂无人[3]，纷纷开且落[4]。

【注释】

[1] 木末芙蓉花：即指辛夷。辛夷，落叶乔木。其花初出时尖如笔锥，故又称木笔。因其初春开花，又名迎春花。花有紫白二色，大如莲花。白色者名玉兰。紫者六瓣，瓣短阔，其色与形似莲花，莲花亦称芙蓉。辛夷花开在枝头，故以“木末芙蓉花”借指。

[2] 萼：花萼，花的组成部分，由若干片状物组成，包在花瓣外面，花开时托着花瓣。

[3] 涧户：涧口，山溪口。

[4] 纷纷：他本作“丝丝”。

【阅读提示】

王维《辋川集》二十首全是五绝，每首诗都犹如一幅精美的绘画小品，从多方面描绘了辋川一带的风物。作者很善于从平凡的事物中发现美，不仅以细致的笔墨写出景物的鲜明形象，而且往往从景物中写出一种环境气氛和精神气质。诗的前两句着重写花的“发”。当春天来到人间，辛夷在生命力的催动下，欣欣然地绽开神秘的蓓蕾，是那样灿烂，好似云蒸霞蔚，显示着一派春光。诗的后两句写花的“落”。诗人笔锋一转，将辛夷花置于一个山深人寂的环境之中，写它开时即热烈地开放，使山野一片火红，落时则毫无惋惜地谢落，令人想象花瓣如缤纷红雨洒落深涧。它自开自败，顺应着自然的本性；它自满自足，无人欣赏，也不企求有人欣赏。这绝无人迹、亘古寂静的“涧户”，正是诗人以“空寂”的禅心观照世界的意象；然而，诗人又反对绝对的空无和死灭，因此在这个空寂冷落的涧户中，又描绘出辛夷花猩红的色彩和开落的动态声息，使人感到空寂中仍有生命的闪烁。

【思考练习】

1. 本诗最后两句蕴含着作者怎样的心境？
2. 试分析本诗的动、静关系。

远别离

李白

【题解】

李白（701—762），字太白，号青莲居士，又号“谪仙人”。祖籍陇西成纪（今甘肃静宁西南）。唐代伟大的浪漫主义诗人，被后人誉为“诗仙”。

李白25岁离川远游，天宝初应诏入京，供奉翰林，一年后遭谗离去，从此漫游各地。安史之乱起，参加永王李璘幕府。李璘被肃宗谋杀，李白因“附逆”罪流放，遇赦得还。后寓居当涂（今属安徽），穷困而终。李白的诗歌充满浪漫色彩，感情奔放豪迈，想象丰富奇特，词采瑰伟绚丽，风格飘逸自然，充分体现了他豪放的激情、洒脱不羁的豪侠气概和积极用世的精神。诗作体裁以古体、绝句见长。有《李太白集》传世。

《远别离》是李白创作的乐府“别离”十九曲之一，通过娥皇、女英二妃和舜帝生离死别的故事，表达远别离的悲哀。

远别离，古有皇英[1]之二女，
乃[2]在洞庭之南，潇湘[3]之浦。
海水直下万里深，谁人不言此离苦[4]？
日惨惨兮云冥冥，猩猩啼烟兮鬼啸雨[5]。
我纵言之将何补？
皇穹窃恐不照余之忠诚，雷凭凭兮欲吼怒[6]。
尧舜当之亦禅禹[7]。
君失臣兮龙为鱼，权归臣兮鼠变虎[8]。
或云：尧幽囚，舜野死[9]，
九疑联绵皆相似，重瞳孤坟竟何是[10]？

帝子泣兮绿云间，随风波兮去无还[11]。
恸哭兮远望，见苍梧之深山。
苍梧山崩湘水绝，竹上之泪乃可灭[12]。

【注释】

[1] 皇英：指娥皇、女英，相传是尧的女儿，舜的妃子。舜南巡，两妃随行，溺死于湘江，世称湘君。她们的神魂游于洞庭之南，并出没于潇湘之滨。见《水经注》。

[2] 乃：就。

[3] 潇湘：湘水中游与潇水合流处。这里作湘江的别称。

[4] “海水”两句意为：谁人不说这次分离的痛苦，像海水那样的深不见底！

[5] 惨惨：暗淡无光。冥，阴晦的样子。两句意为：日光暗淡，乌云密布；猩猩在烟云中悲鸣，鬼怪在阴雨中长啸。这是比喻当时政治黑暗。

[6] 纵：即使。补，益处。皇穹，天。这里喻指唐玄宗。窃恐，私自以为。照，明察。凭凭，盛大的意思。雷凭凭，形容雷声响而又接连不断。这三句意为：我即使向唐玄宗进谏，又有什么补益？恐怕他不会了解我的忠诚，以至雷公也将要为我大鸣不平。

[7] 禅：禅让，以帝位让人。这句是“尧当之亦禅舜，舜当之亦禅禹”的意思。

[8] “君失臣”两句意为：帝王失掉了贤臣，犹如龙变成鱼；奸臣窃取了大权，就像老鼠变成猛虎。

[9] 或云：有人说。幽囚，囚禁。尧幽囚，传说尧因德衰，曾被舜关押，父子不得相见。舜野死，传说舜巡视时死在苍梧。这两句，作者借用古代传说，暗示当时权柄下移，藩镇割据，唐王朝有覆灭的危险。

[10] 九疑：即苍梧山，在今湖南宁远县南。因九个山峰连绵相似，不易辨别，故又称九疑山。相传舜死后葬于此地。重瞳，指舜。相传舜的两眼各有两个瞳仁。两句意为：九疑山的峰峦连绵相似，舜的坟墓究竟在哪儿呢？

[11] 帝子：指娥皇、女英。传说舜死后，二妃相与恸哭，泪下沾竹，竹上呈现出斑纹。见《述异记》。这两句意为：两妃哭泣于翠竹之间，自投于湘江，随波一去不返。

[12] “恸哭”四句意为：两妃远望着苍梧山，大声痛哭，泪水不断洒落在湘竹上。除非苍梧山崩裂，湘水断流，竹上的泪痕才会消灭。

【阅读提示】

尧将两个女儿（娥皇、女英）嫁给舜。舜南巡，死于苍梧之野。二妃溺于湘江，神游洞庭之渊，出入潇湘之浦。每每提起这个传说，人们的内心都会被唤起一种凄迷的感受，引起心灵的共鸣。诗人渲染潇湘景物的凄厉：“日惨惨兮云冥冥，猩猩啼烟兮鬼啸雨”，皇帝昏聩、政局阴暗，风暴到来前群魔乱舞，但对于这一切，“我纵言之将何补”。雷声殷殷，又响又密，这显然又是朝廷上的权贵对诗人的威吓！“尧舜当之亦禅禹。君失臣兮龙为鱼，权归臣兮鼠变虎。”通过议论追述别离的原因：奸邪当道，国运堪忧。诗人用历史的眼光，引出尧幽囚、舜野死的传说，慨叹九座山峰连绵相似，究竟何处是他的葬身之地呢？娥皇、女英在绿云般的丛竹间哭泣，哭声随风波远逝，却去而无应，只见染满泪痕的斑竹在苍梧的深山中、湘水之畔随风摇曳。

【思考练习】

1. 分析本诗的章法结构。
2. 分析诗人的感时忧国情怀。

《咏怀古迹》五首（其五）

杜甫

【题解】

杜甫（712—770），字子美，自号少陵野老，原籍湖北襄阳，生于河南巩县（今河南巩义西南）。唐代伟大的现实主义诗人，人称“诗圣”。天宝年间到长安，仕进无门，困顿十年，才获得右卫率府胄曹参军的小职。安史之乱爆发，他流亡颠沛，竟为叛军所俘，脱险后，授官左拾遗。乾元二年（759），弃官西行，最后到四川，定居成都。一度在剑南节度使严武幕中任检校工部员外郎，故又有“杜工部”之称。晚年举家东迁，途中留滞夔州二年，出峡。漂泊鄂、湘一带，贫病而卒。

诗作体裁以古体、律诗见长，风格多样，而以沉郁为主。一生写诗一千四百多首，其诗显示了唐朝由盛转衰的历史过程，被称为“诗史”。有《杜工部集》传世。

《咏怀古迹》五首作于大历元年（766），当时杜甫寓居夔州。诗人一面咏怀古迹，同时也抒发自己的情怀。五首诗分别吟咏庾信、宋玉、王昭君、刘备和诸葛亮。五首诗独立成篇。前三篇重在咏古人以抒写文人才子之怀才不遇，后两篇重在感慨历史之无情和难料。此诗是吟咏蜀相诸葛亮的名篇。

诸葛大名垂宇宙，宗臣[1]遗像肃清高[2]。
三分割据[3]纡筹策[4]，万古云霄一羽毛。
伯仲之间见伊吕[5]，指挥若定[6]失萧曹[7]。
运移汉祚[8]终难复，志决身歼军务劳。

【注释】

［1］宗臣：世所宗尚的重臣。
［2］肃清高：为其清高而肃然起敬。

［3］三分割据：指魏蜀吴鼎立。

［4］纡筹策：曲折周密地谋划策略。

［5］伯仲之间：伯仲本指兄弟，这里是说不相上下，也即当于伊吕间求之之意。伊、吕，商代伊尹，周代吕尚，皆辅佐贤主的开国名相。

［6］指挥若定：言诸葛亮治政用兵从容镇定。

［7］失萧曹：意谓萧、曹虽也是宗臣，比之诸葛亮未免不及。

［8］祚：帝位。

【阅读提示】

这是《咏怀古迹》五首之最后一首。诗人瞻仰了武侯祠，衷心敬慕，发而为诗。首句如异峰突起，笔力雄放。次句写诗人进入祠堂，瞻望诸葛遗像，不由肃然起敬，遥想一代宗臣，高风亮节，更添敬慕之情。接下来四句写诸葛亮的旷世之才和奇功伟业。诗人用词精微，一个"纡"字，突出诸葛亮经世怀抱只能算"百施其一"而已，三分霸业也只不过是"雄凤一羽"罢了。诗人联想起诸葛亮超人的才智和胆略，如同见到了他那羽扇纶巾、一扫千军万马的潇洒风度。诗人盛赞诸葛亮的人品与伊尹、吕尚不相上下，而胸有成竹、从容镇定的指挥才能却使萧何、曹参为之黯然失色。这一方面表现了诗人对武侯的极度崇尚之情，另一方面表现了诗人不以事业成败持评的高人之见。最后，诗人抱恨汉朝"气数"已终，长叹尽管有武侯这样稀世杰出的人物，下决心恢复汉朝大业，但竟未成功，反而因军务繁忙、积劳成疾而死于征途。这既是对诸葛亮"鞠躬尽瘁，死而后已"高尚品节的赞歌，也是对英雄未遂平生志的深切叹惋。全诗曲折跌宕，层层蓄势，句句含情。由于诗人以自身肝胆情志吊古，所以能涤肠荡心，浩气炽情，动人肺腑。

【思考练习】

1. 本诗咏叹诸葛亮其人其事，寄寓了怎样的情感？

2. 中间两联采用了什么手法来描写诸葛亮的才能与功绩？

八声甘州

柳永

【题解】

柳永（约 987—约 1053），原名三变，字景庄。后改名永，字耆卿，排行第七，又称柳七，崇安（今福建武夷山市）人。北宋著名词人。出身于儒宦世家，早年游历汴京，屡试不第，于是流连于歌楼妓馆，为乐工歌妓撰写歌辞，沉迷于声色词曲。时人将其举荐于宋仁宗，却只得四字批语："且去填词"。他仕途失意潦倒，便自称"奉旨填词柳三变”，放浪形骸。宋景祐元年（1034）中进士，曾任泗州判官、余杭县令、晓峰盐场大使，官至屯田员外郎，世称“柳屯田”。

柳永是宋代第一个专业写词的作家，也是第一位大量作慢词的人，在词的内容和表现手法方面都有新的开拓，对宋词的发展产生了重要影响。他的词题材较为广泛，以抒写羁旅行役和男女恋情为主，也有一些歌咏自然风光的作品。其词善于铺叙，情景交融，音律和谐优美，语言浅易自然，以白描见长，抒情色彩强烈，自成一格。叶梦得《避暑录话》中言称，“凡有井水饮处，即能歌柳词”，足见流传之广。有《乐章集》传世，存词二百余首。

《八声甘州》，一名《甘州》，为词牌名。此词为思念家乡之作，反映出主人公羁旅失意的苦闷心情。

对潇潇暮雨洒江天，一番洗清秋[1]。渐霜风凄紧，关河冷落[2]，残照当楼[3]。是处红衰翠减[4]，苒苒物华休[5]。惟有长江水，无语东流。

不忍登高临远，望故乡渺邈[6]，归思[7]难收。叹年来踪迹，何事苦淹留[8]？想佳人、妆楼颙望[9]，误几回、天际识归舟[10]。争知我，倚阑干处[11]，正恁凝愁[12]！

【注释】

[1] 潇潇：下雨声。一说雨势急骤的样子。一作“萧萧”，义同。清秋，清冷的秋景。

[2] 霜风：指秋风。凄紧，一作凄惨，凄凉紧迫。关河，关塞与河流，此指山河。

[3] 残照：落日余光。当，对。

[4] 是处：到处。红衰翠减，指花叶凋零。红，代指花。翠，代指绿叶。此句为借代用法。

[5] 苒苒（rǎn）：同“荏苒”，形容时光消逝，渐渐（过去）的意思。物华，美好的景物。休，这里是衰残的意思。

[6] 渺邈：远貌，渺茫遥远。一作“渺渺”，义同。

[7] 归思（旧读：sì，做心绪愁思讲）：渴望回家团聚的心思。

[8] 淹留：长期停留。

[9] 佳人：美女。古诗文中常用代指自己所怀念的对象。颙（yóng）望，抬头凝望。颙，一作“长”。

[10] 误几回：多少次错把远处驶来的船只当作心上人的归舟。语意出自温庭筠《望江南》词：“过尽千帆皆不是，斜晖脉脉水悠悠，肠断白苹洲。”天际，指目力所能达到的极远之处。

[11] 争（zěn）：怎。处，这里表示时间。“倚阑干处”即“倚阑干时”。

［12］恁（nèn）：如此。凝愁，愁苦不已，愁恨深重。凝，表示一往情深，专注不已。

【阅读提示】

这首词是描写羁旅行役之苦的名篇，表达了诗人强烈的思归情绪，语浅而情深。全词以“登高临远”为线索，上阕写望中所见，融情于景；下阕写望中所思，即景抒情。章法结构细密，虚实相映。

天色已晚，暮雨潇潇；雨后江天，澄澈如洗。自“渐霜风”句起，以一个“渐”字，领起四言三句十二字。秋已更深，雨洗暮空，乃觉凉风忽至，其气凄然而遒劲，直令衣单之游子，有不可禁当之势。紧接一句“残照当楼”，境界全出。这一句精彩处在“当楼”二字，似全宇宙悲秋之气一起袭来。“是处红衰翠减，苒苒物华休。”词意由苍莽悲壮转入细致沉思，由仰观而转至俯察，又见处处皆是一片凋落之景象。“红衰翠减”，乃用玉谿诗人之语，倍觉风流蕴藉。接下“惟有长江水，无语东流”写的是短暂与永恒、改变与不变之间的这种直令千古词人思索的宇宙人生哲理。“无语”二字乃“无情”之意，此句蕴含百感交集的复杂心理。“不忍登高临远，望故乡渺邈，归思难收。”点明背景是登高临远，云“不忍”，又多一番曲折、多一番情致。至此，词以写景为主，情寓景中。但下片妙处在于词人善于推己及人，本是自己登高远眺，却偏想故园之闺中人应也是登楼望远，伫盼游子归来。“误几回”三字更觉灵动。结句点题。“倚阑干”，与“对”、与“当楼”、与“登高临远”、与“望”、与“叹”、与“想”，都相关联、相辉映。词中登高远眺之景，皆为“倚阑”时所见；思归之情又是从“凝愁”中生发；而“争知我”三字化实为虚，使思归之苦、怀人之情表达得更为曲折动人。

【思考练习】

1. 试析“惟有长江水，无语东流”的情感内涵。

2. 下阕运实于虚，这样写对情感的抒发有什么作用？

凤凰台上忆吹箫

李清照

【题解】

李清照（1084—约 1151），宋代女词人，齐州章丘（今山东章丘西北）人，号易安居士。出身于书香门第，早期生活优裕。出嫁后，与丈夫赵明诚共同致力于金石书画的搜集整理，志趣相投，生活美满。金兵入据中原后，流寓南方，而境遇孤苦。

李清照一生经历了危机四伏的北宋末年和偏安江左的南宋初年，是中国古代罕见的才女。她擅长书、画，通晓金石，而尤精于词。她的词作独步一时，流传千古，被誉为“词家一大宗”，婉约派代表。李清照的词作前期多写其悠闲生活，后期多慨叹身世，情调感伤，有的作品也流露出对中原的怀念；形式上善用白描手法，自辟蹊径，语言清丽；论词强调协律，崇尚典雅、情致，提出词“别是一家”之说，反对以作诗文之法作词。现存《漱玉词》1 卷、《漱玉集》5 卷。

凤凰台上忆吹箫是词牌名，此调始见于《晁氏琴趣外篇》。此词是李清照的早期作品，创作地点在青州，作于赵明诚赴莱州任职之际。作者以曲折含蓄的口吻，表达了与丈夫分别时深婉细腻的情愁。

香冷金猊[1]，被翻红浪[2]，起来慵[3]自梳头。任宝奁[4]尘满，日上帘钩。生怕离怀别苦，多少事、欲说还休。新来瘦，非干[5]病酒，不是悲秋。

休休！这回去也，千万遍《阳关》[6]，也则[7]难留。念武陵人远[8]，烟锁秦楼[9]。惟有楼前流水，应念我、终日凝眸。凝眸处，从今又添一段新愁。

【注释】

［1］金猊（ní）：狮形铜香炉。

［2］红浪：红色的被铺乱摊在床上，有如波浪。

［3］慵：懒。

［4］宝奁（lián）：华贵的梳妆镜匣。

［5］干：关涉。

［6］《阳关》：语出《阳关三叠》。王维《送元二使安西》诗：“渭城朝雨浥轻尘，客舍青青柳色新。劝君更尽一杯酒，西出阳关无故人。”后据此诗谱成《阳关三叠》，为唐宋时的送别之曲。此处泛指离歌。

［7］也则：依旧。

［8］武陵人远：沈祖棻《宋词赏析》(上海古籍出版社 1980 年 3 月版)：“武陵”，在宋词、元曲中有两个含义：一是指陶渊明《桃花源记》中的渔夫故事；一是指刘义庆《幽明录》中的刘、阮故事。此处借指爱人去的远方。

［9］烟锁秦楼：总谓独居妆楼。秦楼，即凤台，相传春秋时秦穆公女弄玉与其夫萧史乘凤飞升之前的住所。

【阅读提示】

本词笔触细腻，抒情凄婉。上片写不忍丈夫离去，着意刻画慵懒的情态；下片着重写怀念和痴情。

上片开头五句紧密围绕一个“慵”字。香冷不再换新香点燃，一慵也；被不叠，任凭胡乱摊堆床上，二慵也；起床后不愿梳头装扮，三慵也；梳妆匣上落满灰尘，懒得擦拭，四慵也；日上帘钩，人才起床，五慵也。词人为何如此慵懒而没心情？原来是“生怕离怀别苦”。这句为全词之眼，表现出夫妻离别前词人百无聊赖的神态、复杂矛盾的心理以及茫然若失的情绪；“多少事、欲说还休”，体现出主人公的善解人意，因为告诉丈夫，也只能增添丈夫的烦恼而已，故宁可把痛苦埋藏心底。后三句为上片之警策，本来因怕分别才容颜瘦损，但作者偏不直接说出。“新来瘦，非干病酒，不是悲秋”。那是为了什么，答案不言自明，而情味弥足矣。

下片设想别后的情景，省略了如何分别如何饯行的过程，直接写别后的情景。“念武陵人远，烟锁秦楼”。以下三句近乎痴话。流水本是无情物，怎能“念”呢？但正因这样写，才突出词人的孤独与痴情。一是写出终日在楼前凝眸远眺，或盼信或望归。二是楼前的流水可以映出她凝眸的神情，也只有流水方可证明体验她的痴情，抒情何其深婉，入木三分。结拍三句“凝眸处，从今又添，一段新愁”，承上用顶真格，将词意进一步深化。

【思考练习】

1. 谈谈本词是如何表现“愁”的。
2. 谈谈本词用典的丰富内涵。

贺新郎·别茂嘉十二弟

辛弃疾

【题解】

辛弃疾（1140—1207），字幼安，号稼轩，山东历城（今山东济南）人，南宋著名词人。出生时，中原已为金兵所占。21岁参加抗金义军，不久归南宋，历任湖北、江西、湖南、福建、浙东安抚使等职。一生力主抗金，但遭到主和派的打击，曾长期落职闲居于江西上饶、铅山一带，郁郁不得志。其词主要抒写力图恢复国家统一的爱国情怀，倾诉壮志难酬的悲愤，对当时执政者的屈辱求和颇多谴责；也有不少吟咏田园风光的作品。词作善化用前人典故，风格沉雄豪迈又不乏细腻柔媚之处，有《稼轩长短句》。

茂嘉是辛弃疾的族弟，当时因事贬官桂林。此词为送别茂嘉所作，借用诸多历史典故，抒发了英雄失意的苦闷之情。

绿树听鹈鴂[1]。更那堪、鹧鸪声住[2]，杜鹃声切。啼到春归无寻处，苦恨芳菲都歇[3]。算未抵[4]、人间离别。马上琵琶[5]关塞黑，更长门、翠辇辞金阙[6]。看燕燕，送归妾[7]。

将军[8]百战身名裂。向河梁[9]、回头万里，故人[10]长绝。易水[11]萧萧西风冷，满座衣冠似雪[12]。正壮士、悲歌未彻[13]。啼鸟还知如许恨[14]，料不啼清泪长啼血。谁共我，醉明月。

【注释】

[1] 鹈（tí）鴂（jué）：鸟名，据说这种鸟一般在春分时开始鸣叫，如果早于春分鸣叫，则年成不好，草木为之凋零，芬芳不得成也。一般比喻小人为害，君子不得进用。《楚辞·离骚》："恐鹈鴂之先鸣兮，使夫百草为之不芳。"

[2] 那堪：哪堪？不堪。鹧鸪，鸟名，鸣声凄切，如说"行不得也哥哥。"住，停。

[3] 芳菲：芳香的百花。歇，止，住。此处指花残。

[4] 未抵：比不上。

[5] 马上琵琶：指王昭君出塞事。

[6] 长门：指汉武帝陈皇后失宠事。《文选·长门赋序》："孝武皇帝陈皇后，时得幸，颇妒。别在长门宫，愁闷悲思。闻蜀郡成都司马相如，天下工为文，奉黄金百斤，为相如文君取酒，因于解悲愁之辞。而相如为文以悟主上，陈皇后复得亲幸。"翠辇，用翠鸟羽毛装饰的宫车，此指陈皇后所乘宫车。金阙，皇帝的宫殿。

[7] 燕燕：用《诗经·邶风·燕燕》典故。毛序："《燕燕》，卫庄姜送归妾也。"

[8] 将军：指汉武帝时李陵。李陵为飞将军李广之孙，带领五千兵马，深入匈奴腹地，战败，投降匈奴。

[9] 河梁：桥，指李陵别苏武事。《文选》李陵《与苏武诗》："携手上河梁，游子暮何之？"

[10] 故人：指苏武。

[11] 易水：指荆轲刺秦，易水送别之事，见《史记·刺客列传》。

[12] 衣冠似雪：指送别荆轲之人皆穿白衣、戴白帽。

[13] 悲歌：指《易水歌》。《史记·刺客列传》："太子及宾客知其事者，皆白衣冠以送之。至易水之上，既祖，取道，高渐离击筑，荆轲和而歌，为变徵之声，士皆垂泪涕泣。又前而为歌曰：'风萧萧兮易水寒，壮士一去兮不复还！'复为羽声慷慨，士皆瞋目，发尽上指冠。于是荆轲就车而去，终已不顾。"未彻，歌未唱完。

[14] 还知：倘知。如许恨，指上述的许多恨事。

【阅读提示】

这是一首寄寓着作者忧国深情的送别词。作者对他的族弟茂嘉调任远地深有感触。词题下有小注曰："鹈鴂、杜鹃实两种，见《离骚补注》。"以本词看，确是如此。而且三个鸟鸣叫的先后顺序也应如词中所写，即鹈鴂先鸣而鹧鸪次之，杜鹃为最晚。按《离骚》"恐鹈鴂之先鸣兮，使夫百草为之不芳"之意，鹈鴂之鸣当暮春之初。鹧鸪的鸣声云"行不得也哥哥"，既有留恋族弟之意，也有抗金之志难以实行之恨。杜鹃声如"不如归去”，则愤懑中稍有安慰，意谓如此政局，如此当权者，出仕真不如归隐，落职未必不是好事。但主调仍是壮志难酬之憾恨。词一开头，便用鸟的悲鸣和残春的凋零景象，衬托离愁别恨。但是，这绝不是在倾吐兄弟间的私情，而是借古喻今，用“马上琵琶”“长门”等历史故事，讽刺了宋王朝对金统治者妥协、求和的政策，表达了对投降敌人的将领的蔑视和自己壮志未酬的悲愤。“料不啼清泪长啼血”，是对统治当局的血泪控诉。知己之人将要离去，壮志难酬的悲愤无处诉说。杜鹃之啼叫声，本已凄切至极，而作者说“算未抵、人间离别”，写尽了人间离别之苦。全词充溢着浓郁的悲壮美。

【思考练习】

1. 诵读并体会本词的悲壮之美。
2. 谈谈本词用典的特点与作用。

第三节　现代诗歌名篇选讲

教我如何不想她

刘半农

【题解】

刘半农（1891—1934），江苏江阴人，原名寿彭，后名复，初字半侬，后改半农，晚号曲庵，中国新文化运动先驱，著名文学家、语言学家和教育家。曾参加辛亥革命，担任过《新青年》杂志的编辑，积极投身文学革命，提倡白话文。1920 年到英国伦敦大学学习实验语音学。1921 年转入法国巴黎大学学习，1925 年获得法国国家文学博士学位。所著《汉语字声实验录》荣获法国康士坦丁·伏尔内语言学专奖。1925 年回国，任北京大学国文系教授，讲授语音学。1934 年在北京病逝。主要作品有诗集《扬鞭集》、《瓦釜集》及《半农杂文》；他在 20 世纪 20 年代写的《半农谈影》，是中国第一部探讨摄影艺术的著作。

《教我如何不想她》是刘半农在 1920 于英国伦敦大学留学期间所作，是中国早期广为流传的重要诗篇。该诗由于音韵和谐、语言流畅，1926 年被著名的语言学家赵元任谱成曲，广为传唱。刘半农在这首诗中首创了“她”字的使用，受到广泛的赞誉。

天上飘着些微云，
地上吹着些微风。
啊！
微风吹动了我头发，

教我如何不想她？

月光恋爱着海洋，
海洋恋爱着月光。
啊！
这般蜜也似的银夜。
教我如何不想她？

水面落花慢慢流，
水底鱼儿慢慢游。
啊！
燕子你说些什么话？
教我如何不想她？

枯树在冷风里摇，
野火在暮色中烧。
啊！
西天还有些儿残霞，
教我如何不想她？

一九二〇年八月六日 伦敦

【阅读提示】

这首诗用了歌词的形式，融进了民歌风，同时又是不折不扣的现代白话诗，可谓三种风格、三种审美因素的完美统一。作者早在1918年初就呼吁对中国丰富的民歌资源进行搜集、整理和保存，并且身体力行。

民歌对作者诗歌创作的影响在这首诗中一望而知。全诗四节，每节五句：前两句都是七字，大体都是三个音步，并用韵（除第一节），如第四节的“枯树 / 在冷风里 / 摇”“野火 / 在暮色中 / 烧”；中间的第三句都用单独一个“啊”字，这反映出新诗初期抒情手段比较单一的特点，诗人往往用感叹词直抒胸臆；第四句都是八个字，大体上音步仍然是三个，第三和第四句的短长之变，则在整节诗中造成了节奏的大幅度改变；第五句每节相同，都是“教我如何不想她”七字，造成一唱三叹之感，同时第五句还和第四句押韵（除第二节外）。这首诗可以看作广义的格律诗，即在一首之内形成固定格律，但不追求每节都相同，保持了新诗的自由。

刘半农在“她”字从文字学角度正式提出（1923 年）之前，已经在《教我如何不想她》这首诗中大胆地使用这个字了。诗中的“她”有人说是指一位女性，有人说是指祖国。不管如何，“她”都蕴含着诗人的一种深挚的感情，启发他为祖国的文字贡献了一个重要的人称代词。由此，中国女性便获得了在语言形式上的明确的主体地位。

【思考练习】

1. 搜集材料，了解刘半农的生平及贡献。
2. 分析诗歌的意境。

一句话

闻一多

【题解】

闻一多（1899—1946），本名闻家骅，湖北浠水人。中国现代诗人、学者、民主战士，中国民盟早期领导人，新月派代表诗人。1923 年 9 月，出版第一本新诗集《红烛》。1924 年 6 月，毕业于美国科罗拉多大学。1925 年 7 月，诗《七子之歌》发表。1928 年 1 月，诗集《死水》出版。1932 年 8 月，任清华大学国文系教授。1945 年 3 月，联名发表《昆明文化界关于挽救当局危局的主张》。1946 年 7 月 15 日，在悼念李公朴的大会上，斥责国民党暗杀李公朴的罪行，下午，被国民党特务暗杀。

《一句话》写于 1925 年闻一多自美国留学回国后不久，选自诗集《死水》。

有一句话说出就是祸，
有一句话能点得着火。
别看五千年没有说破，
你猜得透火山的缄默？
说不定是突然着了魔，
突然青天里一个霹雳
爆一声：
“咱们的中国！”

这话教我今天怎么说？
你不信铁树开花也可，
那么有一句话你听着：
等火山忍不住了缄默，

不要发抖，伸舌头，顿脚，
等到青天里一霹雳
爆一声：
“咱们的中国！”

【阅读提示】

诗人用愤怒的笔调揭露当时中国黑暗的社会现实，通过多方呼唤“咱们的中国”这句话，表达了深厚的爱国主义思想及对理想中国的赞颂和追求。

诗中大量运用隐喻手法，使诗句更加含蓄、形象化；多次运用反复手法，强调主题，一唱三叹。全诗形式和谐，节奏强烈，表现出了高昂、自信的激情和格调。诗的语言平易自然，口语色彩较强，贯彻了诗人“节的匀称和句的匀齐”的“诗之建筑美”的艺术主张。

【思考练习】

1. “咱们的中国！”这句话，为什么作者感到“说出就是祸”呢？
2. 分析诗中修辞手法的重要作用。

寻梦者

戴望舒

【题解】

戴望舒（1905—1950），原名戴梦鸥，浙江杭县（今杭州）人，中国现代诗人，文学翻译家。1928 年《雨巷》一诗成为传诵一时的名作，他也因此被称为“雨巷诗人”。1923 年进入上海大学学习，后转入震旦大学学习法文。20 世纪 30 年代留学法国，受到法国文学特别是西方现代派文学的影响。1932 年与施蛰存等作家合办《现代》杂志，是现代诗派的代表作家。抗战爆发后，在香港主编报纸杂志，积极投入爱国的民族解放运动。1941 年底被捕入狱，在狱中写下了《狱中题壁》《我用残损的手掌》《心愿》《等待》等诗歌名篇。新中国成立后，在新闻总署从事编译工作，1950 年在北京病逝。戴望舒的诗集主要有《我的记忆》《望舒草》《望舒诗稿》《灾难的岁月》，另有译著数十种。

戴望舒的诗歌将中国古典诗词的营养、西方浪漫主义的情怀与现代派表现手法融为一体，形成了自己创作的特殊风格和色调。其诗境朦胧含蓄、语言奇幻唯美，韵律自然回环，“为新诗的音节开了一个新纪元”（叶圣陶）。

《寻梦者》发表于 1932 年 11 月出版的《现代杂志》第二卷第一期。这首诗歌将我们每一个人心中的梦想抒写到了极致。

梦会开出花来的，
梦会开出娇妍的花来的：
去求无价的珍宝吧。

在青色的大海里，
在青色的大海的底里，
深藏着金色的贝一枚。

你去攀九年的冰山吧，
你去航九年的旱海吧，
然后你逢到那金色的贝。

它有天上的云雨声，
它有海上的风涛声，
它会使你的心沉醉。

把它在海水里养九年，
把它在天水里养九年，
然后，它在一个暗夜里开绽了。

当你鬓发斑斑了的时候，
当你眼睛朦胧了的时候，
金色的贝吐出桃色的珠。

把桃色的珠放在你怀里，
把桃色的珠放在你枕边，
于是一个梦静静地升上来了。

你的梦开出花来了，
你的梦开出娇妍的花来了，
在你已衰老了的时候。

【阅读提示】

科学民主，民族新生与解放，是“五四”以来中国现代知识分子的理想和精神追求。尽管现实的黑暗使他们深知寻梦的艰辛和不易，也时有迷惘和困惑，但仍执着不移。戴望舒的《寻梦者》，既是那个时代一个群体的心灵之歌，也是人生真谛的形象写照。

诗人采用象征手法表达人生哲思。“梦”，寄寓了人生追求的一切美好事物，诗的重点放在寻梦的精神历程。梦绚丽可贵：它是无价的珍宝，会开出娇妍的花，是那“金色的贝”“它有天上的云雨声，它有海上的风涛声，它会使你的心沉醉”。同时寻梦艰难曲折，你须“攀九年的冰山”“航九年的旱海”。只有经过这样漫长而艰辛的历程，当你已“鬓发斑斑”“眼睛朦胧”时，“金色的贝”才会在一个“暗夜里开绽了”“吐出桃色的珠”。诗的最后两节，寻梦者实现了美好的夙愿，梦开出了美丽娇妍的花，而这是你“已衰老了的时候”。这里用回环复沓的节奏，将获得无价珍宝的幸福与感伤交融在一起，强化了情感浓度和人生感受：美好的理想是每个人内心深处的渴望，它会让我们充实而幸福，值得用一生的代价去追求，也往往需要用一生去追求。

《寻梦者》不仅运用了西方现代诗派的艺术手法，在许多方面也表现出传统诗歌的意蕴。诗人选择“金色的贝”与“桃色的珠”作为人生理想象征的载体，就深得传统诗歌意象的启迪。全诗每节三行，每节一二句或重复，或排比，大体押韵，富有音乐的旋律和美感。语言自然贴切，委婉含蓄，“在亲切的日常说话调子里舒卷自如”（卞之琳《〈戴望舒诗集〉序》）。

【思考练习】

1. 联系《寻梦者》一诗，谈谈你是欣赏理想的激情，还是理性的哲思。
2. 对比诗人生活的时代，谈谈你对中国梦的认识。

别丢掉

林徽因

【题解】

林徽因（1904—1955），又名徽音，祖籍福建闽侯（今福建福州），出生于浙江杭州。我国著名的建筑学家、作家，“中国现代文化史上的杰出女性”。 1920 年随父林长民赴欧洲游历。1924 年留学美国，入宾夕法尼亚大学美术学院，选修建筑系课程，获美术学士学位。后就读于美国耶鲁大学戏剧学院舞台美术系。 新中国成立后，在中华人民共和国国徽设计、人民英雄纪念碑设计和景泰蓝工艺革新等方面做出了贡献，著有《林徽因诗集》《林徽因文集》。

本诗写于1932年，发表于1936年3月15日的《大公报·文艺》。有学者认为是诗人为怀念与吊唁1931年因飞机失事而英年早逝的徐志摩而作。

别丢掉，
这一把过往的热情，
现在流水似的，
轻轻
在幽冷的山泉底，
在黑夜，在松林，
叹息似的渺茫，
你仍要保存着那真！
一样是月明，
一样是隔山灯火，
满天的星，
只有人不见，
梦似的挂起，
你向黑夜要回
那一句话——
你仍得相信
山谷中留着
有那回音！

【阅读提示】

《别丢掉》是一首描写逝情的渺茫与零落的典型诗篇，梦似的怀念，温情的对话，读后令人难以忘怀。那些往日的热情仿佛已逝去，但它依稀还像流水似的，在山泉底，在黑夜，在松林，轻轻地淌着。“我”（也就是抒情主体）的心中还眷恋着那一番逝情，“你”（情感诉诸的对象）也“仍要保存着那真”。今夜的天，与往日“一样是月明，一样是隔山灯火”，一样有“满天的星”如“梦似的挂起”。唯一不同的是没有了人。“你”若还希望兑现那一份情感，你就“仍得相信/山谷中留着/有那回音！”

诗人将浪漫主义的托物言情与现代主义的意象联络手法交织在一起，隐蓄巧妙地使用比喻，如“第一、二行和第八行本来是一句话的两种说法，只因‘流水’那个长比喻，又带着转个弯儿，便容易把读者绕住了”（朱自清《新诗杂话·解诗》）。诗中喻体本身往往兼具情感和理性的双重风貌，全诗隐曲的表达感情的方式别有韵味。

第四节 外国诗歌名篇选读

水 仙

［英］华兹华斯

【题解】

威廉·华兹华斯（1770—1850），英国杰出浪漫主义诗人。1798 年，他与柯勒律治合作出版《抒情歌谣集》。1800 年，诗集再版时，华兹华斯写了篇序言，该序言被视为英国浪漫主义文学的宣言。

本诗写于 1804 年，诗歌基调浪漫轻松，带有象征主义的色彩。

我独自漫游，像山谷上空
悠悠飘过的一朵云霓，
蓦然举目，我望见一丛
金黄的水仙，缤纷茂密；
在湖水之滨，树荫之下，
正随风摇，舞姿潇洒。

连绵密布，似繁星万点
在银河上下闪烁明灭。
这一片水仙，沿着湖湾
排成延续无尽的行列；
一眼便瞥见万朵千株，
摇颤着花冠，轻盈飘舞。

湖面的涟漪也迎风起舞，
水仙的欢悦却胜似涟漪；
有了这样愉快的伴侣，
诗人怎能不心旷神怡！
我凝望多时，却未曾想到
这美景给了我怎样的珍宝。

从此，每当我倚榻而卧，
或情怀抑郁，或心境茫然，
水仙呵，便在心目中闪烁——
那是我孤寂时分的乐园；
我的心灵便欢情洋溢，
和水仙一道舞踊不息。

杨德豫　译

【阅读提示】

《水仙》描写黄水仙之美及诗人的心绪和哲思。一开始，抒情主人公自比“一朵孤独的浮云”，让人不禁凝思其孤寂从何而生？如何将其从孤独中拯救出来？疑惑尚待解开，诗人却笔锋一转，猛然把一大片金黄的水仙花推到了眼前。花的欢乐与生机感染了诗人的情绪。这美丽景致中蕴藏着给“我”的精神珍宝，虽然当时不曾领悟，但是在久久的凝视中早已物我交融。一想到那曾经看见的遍地怒放的黄水仙，“我”寂寞的心灵就能得安慰，生机与活力也得以恢复。

有人将这首诗视为诗人对自身诗学思想的某种诠释：亲近自然，即可感受到生命的存在，获得慰藉，永葆童真与活力。

【思考练习】

1. 诗中的自然景物有何特征？
2. 结合本诗谈谈你对“物我浑融”的理解。

纪念碑

［俄］普希金

【题解】

普希金（1799—1837），被誉为俄国文学之父，俄国浪漫主义的主要代表，俄国现实主义文学的奠基人。代表作有长篇诗体小说《叶甫盖尼·奥涅金》，以及大量的抒情诗、叙事诗、中短篇小说。普希金短暂的一生，以他辉煌的成就为俄国进入世界文学大国行列奠定了坚实的基础。

普希金于 1836 年针对沙皇亚历山大建造纪念石柱创作了这首诗。

Exegi monumentum[1]

我为自己树起了一座天然的纪念碑，
人民的道路通向那里，再也不会荒芜，
他抬起了自己不屈的头，
　　高过亚历山大的纪念石柱。[2]

不，我不会完全死去——我的心灵
通过珍秘的琴声将超越我的骨灰、避免腐朽，
我将永享荣誉，即使在这月光下的世界
　　哪怕还只有一个诗人居留。

我的名字将传遍伟大的俄罗斯，
她那各族的语言将把我呼唤：
高傲的斯拉夫、芬兰，至今野蛮的通古斯，
　　还有卡尔梅克，草原的伙伴。

我之所以久久地为人民所喜爱，
是因为我用诗歌激起了他们善良的感情，
是因为我在这残酷的时代歌颂过自由，
　　并且为倒下的人们祈求宽容。

啊，诗神，永远听从上帝的意旨吧，
既不要怕凌辱，也不希求桂冠，
赞誉和诽谤，都可以漠不关心，
　　更不要和愚蠢的人们争辩。

魏荒弩　译

【注释】

[1] 拉丁语，古罗马诗人贺拉斯的诗句：“我树起一座纪念碑。”

[2] 亚历山大一世的纪念柱建立在彼得堡的皇宫广场上，1834 年 11 月，在此纪念柱揭幕的前几天，普希金为了避免参加典礼，特意离开了彼得堡。

【阅读提示】

《纪念碑》继承了古罗马诗人贺拉斯同名颂歌的形式，但表现了截然相反的内容。诗人一开始就以自豪的语气宣称为自己建立了一座“纪念碑”，它要高耸在彼得堡冬宫广场上的沙皇亚历山大的纪念石柱之上，人们将络绎不绝地去参拜。诗人以更加自豪和无比自信的语气预言，自己的名声“将传遍整个伟大的俄罗斯”，各个民族各种语言都在传颂着他的名字，虽然他的肉体会死去，但他的灵魂“永享荣誉”，他也会永远“为人民所喜爱”。诗人深信“在这残酷的时代歌颂过自由”，用诗歌为自己建立了一座永恒的丰碑，必将得到人民永远的敬爱。诗歌最后一节，诗人再次表明了自己从事诗歌创作的崇高志向和坚定信念。诗人告诉自己，无论自己的诗歌创作迎来的是赞誉还是诋毁，都无所希求、无所畏惧，他也决不辩解，因为他的使命就是用诗歌传播真理，为广大苦难的民众带来光明、自由和希望。

【思考练习】

1. 结合诗歌内容谈谈普希金在俄国文学史中的地位和贡献。
2. 结合本诗谈谈你对诗歌作用的理解。

第二章 散文鉴赏

"我所期待的散文，应该有声，有色，有光；应该有木箫的甜味，釜形大铜鼓的骚响，有旋转自如像虹一样的光谱，而明灭闪烁于字里行间的，应该有一种奇幻的光。一位出色的散文家，当他的思想与文字相遇，每如撒盐于烛，会喷出七色的火花。"

——余光中《〈左手的缪斯〉后记》

第一节 文体概述

散文这个概念在不同时期有不同的含义。古代把除韵文、骈文之外的文体都称为散文。新文化运动以来，散文与诗歌、小说、戏剧并列，成为文学体裁中的一种。目前通行的散文概念有广义和狭义之分。广义的散文既包括诗歌以外的一切文学作品，也包括一般科学著作、论文、应用文章。狭义的散文即文学意义上的散文，是指与诗歌、小说、剧本等并列的一种文学样式，包括抒情散文、叙事散文、杂文、游记等。文学散文是一种题材广泛、结构灵活，注重抒写真实感受、境遇的文学体裁。

中国散文有着悠久的历史。先秦散文以《尚书》《春秋》为代表，分为记言和记事两种。记言演变为论说散文，如诸子百家；记事发展为史传散文，如司马迁的《史记》。南北朝时刘勰提出文笔之辩，"笔"指除诗、赋之外的无韵散体文章。至新文化运动，在鲁迅、梁实秋、郁达夫、徐志摩、朱自清等作家的努力下，中国现代散文成为一种以审美的方式自由地抒写人生感受的文学体裁，"与诗，小说，戏剧并举，而为新文学的一个独立部门的东西，或称白话散文，或称抒情文，或称小品文"[①]。

① 朱自清：《什么是散文？》，载《朱自清选集学术论著》第2卷，河北教育出版社，1989，第488页。

一、散文的基本特征

（一）散文选择题材有广泛的自由

散文可以写人、叙事、写景、咏物、怀友、访旧，也可以描写风土人情，展示国际风云，细摹花鸟鱼虫。地方风习、街头景色、往事回忆、感情述怀，以及天上地下、古往今来，无所不可。而其他文学样式则不同。一般说来，只有比较完整的生活事件和人物形象才可以入小说；只有包含集中的矛盾冲突的生活现象才可以入戏剧。散文则不需要以某个人物为中心，也不需要叙述完整的故事情节，而往往摄取生活中的一个片段、一个侧面，抒写作家特定的感受和境遇。题材广泛多样，是我国散文的历史传统。先秦散文以记事、议论为主，范围相对狭小。到了汉魏六朝，散文的题材领域扩大了，增添了抒情的、写景的、记录士林轶闻琐传的内容。唐宋时期是中国古代文学性散文光彩夺目的时期，散文题材更为广阔，国计民生、人生哲理、自然景物、风土人情、历史掌故、亲朋交往、个人际遇、生产知识，五光十色，无所不包。“五四”时期的散文，继承了古代散文传统，同时吸收国外随笔的特点，时政评论、人生探讨、山水游记、城乡纪事……应有尽有。中国散文发展史提供了一条重要的经验，即题材的扩大，对散文的繁荣发展具有重大的意义。

（二）散文是一种结构自由的文学样式

与小说、戏剧等较规范的程式相比，它的结构没有严格的限制和固定的模式。灵活、随意，是它的长处。散文之“散”，较突出地体现了它的结构特征。中国现代作家李广田指出：“诗必须圆，小说必须严，而散文则比较散。若用比喻来说，那就是：诗必须像一颗珍珠那么圆满，那么完整……小说就像一座建筑，无论大小，它必须结构严密，配合紧凑……至于散文，我以为它很像一条河流，它顺了壑谷，避了丘陵，凡可以流处它都流到，而流来流去却还是归入大海，就像一个人随意散步一样，散步完了，于是回到家里去。这就是散文和诗与小说在体制上的不同之点，也就足以见出散文之为‘散’的特色来了。”[①] 散文之“散”，是形散神不散，散而有序，散而有凝。“形散”指散文运笔自如，不拘成法。散文作者在平素的生活中有所感触，于是随手拈来，生发开去，时而勾勒描绘，时而倒叙联想，时而抒情言志，时而侃侃议论。“神不散”，指中心明确、主题突出。零零散散、信笔所至的描写内容都贯穿在精深的思想感情的主线上，虽然落笔似不经心，却紧扣主题。

① 李广田：《谈散文》，载俞元桂主编《中国现代散文理论》，广西人民出版社，1983，第149页。

（三）散文是最接近生活真实的文学样式

记人叙事，状物写景，“有感而发”“有为而作”，抒写作家真实的现实感受和真实的生活境遇是散文的一大特点。中国现代作家吴伯箫说：“说真话，叙事实，写实物、实情，这仿佛是散文的传统。古代散文是这样，现代散文也是这样。”[①] 这说明了散文的写实性。散文中写的是实人、实事、实物、实情。何其芳的《毛泽东之歌》描写了1961年春天毛泽东如何为“我”修改《〈不怕鬼的故事〉序》一事。刘白羽的《巍巍太行山》反映了1939年朱德总司令的戎马生活。散文中抒写得更多的是作家的亲身经历。鲁迅的《朝花夕拾》全是忆旧的散文。百草园、三味书屋、藤野先生、长妈妈……作者所见、所闻、所感，写得真真切切。诚然，单纯记录一件实事或摹写一个实物，并不能称之为文学散文。散文必须写出作者对现实生活的真实的切身的感受，抒发真挚的情怀。鲁迅的《阿长与〈山海经〉》追忆了长妈妈对“我”的关心，抒发了“我”对长妈妈的怀念、歌颂之情，感人至深。真实的境遇与真实的感受，是散文艺术表现的核心。散文的写实并非对生活的机械摹写，它也要运用剪裁、取舍、提炼和比喻、拟人、象征等方法，但这都要建立在描写真情实感的基础上。

二、散文的类型

由于散文创作自由多样，因而其种类繁多。依照不同的标准和角度，可以将散文分为多种类型。一般根据散文的表达方式和表现对象，分为记叙性散文、抒情性散文和议论性散文三大类。

记叙性散文以叙事记人写景为主，表达方式侧重于叙述、描写。记叙性散文的叙事、记人和写景不同于小说，结构不要求完整连贯，往往只截取生活中的某些片段或几个侧面，在写作中多以第一人称“我”为线索将这些片段连缀起来。记叙性散文在描述中善于抓住事物的情状、人物的神采和景物的特色，其间也有抒情议论的成分。

抒情性散文以抒发作者的思想情感为主。情感在抒情性散文中占有重要地位。情感的表达可以是写景抒情，如朱自清的《荷塘月色》；也可以是咏物感怀，如茅盾的《白杨礼赞》；还可以是直抒胸臆，如巴金的《解剖自己》。优秀的抒情性散文总是以情感为中心调遣材料，以情为线索安排结构。

议论性散文侧重说理，表达作者对生活的看法和抒发某种关于人生的审美感受。议论性散文区别于一般议论文之处在于，普通议论文主要采用理论观点和事实依据说理，而议论性散文的说理是借助具体事实、运用文学语言和通过文学意象进行的，因而是一种具象的、以情感人的说理。汉代晁错的《论贵粟疏》《言兵事疏》、贾谊的《过秦论》

---

① 吴伯箫：《〈散文名作欣赏〉序》，载傅德岷、董味甘编《散文名作欣赏》，青海人民出版社，1981，第1页。

《治安策》都针对当时社会，以秦为喻、议论时事，是古代议论散文名作。议论性散文包括小品文、随笔、杂文等，它们或富于情思、寓意隽永，或随想随论、抒发生活感悟，或针砭时弊、一针见血。鲁迅的《坟》《热风》《二心集》《华盖集》等都是杂文中的经典作品。

第二节　古代散文名篇选讲

郑伯克段于鄢

《左传》

【题解】

《左传》又称《春秋左氏传》或《左氏春秋》，“传”就是对经文作注释的意思。《左传》就是对《春秋》这部经书的解释。孔子作《春秋》，微言大义，要言不烦，但记事太简略，相对生涩难懂。儒家把《春秋》看作重要的经典，为了弥补《春秋》记事简略的特点，解决生涩难懂的问题，出现了专门注释《春秋》的《左传》、《公羊传》和《谷梁传》，合称“春秋三传”。《左传》是我国第一部叙事详备的编年体历史著作，相传为春秋末年鲁国史官左丘明所作。

本文选自《左传·隐公元年》，记载了春秋初期发生在郑国的一场内战。“郑伯”指郑庄公，“克”是战胜的意思，“段”是郑庄公弟弟的名字，“鄢”是地名。“克”本来是用于敌对双方的，现在却用于骨肉兄弟之间，表明了作者对这一事件的看法。这种通过特定的词汇来隐含作者的意见和评价的表达方式，就是通常所说的“春秋笔法”。

初[1]，郑武公娶于申[2]，曰武姜[3]。生庄公及共叔段[4]。庄公寤[5]生，惊[6]姜氏，故名曰“寤生”，遂恶之[7]。爱共叔段，欲立之，亟请于武公[8]。公弗许[9]。

及庄公即位[10]，为之请制[11]。公曰：“制，岩邑也，虢叔死焉[12]，佗邑唯命[13]。”请京，使居之，谓之“京城大叔”[14]。祭仲[15]曰：“都城过百雉[16]，国之害也。先王之制：大都不过参国之一，中五之一，小九之一[17]。今京不度[18]，非制也[19]，君将不堪[20]。”公曰：“姜氏欲之，焉辟害[21]？”对曰：“姜氏何厌之有[22]？不如早为之所[23]，无使滋蔓[24]。蔓，难图也[25]。蔓草犹不可除，况君之宠弟乎[26]？”公曰：“多行不义，必自毙，子姑待之[27]。”

既而大叔命西鄙、北鄙贰于己[28]。公子吕曰[29]：“国不堪贰，君将若之何[30]？欲与大叔，臣请事之[31]；若弗与，则请除之。无生民心[32]。”公曰：“无庸，将自及[33]。”大叔又收贰以为己邑[34]，至于廪延[35]。子封曰：“可矣，厚将得众[36]。”公曰：“不义不昵[37]，厚将崩。”

大叔完聚[38]，缮甲兵，具卒乘，将袭郑[39]。夫人将启之[40]。公闻其期[41]，曰：“可矣！”命子封帅车二百乘以伐京[42]。京叛大叔段。段入于鄢[43]，公伐诸鄢[44]。五月辛丑[45]，大叔出奔共[46]。

书[47]曰：“郑伯克段于鄢。”段不弟[48]，故不言“弟”；如二君，故曰“克”[49]；称“郑伯”，讥失教也[50]，谓之郑志[51]。不言“出奔”，难之也[52]。

遂置姜氏于城颍，而誓之曰[53]：“不及黄泉，无相见也。”既而悔之[54]。颍考叔为颍谷封人[55]，闻之，有献于公[56]。公赐之食[57]。食舍肉[58]。公问之，对曰：“小人有母，皆尝小人之食矣，未尝君之羹[59]。请以遗之[60]。”公曰：“尔有母遗，繄我独无[61]！”颍考叔曰：“敢问何谓也[62]？”公语之故，且告之悔[63]。对曰：“君何患焉[64]？若阙地及泉[65]，隧而相见，其谁曰不然[66]？”公从之。公入而赋[67]：“大隧之中，其乐也融融！”姜出而赋：“大隧之外，其乐也泄泄[68]！”遂为母子如初[69]。

君子[70]曰：“颍考叔，纯孝也。爱其母，施及庄公[71]。《诗》曰：‘孝子不匮，永锡尔类[72]。’其是之谓乎[73]？”

【注释】

[1]初：当初，这是追述往事时的习惯用词。

[2]郑武公：姓姬，名掘突，郑桓公的儿子，郑国第二代君主。“武”是其谥号。“公”是诸侯的通称。申，春秋时国名，姜姓，伯爵，故址在今河南省南阳市北，后废。东周时期，周平王把其舅父申君封于谢，侯爵。谢在今河南唐河县南部。这里的“申”指后申国。

[3]武姜：郑武公之妻，“姜”是其娘家的姓，“武”是其丈夫武公的谥号。按：“武公”和下文的“庄公”、“共叔段”，都是本人死后才有的称呼。这里是史学家用后来的称呼来追称历史人物。

[4]共（gōng）叔段：郑庄公的弟弟，名段。他在兄弟之中年岁小，因此称“叔段”。

[5]寤（wù）生：难产的一种，胎儿的脚先生出来。寤，通“牾”，逆，倒着。

[6]惊：使动用法，使姜氏惊。

[7]遂恶（wù）之：于是厌恶他。遂，连词，于是，就。恶，厌恶。

[8]亟（qì）请于武公：屡次向武公请求。亟，屡次。于，介词，向。

[9]公弗许：武公不答应她。弗，不。

[10]及：介词，到。即位：就位。这里指君主登上君位。

[11]制：地名，又名虎牢，在今河南省荥（xíng）阳市汜水镇西。

[12]岩邑：险要的城镇。岩，险要。邑，人所聚居的地方。虢（guó）叔：东

虢国的国君。虢，指东虢，古国名，为郑国所灭。焉，介词兼指示代词，相当于“于彼”“于此”，代处所，在哪里。

［13］佗邑唯命：别的地方，听从您的吩咐。佗，同“他”，指示代词，别的，另外的。唯命，“唯命是听”的省略，只听从您的命令。“唯……是……”，是宾语前置的凝固形式。“唯”是副词，“是”是结构助词，宾语前置的标志。

［14］京：郑国邑名，在今河南省荥阳市南部。大，后来写作“太”。王力、朱骏声作古今字。《说文》段注：“太从大声，后世凡言大，而以为形容未尽则作太，如大宰，俗作太宰；大子，俗作太子，周大王俗作太王是也。”

［15］祭（zhài）仲：郑国的大夫，任国相，字足。所以又称“祭足”或“仲足”。

［16］都城过百雉（zhì）：大都首府的城墙超过了300丈。都：周代，王子弟、公卿、大夫采（cài）地（食邑）都可以称为“都”。浑言之，“都”是采地的领土区域范围；析言之，王子弟的采地为大都，公卿的采地为小都，大夫的采地为家邑。共叔段为国君之弟，其采地京应该为大都。大都是“大都之鄙之城”的省略。都的首府称鄙。百雉：古代城墙高一丈，长三丈为一雉，高一丈，长三百丈为百雉。这里指边长。

［17］大都不过参（sān）国之一：大城市的城墙不超过国都城墙的三分之一，参，同“三”。中五之一：中等城市城墙不超过国都城墙的五分之一，“五分国之一”的省略。小九之一：小城市的城墙不超过国都城墙的九分之一，“九分国之一”的省略。

［18］不度：不合法度。度，制度，法度。这里是名词用如动词，合法度。

［19］非制也：不是先王定下的制度。

［20］不堪：受不了，控制不住的意思。

［21］焉辟害：哪里能逃避祸害。焉，疑问代词，哪里；怎么。辟，“避”的古字。

［22］何厌之有：有何厌。有什么满足，宾语前置。何，疑问代词作宾语定语。之，结构助词，宾语前置的标志。厌，后来写作“餍”，饱，引申为满足。

［23］为之所：给他安排个地方，双宾语结构。为，动词，安排。之，代词，代共叔段。所，处所。

［24］无使滋蔓（zī màn）：不要让他滋长蔓延。无，通“毋”（wú），表示禁止、不要。滋蔓，滋长蔓延。

［25］图：除掉。

［26］犹：副词，还，尚且。况：连词，何况。按：“犹……，况……”，构成递进复句。

［27］多行不义，必自毙：多做不义的事，必定自己垮台。毙，本义倒下去、垮台。汉以后才有“死”义。姑：姑且，暂且。之，代词，代共叔段“自毙”的事。

［28］既而：副词性结构。随后；不久。命西鄙（bǐ）北鄙贰于己：命令原属庄公的西部和北部的边境城邑同时也臣属于自己。鄙：边邑，从邑，啚声，边境上的城邑。

贰：臣属于二主。

［29］公子吕：郑国大夫，字子封。

［30］国不堪贰：国人忍受不了两属的情况。因为两属地的人民需要加倍服役和缴纳赋税。若之何：固定结构，对这种情况怎么办呢？之，指“大叔命西鄙北鄙贰于己”这件事。

［31］与：给予。臣请事之：那么请求您允许我去侍奉他。请，这里作“请求您允许我……”解。事，动词，事奉。

［32］生民心：使民生二心。意思是：使百姓产生二心。生：使动用法。

［33］无庸：不用。“庸”“用”通用，一般出现于否定式。将自及：将自己赶上灾难。及，本义追赶上。

［34］收贰以为己：把两属的地方收为自己的领邑。贰，指原来贰属的西鄙北鄙。以为，“以之为”的省略。

［35］廪（lǐn）延：地名，河南省延津县北。

［36］厚将得众：势力雄厚，就能得到更多的百姓。众，指百姓。

［37］不义不昵（nì），厚将崩：共叔段对君不义，百姓就对他不亲，势力再雄厚，将要崩溃。昵，亲近，亲附。崩，山陵倒塌。这里指垮台。

［38］完聚：修治（城郭），聚集（百姓）。完，修葺（qì）。

［39］缮甲兵：修整作战用的甲衣和兵器。缮，修理。甲，铠甲。兵，兵器。具卒乘（shèng）：准备步兵和兵车。具，准备。卒，步兵。乘，四匹马拉的战车。袭：偷袭。行军不用钟鼓。杜预注：“轻行掩其不备曰袭”。

［40］夫人将启之：武姜将要为共叔段做内应。夫人，指武姜。启之，给段开城门，即作内应。启，为动用法。

［41］其期：共叔段袭郑的日期。

［42］帅车二百乘 ：率领二百辆战车。帅，率领。古代每辆战车配备甲士三人，步卒七十二人。二百乘，共甲士六百人，步卒一万四千四百人。

［43］入于鄢：逃到鄢地。

［44］诸：“之于”二字的合音。“之”代共叔段。

［45］辛丑：干支纪日。天干：甲乙丙丁戊己庚辛壬癸。地支：子丑寅卯辰巳（sì）午未申酉戌（xū）亥。二者相配，用以纪日，汉以后亦用以纪年。即二十三日。

［46］出奔共：出逃到共国（避难）。奔，逃亡。

［47］书：写。《春秋》上写着。

［48］弟：后来写作“悌（tì 敬爱兄长）”。不弟，不行悌道。意思是说共叔段不遵守做弟弟的本分。

［49］克：兄弟俩如同两个国君一样争斗，所以用“克”字；克，战胜。

［50］称郑伯，讽失教也：称庄公为“郑伯”，是讥讽他对弟弟失教。讥，讽刺。失教，庄公本有教弟之责而未教。

［51］谓之郑志：赶走共叔段是出于郑庄公的本意。指郑庄公对共叔段欲擒故纵，从而酿成其罪，最后达到讨伐杀戮的目的。志，意愿。

［52］不言出奔，难之也：不写共叔段自动出奔，是史官下笔有为难之处。

［53］置：放置，放逐。誓之：对动，对她发誓。

［54］黄泉：地下的泉水，喻墓穴，指死后。悔之：因动，因为这事后悔。之，代词，代安置姜氏于城颍和发誓的事。

［55］颍考叔：郑国大夫，执掌颍谷（今河南登封西）。封人：管理边界的地方长官。封，聚土培植树木。古代国境以树（沟）为界，故为边界标志。

［56］献：进献的东西。献作宾语，动词活用为名词。

［57］赐之食：赏给他吃的。双宾语结构。

［58］舍：舍弃、放下。

［59］羹：带汁的肉食。《尔雅·释器》：“肉谓之羹。”

［60］以：衬音助词。遗（wèi）之：赠送给她。

［61］繄（yī）我独无：我却单单没有啊！繄：句首语气副词，表示仅限于某一范围，可以译为“只有”“唯有”等 。

［62］敢问何谓也：冒昧地问问你说的是什么呢？敢，表谦副词，冒昧。何谓，即“谓何”。疑问句中，代词作宾语，宾语要前置。

［63］语之故，告之悔：都是双宾语结构。故，原故，原因。悔，后悔的心情。

［64］何患焉：您在这件事上忧虑什么呢？患，忧虑；担心。焉，于是。

［65］阙：通“掘”，挖。

［66］隧而相见：挖个地道，在那里见面。隧，隧道，这里用作动词，指挖隧道。其，语气词，加强反问的语气。然，指示代词，这样，代庄公对姜氏发的誓言。

［67］入：走进隧道。赋：赋诗。孔颖达疏：“谓自作诗也。”

［68］大隧之中，其乐也融融：走进隧道里，和乐自得的样子。大隧之外，其乐也洩洩（yì）：走出隧道外，舒畅快乐的样子。融融，和乐自得的样子。洩洩，舒畅快乐的样子。

［69］遂为母子如初：从此作为母亲和儿子像当初一样。

［70］君子：道德高尚的人。

［71］纯：《尔雅·释诂》：“纯，大也。”施（yì）：延及；影响。

［72］孝子不匮，永锡尔类：孝子的孝心没有穷尽，永远影响自己的同类。匮，尽。锡，通“赐”，赐给。这里作“影响”解。

［73］其：表推测语气副词，大概。是：代词，这种情况，做前置宾语。之：结构

助词，宾语前置的标志。

【阅读提示】

本文记叙了春秋初期郑国王室内部的一场斗争，通过郑庄公与其弟共叔段为争夺权力而勾心斗角以至兵戎相见的历史事件，揭露了当时统治阶级的残酷无情和虚伪卑鄙。

本文刻画人物性格颇为成功。作者围绕郑庄公与共叔段争夺权力这一中心，将各色人物置于尖锐复杂的矛盾冲突之中进行描写，通过人物的不同言行刻画其不同的性格。诸如庄公的阴险狠毒、工于心计，共叔段的贪婪狂妄、愚昧无知，姜氏的偏狭昏聩，以私情干政，以及祭仲的老成持重，公子吕的直率急躁，颍考叔的聪慧机敏，都表现得鲜明生动。在刻画人物时，作者以郑庄公为主，以共叔段、姜氏为映衬，以祭仲、公子吕、颍考叔等为烘托，使人物性格在相互映衬比照中显得更为突出。

本文还体现了《左传》善于剪裁史料的特点。作者略写庄公"克段于鄢"的战争经过，详写这场战争的起因及矛盾不断激化的过程，以集中笔墨刻画人物，揭示其内心世界，从而突出文章的主线。此外，作者还选取了"庄公寤生"、颍考叔"食舍肉"、姜氏和庄公"隧而相见"等生活细节，将其与重大的政治斗争结合起来描写，对表现人物性格、深化主题起到了重要作用。

【思考与练习】

1. 本文所表现的主题是什么?

2. 概括庄公、姜氏、共叔段、颍考叔的性格特征，并结合文中的有关描写作简要分析。

伯夷列传

《史记》

【题解】

《史记》，原名《太史公书》，是西汉史学家司马迁撰写的中国历史上第一部纪传体通史，记载了上至黄帝时代，下至汉武帝太初四年间共三千多年的历史。全书包括十二本纪（记历代帝王政绩）、三十世家（记诸侯国和汉代诸侯、勋贵兴亡）、七十列传（记重要人物的言行事迹，主要叙人臣，其中最后一篇为自序）、十表（大事年表）、八书（记各种典章制度，记礼、乐、音律、历法、天文、封禅、水利、财用），共一百三十篇，五十二万六千五百余字。《史记》被列为"二十四史"之首，与《汉书》《后汉书》《三国志》合称"前四史"，对后世史学和文学发展都产生了深远影响，被鲁迅誉为"史家之绝唱，无韵之《离骚》"。

本文是《史记》七十列传中的第一篇。

夫学者载籍极博，犹考信于六艺。诗书虽缺，然虞夏之文可知也。尧将逊位，让于虞舜，舜禹之间，岳牧咸荐[1]，乃试之于位，典职数十年[2]，功用既兴，然后授政。示天下重器，王者大统，传天下若斯之难也。而说者曰尧让天下于许由[3]，许由不受，耻之逃隐。及夏之时，有卞随、务光者[4]。此何以称焉？太史公曰：余登箕山，其上盖有许由冢云。孔子序列古之仁圣贤人，如吴太伯、伯夷之伦详矣。余以所闻由、光义至高，其文辞不少概见，何哉？

孔子曰："伯夷、叔齐，不念旧恶，怨是用希。""求仁得仁，又何怨乎？"余悲伯夷之意，睹轶诗可异焉。其传曰：伯夷、叔齐，孤竹君之二子也[5]。父欲立叔齐，及父卒，叔齐让伯夷。伯夷曰："父命也。"遂逃去。叔齐亦不肯立而逃之。国人立其中子。于是伯夷、叔齐闻西伯昌善养老，盍往归焉。及至，西伯卒，武王载木主[6]，号为文王，东伐纣。伯夷、叔齐叩马而谏曰："父死不葬，爰及干戈[7]，可谓孝乎？以臣弑君，可谓仁乎？"左右欲兵之。太公曰："此义人也。"扶而去之。武王已平殷乱，天下宗周，而伯夷、叔齐耻之，义不食周粟，隐於首阳山，采薇而食之。及饿且死，作歌。其辞曰："登彼西山兮，采其薇矣。以暴易暴兮，不知其非矣。神农、虞、夏忽焉没兮，我安适归矣？于嗟徂兮[8]，命之衰矣！"遂饿死于首阳山。由此观之，怨邪非邪？

或曰："天道无亲，常与善人。"若伯夷、叔齐，可谓善人者非邪？积仁洁行如此而饿死！且七十子之徒，仲尼独荐颜渊为好学。然回也屡空，糟糠不厌，而卒蚤夭。天之报施善人，其何如哉？盗跖日杀不辜[9]，肝人之肉，暴戾恣睢，聚党数千人横行天下，竟以寿终。是遵何德哉？此其尤大彰明较著者也。若至近世，操行不轨，专犯忌讳，而终身逸乐，富厚累世不绝。或择地而蹈之，时然后出言，行不由径，非公正不发愤，而遇祸灾者，不可胜数也。余甚惑焉，傥所谓天道，是邪非邪？

子曰："道不同不相为谋"，亦各从其志也。故曰："富贵如可求，虽执鞭之士，吾亦为之。如不可求，从吾所好"。"岁寒，然后知松柏之后凋"。举世混浊，清士乃见。岂以其重若彼，其轻若此哉？

"君子疾没世而名不称焉。"贾子曰："贪夫徇财[10]，烈士徇名，夸者死权，众庶冯生[11]。""同明相照，同类相求。""云从龙，风从虎，圣人作而万物睹。"伯夷、叔齐虽贤，得夫子而名益彰。颜渊虽笃学，附骥尾而行益显。岩穴之士[12]，趣舍有时若此，类名堙灭而不称，悲夫！闾巷之人，欲砥行立名者[13]，非附青云之士，恶能施于后世哉[14]？

【注释】

[1]岳牧：岳，四岳，传说是尧舜时期分掌四方部落的首领。牧，九牧，九州的长官。

[2]典：主持。

[3]许由：相传上古时代的隐士，尧要让位给他，他不愿意接受，逃到颍水以北，箕山之下，农耕而食。尧召他为九州长，他用颍水洗耳，不愿听闻。

[4]卞随、务光：相传商汤灭夏之后，让位给他们，他们都拒不接受，或投水而死或隐居而去。

[5]孤竹：商时的国名，在今河北卢龙县。

[6]木主：人死后用木牌立的灵位。

[7]爰：乃，就，于是。

[8]于嗟徂（cú）：于嗟，即吁嗟，感叹词。徂，同“殂”，死亡。

[9]盗跖（zhí）：相传为春秋时期反抗贵族统治的领袖，被诬蔑为盗贼。“盗”是诬蔑之称。

[10]徇：同“殉”，为……而死亡。

[11]冯（píng）：同“凭”，凭借，仗恃。

[12]岩穴之士：指隐士。

[13]砥（dǐ）：磨刀石，这里作动词，培养锻炼。

[14]施（yì）：延续。

【阅读提示】

伯夷、叔齐是我国古代社会坚守节操、注重节义的典型人物。本文以孔子等人的言论为线索，以许由、务光等人的事迹作陪衬，简要叙述伯夷、叔齐二人在父亲死后不愿继承王位，不食周粟，隐居于首阳山，最后饿死在山上的事迹。司马迁歌颂了他们注重节义的高尚品德，同时提出“天之报施善人，其何如哉”的疑问，对“天道”和人世间的许多既成观点表示怀疑。

文章第一段转述尧、舜时期关于许由、务光等人的各种传说，用含蓄的笔法提出尖锐的问题：“余以所闻由、光义至高，其文辞不少概见，何哉？”这是为什么呢？ 留下悬念，引起下文。接着，作者以孔子的言语为线索，记叙伯夷、叔齐的事迹，突出了二人“义”的品质。首先，作者澄清了关于他们死时毫无怨恨的说法。其次，作者探讨了伯夷、叔齐“积仁洁行如此而饿死”，与“天道无亲，常与善人”的天道观有很大出入的现象。作者列举了颜渊、盗跖等人的事迹，最终否认了这种天道观。最后，文章说明伯夷、叔齐能够名闻后世，而许由、务光却不为后人所知晓，主要是因为他们有孔子的称赞。作者提出即使“岩穴之士”，也“趋舍有时”的观点。

本文虽然是一篇传记，但以议论为主，穿插叙事，运笔自然，流走跌宕。第一段所叙述的内容，看似闲笔，与伯夷、叔齐毫无关系，实则引出作者对一系列问题的思考。文末一段与第一段遥相呼应，既解答问题，又使文章结构紧凑。本文颇似一篇考证辨析文章，通过分析各种言论和记载，澄清事实，提出新的问题，突显了司马迁作为一个历史学家的学识和修养，以及对人生和社会问题的关注和思考。

【思考练习】

1. 简要说明《史记》在中国文学史和史学史上的重要地位和历史价值。
2. 司马迁为什么将《伯夷列传》列为首篇？

种树郭橐驼传

柳宗元

【题解】

柳宗元（773—819），字子厚，唐代河东（今山西运城）人，杰出诗人、哲学家、儒学家、政治家，唐宋八大家之一。因为他是河东人，人称柳河东，又因终于柳州刺史任上，又称柳柳州。柳宗元与韩愈同为中唐古文运动的领导人物，并称“韩柳”。在中国文化史上，其诗、文成就均极为杰出，可谓一时难分轩轾。

柳宗元作品有《永州八记》等六百多篇文章，经后人辑为三十卷，名为《柳河东集》。柳宗元深切同情下层人民的悲惨处境，在作品中深刻揭露和批判社会生活不合理现象。他的说理散文说理透辟、笔锋犀利，具有很强的说服力；山水游记刻画细致、寄托深远，往往寓情于景，情景交融，具有很高的艺术性；一些讽刺寓言，篇幅虽小，寓意深刻，也为后人广为传颂；诗歌风格幽峭洁净，自成一体。

这篇文章是柳宗元早年在长安任职时期的作品。郭橐驼因驼背而得名，郭橐驼种树的本事已不可考。此文是针对当时官吏繁政扰民的现象而为言的。

郭橐驼[1]，不知始何名。病偻[2]，隆然伏行[3]，有类橐驼者[4]，故乡人号之“驼”。驼闻之曰：“甚善。名我固当。”因舍其名，亦自谓“橐驼”云。

其乡曰丰乐乡，在长安西。驼业种树[5]，凡长安豪富人为观游及卖果者[6]，皆争迎取养[7]。视驼所种树，或移徙，无不活；且硕茂，早实以蕃[8]。他植者虽窥伺效慕[9]，莫能如也[10]。

有问之，对曰：“橐驼非能使木寿且孳也[11]，能顺木之天，以致其性焉尔[12]。凡植木之性，其本欲舒[13]，其培欲平[14]，其土欲故[15]，其筑欲密[16]。既然已[17]，勿动勿虑，去不复顾[18]。其莳也若子[19]，其置也若弃[20]，则其天者全而其性得矣。故吾不害其长而已，非有能硕茂之也；不抑耗其实而已[21]，非有能早而蕃之也。他植者则不然，根拳而土易[22]，其培之也，若不过焉则不及[23]。苟有能反是者[24]，则又爱之太殷[25]，忧之太勤。旦视而暮抚，已去而复顾。甚者，爪其肤以验其生枯[26]，摇其本以观其疏密，而木之性日以离矣[27]。虽曰爱之，其实害之；虽曰忧之，其实仇之；故不我若也[28]。吾又何能为哉？”

问者曰：“以子之道，移之官理[29]，可乎？”驼曰：“我知种树而已，理，非吾业也。然吾居乡，见长人者好烦其令[30]，若甚怜焉[31]，而卒以祸[32]。旦暮吏来而呼曰：‘官命促尔耕，勖尔植[33]，督尔获；早缫而绪[34]，早织而缕[35]；字而幼孩[36]，遂而鸡豚[37]。’鸣鼓而聚[38]之，击木而召之[39]。吾小人辍飧饔以劳吏者[40]，且不得暇，又何以蕃吾生而安吾性耶？故病且怠[41]。若是[42]，则与吾业者，其亦有类乎？”

问者嘻曰[43]：“不亦善夫！吾问养树，得养人术。”

传其事以为官戒[44]。

【注释】

[1] 橐（tuó）驼：骆驼。这里指驼背。

[2] 病偻（lǚ）：患了脊背弯曲的病。偻：脊背弯曲。指驼背。

[3] 隆然：脊背突起而弯腰行走。伏行：俯下身体走路。

[4] 有类：有些像。

[5] 业种树：以种树为职业。

[6] 为观游：经营园林游览。为，从事，经营。

[7] 争迎取养：争着迎接雇用（郭橐驼）。取养，雇用。

[8] 硕茂：高大茂盛。早实：早结果实。实：结果实，名词做动词。以：而且，连词，作用同“而”。蕃：多。

[9] 他植者：其他种树的人。窥伺效慕：暗中观察，羡慕效仿。窥伺，偷偷地察看。效慕，仿效，慕也是“效”的意思。

[10] 莫：没有谁，代词。如：比得上，动词。

[11] 有问之：有人问他（种树的经验）。木：树。橐驼：古人最郑重最恭敬的自称法，是自称其名，可译“我”。寿且孳（zī）：活得长久而且繁殖茂盛。孳，繁殖。

[12] 天：指自然生长规律。致其性：使它按照自己的本性成长。致，使达到。焉尔：罢了，句末语气词连用。

[13] 凡：凡是，所有，表示概括，副词。植木之性：按树木的本性种植。性，指树木固有的特点。本：树根。欲：要。舒：舒展。

[14] 培：培土。

[15] 故：旧。

［16］筑：捣土。密：结实。

［17］既然：已经这样。已：（做）完了。勿动：不要再动它。勿虑：不要再担心它。

［18］去：离开。顾：回头看。其：如果，连词。

［19］莳（shì）：栽种。若子：像对待子女一样精心。

［20］置：放在一边。若弃：像丢弃了一样不管。

［21］不抑耗其实：不抑制、损耗它的果实（的成熟过程）。

［22］早而蕃：使动用法，使……（结实）早而且多。根拳：树根拳曲。土易：更换新土。

［23］若不过焉则不及：如果不是过多就是不够。若……则……，如果……那么（就），连接假设复句的固定结构。焉，句中语气词，无义。

［24］苟：如果，连词。反是者：与此相反的人。

［25］爱之太殷：爱它太情深。殷，有情义。这里可引申为“深”的意思。

［26］爪其肤：掐破树皮。爪，掐，作动词用。以：表目的，连词，用来。验：检验。

［27］日以离：一天天地失去。以，连词，连接状语和动词，不译。

［28］不我若：不若我，比不上我。否定句中代词作宾语时一般要置于动词前。若，及，赶得上，动词。

［29］理：治理百姓。

［30］长（zhǎng）人者：为人之长者，指当官治民的地方官。大县的长官称“令”，小县的长官称“长”。烦其令：不断发号施令。烦，使繁多。

［31］若甚怜：好像很爱（百姓）。焉：代词，同“之”。

［32］卒以祸：以祸卒，以祸（民）结束。卒，结束。最终给百姓带来灾害。

［33］勖（xù）：勉励。

［34］缫（sāo）：煮茧抽丝。而：通“尔”，你们。绪：丝头。

［35］早织而缕：早点纺好你们的线。缕，线。

［36］字：养育。

［37］遂而鸡豚（tún）：喂养好你们的鸡和猪。遂，顺利地成长。豚，猪。

［38］聚之：召集百姓。聚，使聚集。

［39］木：这里指木梆。

［40］辍飧（sūn）饔（yōng）：不吃饭。辍，停止。飧，晚饭。饔，早饭。

［41］病且怠：困苦又疲劳。病，困苦。怠，疲倦。

［42］若是：像这样。

［43］嘻：感叹词，表示高兴。

［44］官戒：当官者的鉴戒。

【阅读提示】

《种树郭橐驼传》是一篇借为人物立传生发议论的寓言性传记文。文章通过对郭橐驼种树之道的记叙，说明“顺木之天，以致其性”是“养树”的法则，并由此推论出“养人”的道理，指出为官治民不能“好烦其令”，批评中唐吏治的扰民、伤民，反映出作者同情人民的思想和改革弊政的愿望。这种借传立说、因事出论的写法，别开生面。文章的中心意旨是揭露当时“长人者好烦其令”的社会弊端，阐发作者“养民”治国的进步思想。

本文说理总体上采用类比方法，用种树类比治民，用种树要“顺木之天，以致其性”类比治民要“顺民之天，以致民之性”，用种树要“其莳也若子”类比做官要爱护老百姓，用种树要“其置也若弃”类比治国要让老百姓休养生息，用“他植者”种树“爱之太殷，忧之太勤”类比“长人者好烦其令”。如此层层类比，环环相扣，说透了种树的原理，也就把治民的道理讲清楚了。

文章阐述种树的道理，采用了对比手法。郭橐驼种树和“他植者”种树，在原理、态度、方法和结果诸方面构成了对比。这一系列对比，将种树过程中的是与非、正与误、利与弊都衬托得十分清晰。

文章第三自然段中写“他植者”种树的两种错误态度时，略写态度马虎方面，详写“爱之太殷，忧之太勤”方面，这是为了与后文中揭露“长人者好烦其令”的社会弊端相对应，体现了文中剪裁详略得当、脉络前后照应贯通的艺术特点。

全文以记言为主，在记言中穿插描写，错落有致，引人入胜。

【思考练习】

1. 细读文本，分析文章的类比方法。
2. 说明文中第三自然段中的对比手法。

赵武灵王胡服骑射

司马光

【题解】

司马光（1019—1086），字君实，号迂叟，陕州夏县（今属山西）涑水乡人，世称涑水先生。北宋政治家、史学家、文学家。宋宝元元年（1038），进士及第，累迁龙图阁直学士。宋神宗时，反对王安石变法，离开朝廷十五年，主持编纂了编年体通史《资治通鉴》。历仕仁宗、英宗、神宗、哲宗四朝，官至尚书左仆射兼门下侍郎。元祐元年（1086）去世，追赠太师、温国公，谥号文正。司马光为人温良谦恭、刚正不阿；做事用功，刻苦勤奋。以“日力不足，继之以夜”自诩，堪称儒学教化下的典范。生平著作甚多，主要有《温国文正司马公文集》《稽古录》《涑水记闻》《潜虚》等。

《资治通鉴》是中国第一部官修编年体通史，是“正史”的代表作，记载了上起战国周威烈王二十三年（前403），下讫后周世宗显德六年（959）。宋神宗钦定的书名，“鉴于往事，有资于治道”。该书以时间为“纲”，以事件为“目”，纲举则目张，时索则事叙。本文选自《资治通鉴》卷三，主要讲述赵武灵王为加强边防，下令进行“胡服骑射”改革的历史故事。

赵武灵王[1]北略中山之地[2]，至房子[3]，遂至代[4]，北至无穷[5]，西至河[6]，登黄华[7]之上。与肥义谋胡服骑射以教百姓[8]，曰：“愚者所笑，贤者察焉。虽驱世以笑我[9]，胡地、中山，吾必有之！”遂胡服。

国人皆不欲，公子成称疾不朝[10]。王使人请之曰：“家听于亲，国听于君。今寡人作教易服而公叔不服[11]，吾恐天下议己也。制国有常[12]，利民为本；从政有经[13]，令行为上[14]。明德先论于贱[15]，而从政先信于贵[16]，故愿慕公叔之义以成胡服之功也[17]。”公子成再拜稽首曰[18]：“臣闻中国者[19]，圣贤之所教也，礼乐之所用也，远方之所观赴也，蛮夷之所则效[20]也。今王舍此而袭远方之服，变古之道，逆人之心，臣愿王孰图之也[21]！”使者以报。王自往请之，曰：“吾国东有齐、中山，北有燕、东胡，西有楼烦、秦、韩之边[22]。今无骑射之备，则何以守之哉？先时中山负齐之强兵[23]，侵暴吾地，系累吾民[24]，引水围鄗[25]；微社稷之神灵，则鄗几于不守也[26]，先君丑之[27]。故寡人变服骑射，欲以备四境之难，报中山之怨[28]。而叔顺中国之俗，恶变服之名，以忘鄗事之丑[29]，非寡人之所望也。”公子成听命，乃赐胡服，明日服而朝。于是始出胡服令，而招骑射焉[30]。

【注释】

［1］赵武灵王（？—前295）：名雍，赵肃侯之子，周显王四十四年（前325）即位。

［2］北略：向北攻占。中山之地：中山国的土地，今河北定州一带。中山，古代国名。

［3］房子：古地名，今河北临城。

［4］代：古地名，代郡，今山西大同一带。

［5］无穷：自代郡上出塞外，大漠数千里，故称无穷。

［6］河：黄河。

［7］黄华：山名，在黄河边上。

[8] 肥义：赵国的国相。胡服：战国时北方游牧民族的服装，窄袖短装，皮靴皮带，头戴羽冠。

[9] 驱世：意为世上所有的人。

[10] 公子成：赵武灵王的叔父。

[11] 不服：不穿胡服。

[12] 制国：治理国家。

[13] 有经：有一定的原则。

[14] 令行：政令得以施行。

[15]“明德”句：意思是修明德行必须先让百姓论议明白。贱，指底层的百姓。

[16]“而从政”句：意思是贯彻政令首先要使贵族信服奉行。

[17] 慕公叔之义：仰仗叔父的声望。

[18] 稽首：叩头至地，是古时最恭敬的一种跪拜礼。

[19] 中国：中原地区。

[20] 则效：取法仿效。

[21] 孰图：深思熟虑。孰，同“熟”。

[22] 楼烦：古代国名，今山西省西北部。

[23] 负：依仗。

[24] 系累：用绳索捆绑，指被俘。

[25] 鄗（hào）：赵国城名，今河北柏乡北。

[26] 微：否定性假设连词，如果不是。几于：几乎。

[27] 丑：意动用法，以……羞耻。

[28] 故：发语词，与“夫”相当。难：危难。怨：怨恨，仇恨。

[29] 顺：遵循。以：连词，作用同“而”。

[30] 于是：在这种情况下。始：才，方才。招骑射：招募骑兵射手。

【阅读提示】

《赵武灵王胡服骑射》最早见于《战国策》，后《史记·赵世家》中也有记载。司马光在《资治通鉴》中做了简练的描述，突出了它的重要意义。文章记叙了倡导改革的国君赵武灵王从战争实际出发，主张胡服骑射的故事。赵武灵王不拘泥于旧习俗，敢于摒弃偏见，以他人之长补自己之短，向其他民族学习好的习惯和技艺，用以完善自己的军队，是一位有魄力、有远见的政治家。

“胡服”不同于中原地区的长袍大褂、宽领肥腰的汉族服装，比较轻便利索，适宜于骑马作战；“骑射”也不同于兵车布阵，驰骋沙场，灵活机动，利于克敌制胜。但是，“胡服骑射”与中原民情风习、战争模式相悖，与士大夫“夏夷有别”的观念冲突。因此，赵武灵王欲“胡服骑射以教百姓”时，“国人皆不欲”，群臣均反对。面对这种情况，赵武灵王没有退缩，而是坚持改革。他采取了正确方法来推行这一举措：一是靠耐心说服，不强制推行；二是以朝中重臣，自己的叔父作为突破口；三是亲自登门做说服工作；四是将国家利益放在首位。于是取得了成功。

这则故事具有多方面的历史文化意义。它揭开了我国古代战争史上由车战转变为“骑射”的重要一页；体现了古代各民族之间的交流与融合；同时也是古代思想文化方面的一场改革。赵武灵王勇于变革、坚持变革的精神，善于变革的智慧，今天看来，尤其值得肯定，值得学习。

【思考练习】

1. 赵武灵王的胡服骑射令为什么能够成功推行？
2. 赵武灵王推行的胡服骑射有何历史意义？

文与可画筼筜谷偃竹[1]记

苏轼

【题解】

苏轼（1037—1101），字子瞻，号东坡居士，眉州眉山（今属四川）人。宋嘉祐二年（1057）与弟苏辙同登进士，授福昌县主簿、大理评事、签书凤翔府节度判官，召直史馆。元丰二年（1079）知湖州时，因“乌台诗案”入狱，次年贬黄州团练副使。元祐元年（1086），为中书舍人，翰林学士，知制诰。绍圣元年（1094），又被劾奏讥斥先朝，远贬惠州、儋州。元符三年（1100），始被召北归，次年卒于常州。

苏轼诗、词、文、书、画皆工，是继欧阳修之后北宋文坛的领袖人物，与父亲苏洵、弟弟苏辙同列“唐家八大家”，称为“三苏”。他的散文汪洋恣肆，明白畅达，作品有《东坡七集》《东坡乐府》等。

文与可是苏轼的表兄兼好友，北宋画家，善画山水，尤善画竹，创深墨为面、淡墨为背的竹叶画法，开后世“湖州竹派”，曾画《筼筜谷偃竹》赠苏轼。元丰二年（1079）正月，文与可病逝。七月，苏轼在湖州曝晒书画，看到文与可的这幅遗作，写了这篇题记。

竹之始生，一寸之萌耳[2]，而节叶具焉。自蜩腹蛇蚹[3]，以至于剑拔十寻者[4]，生而有之也。今画者乃节节而为之，叶叶而累之[5]，岂复有竹乎[6]？故画竹必先得成竹于胸中[7]，执笔熟视，乃见其所欲画者，急起从之，振笔直遂[8]，以追其所见，如兔起鹘落[9]，少纵则逝矣[10]。与可之教予如此。予不能然也，而心识其所以然[11]。夫既心识其所以然，而不能然者，内外不一，心手不相应，不学之过也。故凡有见于中，而操之不熟者，平居自视了然，而临事忽焉丧之[12]，岂独竹乎？

子由为《墨竹赋》[13]，以遗与可，曰：“庖丁，解牛者也，而养生者取之[14]；轮扁，斫轮者也，而读书者与之[15]。今夫夫子之托于斯竹也，而予以为有道者则非耶[16]？”子由未尝画也，故得其意而已。若予者，岂独得其意，并得其法。

与可画竹，初不自贵重。四方之人，持缣素而请者[17]，足相蹑于其门[18]。与可厌之，投诸地而骂曰：“吾将以为袜。”士大夫传之，以为口实[19]。及与可自洋州还，而余为徐州[20]。与可以书遗余曰：“近语士大夫：‘吾墨竹一派，近在彭城[21]，可往求之。’袜材当萃于子矣[22]。”书尾复写一诗，其略曰：“拟将一段鹅溪绢[23]，扫取寒梢万尺长[24]。”予谓与可：“竹长万尺，当用绢二百五十匹。知公倦于笔砚，愿得此绢而已。”与可无以答，则曰：“吾言妄矣，世岂有万尺竹哉？”余因而实之[25]，答其诗曰：“世间亦有千寻竹，月落庭空影许长[26]。”与可笑曰：“苏子辩则辩矣，然二百五十匹绢，吾将买田而归老焉[27]。”因以所画《筼筜谷偃竹》遗予，曰：“此竹数尺耳，而有万尺之势。”筼筜谷在洋州，与可尝令予作《洋州三十咏》，《筼筜谷》其一也。予诗云：“汉川修竹贱如蓬[28]，斤斧何曾赦箨龙[29]。料得清贫馋太守，渭滨千亩在胸中[30]。”与可是日与其妻游谷中，烧笋晚食，发函得诗，失笑喷饭满案。

元丰二年正月二十日，与可没于陈州[31]。是岁七月七日，予在湖州曝书画[32]，见此竹，废卷而哭失声[33]。昔曹孟德祭桥公文，有车过腹痛之语[34]，而予亦载与可畴昔戏笑之言者[35]，以见与可于予亲厚无间如此也。

【注释】

[1] 筼筜（yún dāng）谷：地名，在洋州（今陕西洋县）西北，谷中多产竿粗节长的竹子，叫筼筜竹，故名。偃竹：仰斜的竹子。

[2] 萌：嫩芽。这里指出生的竹笋。

[3]“自蜩蝮”句：这句是以蝉壳、蛇鳞形容竹子初生时的形状。蜩蝮（tiáo fù）：蝉壳。蛇蚹（fù）：蛇腹下的横鳞。

[4] 剑拔：剑从鞘中拔出。这里用来形容修长的竹子，如剑出鞘，挺拔有力。寻：古代八尺为一寻。

[5] 累：加，积。

[6] 岂复有竹乎：怎么还会有（完整而有生气的）竹子呢？

[7]“故画竹”句：指画竹之前，心里先有完整的竹子的形象。成：完整的。

[8] 振笔直遂：动笔作画，一气呵成。直，径直。遂，完成。

[9] 兔起鹘落：兔子跃起奔跑，鹘鸟从空中俯冲而下搏击追赶。这句形容挥笔迅速。鹘（hú），一种猛禽。又名隼（sǔn）。

[10] 少纵则逝：稍一放松，时机就消失了。少，稍微。

［11 "予不能"二句：我虽不能做到这样，但心里明白这样做的道理。然：这样。

［12］忽焉丧之：忽然不见了，忘记了。丧，丧失。

［13］子由：即苏辙，字子由，苏轼的弟弟。

［14］"庖丁"三句：语出《庄子·养生主》。意思是：庖丁是宰割牛的，而讲求养生之道的人可以从中悟出养生的道理。庖丁：掌厨的人叫"庖"，名丁。《庄子·养生主》说：庖丁解牛的技艺高妙，因为他能洞悉牛的骨骼肌理，运刀自如，十九年解了数千只牛，其刀刃还同新磨的一样，毫无损伤。文惠君听了庖丁的介绍后，说："善哉！吾闻庖丁之言，得养生焉。"这里指宰牛的人。取：取法。

［15］"轮扁"三句：轮扁是斫轮的，（他所讲的道理），读书的人也赞成。语出《庄子·天道》。《庄子·天道》载：桓公在堂上读书，轮扁在堂下斫轮，轮扁停下工具，说桓公所读的书都是古人的糟粕。桓公责问其由。轮扁说："臣斫轮不徐不疾，得之于手而应于心，口不能言，有数存焉于其间。却无法用口传授给别人。"轮扁：斫轮的工匠，名扁。斫（zhuó）：砍，削。

［16］"今夫夫子"二句：现从您在所画的竹上托寓的意蕴来看，我认为您是深知物理的人，难道不是吗？夫子：指文与可。托：寄托。

［17］缣（jiān）素：古人用来作画的白绢。

［18］足相蹑（niè）：脚互相踩碰，形容来求文与可作画的人很多。

［19］口实：话柄。

［20］余为徐州：我任徐州知州。苏轼于熙宁十年（1077）至元丰二年（1079）任徐州知州。

［21］"吾墨竹"二句：我们画墨竹这一流派的人，（已传到）近在徐州的苏轼。彭城：即今江苏徐州。文与可是湖州墨竹派的宗师。

［22］"袜材"句：做袜子的材料（指画绢）将要聚集到您那里去了。萃（cuì）：聚集。

［23］鹅溪：地名，在四川盐亭西北，附近产名绢，称鹅溪绢。唐时用它做贡品，宋人多用以作书画材料。宋人绘画以它为上品。

［24］扫：指用笔作画。寒梢：指竹。因竹耐寒，故名。

［25］实：证实。

［26］影许长：影子有这么长。许：这样。

［27］归老：归家养老。

［28］汉川：汉水。修竹：长竹。蓬：蓬草。

［29］斤：斧头。箨（tuò）龙：竹笋的别名。

［30］"渭滨千亩"句：这句话字面的意思是苏轼戏言文与可吃了渭水岸边的千亩竹林，实指他胸中装着丰富的竹子形象。渭滨：渭川之滨。渭水河边以产竹闻名。千亩：

千亩竹林。《史记·货殖列传》有赞语称，“渭川千亩竹”。

［31］没：通“殁”，死亡。陈州：今河南淮阳。文与可于元丰元年十月调任湖州知州，从开封赴任，走到陈州的宛丘驿病逝，年六十一岁。

［32］曝（pù）：晒。

［33］废卷：放下画卷。

［34］“昔曹孟德”二句：据《三国志·魏书·武帝纪》裴松之的注文记载，曹操年轻时，桥玄很赏识他。桥玄死后，曹操路过故乡谯郡，用太牢的隆重仪式祭祀桥玄，并作《祀故太尉桥玄文》，文中写道：“又承从容约誓之言：‘殂逝之后，路有经由，不以斗酒只鸡相沃酹，车过三步，腹痛勿怪。’虽临时戏笑之言，非至亲之笃好，胡肯为此辞乎？”本篇引此典故，说明曹操与桥玄之间亲密的关系，从而表白自己和文与可之间亲密的关系。

［35］畴（chóu）昔：昔日，从前。

【阅读提示】

本篇是苏轼为好友文与可《筼筜谷偃竹》画卷所写的一篇题画记。我们既可把它看成一篇很有见地的文艺随笔，又可视之为悼念性的记人散文。

作为文艺随笔，本文阐发了“胸有成竹”和“心手相应”两方面的创作思想。前者是说，对客观事物必须反复观察，凝神结想，一旦构思成熟、灵感突发，就应不失时机地加以捕捉，一气呵成地创造出完整而有生气的艺术形象；后者是说，从艺术构思的完成，到艺术形象的诞生，必须掌握熟练的艺术技巧，将心中意象化为笔底造型，而技巧的掌握只有通过不断地学习、实践，舍此别无他法。把两者结合起来，则展示了从观察到构思、再到表达这一艺术创作的主要环节和基本过程。

作为记人散文，作者叙述了文与可的轶事和两人之间的交往，如关于万尺竹的辩论，诗画互赠引起的笑谈，都表现了文与可豁达、爽朗、风趣的个性，以及两人之间亲厚无间的情谊。作者睹画思人，忆旧伤怀，悼念之情，十分感人。

全文以画竹一线贯穿始终，集叙事、议论、抒情于一炉，文笔如行云流水，好似从作者胸中自然流出，滔滔汩汩，毫无滞碍，舒卷自如；语言天然本色、朴素清新、文从字顺、活泼流畅。中国社科院文学研究所研究员陶文鹏在《苏轼集》中评价：此篇洒脱轻灵，如行云流水，处处生机，以诙谐写沉痛，以洒脱状深情，非唯见东坡之高才，更是见东坡之至情的妙文。

【思考练习】

1. 作者在这篇文章中阐述了哪些艺术创作思想？

2. 作者记叙了文与可哪些轶事？表现了文与可怎样的性格特征？

第三节 现代散文名篇选讲

今

李大钊

【题解】

李大钊（1889—1927），字守常，直隶乐亭（今属河北）人。中国共产党主要创始人之一。青年时期即立志报效祖国，留学日本时接触马克思主义学说，回国后，从事新文化运动。他在1917—1919年，连续发表了多篇热情宣传俄国革命和马克思主义的文章，并与资产阶级改良派展开“问题与主义”的论战。1918年发起组织马克思学说研究会和共产主义小组。1927年，被奉系军阀杀害，其时尚不到38岁。其著述结集出版的有《李大钊选集》《李大钊诗文选集》。

《今》写于1918年，发表在《新青年》杂志上，后收入《李大钊文集》，本文选自《李大钊文集》。

我以为世间最可宝贵的就是“今”，最易丧失的也是“今”。因为他最容易丧失，所以更觉得他可以宝贵。

为什么“今”最可宝贵呢？最好借哲人耶曼孙所说的话答这个疑问：“尔若爱千古，尔当爱现在。昨日不能唤回来，明天还不确实，尔能确有把握的就是今日。今日一天，当明日两天。”

为什么“今”最易丧失呢？因为宇宙大化[1]，刻刻流转，绝不停留。时间这个东西，也不因为吾人贵他爱他稍稍在人间留恋。试问吾人说“今”、说“现在”，茫茫百千万劫[2]，究竟哪一刹那是吾人的“今”，是吾人的“现在”呢？刚刚说他是“今”是“现在”，他早已风驰电掣的一般，已成“过去”了。吾人若要糊糊涂涂把他丢掉，岂不可惜？

有的哲学家说，时间但有“过去”与“未来”，并无“现在”。有的又说，“过去”、“未来”皆是“现在”。我以为“过去未来皆是现在”的话倒有些道理。因为“现在”就是所有“过去”流入的世界；换句话说，所有“过去”都埋没于“现在”的里边。故一时代的思潮，不是单纯在这个时代所能凭空成立的。不晓得有几多“过去”时代的思潮，差不多可以说是由所有“过去”时代的思潮一起凑合而成的。吾人投一石子于时代潮流里面，所激起的波澜声响，都向永远流动传播，不能消灭。屈原的《离骚》，永远使人感泣。打击林肯头颅的枪声[3]，呼应于永远的时间与空间。一时代的变动，绝不消失，仍遗留于次一时代，这样传演，至于无穷，在世界中有一贯相联的永远性。昨日的事件与今日的事件，合构成数个复杂事件。此数个复杂事件与明日的数个复杂事件，更合构成数个复杂事件。势力结合势力，问题牵起问题。无限的“过去”都以“现在”为归宿，无限的“未来”都以“现在”为渊源。“过去”、“未来”的中间全仗有“现在”以成其连续，以成其永远，以成其无始无终的大实在。一掣现在的铃，无限的过去未来皆遥相呼应。这就是过去未来皆是现在的道理。这就是“今”最可宝贵的道理。

【注释】

[1] 宇宙大化：指大自然，客观世界。

[2] 劫，梵文“劫波”的简称，古印度传说世界经过若干万年毁灭一次，再重新开始，这样一个周期叫一“劫”。

[3] 林肯：1861—1865 年任美国总统，主张维护联邦统一，逐步废除奴隶制，后被奴隶主指使暴徒刺死。

【阅读提示】

文章开门见山提出中心论点：“世间最可宝贵的就是‘今’，最易丧失的也是‘今’”。作者认为“今”最容易丧失，所以最可以宝贵，因而告诫青年要珍惜今天，立足现实，把握现在，担负起改造社会、创造未来的历史使命。

全文观点鲜明，说理透彻，运用多种论据展开论证。在论证“今”最可宝贵时，引用了哲人耶曼孙的至理名言作为理论依据；在论证“今”最易丧失时，又用宇宙世界刻刻流转、绝不停留作为事实依据；在论证过去、现在、未来三者关系时，又以屈原的《离骚》和打击林肯头颅的枪声这些历史事实作例证。

作者善于将高深的哲理与具体的知识融为一体，深入浅出，使抽象的道理更具形象性，更有感染力。在论证过程中，文章体现出逻辑的严密性。最后一段，作者先抛出两种看法，肯定后者的说法有道理。接着联系社会思潮，用形象的比喻和历史事实阐明了“过去”和“现在”有一贯相连的永远性。然后又指出这些问题互相连接，合构在一起，必然与“未来”相连，从而强调要面对现实。最后推论出：无限的“过去”都以“现在”为归宿，无限的“未来”都以“现在”为渊源，“过去”“未来”的中间全仗有“现在”以成其连续，以成其永远，于是将“过去未来皆是现在”的道理揭示得十分深刻，再次照应全文的中心论点“今最可宝贵”。

【思考练习】

1. 如何理解“过去未来皆是现在”这句话的含义？

2. 分析第四自然段，划分层次并概括大意。

桨声灯影里的秦淮河

朱自清

【题解】

朱自清（1898—1948），原名自华，字佩弦，号实秋。祖籍浙江绍兴，生于江苏东海县，童年随父定居扬州，自称扬州人。文学研究会成员。20世纪20年代开始文学创作，先写诗，后写散文，是著名的诗人、散文家。曾任清华大学、西南联大教授。抗战胜利后积极支持学生运动。1948年抗议美国扶持日本，拒绝接受“美援”面粉，8月病逝于北京。一生著作20余种，近200万字。

1923年8月，朱自清与俞平伯同游秦淮河，以《桨声灯影里的秦淮河》为题，各作散文一篇。两篇文章因风格不同、各有千秋而传世，成为现代文学史上的一段佳话。

一九二三年八月的一晚，我和平伯同游秦淮河；平伯是初泛，我是重来了。我们雇了一只“七板子”，在夕阳已去，皎月方来的时候，便下了船。于是桨声汩——汩，我们开始领略那晃荡着蔷薇色的历史的秦淮河的滋味了。

秦淮河里的船，比北京万生园，颐和园的船好，比西湖的船好，比扬州瘦西湖的船也好。这几处的船不是觉着笨，就是觉着简陋，局促；都不能引起乘客们的情韵，如秦淮河的船一样。秦淮河的船约略可分为两种：一是大船；一是小船，就是所谓“七板子”。大船舱口阔大，可容二三十人。里面陈设着字画和光洁的红木家具，桌上一律嵌着冰凉的大理石面。窗格雕镂颇细，使人起柔腻之感。窗格里映着红色蓝色的玻璃；玻璃上有精致的花纹，也颇悦人目。“七板子”规模虽不及大船，但那淡蓝色的栏杆，空敞的舱，也足系人情思。而最出色处却在它的舱前。舱前是甲板上的一部，上面有弧形的顶，两边用疏疏的栏杆支着。里面通常放着两张藤的躺椅。躺下，可以谈天，可以望远，可以顾盼两岸的河房。大船上也有这个，但在小船上更觉清隽罢了。舱前的顶下，一律悬着灯彩；灯的多少，明暗，彩苏的精粗，艳晦，是不一的，但好歹总还你一个灯彩。这灯彩实在是最能钩人的东西。夜幕垂垂地下来时，大小船上都点起灯火。从两重玻璃里映出那辐射着的黄黄的散光，反晕出一片朦胧的烟霭；透过这烟霭，在黯黯的水波里，又逗起缕缕的明漪。在这薄霭和微漪里，听着那悠然的间歇的桨声，谁能不被引入他的美梦去呢？只愁梦太多了，这些大小船儿如何载得起呀？我们这时模模糊糊的谈着明末的秦淮河的艳迹，如《桃花扇》及《板桥杂记》里所载的。我们真神往了。我们仿佛亲见那时华灯映水，画舫凌波的光景了。于是我们的船便成了历史的重载了。我们终于恍然秦淮河的船所以雅丽过于他处，而又有奇异的吸引力的，实在是许多历史的影象使然了。

秦淮河的水是碧阴阴的；看起来厚而不腻，或者是六朝金粉所凝么？我们初上船的时候，天色还未断黑，那漾漾的柔波是这样恬静，委婉，使我们一面有水阔天空之想，一面又憧憬着纸醉金迷之境了。等到灯火明时，阴阴的变为沉沉了：黯淡的水光，像梦一般；那偶然闪烁着的光芒，就是梦的眼睛了。我们坐在舱前，因了那隆起的顶棚，仿佛总是昂着首向前走着似的；于是飘飘然如御风而行的我们，看着那些自在的湾泊着的船，船里走马灯般的人物，便像是下界一般，迢迢的远了，又像在雾里看花，尽朦朦胧胧的。这时我们已过了利涉桥，望见东关头了。沿路听见断续的歌声；有从沿河的妓楼飘来的，有从河上船里度来的。我们明知那些歌声，只是些因袭的言词，从生涩的歌喉里机械的发出来的；但它们经了夏夜的微风的吹漾和水波的摇拂，袅娜着到我们耳边的时候，已经不单是她们的歌声，而混着微风和河水的密语了。于是我们不得不被牵惹着，震撼着，相与浮沉于这歌声里了。从东关头转湾，不久就到大中桥。大中桥共有三个桥拱，都很阔大，俨然是三座门儿；使我们觉得我们的船和船里的我们，在桥下过去时，真是太无颜色了。桥砖是深褐色，表明它的历史的长久；但都完好无缺，令人太息于古昔工程的坚美。桥上两旁都是木壁的房子，中间应该有街路？这些房子都破旧了，多年烟熏的迹，遮没了当年的美丽。我想象秦淮河的极盛时，在这样宏阔的桥上，特地盖了房子，必然是髹漆得富富丽丽的；晚间必然是灯火通明的，现在却只剩下一片黑沉沉！但是桥上造着房子，毕竟使我们多少可以想见往日的繁华；这也慰情聊胜无了。过了大中桥，便到了灯月交辉，笙歌彻夜的秦淮河，这才是秦淮河的真面目哩。

大中桥外，顿然空阔，和桥内两岸排着密密的人家的景象大异了。一眼望去，疏疏的林，淡淡的月，衬着蓝蔚的天，颇像荒江野渡光景；那边呢，郁丛丛的，阴森森的，又似乎藏着无边的黑暗；令人几乎不信那是繁华的秦淮河了。但是河中眩晕着的灯光，纵横着的画舫，悠扬着的笛韵，夹着那吱吱的胡琴声，终于使我们认识绿如茵陈酒的秦淮水了。此地天裸露着的多些，故觉夜来的独迟些；从清清的水影里，我们感到的只是薄薄的夜——这正是秦淮河的夜。大中桥外，本来还有一座复成桥，是船夫口中的我们的游迹尽处，或也是秦淮河繁华的尽处了。我的脚曾踏过复成桥的脊，在十三四岁的时候。但是两次游秦淮河，却都不曾见着复成桥的面；明知总在前途的，却常觉得有些虚无缥缈似的。我想，不见倒也好。这时正是盛夏。我们下船后，藉着新生的晚凉和河上的微风，暑气已渐渐消散；到了此地，豁然开朗，身子顿然轻了——习习的清风荏苒在面上，手上，衣上，这便又感到了一缕新凉了。南京的日光，大概没有杭州猛烈；西湖的夏夜老是热蓬蓬的，水像沸着一般，秦淮河的水却尽是这样冷冷地绿着。任你人影的憧憧，歌声的扰扰，总像隔着一层薄薄的绿纱面幕似的；它尽是这样静静的，冷冷的绿着。我们出了大中桥，走不上半里路，船夫便将船划到一旁，停了桨由它宕着。他以为那里正是繁华的极点，再过去就是荒凉了；所以让我们多多赏鉴一会儿。他自己却静静的蹲着。他是看惯这光景的了，大约只是一个无可无不可。这无可无不可，无论是升的沈的，总之，都比我们高了。

那时河里闹热极了；船大半泊着，小半在水上穿梭似的来往。停泊着的都在近市的那一边，我们的船自然也夹在其中。因为这边略略的挤，便觉得那边十分的疏了。在每一只船从那边过去时，我们能画出它的轻轻的影和曲曲的波，在我们的心上；这显着是空，且显着是静了。那时处处都是歌声和凄厉的胡琴声，圆润的喉咙，确乎是很少的。但那生涩的，尖脆的调子能使人有少年的，粗率不拘的感觉，也正可快我们的意。况且多少隔开些儿听着，因为想象与渴慕的做美，总觉更有滋味；而竞发的喧嚣，抑扬的不齐，远近的杂沓，和乐器的嘈嘈切切，合成另一意味的谐音，也使我们无所适从，如随着大风而走。这实在因为我们的心枯涩久了，变为脆弱；故偶然润泽一下，便疯狂似的不能自主了。但秦淮河确也腻人。即如船里的人面，无论是和我们一堆儿泊着的，无论是从我们眼前过去的，总是模模糊糊的，甚至渺渺茫茫的；任你张圆了眼睛，揩净了眦垢，也是枉然。这真够人想呢。在我们停泊的地方，灯光原是纷然的；不过这些灯光都是黄而有晕的。黄已经不能明了，再加上了晕，便更不成了。灯愈多，晕就愈甚；在繁星般的黄的交错里，秦淮河仿佛笼上了一团光雾。光芒与雾气腾腾的晕着，什么都只剩了轮廓了；所以人面的详细的曲线，便消失于我们的眼底了。但灯光究竟夺不了那边的月色；灯光是浑的，月色是清的。在浑沌的灯光里，渗入一派清辉，却真是奇迹！那晚月儿已瘦削了两三分。她晚妆才罢，盈盈的上了柳梢头。天是蓝得可爱，仿佛一汪水似的；月儿便更出落得精神了。岸上原有三株两株的垂杨树，淡淡的影子，在水里摇曳着。它们那柔细的枝条浴着月光，就像一支支美人的臂膊，交互的缠着，挽着；又像是月儿披着的发。而月儿偶尔也从它们的交叉处偷偷窥看我们，大有小姑娘怕羞的样子。岸上另有几株不知名的老树，光光的立着；在月光里照起来，却又俨然是精神矍铄的老人。远处——快到天际线了，才有一两片白云，亮得现出异彩，像是美丽的贝壳一般。白云下便是黑黑的一带轮廓；是一条随意画的不规则的曲线。这一段光景，和河中的风味大异了。但灯与月竟能并存着，交融着，使月成了缠绵的月，灯射着渺渺的灵辉，这正是天之所以厚秦淮河，也正是天之所以厚我们了。

这时却遇着了难解的纠纷。秦淮河上原有一种歌妓，是以歌为业的。从前都在茶舫上，唱些大曲之类。每日午后一时起；什么时候止，却忘记了。晚上照样也有一回，也在黄晕的灯光里。我从前过南京时，曾随着朋友去听过两次。因为茶舫里的人脸太多了，觉得不大适意，终于听不出所以然。前年听说歌妓被取缔了，不知怎的，颇涉想了几次——却想不出什么。这次到南京，先到茶舫上去看看，觉得颇是寂寥，令我无端的怅怅了。不料她们却仍在秦淮河里挣扎着，不料她们竟会纠缠到我们，我于是很张皇了，她们也乘着“七板子”，她们总是坐在舱前的。舱前点着石油汽灯，光亮眩人眼目：坐在下面的，自然是纤毫毕见了——引诱客人们的力量，也便在此了。舱里躲着乐工等人，映着汽灯的余辉蠕动着；他们是永远不被注意的。每船的歌妓大约都是二人；天色一黑，她们的船就在大中桥外往来不息的兜生意。无论行着的船，泊着的船，都要来兜揽的。这都是我后来推想出来的。那晚不知怎样，忽然轮着我们的船了。我们的船好好的停着，一只歌舫划向我们来了；渐渐和我们的船并着了。烁烁的灯光逼得我们皱起了眉头；我们的风尘色全给它托出来了，这使我踧踖不安了。那时一个伙计跨过船来，拿着摊开的歌折，就近塞向我的手里，说："点几出吧！"他跨过来的时候，我们船上似乎有许多眼光跟着。同时相近的别的船上也似乎有许多眼睛炯炯的向我们船上看着。我真窘了！我也装出大方的样子，向歌妓们瞥了一眼，但究竟是不成的！我勉强将那歌折翻了一翻，却不曾看清了几个字；便赶紧递还那伙计，一面不好意思地说："不要。我们……不要。"他便塞给平伯，平伯掉转头去，摇手说："不要！"那人还腻着不走。平伯又回过脸来，摇着头道，"不要！"于是那人重到我处，我窘着再拒绝了他。他这才有所不屑似的走了。我的心立刻放下，如释了重负一般。我们就开始自白了。

我说我受了道德律的压迫，拒绝了她们；心里似乎很抱歉的。这所谓抱歉，一面对于她们，一面对于我自己。她们于我们虽然没有很奢的希望；但总有些希望的。我们拒绝了她们，无论理由如何充足，却使她们的希望受了伤；这总有几分不做美了。这是我觉得很怅怅的。至于我自己，更有一种不足之感。我这时被四面的歌声诱惑了，降伏了；但是远远的，远远的歌声总仿佛隔着重衣搔痒似的，越搔越搔不着痒处。我于是憧憬着贴耳的妙音了。在歌舫划来时，我的憧憬，变为盼望；我固执的盼望着，有如饥渴。虽然从浅薄的经验里，也能够推知，那贴耳的歌声，将剥去了一切的美妙；但一个平常的人像我的，谁愿凭了理性之力去丑化未来呢？我宁愿自己骗着了。不过我的社会感性是很敏锐的；我的思力能拆穿道德律的西洋镜，而我的感情却始终被它压服着。我于是有所顾忌了，尤其是在众目昭彰的时候。道德律的力，本来是民众赋予的；在民众的面前，自然更显出它的威严了。我这时一面盼望，一面却感到了两重的禁制：一，在通俗的意义上，接近妓者总算一种不正当的行为；二，妓是一种不健全的职业，我们对于她们，应有哀矜勿喜之心，不应赏玩的去听她们的歌。在众目睽睽之下，这两种思想在我心里最为旺盛。她们暂时压倒了我的听歌的盼望，这便成就了我的灰色的拒绝。那时的心实在异常状态中，觉得颇是昏乱。歌舫去了，暂时宁静之后，我的思绪又如潮涌了。两个相反的意思在我心头往复：卖歌和卖淫不同，听歌和狎妓不同，又干道德甚事？——但是，但是，她们既被逼的以歌为业，她们的歌必无艺术味的；况她们的身世，我们究竟该同情的。所以拒绝倒也是正办。但这些意思终于不曾撇开我的听歌的盼望。它力量异常坚强；它总想将别的思绪踏在脚下。从这重重的争斗里，我感到了浓厚的不足之感。这不足之感使我的心盘旋不安，起坐都不安宁了。唉！我承认我是一个自私的人！平伯呢，却与我不同。他引周启明先生的诗，"因为我有妻子，所以我爱一切的女人；因为我有子女，所以我爱一切的孩子。"他的意思可以见了。他因为推及的同情，爱着那些歌妓，并且尊重着她们，所以拒绝了她们。在这种情形下，他自然以为听是对于她们的一种侮辱。但他也是想听歌的，虽然不和我一样。所以在他的心中，当然也有一番小小的争斗；争斗的结果，是同情胜了。至于道德律，在他是没有什么的；因为他很有蔑视一切的倾向，民众的力量在他是不大觉着的。这时他的心意的活动比较简单，又比较松弱，故事后还怡然自若；我却不能了。这里平伯又比我高了。

在我们谈话中间，又来了两只歌舫。伙计照前一样的请我们点戏，我们照前一样的拒绝了。我受了三次窘，心里的不安更甚了。清艳的夜景也为之减色。船夫大约因为要赶第二趟生意，催着我们回去；我们无可无不可的答应了。我们渐渐和那些晕黄的灯光远了，只有些月色冷清清的随着我们的归舟。我们的船竟没个伴儿，秦淮河的夜正长哩！到大中桥近处，才遇着一只来船。这是一只载妓的板船，黑漆漆的没有一点光。船头上坐着一个妓女；暗里看出，白地小花的衫子，黑的下衣。她手里拉着胡琴，口里唱着青衫的调子。她唱得响亮而圆转；当她的船箭一般驶过去时，余音还袅袅的在我们耳际，使我们倾听而向往。想不到在弩末的游踪里，还能领略到这样的清歌！这时船过大中桥了，森森的水影，如黑暗张着巨口，要将我们的船吞了下去。我们回顾那渺渺的黄光，不胜依恋之情；我们感到了寂寞了！这一段地方夜色甚浓，又有两头的灯火招邀着；桥外的灯火不用说了，过了桥另有东关头疏疏的灯火。我们忽然仰头看见依人的素月，不觉深悔归来之早了！走过东关头，有一两只大船湾泊着，又有几只船向我们来着。嚣嚣的一阵歌声人语，仿佛笑我们无伴的孤舟哩。东关头转弯，河上的夜色更浓了；临水的妓楼上，时时从帘缝里射出一线一线的灯光；仿佛黑暗从酣睡里眨了一眨眼。我们默然的对着，静听那汩——汩的桨声，几乎要入睡了；朦胧里却温寻着适才的繁华的余味。我那不安的心在静里愈显活跃了！这时我们都有了不足之感，而我的更其浓厚。我们却又不愿回去，于是只能由懊悔而怅惘了。船里便满载着怅惘了。直到利涉桥下，微微嘈杂的人声，才使我豁然一惊；那光景却又不同。右岸的河房里，都大开了窗户，里面亮着晃晃的电灯，电灯的光射到水上，蜿蜒曲折，闪闪不息，正如跳舞着的仙女的臂膊。我们的船已在她的臂膊里了；如睡在摇篮里一样，倦了的我们便又入梦了。那电灯下的人物，只觉得像蚂蚁一般，更不去萦念。这是最后的梦；可惜的是最短的梦！黑暗重复落在我们面前，我们看见傍岸的空船上一星两星的，枯燥无力又摇摇不定的灯光。我们的梦醒了，我们知道就要上岸了；我们心里充满了幻灭的情思。

一九二三年十月十一日作完，于温州

【阅读提示】

《桨声灯影里的秦淮河》是写景的名文，更是抒情的名文。全文融情入景，以情见长，将对自然风情的描写和人文景观的刻画紧密融合在一起，不只描写秦淮河的桨声、灯影、薄霭和微漪，更在于它让人想起《桃花扇》及《板桥杂记》所载的“明末的秦淮河的艳迹”；“于是我们的船便成了历史的重载了。……秦淮河的船所以雅丽过于他处，而又有奇异的吸引力的，实在是历史的影象使然了。”秦淮河热闹的景象中夹杂着“被逼以歌为业”的歌妓的卖笑生涯，虽则“卖歌和卖淫不同”，对她们的身世，我们“究竟应该同情的”，所以当听到“一只载妓的板船”经过时传来的响亮而圆转的清歌，清游中的作者，却感到了寂寞。散文的结尾用繁笔抒写了游后船里满载的惆怅和心里充满的幻灭的情思。今日的秦淮河繁华、哀伤，一如明末。繁华的景象留给作者的是哀愁，而这哀愁又来自于对繁华背后的不幸人生的同情。

朱自清要求文学语言要“回到朴素，回到自然”要“变故为新”。所以他的散文语言读起来使人感到朴实、自然而又清新，但写景抒情又不失细腻生动而有一种诗味。全文叠词多达 72 处。如“在黯黯的水波里，又逗起缕缕的明漪”“于是飘飘然如御风而行的我们”“朦朦胧胧”“富富丽丽”等。叠词、长短句、儿化语的巧妙运用，使文章读起来错落有致、朗朗上口，颇有跌宕回环的听觉美感。特别是作者有意避免“是”字句、“有”字句和“在”字句，打破了常规句式的沉闷，使文章语言在洗练中现出多样化。正如郁达夫所说，“朱自清的散文，能够贮满一种诗意。”

【思考练习】

1. 比较朱自清与俞平伯这篇同名散文的异同。
2. 结合本文，谈谈你对被誉为“中国第一历史文化名河”的秦淮河的认识。

最后一课

郑振铎

【题解】

郑振铎（1898—1958），现代作家、文学评论家、文学史家、考古学家。笔名西谛、郭源新等。原籍福建长乐，生于浙江永嘉。1919 年参加五四运动并开始发表作品，和瞿秋白等人创办《新社会》杂志。1920 年 11 月，与沈雁冰、叶绍钧等人发起成立文学研究会，并主编文学研究会机关刊物《文学周刊》，编辑出版了《文学研究会丛书》。1923 年 1 月，接替沈雁冰主编《小说月报》，倡导写实主义的“为人生”的文学，提出“血与泪”的文学主张。大革命失败后，旅居巴黎。1929 年回国。曾在生活书店主编《世界文库》。抗战爆发后，参与发起了“上海文化界救亡协会”，创办《救亡日报》。和许广平等人组织“复社”，出版了《鲁迅全集》《联共党史》《列宁文选》等。抗战胜利后，参与发起组织“中国民主促进会”，创办《民主》周刊，鼓动全国人民为争取民主、和平而斗争。新中国成立以后，历任文物局局长、考古研究所所长、文学研究所所长、文化部副部长、中国民间研究会副主席等职。1958 年 10 月 18 日，在率中国文化代表团出国访问途中，因飞机失事遇难。主要著作有：短篇小说集《家庭的故事》《桂公塘》，散文集《山中杂记》，专著《文学大纲》《插图本中国文学史》《中国通俗文学史》《中国文学论集》《俄国文学史略》等。有《郑振铎文集》传世。

口头上慷慨激昂的人，未见得便是杀身成仁的志士。无数的勇士，前仆后继地倒下去，默默无言。

好几个汉奸，都曾经做过抗日会的主席；首先变节的一个国文教师，却是好使酒骂座，惯出什么“富贵不能淫，威武不能屈”一类题目的东西；说是要在枪林弹雨里上课，绝对的“宁为玉碎，不为瓦全”的一个校长，却是第一个屈膝于敌伪的教育界之蟊贼。

然而默默无言的人们，却坚定地作着最后的打算，抛下了一切，千山万水的，千辛万苦地开始长征，绝不作什么为国家保存财产、文献一类的借口的话。

上海国军撤退后，头一批出来做汉奸的都是些无赖之徒，或愍不畏死的东西。其后，却有“我不入地狱谁入地狱”的维持地方的人物出来了。再其后，却有以“救民”为幌子，而喊着同文同种的合作者出来。到了珍珠港的袭击以后，自有一批最傻的傻子们相信着日本政策的改变，在作着“东亚人的东亚”的白日梦，吃尽了“独苦”，反以为“同甘”，被人家拖着“共死”，却糊涂到要挣扎着“同生”。其实，这一类的东西也不太多。自命为聪明的人物，是一贯地利用时机，作着升官发财的计划。其或早或迟的蜕变，乃是作恶的勇气够不够，或替自己打算得周到不周到的问题。

默默无言的坚定的人们，所想到的只是如何抗敌救国的问题，压根儿不曾梦想到“环境”的如何变更，或敌人对华政策的如何变动、改革。

所以他们也有一贯的计划，在最艰苦的情形之下奋斗着，绝对地不作“苟全”之梦；该牺牲的时机一到，便毫不踌躇地踏上应走的大道，义无反顾。

十二月八号是一块试金石。

这一天的清晨，天色还不曾大亮，我在睡梦里被电话的铃声惊醒。“听到了炮声和机关枪声没有？”C在电话里说。

“没有听见。发生了什么事？”

“听说日本人占领租界，把英国兵缴了械，黄浦江上的一只英国炮舰被轰沉，一只美国炮舰投降了。”

接连的又来了几个电话，有的从报馆里的朋友打来的。事实渐渐地明白。

英国军舰被轰沉，官兵们凫水上岸，却遇到了岸上的机关枪的扫射，纷纷地死在水里。

日本兵依照着预定的计划，开始从虹口或郊外开进租界。

被认为孤岛的最后一块弹丸地，终于也沦陷于敌手。

我匆匆地跑到了康脑脱路的暨大。

校长和许多重要的负责者们都已经到了。立刻举行了一次会议，简短而悲壮的，立刻议决了：

“看到一个日本兵或一面日本旗经过校门时，立刻停课，将这大学关闭结束。”

太阳光很红亮地晒着，街上依然地熙来攘往，没有一点异样。

我们依旧地摇铃上课。

我授课的地方，在楼下临街的一个课室，站在讲台上可以望得见街。

学生们不到的人很少。

“今天的事，”我说道，“你们都已经知道了吧？”学生们都点点头。“我们已经议决，一看到一个日本兵或一面日本旗经过校门，立刻便停课，并且立即的将学校关闭结束。”

学生们的脸上都显现着坚毅的神色，坐得挺直的，但没有一句话。

“但是我这一门功课还要照常地讲下去，一分一秒钟也不停顿，直到看见了一个日本兵或一面日本旗为止。”

我不荒废一秒钟的工夫，开始照常地讲下去。学生们照常地笔记着，默默无声的。

这一课似乎讲得格外的亲切，格外的清朗，语音里自己觉得有点异样；似带着坚毅的决心，最后的沉着；像殉难者的最后的晚餐，像冲锋前的士兵们上了刺刀，“引满待发”。

然而镇定、安详，没有一丝的紧张的神色。该来的事变，一定会来的。一切都已准备好。

谁都明白这“最后一课”的意义。我愿意讲得愈多愈好；学生们愿意笔记得愈多愈好。

讲下去，讲下去，讲下去。恨不得把所有的应该讲授的东西，统统在这一课里讲完了它；学生们也沙沙地不停地在抄记着。心无旁用，笔不停挥。

别的十几个课室里也都是这样的情形。

对于要“辞别”的，要“离开”的东西，觉得格外的恋恋。黑板显得格外的光亮，粉笔是分外的白而柔软适用，小小的课桌，觉得十分的可爱；学生们靠在课椅的扶手上，抚摸着，也觉得十分的难分难舍。那晨夕与共的椅子，曾经在扶手上面用钢笔、铅笔或铅笔刀，有意识或无意识地涂写着，刻划着许多字或句的，如何舍得一旦离别了呢！

街上依然的平滑光鲜，小贩们不时地走过，太阳光很有精神地晒着。

我的表在衣袋里嘀嘀嗒嗒地走着，那声音仿佛听得见。

没有伤感，没有悲哀，只有坚定的决心，沉毅异常地在等待着，等待着最后一刻的到来。

远远的有沉重的车轮碾地的声音可听到。

几分钟后，有几辆满载着日本兵的军用车，经过校门口，由东向西，徐徐地走过，当头一面旭日旗，血红的一个圆圈，在迎风飘荡着。

时间是上午十时三十分。

我一眼看见了这些车子走过去，立刻挺直了身体，作着立正的姿势，沉毅地合上了书本，以坚决的口气宣布道：

"现在下课！"

学生们一致地立了起来，默默地不说一句话；有几个女生似在低低地啜泣着。

没有一个学生有什么要问的，没有迟疑，没有踌躇，没有彷徨，没有顾虑。个个人都已决定了应该怎么办，应该往哪一个方向走去。

赤热的心，像钢铁铸成似的坚固，像走着鹅步的仪仗队似的一致。

从来没有那么无纷纭的一致的坚决过，从校长到工役。

这样的，光荣的国立暨南大学在上海暂时结束了她的生命，默默地在忙着迁校的工作。

那些喧哗的慷慨激昂地东西们，却在忙碌地打算着怎样维持他们的学校，借口于学生们的学业，校产的保全与教职员们的生活问题。

【阅读提示】

1941年，大半个中国沦陷在日寇的铁蹄下，唯有上海的租界仍在英美的势力范围，犹如"孤岛"。12月8日这一天，"孤岛"也沉沦了。郑振铎取材于自己在暨南大学的真实经历，记述了日本兵侵占上海租界时，他和暨南大学的师生们坚守岗位，上完"最后一课"的动人情景。"最后一课"的课堂是庄重、严肃的，师生的言行都表现出壮怀激烈的情绪和同仇敌忾、共赴国难的决心。身教重于言传，文中那严正抗议外敌入侵和誓死保卫祖国的爱国情怀，让当时的学生和今天的读者都感受到了强大的震撼力量。

这是郑振铎先生在暨南大学上的最后一课，也是他教书生涯的"最后一课"。抗战胜利后，因为他继续反对国民党的亲美卖国政策，蒋介石不许任何大学聘任他，他被剥夺了教书的权利，但郑先生的"最后一课"所表现的崇高爱国之情、报国之志却教育了千百个后来者！

【思考练习】

1. 怎样理解文中反复提到的"口头慷慨"和"默默无言"？
2. 比较本文与都德《最后一课》的异同。

第四节　外国散文名篇选讲

瓦尔登湖（节选）

梭罗

【题解】

亨利·戴维·梭罗（1817—1862），美国作家、哲学家，超验主义代表人物，也是一位废奴主义及自然主义者。毕业于哈佛大学。1845 年，只身跑到距离康科德两英里的瓦尔登湖畔隐居两年，自耕自食，体验简朴和接近自然的生活，并以此为题材写成长篇散文《瓦尔登湖》（1854），成为超验主义经典作品。梭罗才华横溢，一生共创作了二十多部一流的散文集，被称为自然随笔的创始者。其文简练有力，朴实自然，富有思想性，在散文中独树一帜。《瓦尔登湖》在美国被公认为是最受读者欢迎的非虚构作品。其他作品有政论《论公民的不服从义务》等。

瓦尔登湖地处美国马萨诸塞州东部的康科德城，占地约 4 公顷。因为有梭罗的小屋和他的文字，瓦尔登湖已经成为美国文学圣地和精神家园。

瓦尔登的风景是卑微的，虽然很美，却并不是宏伟的，不常去游玩的人，不住在它岸边的人未必能被它吸引住：但是这一个湖以深邃和清澈著称，值得给予突出的描写。这是一个明亮的深绿色的湖，半英里长，圆周约一英里又四分之三，面积约六十一英亩半；它是松树和橡树林中央的岁月悠久的老湖，除了雨和蒸发之外，还没有别的来龙去脉可寻。四周的山峰突然地从水上升起，到四十至八十英尺的高度，但在东南面高到一百英尺，而东边更高到一百五十英尺，其距离湖岸，不过四分之一英里及三分之一英里。山上全部都是森林。所有我们康科德地方的水波，至少有两种颜色，一种是站在远处望见的，另一种，更接近本来的颜色，是站在近处看见的。第一种更多地靠的是光，根据天色变化。在天气好的夏季里，从稍远的地方望去，它呈现了蔚蓝颜色，特别在水波荡漾的时候，但从很远的地方望去，却是一片深蓝。在风暴的天气下，有时它呈现出深石板色。海水的颜色则不然，据说它这天是蓝色的，另一天却又是绿色了，尽管天气连些微的可感知的变化也没有。我们这里的水系中，我看到当白雪覆盖这一片风景时，水和冰几乎都是草绿色的。有人认为，蓝色乃是纯洁的水的颜色，无论那是流动的水“或凝结的水”。可是，直接从一条船上俯瞰近处湖水，它又有着非常之不同的色彩。甚至从同一个观察点，看瓦尔登是这会儿蓝，那忽儿绿。置身于天地之间，它分担了这两者的色素。从山顶上看，它反映天空的颜色，可是走近了看，在你能看到近岸的细砂的地方，水色先是黄澄澄的，然后是淡绿色的了，然后逐渐地加深起来，直到水波一律地呈现了全湖一致的深绿色。却在有些时候的光线下，便是从一个山顶望去，靠近湖岸的水色也是碧绿得异常生动的。有人说，这是绿原的反映；可是在铁路轨道这儿的黄沙地带的衬托下，也同样是碧绿的，而且，在春天，树叶还没有长大，这也许是太空中的蔚蓝，调和了黄沙以后形成的一个单纯的效果。这是它的虹色彩圈的色素。也是在这一个地方，春天一来，冰块给水底反射上来的太阳的热量，也给土地中传播的太阳的热量溶解了，这里首先溶解成一条狭窄的运河的样子，而中间还是冻冰。在晴朗的气候中，像我们其余的水波，激湍地流动时，波平面是在九十度的直角度里反映了天空的，或者因为太光亮了，从较远处望去，它比天空更蓝些；而在这种时候，泛舟湖上，四处眺望倒影，我发现了一种无可比拟、不能描述的淡蓝色，像浸水的或变色的丝绸，还像青锋宝剑，比之天空还更接近天蓝色，它和那波光的另一面原来的深绿色轮番地闪现，那深绿色与之相比便似乎很混浊了。这是一个玻璃似的带绿色的蓝色，照我所能记忆的，它仿佛是冬天里，日落以前，西方乌云中露出的一角晴天。可是你举起一玻璃杯水，放在空中看，它却毫无颜色，如同装了同样数量的一杯空气一样。众所周知，一大块厚玻璃板便呈现了微绿的颜色，据制造玻璃的人说，那是“体积”的关系，同样的玻璃，少了就不会有颜色了。应该有多少的水量才能泛出这样的绿色呢，我从来都无法证明。一个直接朝下望着我们的水色的人所见到的是黑的，或深棕色的，一个到河水中游泳的人，河水像所有的湖一样，会给他染上一种黄颜色；但是这个湖水却是这样地纯洁，游泳者会白得像大理石一样，而更奇怪的是，在这水中四肢给放大了，并且给扭曲了，形态非常夸张，值得让米开朗琪罗[1]来作一番研究。

水是这样的透明，二十五至三十英尺下面的水底都可以很清楚地看到。赤脚踏水时，你看到在水面下许多英尺的地方有成群的鲈鱼和银鱼，大约只一英寸长，连前者的横行的花纹也能看得清清楚楚，你会觉得这种鱼也是不愿意沾染红尘，才到这里来生存的。有一次，在冬天里，好几年前了，为了钓梭鱼，我在冰上挖了几个洞，上岸之后，我把一柄斧头扔在冰上，可是好像有什么恶鬼故意要开玩笑似的，斧头在冰上滑过了四五杆远，刚好从一个窟窿中滑了下去，那里的水深二十五英尺，为了好奇，我躺在冰上，从那窟窿里望，我看到了那柄斧头，它偏在一边头向下直立着，那斧柄笔直向上，顺着湖水的脉动摇摇摆摆，要不是我后来又把它吊了起来，它可能就会这样直立下去，直到木柄烂掉为止。就在它的上面，用我带来的凿冰的凿子，我又凿了一个洞，又用我的刀，割下了我看到的附近最长的一条赤杨树枝，我做了一个活结的绳圈，放在树枝的一头，小心地放下去，用它套住了斧柄凸出的地方，然后用赤杨枝旁边的绳子一拉，这样就把那柄斧头吊了起来。

湖岸是由一长溜像铺路石那样的光滑的圆圆的白石组成的；除一两处小小的沙滩之外，它陡立着，纵身一跃便可以跳到一个人深的水中；要不是水波明净得出奇，你决不可能看到这个湖的底部，除非是它又在对岸升起。有人认为它深得没有底。它没有一处是泥泞的，偶尔观察的过客或许还会说，它里面连水草也没有一根；至于可以见到的水草，除了最近给上涨了的水淹没的、并不属于这个湖的草地以外，便是细心地查看也确实是看不到菖蒲和芦苇的，甚至没有水莲花，无论是黄色的或是白色的，最多只有一些心形叶子和河蓼草，也许还有一两张眼子菜；然而，游泳者也看不到它们；便是这些水草，也像它们生长在里面的水一样的明亮而无垢。岸石伸展入水，只一二杆远，水底已是纯粹的细沙，除了最深的部分，那里总不免有一点沉积物，也许是腐朽了的叶子，多少个秋天来，落叶被刮到湖上，另外还有一些光亮的绿色水苔，甚至在深冬时令拔起铁锚来的时候，它们也会跟着被拔上来的。

我们还有另一个这样的湖，在九亩角那里的白湖，在偏西两英里半之处；可是以这里为中心的十二英里半径的圆周之内，虽然还有许多的湖沼是我熟悉的，我却找不出第三个湖有这样的纯洁得如同井水的特性。大约历来的民族都饮用过这湖水，艳羡过它并测量过它的深度，而后他们一个个消逝了，湖水却依然澄清，发出绿色。一个春天也没有变化过！也许远在亚当和夏娃被逐出伊甸乐园时，那个春晨之前，已经存在了，甚至在那个时候，随着轻雾和一阵阵的南风，飘下了一阵柔和的春雨，湖面不再平静了，成群的野鸭和天鹅在湖上游着，它们一点都没有知道逐出乐园这一回事，能有这样纯粹的湖水真够满足啦。就是在那时候，它已经又涨，又落，纯清了它的水，还染上了现在它所有的色泽，还专有了这一片天空，成了世界上唯一的一个，它是天上露珠的蒸馏器。谁知道，在多少篇再没人记得的民族诗篇中，这个湖曾被誉为喀斯泰里亚之泉[2]？在黄金时代里，有多少山林水泽的精灵曾在这里居住？这是在康科德的冠冕上的第一滴水明珠。

徐迟　译

【注释】

［1］米开朗琪罗（1475—1564），意大利文艺复兴时期的雕塑家、画家。

［2］喀斯泰里亚之泉，传说中文艺女神居住的帕那萨斯山的神泉。

【阅读提示】

梭罗被认为是美国浪漫主义时期最伟大的生态思想家。他的作品中洋溢着对自然的热爱，强调自然的精神意义和审美意义。他对自己所处的时代一味追求物质享受和财富占有、忽略道德完善和个人修养的提高给予激烈批评。其作品中的哲学思想涉及自然生态、社会生态和精神生态三个方面，在当前语境下愈发彰显出预见性和启示性。

梭罗有一颗由衷热爱自然、温情细腻的心灵，自然界的万事万物通过他敏锐的双眼和生花的妙笔都带上了丰富的情感和个性。本文节选了《瓦尔登湖》中被广大读者认为最精美的部分。全文抓住“深邃”和“清澈”两个美的特征展开描写：先写湖水的颜色，作者借助于观察时空的转换，随着远近高低、春夏秋冬的变幻，瓦尔登湖的秀山丽水依次在读者面前展开，奇幻、深邃而迷人；接着描写湖水的清澈透明，除了借助比喻、夸张等修辞手法外，作者还用生动的笔触描写了打捞斧头的趣事，更加突出湖水之“清澈”；最后写湖与人的关系，梭罗将笔触伸向人文历史的深处，写出瓦尔登湖之美的自在与永恒。

【思考练习】

1. 细读文本，分析作者描写瓦尔登湖使用的艺术手法。

2. 工业文明的高速发展使得当代人类几乎拥有了改天换日的技术和能力，但我们正在一边享受物质之乐，一边忍受环境恶变之苦。试分析梭罗的思想对当代的警示意义。

我为什么生活

［英］罗素

【题解】

伯特兰·罗素（1872—1970），英国哲学家、数学家、逻辑学家，分析学的主要创始人，世界和平运动的倡导者和组织者。四岁父母双亡，在祖母和家庭教师的抚养教育下长大。1890 年考入剑桥大学三一学院并取得数学奖学金，后转学哲学。1950 年因作品《婚姻与道德》而荣获诺贝尔文学奖。20 世纪 50 年代他积极从事世界和平运动，反对核战争，获得过世界和平奖，并在 1964 年创立了罗素和平基金会。1970 年 2 月 2 日在威尔士去世。罗素学识渊博，在哲学、数学、教育学、社会学、政治学等众多领域都颇有建树。他是一个人道主义者、和平主义者，热情地参与社会各种活动，生活态度积极向上，充满正义和良知，又不乏睿智和温情。代表作有《幸福之路》和《自由之路》。

本文选自《罗素自传序》。

三种单纯然而极其强烈的激情支配着我的一生，那就是对于爱情的渴望，对于知识的寻求，以及对于人类苦难痛彻肺腑的怜悯。这些激情犹如狂风，把我伸展到绝望边缘深深的苦海上东抛西掷，使我的生活没有定向。我追求爱情，首先因为它叫我销魂，爱情令人销魂的魅力使我常常乐意为了几小时这样的快乐而牺牲生活中的其他一切。我追求爱情，又因为它减轻孤独感——那种一个颤抖的灵魂望着世界边缘之外冰冷而无生命的无底深渊时所感到的可怕的孤独。

我追求爱情，还因为爱的结合使我在一种神秘的缩影中提前看到了圣者和诗人曾经想象过的天堂。这就是我所追求的，尽管人的生活似乎还不配享有它，但它毕竟是我终于找到的东西。

我以同样的热情追求知识。我想理解人类的心灵。我想了解星辰为何灿烂。我还试图弄懂毕达哥拉斯学说的力量，是这种力量使我在无常之上高居主宰地位。我在这方面略有成就，但不多。

爱情和知识只要存在，总是向上导往天堂。但是，怜悯又总是把我带回人间。痛苦的呼喊在我心中反响、回荡。孩子们受饥荒煎熬，无辜者被压迫者折磨，孤弱无助的老人在自己的儿子眼中变成可恶的累赘，以及世上触目皆是的孤独、贫困和痛苦——这些都是对人类应该过的生活的嘲弄。我渴望能减少罪恶，可我做不到，于是我也感到痛苦。

这就是我的一生。我觉得这一生是值得活的。如果真有可能再给我一次机会，我将欣然重活一次。

【阅读提示】

罗素的一生是轰轰烈烈，不断追求的一生。他满怀着对他人和社会的无限关爱，成功地扮演了多种角色。在这篇简短精悍的随笔里，作者开门见山地说明了自己生活的三大支柱——对爱情的渴望、对知识的追求和对人类苦难痛彻肺腑的怜悯。他克服了纯粹的物质贪欲和利己主义的局限，将个人生命的意义和价值与永恒的主题相联系，对他人怀有关爱之心。这是现代人尤其是青年人应该具有的生活态度。

本文的结构十分清晰明了，逻辑性和思辨性浓厚。首先提出总的观点，阐明了自己生活的三大理由。这些理由涉及生活中最主要的方面，作为一个作家、科学家、哲学家、和平运动者，他用自己的行动实现了对于理想和自由的无限追求。然后分条陈述，说理井然有序，论证有力，并且过渡自然。最后进行了简要小结，希望自己能重活一次，寄予了对生命和生活的无限爱恋。

全文用语质朴无华流畅清新，看似平淡的语言中蕴含着耐人寻味的哲理，理论的深刻与表达的通俗相融合，恰如其分地表现了他乐观向上的处世态度，具有较强的哲理性和现实启发性。

【思考练习】

1. 阅读全文，说说作者生活的三大理由。
2. 结合自己的实际，谈谈你学习此文的感想。

第三章　小说鉴赏

“小说家想要给我们一幅生活的确切的图画，必须小心地避免看去特殊的事件。他的目的不是讲故事来娱乐我们或打动我们而是迫使我们去思索、理解那更深的、隐藏在事件中的意义。因为他已经看见、想过，他有自己一定的特殊方法对待宇宙、事件、行动和人，这种方法是从他全部仔细的观察中得出来的。这种对世界的个人的想象就是他想灌输给读者在自己的作品中加以再现的。为了使生活的景象如同感动他一样感动我们，他必须以严格的真实性把它再现在我们面前。他将运用这样熟练、这样巧妙，表面上又是这样简单的方法创造出作品来，使人几乎不可能看穿它，指出它的计划，揭出它的意图。”

——莫泊桑

第一节　文体概述

小说是一种重要的文学体裁，是一种侧重刻画人物形象、叙述故事情节的文学样式，是一种用散文形式写成的叙事性虚构作品。叙事性，指小说大多要讲述故事。虚构则指小说不是简单地摹写生活实事，而是经过艺术加工，创造出有别于生活的人物和事件。当然，后来也出现了以摹写实事为主的纪实小说。

在中国，“小说”一词最早见于《庄子·外物》：“饰小说以干县令，其于大达亦远矣。”当时的“小说”指的是微不足道、琐屑浅薄的言论，还没有文学体裁的含义。先秦的寓言和两汉的史传文学蕴含了小说的萌芽，魏晋南北朝的志人志怪小说被认为是中国小说的渊源之一，其中，又以《世说新语》与《搜神记》为代表。唐传奇开始具有一定的虚构意识和比较完整的故事情节，如元稹的《莺莺传》讲述“始乱终弃”的故事，《虬髯客传》虚构了曲折奇特、扣人心弦的侠客故事，塑造性格鲜明、英气勃勃的人物形象。宋元“话本”作为说书人敷衍故事的底本，“说话人各运匠心，随时生发”[①]，叙述故事，推动了中国小说的变迁。元末明初起，章回体小说逐渐发展成熟，出现了《三国演义》《水浒传》《西游记》等名著，《红楼梦》标志着中国古典小说达到高峰。进入20世纪，梁启超为唤起民众而竭力提倡“小说界革命”，提升了小说在文学中的地位。五四运动之后，鲁迅的《呐喊》《彷徨》等代表了中国现代小说的实绩。

西方文学也有着悠久的叙事传统，小说作为叙事文学的主导形式，与古希腊罗马时代的神话、史诗以及中世纪的骑士传奇、民间故事等都有着密切关系。古希腊史诗《奥德赛》讲述了奥德赛返乡的英雄故事，中世纪英雄史诗《罗兰之歌》讲述了理查曼大帝的侄儿罗兰奋勇战死疆场的故事。17世纪西班牙作家塞万提斯的《堂吉诃德》的出现标志着西方现代小说已基本定型。随着民族国家的形成、市场的发展以及市民阶层和专业作家的出现，现代小说得到进一步发展和完善，18至19世纪的浪漫主义小说和批判现实主义小说构成了西方小说史上的辉煌篇章，巴尔扎克、狄更斯、陀思妥耶夫斯基、列夫·托尔斯泰等都是享誉世界的小说家。进入20世纪，乔伊斯的《尤利西斯》、福克纳的《喧哗与骚动》等西方现代派小说，运用新颖别致的叙事技巧，致力于揭示丰富复杂的人生经验、细腻深邃的精神世界。

一、小说的基本特征

小说的基本特征主要是：深入细致的人物刻画、完整复杂的情节叙述、具体充分的环境描写。

首先，描写人物，是小说的显著特点。诗和散文可以写人物也可以不写人物，而小说则必须写人物。着重刻画人物形象是小说走向成熟的标志。“人物是小说的原动力”，“我们看一部小说主要看小说中对人物性格的揭示，这也就是构成小说的魅力和教育意义的因素。”[②]同其他文学样式相比，小说在人物刻画上拥有更丰富的表现手段，可以从各个方面深入细致地塑造性格复杂的人物形象。它不像剧本那样受舞台时空的限制，主要以人物台词展示性格；也不像报告文学那样受真人真事的约束。在小说中，既有人物言语，也有叙述人言语，而且往往以后者为主。小说可以具体地描写人物的音容笑貌，也可以展示人物的心理状态，还可以通过对话、行动以及环境气氛的烘托等多种手段来刻画人物。

其次，情节是与人物密切相关的，是人物性格发展的历史。“如果人物不是事件发

---

① 鲁迅：《中国小说史略》，《鲁迅全集》第9卷，人民文学出版社，2005，第117页。

② 利昂·塞米利安：《现代小说美学》，宋协立译，陕西人民出版社，1987，第138、140页。

生的决定者，那他会是什么呢？如果事件不能展现出人物来，那事件又是什么呢？"[①] 小说一般篇幅较长，容量较大，可以更广泛全面地描绘多方面的社会生活，反映多种多样的矛盾冲突，并在生活事件的发展过程中刻画人物性格。叙事性文学比较注重情节，而其中小说的情节更为完整和复杂。叙事诗和叙事散文的情节比较单纯，有的只摄取了一鳞半爪的生活片段。戏剧情节的完整性与小说相似，但在复杂性、丰富性上则远不如小说，它受舞台时空的限制，不能容纳大量的详细情节和过于复杂的人物关系。而小说则可以突破相对固定的时空限制，容纳更复杂丰富的情节，反映更广泛的生活内容。塞米利安阐述亚里士多德的诗学理论说："小说是建构在更为广阔的规模之上，它涉及的范围要比戏剧宽广。在小说中，我们可能让几条行动线索同时进展，很多事件在不同的地点同时发生……"[②] 因为要充分叙述完整的情节，所以小说一般都要有一定的长度。短篇小说和小小说虽然篇幅短小，但其长度也必须足以容纳一个较完整的情节。

最后，环境描写是衬托人物性格、展示故事情节的重要手段。小说中人物的活动和事件的发生发展，都不能离开一定的时代、社会和自然的环境。人物性格的形成和发展，也是受特定环境制约的。只有充分地描绘环境，才可能具体、真实地揭示出人物活动和矛盾冲突的现实根据。"背景即环境；尤其是家庭内景，可以看作是对人物的转喻性的或隐喻性的表现。一个男人的住所是他本人的延伸，描写了这个住所也就是描写了他。巴尔扎克对守财奴葛朗台的住所或伏盖公寓的详细描述绝非离题或浪费笔墨。这些房屋表现了他们的主人，它们作为环境气氛影响着其他必须住在其中的人。""背景又可以是庞大的决定力量，环境被视为某种物质的或社会的原因……"[③] 小说是长于描写的文学样式，在环境描写上比其他文学样式有更多的自由。诗和散文要受篇幅限制，戏剧要受舞台时空的限制。戏剧以人物对话为主，一般不注重环境的详细描写。叙事诗的环境描写多是粗线条的、概括性的，因为过繁过细的环境描写是和诗的语言的凝练及抒情性相矛盾的。小说在篇幅和时空上的自由，使其可以充分地发挥环境描写的艺术功能。它可以对社会环境作全面的介绍，又可以对具体的生活场景作细致详尽的描绘。历史环境可写上下几千年，自然环境可写纵横几万里。它可以随时变换场景，为人物活动和情节展开提供自由灵活的时间与空间范围。

二、小说的类型

小说的类型复杂多样，根据不同的分类标准可作出不同的区分。根据小说的语言特点可分为文言小说、白话小说；根据小说的结构体式可分为章回体小说、日记体小说、

① 亨利·詹姆斯：《小说的艺术》，转引自韦勒克、沃伦《文学理论》，刘象愚等译，江苏教育出版社，2005，第 253 页。

② 利昂·塞米利安：《现代小说美学》，宋协立译，陕西人民出版社，1987，第 91 页。

③ 韦勒克、沃伦：《文学理论》，刘象愚等译，江苏教育出版社，2005，第 260 页。

书信体小说和自传体小说等；根据小说的叙事范式和容量的差异可分为长篇小说、中篇小说和短篇小说等。这里仅介绍短篇小说、中篇小说和长篇小说三种类型。

短篇小说一般篇幅短小、选题严格，情节单一明了、结构严密巧妙、场面集中，多叙述一个事件或事件片段，描绘一个或几个人物形象，通过揭示社会某一侧面来反映社会生活某些本质。鲁迅的《孔乙己》和《故乡》、茅盾的《春蚕》，以及契诃夫的《变色龙》、莫泊桑的《项链》、欧·亨利的《麦琪的礼物》等，都是文学史上的短篇小说佳作。

中篇小说介于短篇小说和长篇小说之间。中篇小说中的人物数量及其相互关系没有长篇小说复杂，故事情节也相对更为集中，一般也不铺张宏阔的时代背景，主要是以鲜明的人物、精练的故事情节，较丰满地反映某个具体时间段内的社会生活，如沈从文的《边城》、老舍的《月牙》、加缪的《局外人》、川端康成的《雪国》以及拉康的《黑暗的心》。

长篇小说是一种可以表现广阔生活内容的小说样式，故事情节复杂，人物形象众多，可分为若干章节，有的还可分为部、卷、集等。茅盾的《子夜》、巴金的《激流三部曲》、老舍的《骆驼祥子》、丁玲的《太阳照在桑干河上》等中国现代长篇小说都再现了深广的社会现实。巴尔扎克《人间喜剧》中的《欧也妮·葛朗台》《高老头》等都是长篇小说的杰作。恩格斯赞扬他“是比过去、现在和未来的一切左拉都要伟大得多的现实主义大师，他在《人间喜剧》里给我们提供了一部法国‘社会’，特别是巴黎上流社会的无比精彩的现实主义历史”①。

当然，中篇小说与短篇小说、长篇小说之间的界限并非泾渭分明，有时一部中篇小说作品更接近短篇小说，有时则更接近长篇小说，如巴金的《寒夜》、契诃夫的《第六病室》等，都难以作出明确厘定。此外，20世纪后期还兴起了一种比短篇小说更短的微型小说或小小说。这类小说用点睛之笔，在极尽浓缩的文学世界中表现生活的精彩片段，给读者带来或出乎意料或引发深思的阅读体验。随着不同文学体裁之间的相互影响和融合，还出现了纪实性小说。

① 恩格斯：《致玛格丽特·哈克奈斯（1888年4月初）》，载《马克思恩格斯文集》第10卷，中央编译局译，人民出版社，2009，第570页。

第二节　古代小说名篇选讲

《世说新语》四则

［南朝］刘义庆

【题解】

《世说新语》是志人小说的杰出代表，原名《世说》，一称《世说新书》。编纂者刘义庆（403—444），为宋武帝刘裕的侄子，袭封临川王，官至尚书左仆射、中书令。《世说新语》一书，是在刘义庆的主持之下，由他招聚的文学之士共同编纂完成的。依据内容，《世说新语》可分为“德行”“言语”“政事”“文学”“方正”等三十六类（分上、中、下三卷），每类有若干则故事，全书共有一千二百多则，每则文字长短不一，有的数行，有的三言两语，其内容卷帙门类亦有不同。由此可见笔记小说“随手而记”的诉求及特性。《世说新语》是一部记录魏晋名士风流的总集，其记载基本上是真实的。对于通脱豁达、自然玄远的时代风貌，作者流露出无限的赞许和神往。

刘伶病酒（任诞门）

刘伶病酒[1]，渴甚，从妇求酒。妇捐酒毁器[2]，涕泣谏曰：“君饮太过，非摄生之道[3]，必宜断之！”伶曰：“甚善。我不能自禁，唯当祝鬼神，自誓断之耳。便可具酒肉。”妇曰：“敬闻命。”供酒肉于神前，请伶祝誓。伶跪而祝曰：“天生刘伶，以酒为名，一饮一斛[4]，五斗解酲[5]。妇人之言，慎不可听！”便引酒进肉，隗然已醉矣[6]。

桓公入洛（轻诋门）

桓公入洛[7]，过淮泗[8]，践北境[9]，与诸僚属登平乘楼，眺瞩中原，慨然曰：“遂使神州陆沈[10]，百年丘墟[11]，王夷甫诸人不得不任其责[12]！”袁虎率而对曰[13]：“运自有废兴[14]，岂必诸人之过？”桓公懔然作色[15]，顾谓四坐曰：“诸君颇闻刘景升不[16]？有大牛重千斤，啖刍豆十倍于常牛[17]，负重致远，曾不若一羸牸[18]。魏武入荆州[19]，烹以飨士卒，于时莫不称快。”意以况袁[20]。四坐既骇，袁亦失色。

石崇要客燕集（汰侈门）

石崇每要客燕集[21]，常令美人行酒[22]。客饮酒不尽者，使黄门交斩美人[23]。王丞相[24]与大将军[25]尝共诣崇。丞相素不能饮[26]，辄自勉强，至于沉醉。每至大将军，固不饮[27]，以观其变。已斩三人，颜色如故，尚不肯饮。丞相让之[28]，大将军曰："自杀伊家人[29]，何预卿事[30]？"

王蓝田性急（忿狷门）

王蓝田性急[31]。尝食鸡子，以箸刺之不得[32]，便大怒，举以掷地。鸡子于地圆转未止，仍下地以屐齿蹍之[33]。又不得。瞋甚[34]，复于地取内口中[35]，啮破即吐之。王右军闻而大笑曰[36]："使安期有此性[37]，犹当无一豪可论[38]，况蓝田邪！"

【注释】

［1］刘伶：字伯伦，沛国（治今安徽濉溪县西北）人。"竹林七贤"之一。性嗜酒，曾作《酒德颂》。病酒，饮酒过多致病。

［2］捐：倒掉。

［3］摄生：保养身体。

［4］斛：古时十斗为一斛。

［5］酲（chéng）：病酒。

［6］隗（wěi）：下坠，醉倒貌。

［7］桓公：桓温（312—373），字元子，东晋时，封南郡公，加侍中、大司马、都督中外诸军事。入洛：指北伐入洛阳。

［8］淮泗：今淮河、泗水流域的境地。

［9］北境：南方人称今黄河流域为北境，东晋时为少数民族贵族统治者所占领。

［10］神州：指中原。陆沈：同"陆沉"，沦陷。

［11］丘墟：废墟。这句说，中原沦陷百余年来，成了一片荒凉的废墟。

［12］王夷甫：王衍的字。他在西晋怀帝时官司徒，善清谈。西晋亡时投降石勒，后被石勒所杀。临死前方悔悟自己过去崇尚清谈，因而招致了国破家亡之祸。

［13］袁虎：袁宏（328—376），字彦伯，小字虎，阳夏（今河南太康）人，东晋有名的文学家。率而：轻率、毫不思索。

［14］运：指晋朝的国运。

［15］懔然：变色貌。作色：变色。

［16］刘景升：刘表的字。他在东汉末年官镇南将军、荆州刺史。不：通"否"。

［17］啖：食。

［18］羸：瘦。牸：母牛。

［19］魏武：指曹操。曹操卒谥武王，追尊为武皇帝。

［20］况：比喻。

［21］石崇：字季伦，西晋贵族，以豪奢著名。要（yāo 邀）：约请。

［22］行酒：斟酒劝客。

［23］黄门交：即黄门校，侍者之称。

［24］王丞相：即王导，字茂弘，元帝时为丞相。

［25］大将军：即王敦，字处仲，是王导堂兄，元帝时为征南大将军。

［26］素：平素。这句说，王导平时不会喝酒。

［27］固：坚持。

［28］让：责备。

［29］伊家：他家。

［30］预：干涉。卿：指王导。这句说，与你有何关系。

［31］王蓝田：即王述，字怀祖，官至散骑常侍、尚书令。

［32］箸：筷子。

［33］仍：因。蹍：踩，踏。

［34］瞋：怒。

［35］内：通“纳”，放入。

［36］王右军：即王羲之，曾做右军将军。

［37］安期：王承担字。他是王述的父亲，曾官东海内史，从事中郎。

［38］豪：通“毫”。一毫可论，一点可取之意。当时士族阶级人们在生活作风方面特别重视从容不迫，因此特别不满性急。

【阅读提示】

鲁迅称《世说新语》为“一部名士的教科书”；冯友兰称它为“中国人的风流宝鉴”；国学大师季羡林在列举自己最爱的十本书时，首先提到了《世说新语》。大翻译家傅雷曾给儿子写信说：“你现在手头没有散文的书，《世说新语》大可一读。日本人几百年来都把它当作枕中秘宝。我常常缅怀两晋六朝的文采风流，认为是中国文化的一个高峰”。

《世说新语》记载了许多特立独行的人物和精彩纷呈的故事，读之如行山路，移步换景，目不暇接，美不胜收。本文选取《刘伶病酒》《桓公入洛》《石崇要客燕集》《王蓝田性急》几则故事，篇幅短小，文笔生动，展现了魏晋时期士族生活的豪奢以及魏晋名士的放诞不羁，力图以此窥见和品味魏晋风度。

【思考练习】

1.《世说新语》表现了魏晋名士哪些放荡不羁的行为？

2. 从上述故事中，可以看出志人小说有哪些特点？

宋定伯卖鬼

《搜神记》

【题解】

在众多的魏晋南北朝志怪小说中，《搜神记》被公认是最杰出的一部。作者干宝（？—336），字令升，祖籍新蔡（今属河南），祖上于汉末战乱时避居江南。他幼而勤学，博览群籍，西晋永嘉年间，以才气召为佐著作郎，因平杜弢之功赐爵关内侯。东晋初领国史，以家贫求为山阴令，后迁始安太守，王导请为司徒右长史，迁散骑常侍。干宝勤于著述，有《晋纪》二十卷，当时称为“良史”，又有《春秋左氏义外传》，并注《周易》《周官》凡数十篇。干宝好阴阳术数之学，又广搜“古今神祇灵异人物变化”，著为《搜神记》。

南阳[1]宋定伯，年少时，夜行逢鬼。问之，鬼言：“我是鬼。”鬼问：“汝复[2]谁？”定伯诳之[3]，言：“我亦鬼。”鬼问：“欲至何所？”答曰：“欲至宛市[4]。”鬼言：“我亦欲至宛市。”遂行数里。

鬼言：“步行太亟[5]，可共递相担[6]，何如？”定伯曰：“大善。”鬼便先担定伯数里。鬼言：“卿太重[7]，将非鬼也？”定伯言：“我新鬼，故身重耳[8]。”定伯因复担鬼，鬼略无重[9]。如是再三。

定伯复言：“我新鬼，不知有何所畏忌？”鬼答言：“惟不喜人唾。”于是共行。道遇水，定伯令鬼先渡，听之，了然无声音[10]。定伯自渡，漕漼作声[11]。鬼复言：“何以作声？”定伯曰：“新死，不习渡水故耳[12]，勿怪吾也。”

行欲至宛市，定伯便担鬼著肩上[13]，急持之[14]。鬼大呼，声咋咋然[15]，索下[16]，不复听之。径至[17]宛市中下著地，化为一羊，便卖之，恐其变化，唾之[18]。得钱千五百乃去，当时石崇言：“定伯卖鬼，得钱千五。”

【注释】

[1]南阳：古郡名，今河南省南阳市。

[2]复：又。

[3]诳（kuáng）：欺骗。

[4]宛市：宛，即南阳；市，市场。

[5]亟（jí）：疲劳。

[6]递相担：轮流相互背负。

[7]卿（qīng）：您，敬称。

[8]故：所以。

[9]略无重：几乎没有重量。

［10］了无：一点也没有。
［11］漕漼：涉水的声音。
［12］习：熟悉。
［13］著：放置。
［14］急持：紧紧地抓住。
［15］咋咋（zé）：象声词。
［16］索下：要求下来。
［17］至：到。
［18］唾之：用唾液吐他。唾：用唾液吐……、向……身上吐唾液，意动用法。

【阅读提示】

作品的主题是宣扬不怕鬼，更要敢捉鬼、制服鬼。通过逢鬼、骗鬼和捉鬼的描写，作者赞扬了少年宋定伯的机智和勇敢，说明鬼并没有什么可怕，人完全可以制服它，特别是在人们相信“人鬼乃皆实有”“自视固无诚妄之别”的魏晋南北朝，更具有积极的现实意义。

全文以对话的方式展开情节，简洁而传神，符合人物性格发展的需要。作者把宋定伯和鬼的对话描写得栩栩如生，生动逼真，如临其境，颇为有趣。在对话中，宋定伯的灵活、机智、勇敢与鬼的笨拙、窝囊、怯懦形成了鲜明的对比，增强了作品的艺术效果。

【思考练习】

1. 复述宋定伯骗鬼、卖鬼的过程。
2. 分析宋定伯的性格特征。

离魂记

陈玄祐

【题解】

陈玄祐，唐代传奇作家，字、里、生卒年、生平事迹均不详，约唐代宗大历末前后在世，著有《离魂记》。《离魂记》是唐传奇走向成熟的标志，是唐代最早将异闻与爱情结合起来描写的传奇作品，收入《太平广记》358卷。

《离魂记》写张倩娘与表兄王宙从小相爱，倩娘父张镒也常说将来当以倩娘嫁王宙。但二人成年后，张镒竟以倩娘另许他人。倩娘因此抑郁成病，王宙也托故赴长安，与倩娘诀别。不料倩娘半夜追来船上，乃一起出走蜀地，同居五年，生有二子，而后发现与王宙结合的竟为倩娘魂魄。本篇以离奇怪诞的情节，反映了当时青年男女要求婚姻自由的愿望，歌颂了他们反抗封建礼教的斗争，具有典型意义。

天授三年，清河张镒，因官家于衡州[1]。性简静，寡知友。无子，有女二人。其长早亡；幼女倩娘，端妍绝伦。镒外甥太原王宙，幼聪悟，美容范。

镒常器宙，每曰："他时当以倩娘妻之。"后各长成。宙与倩娘常私感想于寤寐，家人莫知其状。后有宾寮之选者[2]求之，镒许焉。女闻而郁抑，宙亦深恚恨。托以当调，请赴京，止之不可，遂厚遣之。宙阴恨悲恸，决别上船。日暮，至山郭数里。夜方半，宙不寐，忽闻岸上有一人，行声甚速，须臾至船。问之，乃倩娘徒行跣足而至。宙惊喜发狂，执手问其从来。泣曰："君厚意如此，寝食相感。今将夺我此志，又知君深情不易，思将杀身奉报，是以亡命来奔。"宙非意所望，欣跃特甚。遂匿倩娘于船，连夜遁去。

倍道兼行，数月至蜀。凡五年，生两子，与镒绝信。其妻常思父母，涕泣言曰："吾曩日不能相负，弃大义而来奔君。向今五年，恩慈间阻。覆载[3]之下，胡颜独存也？"宙哀之，曰："将归，无苦。"遂俱归衡州。

既至，宙独身先镒家，首谢其事。镒曰："倩娘病在闺中数年，何其诡说也！"宙曰："见[4]在舟中！"镒大惊，促使人验之。果见倩娘在船中，颜色怡畅，讯使者曰："大人安否？"家人异之，疾走报镒。室中女闻，喜而起，饰妆更衣，笑而不语，出与相迎，翕然[5]而合为一体，其衣裳皆重。其家以事不正，秘之。惟亲戚间有潜知之者。后四十年间，夫妻皆丧。二男并孝廉擢第[6]，至丞、尉。

玄祐少常闻此说，而多异同，或谓其虚。大历末，遇莱芜县令张仲规，因备述其本末。镒则仲规堂叔祖，而说极备悉，故记之。

【注释】

[1] 天授：武则天年号。衡州：唐州名，治所在今湖南衡阳县。

[2] 宾寮之选者：幕僚中才能出众的。选，有德的，善的。

[3] 覆载：天地（天覆地载）。

[4] 见：同"现"。

[5] 翕然：聚合在一起的样子。

[6] 孝廉擢第：以孝廉的资格，考取了明经或进士。孝廉，泛指州郡推举的应考的人。

【阅读提示】

《离魂记》通过浪漫主义的表现手法，表达了封建社会青年男女渴望获得恋爱自由、婚姻自主的美好愿望。本篇着墨不多，设想奇幻，情节曲折，摆脱了一般爱情小说的俗套。虽写在大历以后，但在遣词敷色方面，并不那样秾丽，在唐人小说中独具一格。作者把倩女的形象塑造成封建礼教的叛逆者，表现出精奇的匠心，增强了感人的力量，更加激发了人们对美好生活的渴望。元代郑光祖取材于《离魂记》创作了杂剧《倩女离魂》。《倩女离魂》更加深刻地反映了元代的社会现实，具有批判封建礼教和门第观念的进步意义。

【思考练习】

1. 谈谈你对《离魂记》主题思想的理解。
2. 比较唐传奇《离魂记》与元杂剧《倩女离魂》。

杜十娘怒沉百宝箱（节选）

冯梦龙

【题解】

冯梦龙（1574—1646），字犹龙、耳犹、子犹，别号龙子犹、茂苑野史、顾曲散人、无碍居士、墨憨斋主人等。明代文学家、思想家、戏曲家。明朝南直隶苏州府长洲县（今江苏苏州）人。冯梦龙出身士大夫家庭，与兄冯梦桂、弟冯梦熊并称“吴下三冯”。明崇祯贡生。崇祯七年（1634），任福建寿宁知县。后回乡从事著述。晚年奔走反清大业，未成，忧愤而终。

冯梦龙所辑话本《喻世明言》（又名《古今小说》）、《警世通言》、《醒世恒言》（合称“三言”）是中国白话短篇小说的经典代表。其通过对小说、戏曲、民歌、笑话等通俗文学的创作、搜集、整理、编辑，为中国文学作出了特殊的贡献。

本文选自《警世通言》第三十二卷。

却说杜十娘在舟中，摆设酒果，欲与公子小酌，竟日未回，挑灯以待。公子下船，十娘起迎。见公子颜色匆匆，似有不乐之意，乃满斟热酒劝之。公子摇首不饮，一言不发，竟自床上睡了。十娘心中不悦，乃收拾杯盘，为公子解衣就枕，问道：“今日有何见闻，而怀抱郁郁如此？”公子叹息而已，终不启口。问了三四次，公子已睡去了。十娘委决不下，坐于床头而不能寐。到夜半，公子醒来，又叹一口气。十娘道：“郎君有何难言之事，频频叹息？”公子拥被而起，欲言不语者几次，扑簌簌掉下泪来。十娘抱持公子于怀间，软言抚慰道：“妾与郎君情好，已及二载，千辛万苦，历尽艰难，得有今日。然相从数千里，未曾哀戚。今将渡江，方图百年欢笑，如何反起悲伤，必有其故。夫妇之间，死生相共，有事尽可商量，万勿讳也。”公子再四被逼不过，只得含泪而言道：“仆天涯穷困，蒙恩卿不弃，委曲相从，诚乃莫大之德也。但反复思之，老父位居方面，拘于礼法，况素性方严，恐添嗔怒，必加黜逐。你我流荡，将何底止？夫妇之欢难保，父子之伦又绝。日间蒙新安孙友邀饮，为我筹及此事，寸心如割！”十娘大惊道：“郎君意将如何？”公子道：“仆事内之人，当局而迷。孙友为我画一计颇善，但恐恩卿不从耳！”十娘道：“孙友者何人？计如果善，何不可从？”公子道：“孙友名富，新安盐商，少年风流之士也。夜间闻子清歌，因而问及。仆告以来历，并谈及难归之故，渠意欲以千金聘汝。我得千金，可藉口以见吾父母，而恩卿亦得所耳。但情不能舍，是以悲泣。”说罢，泪如雨下。十娘放开两手，冷笑一声道：“为郎君画此计者，此人乃大英雄也！郎君千金之资既得恢复，而妾归他姓，又不致为行李之累，发乎情，止乎礼，诚两便之策也。那千金在哪里？”公子收泪道：“未得恩卿之诺，金尚留彼处，未曾过手。”十娘道：“明早快快应承了他，不可挫过[1]机会。但千金重事，须得兑足交付郎君之手，妾始过舟，勿为贾竖子[2]所欺。”时已四鼓，十娘即起身挑灯梳洗道：“今日之妆，乃迎新送旧，非比寻常。”于是脂粉香泽，用意修饰，花钿绣袄，极其华艳，香风拂拂，光采照人。装束方完，天色已晓。孙富差家童到船头候信。十娘微窥公子，欣欣似有喜色，乃催公子快去回话，及早兑足银子。公子亲到孙富船中，回复依允。孙富道：“兑银易事，须得丽人妆台为信。”公子又回复了十娘，十娘即指描金文具道：“可便抬去。”孙富喜甚。即将白银一千两，送到公子船中。十娘亲自检看，足色足数，分毫无爽，乃手把船舷，以手招孙富。孙富一见，魂不附体。十娘启朱唇，开皓齿道：“方才箱子可暂发来，内有李郎路引[3]一纸，可检还之也。”孙富视十娘已为瓮中之鳖，即命家童送那描金文具，安放船头之上。十娘取钥开锁，内皆抽替[4]小箱。十娘叫公子抽第一层来看，只见翠羽明珰，瑶簪宝珥，充牣[5]于中，约值数百金。遂投之江中。李甲与孙富及两船之人，无不惊诧。又命公子再抽一箱，乃玉箫金管；又抽一箱，尽古玉紫金玩器，约值数千金。十娘尽投之于大江中。岸上之人，观者如堵。齐声道：“可惜，可惜！”正不知什么缘故。最后又抽一箱，箱中复有一匣。开匣视之，夜明之珠约有盈把。其他祖母绿、猫儿眼[6]，诸般异宝，目所未睹，莫能定其价之多少。众人齐声喝采，喧声如雷。十娘又欲投之于江。李甲不觉大悔，抱持十娘恸哭，那孙富也来劝解。十娘推开公子在一边，向孙富骂道：“我与李郎备尝艰苦，不是容易到此。汝以奸淫之意，巧为谗说，一旦破人姻缘，断人恩爱，乃我之仇人。我死而有知，必当诉之神明，尚妄想枕席之欢乎！”又对李甲道：“妾风尘数年，私有所积，本为终身之计。自遇郎君，山盟海誓，白首不渝。前出都之际，假托众姊妹相赠，箱中韫藏百宝，不下万金。将润色郎君之装，归见父母，或怜妾有心，收佐中馈[7]，得终委托，生死无憾。谁知郎君相信不深，惑于浮议，中道见弃，负妾一片真心。今日当众目之前，开箱出视，使郎君知区区千金，未为难事。妾椟中有玉，恨郎眼内无珠。命之不辰[8]，风尘困瘁，甫得脱离，又遭弃捐。今众人各有耳目，共作证明，妾不负郎君，郎君自负妾耳！”于是众人聚观者，无不流涕，都唾骂李公子负心薄幸。公子又羞又苦，且悔且泣，方欲向十娘谢罪。十娘抱持宝匣，向江心一跳。众人急呼捞救，但见云暗江心，波涛滚滚，杳无踪影。可惜一个如花似玉的名姬，一旦葬于江鱼之腹！正是：

三魂渺渺归水府，七魄悠悠入冥途。

【注释】

［1］挫过：错过。

［2］贾竖子：市侩小人。

［3］路引：出行时于当地所办领的凭证，这里指北京国子监签发的回籍证明。

［4］抽替：即抽屉。

［5］充牣：充满。

［6］猫儿眼：又名猫睛石，似猫睛色黄而光彩多变。

［7］中馈：原指家中主持料理饮食等事，后便以中馈指代妻子。佐中馈则指佐从正室为妾。馈，向尊长进食。

［8］命之不辰：命不好。不辰，生不逢时。

【阅读提示】

《杜十娘怒沉百宝箱》根据同时代文人宋懋澄的《负情侬传》改编而成，是“三言”中成就最高的作品之一，也是明代拟话本小说中最优秀的作品之一。小说讲述明万历年间，京师名妓杜十娘为了赎身从良，追求真爱，将自己的终身托付给太学生李甲。可李甲生性软弱、自私，虽然对杜十娘也是真心爱恋，但又屈从于社会、家庭的礼教观念，再加上孙富的挑唆，最终出卖了杜十娘，酿成了杜十娘沉箱投江的悲剧。

作者以独特的审美视角、精微的细节描写和细腻的心理描写成功地塑造了杜十娘这一光辉的典型形象，不仅表现出杜十娘美丽高贵的灵魂，也写出了这美丽的灵魂被毁灭的悲剧。她的悲剧具有深刻的社会内容和历史内容，引人深思和反省。

小说情节跌宕，一波三折，作为误落风尘的被侮辱和被损害者，杜十娘美丽、聪明、性格刚烈，又不乏精明老练，但同时对爱情、自由、幸福与独立人格有着更为热切的向往。负心男子李甲在爱情与父子之伦的礼教不可得兼的情况下，他负情忘义，暴露出其灵魂的卑怯自私。小说语言富有个性化，心理描写细致入微，细节生动传神，富有表现力。

【思考练习】

1. 你认为作品中“百宝箱”有何象征意义？

2. 如何理解小说中杜十娘的悲剧命运？

游幻境指迷十二钗　饮仙醪曲演红楼梦（节选）

曹雪芹

【题解】

曹雪芹，（约1715—约1763），名霑，字梦阮，号雪芹，又号芹溪、芹圃，是我国伟大的现实主义作家。长篇章回体小说《红楼梦》是中国古典四大名著之一，以贾、史、王、薛四大家族的兴衰为背景，以贾宝玉与林黛玉、薛宝钗的爱情悲剧为主线，描绘了一批举止见识皆出于须眉之上的闺阁佳人的人生百态，展现了真正的人性美和悲剧美。《红楼梦》是一部从各个角度展现女性美以及中国古代社会世态百相的史诗性著作，被誉为“封建社会的百科全书”。

本文选自《红楼梦》第五回。

宝玉见是一个仙姑，喜的忙来作揖问道：“神仙姐姐不知从那里来，如今要往那里去？也不知这是何处，望乞携带携带。”那仙姑笑道：“吾居离恨天之上，灌愁海之中，乃放春山遣香洞太虚幻境警幻仙姑是也：司人间之风情月债，掌尘世之女怨男痴。因近来风流冤孽[1]，缠绵于此处，是以前来访察机会，布散相思。今忽与尔相逢，亦非偶然。此离吾境不远，别无他物，仅有自采仙茗一盏，亲酿美酒一瓮[2]，素练魔舞歌姬数人，新填《红楼梦》仙曲十二支，试随吾一游否？”宝玉听说，便忘了秦氏在何处，竟随了仙姑，至一所在，有石牌横建，上书“太虚幻境”四个大字，两边一副对联，乃是：

假作真时真亦假，无为有处有还无。

转过牌坊，便是一座宫门，上面横书四个大字，道是：“孽海情天”。又有一副对联，大书云：

厚地高天，堪叹古今情不尽；
痴男怨女，可怜风月债难偿。

宝玉看了，心下自思道：“原来如此。但不知何为‘古今之情’，何为‘风月之债’？从今倒要领略领略。”宝玉只顾如此一想，不料早把些邪魔招入膏肓[3]了。当下随了仙姑进入二层门内，至两边配殿，皆有匾额对联，一时看不尽许多，惟见有几处写的是：“痴情司”，“结怨司”，“朝啼司”，“夜怨司”，“春感司”，“秋悲司”。看了，因向仙姑道：“敢烦仙姑引我到那各司中游玩游玩，不知可使得？”仙姑道：“此各司中皆贮的是普天之下所有的女子过去未来的簿册，尔凡眼尘躯，未便先知的。”宝玉听了，那里肯依，复央之再四。仙姑无奈，说：“也罢，就在此司内略随喜随喜罢了。”宝玉喜不自胜，抬头看这司的匾上，乃是“薄命司”三字，两边对联写的是：

春恨秋悲皆自惹，花容月貌为谁妍。

宝玉看了，便知感叹。进入门来，只见有十数个大厨，皆用封条封着。看那封条上，皆是各省的地名。宝玉一心只拣自己的家乡封条看，遂无心看别省的了。只见那边厨上封条上大书七字云：“金陵十二钗正册”。宝玉问道：“何为‘金陵十二钗正册’?”警幻道：“即贵省中十二冠首女子之册，故为‘正册’。”宝玉道：“常听人说，金陵极大，怎么只十二个女子？如今单我家里，上上下下，就有几百女孩子呢。”警幻冷笑道：“贵省女子固多，不过择其紧要者录之。下边二厨则又次之。余者庸常之辈，则无册可录矣。”宝玉听说，再看下首二厨上，果然写着“金陵十二钗副册”，又一个写着“金陵十二钗又副册”。宝玉便伸手先将“又副册”厨开了，拿出一本册来，揭开一看，只见这首页上画着一幅画，又非人物，也无山水，不过是水墨滃染的满纸乌云浊雾而已。后有几行字迹，写的是：

霁月难逢，彩云易散。心比天高，身为下贱。风流灵巧招人怨。寿夭多因毁谤生，多情公子空牵念。

宝玉看了，又见后面画着一簇鲜花，一床破席，也有几句言词，写道是：

枉自温柔和顺，空云似桂如兰；堪羡优伶有福，谁知公子无缘。

宝玉看了不解。遂掷下这个，又去开了副册厨门，拿起一本册来，揭开看时，只见画着一株桂花，下面有一池沼，其中水涸泥干，莲枯藕败，后面书云：

根并荷花一茎香，平生遭际实堪伤。自从两地生孤木，致使香魂返故乡。

宝玉看了仍不解。便又掷了，再去取“正册”看，只见头一页上便画着两株枯木，木上悬着一围玉带；又有一堆雪，雪下一股金簪。也有四句言词，道是：

可叹停机德，堪怜咏絮才。玉带林中挂，金簪雪里埋。

宝玉看了仍不解。待要问时，情知他必不肯泄漏；待要丢下，又不舍。遂又往后看时，只见画着一张弓，弓上挂着香橼。也有一首歌词云：

二十年来辨是非，榴花开处照宫闱。三春争及初春景，虎兕相逢大梦归。

后面又画着两人放风筝，一片大海，一只大船，船中有一女子掩面泣涕之状。也有四句写云：

才自精明志自高，生于末世运偏消。清明涕送江边望，千里东风一梦遥。

后面又画几缕飞云，一湾逝水。其词曰：

富贵又何为，襁褓之间父母违。展眼吊斜晖，湘江水逝楚云飞。

后面又画着一块美玉，落在泥垢之中。其断语云：

欲洁何曾洁，云空未必空。可怜金玉质，终陷淖泥[4]中。

后面忽见画着个恶狼，追扑一美女，欲啖之意。其书云：

子系中山狼，得志便猖狂。金闺花柳质，一载赴黄粱。

后面便是一所古庙，里面有一美人在内看经独坐。其判云：

勘破三春景不长，缁衣顿改昔年妆。可怜绣户侯门女，独卧青灯古佛旁。

后面便是一片冰山，上面有一只雌凤。其判曰：

凡鸟偏从末世来，都知爱慕此生才。一从二令三人木，哭向金陵事更哀。

后面又是一座荒村野店，有一美人在那里纺绩。其判云：

势败休云贵，家亡莫论亲。偶因济刘氏，巧得遇恩人。

诗后又画着一盆茂兰，旁有一位凤冠霞帔的美人。也有判云：

桃李春风结子完，到头谁似一盆兰。如冰水好空相妒，枉与他人作笑谈。

后面又画着高楼大厦，有一美人悬梁自缢。其判云：

情天情海幻情身，情既相逢必主淫。漫言不肖皆荣出，造衅开端实在宁。

宝玉还欲看时，那仙姑知他天分高明，性情颖慧，恐把仙机泄漏，遂掩了卷册，笑向宝玉道："且随我去游玩奇景，何必在此打这闷葫芦！"

…………

方歌了一句，警幻便说道："此曲不比尘世中所填传奇之曲，必有生旦净末之则，又有南北九宫之限。此或咏叹一人，或感怀一事，偶成一曲，即可谱入管弦。若非个中人，不知其中之妙。料尔亦未必深明此调。若不先阅其稿，后听其歌，翻成嚼蜡矣。"说毕，回头命小丫鬟取了《红楼梦》原稿来，递与宝玉。宝玉接来，一面目视其文，一面耳聆其歌曰：

［红楼梦引子］开辟鸿蒙，谁为情种？都只为风月情浓。趁着这奈何天，伤怀日，寂寥时，试遣愚衷。因此上，演出这怀金悼玉的《红楼梦》。

［终身误］都道是金玉良姻，俺只念木石前盟。空对着，山中高士晶莹雪；终不忘，世外仙姝寂寞林。叹人间，美中不足今方信。纵然是齐眉举案，到底意难平。

［枉凝眉］一个是阆苑仙葩，一个是美玉无瑕。若说没奇缘，今生偏又遇着他，若说有奇缘，如何心事终虚化？一个枉自嗟呀，一个空劳牵挂。一个是水中月，一个是镜中花。想眼中能有多少泪珠儿，怎经得秋流到冬尽，春流到夏！

宝玉听了此曲，散漫无稽，不见得好处；但其声韵凄惋，竟能销魂醉魄。因此也不察其原委，问其来历，就暂以此释闷而已。因又看下道：

［恨无常］喜荣华正好，恨无常又到。眼睁睁，把万事全抛。荡悠悠，把芳魂消耗。望家乡，路远山高。故向爹娘梦里相寻告：儿命已入黄泉，天伦呵，须要退步抽身早！

［分骨肉］一帆风雨路三千，把骨肉家园齐来抛闪。恐哭损残年，告爹娘，休把儿悬念。自古穷通皆有定，离合岂无缘？从今分两地，各自保平安。奴去也，莫牵连。

［乐中悲］襁褓中，父母叹双亡。纵居那绮罗丛，谁知娇养？幸生来，英豪阔大宽宏量，从未将儿女私情略萦心上。好一似，霁月光风耀玉堂。厮配得才貌仙郎，博得个地久天长，准折得幼年时坎坷形状。终久是云散高唐，水涸湘江。这是尘寰中消长数应当，何必枉悲伤！

［世难容］气质美如兰，才华阜比仙。天生成孤癖人皆罕。你道是啖肉食腥膻，视

绮罗俗厌；却不知太高人愈妒，过洁世同嫌。可叹这，青灯古殿人将老；辜负了，红粉朱楼春色阑。到头来，依旧是风尘肮脏违心愿。好一似，无瑕白玉遭泥陷；又何须，王孙公子叹无缘。

［喜冤家］中山狼，无情兽，全不念当日根由。一味的骄奢淫荡贪还构。觑着那，侯门艳质同蒲柳；作践的，公府千金似下流。叹芳魂艳魄，一载荡悠悠。

［虚花悟］将那三春看破，桃红柳绿待如何？把这韶华打灭，觅那清淡天和。说什么，天上夭桃盛，云中杏蕊多。到头来，谁把秋捱过？则看那，白杨村里人呜咽，青枫林下鬼吟哦。更兼着，连天衰草遮坟墓。这的是，昨贫今富人劳碌，春荣秋谢花折磨。似这般，生关死劫谁能躲？闻说道，西方宝树唤婆娑，上结着长生果。

［聪明累］机关算尽太聪明，反算了卿卿性命。生前心已碎，死后性空灵。家富人宁，终有个家亡人散各奔腾。枉费了意悬悬半世心；好一似，荡悠悠三更梦。忽喇喇似大厦倾，昏惨惨似灯将尽。呀！一场欢喜忽悲辛。叹人世，终难定！

［留余庆］留余庆，留余庆，忽遇恩人；幸娘亲，幸娘亲，积得阴功。劝人生，济困扶穷，休似俺那爱银钱、忘骨肉的狠舅奸兄。正是乘除加减，上有苍穹。

［晚韶华］镜里恩情，更那堪梦里功名！那美韶华去之何迅，再休提绣帐鸳衾。只这戴珠冠，披凤袄，也抵不了无常性命。虽说是人生莫受老来贫，也须要阴骘积儿孙。气昂昂头戴簪缨，光灿灿胸悬金印；威赫赫爵禄高登，昏惨惨黄泉路近。问古来将相可还存？也只是虚名儿与后人钦敬。

［好事终］画梁春尽落香尘。擅风情，秉月貌，便是败家的根本。箕裘颓堕皆从敬，家事消亡首罪宁。宿孽总因情。

［收尾·飞鸟各投林］为官的，家业凋零；富贵的，金银散尽。有恩的，死里逃生；无情的，分明报应。欠命的，命已还；欠泪的，泪已尽。冤冤相报实非轻，分离聚合皆前定。欲知命短问前生，老来富贵也真侥幸。看破的，遁入空门；痴迷的，枉送了性命。好一似食尽鸟投林，落了片白茫茫大地真干净！

【注释】

［1］冤孽：佛教语，因造恶业而招致的怨报。

［2］瓮：一种盛水或酒的陶器。

［3］膏肓：膏指心尖脂肪，肓指心脏和横膈膜之间。旧说膏与肓是药力达不到的地方。

［4］淖泥：烂泥。

【阅读提示】

《红楼梦》第五回是全书的统领，由宁、荣二府家宴写起。贾宝玉与贾母、邢夫人、王夫人一起在宁国府赏花，感觉有些倦怠，贾母命令贾蓉妻子秦氏给宝玉收拾一间屋子休息，贾宝玉看到秦氏房间的奇珍异宝十分惊叹，在床上刚合上眼，即感香气扑鼻，在太虚幻境中看到了一位曼妙身材的仙姑，仙姑带宝玉看了金陵十二钗的判词，又欣赏了终身误、枉凝眉、恨无常、分骨肉、乐中悲、世难容、喜冤家、虚花悟、聪明累、留余庆、晚韶华、好事终、飞鸟各投林等曲子，隐喻含蓄地将《红楼梦》众多主要人物和次要人物的发展和结局交代出来。本回结构细密，变化错综，可谓尽善尽美也。

【思考练习】

1. 理解金陵十二钗判词中预示的人物悲剧命运。
2. 从诗词艺术角度赏析本文中的曲子。

第三节　现代小说名篇选讲

沉沦（节选）

郁达夫

【题解】

郁达夫（1896—1945），名文，浙江富阳人，是创造社的发起人和最重要的小说家。在散文、旧诗词、文学理论、翻译等方面也有独到的贡献，以小说创作影响最大。从1920年在日本留学期间写作小说处女作《银灰色的死》到1922年回国，这期间除《银灰色的死》以外，郁达夫还写了《沉沦》《南迁》。这三篇小说于1921年10月结集为《沉沦》，由上海泰东书局出版，这是郁达夫自己第一部，也是中国现代文学史上第一部短篇小说集。《沉沦》的出版轰动一时，毁誉参半。褒之者认为它真实地抒写了青年的时代病，开创了小说的新体式，标志着“自我小说”的兴起；贬之者攻击它为“诲淫”，是不道德、不端方的文学。《沉沦》集中的三篇小说都以留学日本的青年生活为题材，是“青年忧郁病的解剖”，奏出了郁达夫此后一系列类似之作的感伤抒情基调，如《胃病》《中途》《怀乡病者》等。

本文是《沉沦》的最后一章。

八

一醉醒来，他看看自家睡在一条红绸的被里，被上有一种奇怪的香气。这一间房间也不很大，但已不是白天的那一间房间了。房中挂着一张十烛光的电灯，枕头边上摆着了一壶茶，两只杯子。他倒了二三杯茶，喝了之后，就踉踉跄跄的走到房外去。他开了门，却好白天的那侍女也跑过来了。她问他说：

“你！你醒了么？”

他点了一点头，笑微微的回答说：

“醒了。便所是在什么地方的？”

“我领你去吧。”

他就跟了她去。他走过日间的那条夹道的时候，电灯点得明亮得很。远近有许多歌唱的声音，三弦的声音，大笑的声音传到他的耳朵里来。白天的情节，他都想出来了。一想到酒醉之后，他对那侍女说的那些话的时候，他觉得面上又发起烧来。

从厕所回到房里之后，他问那侍女说：

“这被是你的么？”

侍女笑着说：“是的。”

“现在是什么时候了？”

“大约是八点四五十分的样子。”

“你去开了账来罢！”

“是。”

他付清了账，又拿了一张纸币给那侍女，他的手不觉微颤起来。那侍女说：“我是不要的。”

他知道她是嫌少了。他的面色又涨红了，袋里摸来摸去，只有一张纸币了，他就拿了出来给她说：

“你别嫌少了，请你收了罢。”

他的手震动得更加厉害，他的话声也颤动起来了。那侍女对他看了一眼，就低声的说：

“谢谢！”

他一直的跑下了楼，套上了皮鞋，就走到外面来。

外面冷得非常，这一天大约是旧历的初八九的样子。半轮寒月，高挂在天空的左半边。淡青的圆形盖里，也有几点疏星，散在那里。

他在海边上走了一回，看看远岸的渔灯，同鬼火似的在那里招引他。细浪中间，映着了银色的月光，好像是山鬼的眼波，在那里开闭的样子。不知是什么道理，他忽想跳入海里去死了。他摸摸身边看，乘电车的钱也没有了。想想白天的事情看，他又不得不痛骂自己。

“我怎么会走上那样的地方去的？我已经变了一个最下等的人了。悔也无及，悔也无及。我就在这里死了罢。我所求的爱情，大约是求不到的了。没有爱情的生涯，岂不同死灰一样么？唉，这干燥的生涯，这干燥的生涯，世上的人又都在那里仇视我，欺侮我，连我自家的亲弟兄，自家的手足，都在那里排挤我到这世界外去。我将何以为生，我又何必生存在这多苦的世界里呢！”

想到这里，他的眼泪就连连续续的滴了下来。他那灰白的面色，竟同死人没有分别了。他也不举起手来揩揩眼泪，月光射到他的面上，两条泪线，倒变了叶上的朝露一样放起光来。他回转头来，看看他自家的又瘦又长的影子，就觉得心痛起来。

“可怜你这清影，跟了我二十一年，如今这大海就是你的葬身地了。我的身子，虽然被人家欺辱，我可不该累你也瘦弱到这步田地的。影子呀影子，你饶了我罢！”

他向西面一看，那灯台的光，一霎变了红一霎变了绿的在那里尽它的本职。那绿的光射到海面上的时候，海面就现出一条淡青的路来。再向西天一看，他只见西方青苍苍的天底下，有一颗明星，在那里摇动。

“那一颗摇摇不定的明星的底下，就是我的故国，也就是我的生地。我在那一颗星的底下，也曾送过十八个秋冬，我的乡土吓，我如今再也不能见你的面了。”

他一边走着，一边尽在那里自伤自悼的想这些伤心的哀话。走了一会，再向那西方的明星看了一眼，他的眼泪便同骤雨似的落下来了。他觉得四边的景物，都模糊起来。把眼泪揩了一下，立住了脚，长叹了一声，他便断断续续的说：

“祖国呀祖国！我的死是你害我的！”

“你快富起来！强起来罢！”

“你还有许多儿女在那里受苦呢！”

一九二一年五月九日改作

【阅读提示】

《沉沦》的主人公“他”是一个留日学生，因对爱情的渴望得不到满足，又兼不堪忍受异族的欺凌，最后投海自尽。小说大胆描写了这个受五四思潮的洗礼而觉醒的现代知识青年“性的要求与灵肉的冲突”，以及由此而生的变态性心理，虽在分寸的把握上不无失当之处，但激起了强烈的社会反响。作品最后通过主人公之口喊出的“祖国呀祖国！……你快富起来！强起来罢！”表达了郁达夫鲜明的反帝爱国思想，具有积极的思想意义。

郁达夫的小说突出表现了五四青年对人性解放的追求和被生活挤出轨道的“零余者”的哀怨。他们或因是“弱国子民”而在异国他乡备受轻侮、嘲弄，或不见容于社会，被社会所遗弃，由此变相自戕或表现出某种变态心理。他们不甘沉沦却又无力自拔。在茫茫人海中，他们时时为自身的茕茕孑立、几被世人遗忘的境遇深感痛苦，为自己只是一个生活的“零余者”落泪叹息。他们愤世嫉俗，感伤忧郁，内向而又敏感，孤傲复又自卑，这是“零余者”作为郁达夫小说中一个形象系列而共有的气质。他们的心中始终都没有减退过追求理想生活的热情，他们的身上有相当浓重的理想色彩。流露出在民族觉醒时期一个敏锐的知识者审视自身的伤痕和民族的伤痕所产生的幻灭感和危机感，发出了五四文学中个性主义与自我表现、自我反省的强音。

郁达夫的小说有着十分鲜明的个性特征和文学风格。他开创了现代抒情小说（或称“自我小说”）的新体式，其自我的写真、感伤的抒情、结构的散文化和流丽清新的文笔引来了一群模仿者，形成了一时风气，还影响了后代不少作家。

【思考练习】

1. 分析主人公的性格特征。
2. 结合作品谈谈郁达夫作品的艺术特征。

伤逝（节选）

——涓生的手记

鲁 迅

【题解】

鲁迅（1881—1936），原名周树人，字豫才，浙江绍兴人。中国著名文学家、思想家、革命家、教育家、民主战士，新文化运动的重要参与者，中国现代文学的奠基人之一。1902 年赴日本留学，后因认识到改变国民精神是救国的当务之急，遂弃医从文，1909 年回国。1918 年 5 月，首次用“鲁迅”这一笔名在《新青年》杂志上发表了他的第一篇白话小说《狂人日记》。1923 年出版第一部小说集《呐喊》，1926 年出版第二部小说集《彷徨》。他一生创作近 400 万字，翻译 500 多万字，整理古籍近 60 万字，对中国的文化事业作出了巨大的贡献，是中国现代文学的奠基人。毛泽东曾评价：“鲁迅的方向，就是中华民族新文化的方向。”有《鲁迅全集》传世。

本文选自《鲁迅全集》第二卷《彷徨》。

如果我能够，我要写下我的悔恨和悲哀，为子君，为自己。

会馆[1]里的被遗忘在偏僻里的破屋是这样地寂静和空虚。时光过得真快，我爱子君，仗着她逃出这寂静和空虚，已经满一年了。事情又这么不凑巧，我重来时，偏偏空着的又只有这一间屋。依然是这样的破窗，这样的窗外的半枯的槐树和老紫藤，这样的窗前的方桌，这样的败壁，这样的靠壁的板床。深夜中独自躺在床上，就如我未曾和子君同居以前一般，过去一年中的时光全被消灭，全未有过，我并没有曾经从这破屋子搬出，在吉兆胡同创立了满怀希望的小小的家庭。

不但如此。在一年之前，这寂静和空虚是并不这样的，常常含着期待；期待子君的到来。在久待的焦躁中，一听到皮鞋的高底尖触着砖路的清响，是怎样地使我骤然生动起来呵！于是就看见带着笑涡的苍白的圆脸，苍白的瘦的臂膊，布的有条纹的衫子，玄色的裙。她又带了窗外的半枯的槐树的新叶来，使我看见，还有挂在铁似的老干上的一房一房的紫白的藤花。

然而现在呢，只有寂静和空虚依旧，子君却决不再来了，而且永远，永远地！……

子君不在我这破屋里时，我什么也看不见。在百无聊赖中，顺手抓过一本书来，科学也好，文学也好，横竖什么都一样；看下去，看下去，忽而自己觉得，已经翻了十多页了，但是毫不记得书上所说的事。只是耳朵却分外地灵，仿佛听到大门外一切往来的履声，从中便有子君的，而且橐橐地逐渐临近，——但是，往往又逐渐渺茫，终于消失在别的步声的杂沓中了。我憎恶那不像子君鞋声的穿布底鞋的长班[2]的儿子，我憎恶那太像子君鞋声的常常穿着新皮鞋的邻院的搽雪花膏的小东西！

莫非她翻了车么？莫非她被电车撞伤了么？……

我便要取了帽子去看她，然而她的胞叔就曾经当面骂过我。

蓦然，她的鞋声近来了，一步响于一步，迎出去时，却已经走过紫藤棚下，脸上带着微笑的酒窝。她在她叔子的家里大约并未受气；我的心宁帖了，默默地相视片时之后，破屋里便渐渐充满了我的语声，谈家庭专制，谈打破旧习惯，谈男女平等，谈伊孛生，谈泰戈尔，谈雪莱[3]……。她总是微笑点头，两眼里弥漫着稚气的好奇的光泽。壁上就钉着一张铜板的雪莱半身像，是从杂志上裁下来的，是他的最美的一张像。当我指给她看时，她却只草草一看，便低了头，似乎不好意思了。这些地方，子君就大概还未脱尽旧思想的束缚，——我后来也想，倒不如换一张雪莱淹死在海里的记念像或是伊孛生的罢；但也终于没有换，现在是连这一张也不知那里去了。

“我是我自己的，他们谁也没有干涉我的权利！”

这是我们交际了半年，又谈起她在这里的胞叔和在家的父亲时，她默想了一会之后，分明地，坚决地，沉静地说了出来的话。其时是我已经说尽了我的意见，我的身世，我的缺点，很少隐瞒；她也完全了解的了。这几句话很震动了我的灵魂，此后许多天还在耳中发响，而且说不出的狂喜，知道中国女性，并不如厌世家所说那样的无法可施，在不远的将来，便要看见辉煌的曙色的。

送她出门，照例是相离十多步远；照例是那鲇鱼须的老东西的脸又紧帖在脏的窗玻璃上了，连鼻尖都挤成一个小平面；到外院，照例又是明晃晃的玻璃窗里的那小东西的脸，加厚的雪花膏。她目不邪视地骄傲地走了，没有看见；我骄傲地回来。

“我是我自己的，他们谁也没有干涉我的权利！”这彻底的思想就在她的脑里，比我还透澈，坚强得多。半瓶雪花膏和鼻尖的小平面，于她能算什么东西呢？

我已经记不清那时怎样地将我的纯真热烈的爱表示给她。岂但现在，那时的事后便已模糊，夜间回想，早只剩了一些断片了；同居以后一两月，便连这些断片也化作无可追踪的梦影。我只记得那时以前的十几天，曾经很仔细地研究过表示的态度，排列过措辞的先后，以及倘或遭了拒绝以后的情形。可是临时似乎都无用，在慌张中，身不由己地竟用了在电影上见过的方法了。后来一想到，就使我很愧恧，但在记忆上却偏只有这一点永远留遗，至今还如暗室的孤灯一般，照见我含泪握着她的手，一条腿跪了下去……。

不但我自己的，便是子君的言语举动，我那时就没有看得分明：仅知道她已经允许我了。但也还仿佛记得她脸色变成青白，后来又渐渐转作绯红，——没有见过，也没有再见的绯红；孩子似的眼里射出悲喜，但是夹着惊疑的光，虽然力避我的视线，张皇地似乎要破窗飞去。然而我知道她已经允许我了，没有知道她怎样说或是没有说。

她却是什么都记得：我的言辞，竟至于读熟了的一般，能够滔滔背诵；我的举动，就如有一张我所看不见的影片挂在眼下，叙述得如生，很细微，自然连那使我不愿再想的浅薄的电影的一闪。夜阑人静，是相对温习的时候了，我常是被质问，被考验，并且被命复述当时的言语，然而常须由她补足，由她纠正，像一个丁等的学生。

这温习后来也渐渐稀疏起来。但我只要看见她两眼注视空中，出神似的凝想着，于是神色越加柔和，笑窝也深下去，便知道她又在自修旧课了，只是我很怕她看到我那可笑的电影的一闪。但我又知道，她一定要看见，而且也非看不可的。

然而她并不觉得可笑。即使我自己以为可笑，甚而至于可鄙的，她也毫不以为可笑。这事我知道得很清楚，因为她爱我，是这样地热烈，这样地纯真。

去年的暮春是最为幸福，也是最为忙碌的时光。我的心平静下去了，但又有别一部分和身体一同忙碌起来。我们这时才在路上同行，也到过几回公园，最多的是寻住所。我觉得在路上时时遇到探索，讥笑，猥亵和轻蔑的眼光，一不小心，便使我的全身有些瑟缩，只得即刻提起我的骄傲和反抗来支持。她却是大无畏的，对于这些全不关心，只是镇静地缓缓前行，坦然如入无人之境。

寻住所实在不是容易事，大半是被托辞拒绝，小半是我们以为不相宜。起先我们选择得很苛酷，——也非苛酷，因为看去大抵不像是我们的安身之所；后来，便只要他们能相容了。看了二十多处，这才得到可以暂且敷衍的处所，是吉兆胡同一所小屋里的两间南屋；主人是一个小官，然而倒是明白人，自住着正屋和厢房。他只有夫人和一个不到周岁的女孩子，雇一个乡下的女工，只要孩子不啼哭，是极其安闲幽静的。

我们的家具很简单，但已经用去了我的筹来的款子的大半；子君还卖掉了她唯一的金戒指和耳环。我拦阻她，还是定要卖，我也就不再坚持下去了；我知道不给她加入一点股分去，她是住不舒服的。

和她的叔子，她早经闹开，至于使他气愤到不再认她做侄女；我也陆续和几个自以为忠告，其实是替我胆怯，或者竟是嫉妒的朋友绝了交。然而这倒很清静。

每日办公散后，虽然已近黄昏，车夫又一定走得这样慢，但究竟还有二人相对的时候。我们先是沉默的相视，接着是放怀而亲密的交谈，后来又是沉默。大家低头沉思着，却并未想着什么事。我也渐渐清醒地读遍了她的身体，她的灵魂，不过三星期，我似乎于她已经更加了解，揭去许多先前以为了解而现在看来却是隔膜，即所谓真的隔膜了。

子君也逐日活泼起来。但她并不爱花，我在庙会[4]时买来的两盆小草花，四天不浇，枯死在壁角了，我又没有照顾一切的闲暇。然而她爱动物，也许是从官太太那里传染的罢，不一月，我们的眷属便骤然加得很多，四只小油鸡，在小院子里和房主人的十多只在一同走。但她们却认识鸡的相貌，各知道那一只是自家的。还有一只花白的叭儿狗，从庙会买来，记得似乎原有名字，子君却给它另起了一个，叫作阿随。我就叫它阿随，但我不喜欢这名字。

这是真的，爱情必须时时更新，生长，创造。我和子君说起这，她也领会地点点头。

唉唉，那是怎样的宁静而幸福的夜呵！

安宁和幸福是要凝固的，永久是这样的安宁和幸福。我们在会馆里时，还偶有议论的冲突和意思的误会，自从到吉兆胡同以来，连这一点也没有了；我们只在灯下对坐的怀旧谭中，回味那时冲突以后的和解的重生一般的乐趣。

子君竟胖了起来，脸色也红活了；可惜的是忙。管了家务便连谈天的工夫也没有，何况读书和散步。我们常说，我们总还得雇一个女工。

这就使我也一样地不快活，傍晚回来，常见她包藏着不快活的颜色，尤其使我不乐的是她要装作勉强的笑容。幸而探听出来了，也还是和那小官太太的暗斗，导火线便是两家的小油鸡。但又何必硬不告诉我呢？人总该有一个独立的家庭。

这样的处所，是不能居住的。

我的路也铸定了，每星期中的六天，是由家到局，又由局到家。在局里便坐在办公桌前钞，钞，钞些公文和信件；在家里是和她相对或帮她生白炉子，煮饭，蒸馒头。我的学会了煮饭，就在这时候。

但我的食品却比在会馆里时好得多了。做菜虽不是子君的特长，然而她于此却倾注着全力；对于她的日夜的操心，使我也不能不一同操心，来算作分甘共苦。

况且她又这样地终日汗流满面，短发都粘在脑额上；两只手又只是这样地粗糙起来。况且还要饲阿随，饲油鸡，……都是非她不可的工作。我曾经忠告她：我不吃，倒也罢了；却万不可这样地操劳。她只看了我一眼，不开口，神色却似乎有点凄然；我也只好不开口。然而她还是这样地操劳。

我所豫期的打击果然到来。双十节的前一晚，我呆坐着，她在洗碗。听到打门声，我去开门时，是局里的信差，交给我一张油印的纸条。我就有些料到了，到灯下去一看，果然，印着的就是：

> 奉
> 局长谕史涓生着毋庸到局办事
> 秘书处启　　　　十月九号

这在会馆里时，我就早已料到了；那雪花膏便是局长的儿子的赌友，一定要去添些谣言，设法报告的。到现在才发生效验，已经要算是很晚的了。其实这在我不能算是一个打击，因为我早就决定，可以给别人去钞写，或者教读，或者虽然费力，也还可以译点书，况且《自由之友》的总编辑便是见过几次的熟人，两月前还通过信。但我的心却跳跃着。那么一个无畏的子君也变了色，尤其使我痛心；她近来似乎也较为怯弱了。

“那算什么。哼，我们干新的。我们……。”她说。

她的话没有说完；不知怎地，那声音在我听去却只是浮浮的；灯光也觉得格外黯淡。人们真是可笑的动物，一点极微末的小事情，便会受着很深的影响。我们先是默默地相视，逐渐商量起来，终于决定将现有的钱竭力节省，一面登“小广告”去寻求钞写和教读，一面写信给《自由之友》的总编辑，说明我目下的遭遇，请他收用我的译本，给我帮一点艰辛时候的忙。

“说做，就做罢！来开一条新的路！”

我立刻转身向了书案，推开盛香油的瓶子和醋碟，子君便送过那黯淡的灯来。

我先拟广告；其次是选定可译的书，迁移以来未曾翻阅过，每本的头上都满漫着灰尘了；最后才写信。

我很费踌蹰，不知道怎样措辞好，当停笔凝思的时候，转眼去一瞥她的脸，在昏暗的灯光下，又很见得凄然。我真不料这样微细的小事情，竟会给坚决的，无畏的子君以这么显著的变化。她近来实在变得很怯弱了，但也并不是今夜才开始的。我的心因此更缭乱，忽然有安宁的生活的影像——会馆里的破屋的寂静，在眼前一闪，刚刚想定睛凝视，却又看见了昏暗的灯光。

许久之后，信也写成了，是一封颇长的信；很觉得疲劳，仿佛近来自己也较为怯弱了。于是我们决定，广告和发信，就在明日一同实行。大家不约而同地伸直了腰肢，在无言中，似乎又都感到彼此的坚忍崛强的精神，还看见从新萌芽起来的将来的希望。

…………

一九二五年十月二十一日毕

【注释】

［1］会馆：旧时都市中同乡会或同业公会设立的馆舍，供同乡或同业旅居、聚会之用。

［2］长班：旧时官员的随身仆人，也用来称呼一般的“听差”。

［3］伊孛生：通译易卜生，挪威剧作家。泰戈尔：印度诗人。1924 年曾来过我国。当时他的诗作译成中文的有《新月集》《飞鸟集》等。雪莱：英国诗人。曾参加爱尔兰民族独立运动，因传播革命思想和争取婚姻自由屡遭迫害。后在海里覆舟淹死。他的《西风颂》《云雀颂》等著名短诗，“五四”后被译介到我国。

［4］庙会：又称“庙市”，旧时在节日或规定的日子，设在寺庙或其附近的集市。

【阅读提示】

《伤逝》是一篇反映五四时期社会现实的短篇小说，是鲁迅先生唯一的以爱情为题材的作品。小说用诗的语言描述了一场让人心动的爱情悲剧。一对被“五四”新文化运动唤醒的知识青年子君和涓生，对旧势力进行了坚决的反抗，自由结合了。但是没过多久，他们美妙的幻想就被无情的现实所粉碎。作品通过这对青年男女从初恋、同居到最后分离的真实描写，再现了他们纯真而热烈的爱情生活，控诉了黑暗社会和吃人的封建势力对他们的压迫，着重批判了资产阶级个性解放、爱情至上的虚幻信条，形象地表达了社会解放才是个人解放和婚姻自由的前提这一卓越的思想。

小说用手记的形式，通过主人公涓生的回忆来展开抒写，分三个阶段进行描述。

第一个阶段，反对封建势力，取得自由恋爱的胜利。这是他们爱情生活最美好的阶段，也是悲剧的开端。作者借主人公的甜蜜回忆介绍了两个反抗封建势力的青年是怎样建立小家庭的，赞颂了子君这位知识女性可爱的品格。

第二个阶段，写小家庭建立后的情况。这一部分生动地从主客两方面描写了子君和涓生与旧社会的矛盾，以及他们之间的冲突。爱情悲剧的发展，展现了旧社会的狰狞面目，揭示了个性解放思想的软弱和局限。

第三阶段，家破人亡，爱情以悲剧告终。小家庭解体后，回到封建牢笼中去的子君在专制家长“烈日一般的威严”和“赛过冰霜的冷眼”中走着所谓人生的路，最后走进“连墓碑也没有的坟墓”，涓生则发出要“向着新的生路跨进第一步去”的誓言，小说就在这一誓言中结束了。

鲁迅的每一篇小说都是一个艺术的创造。《伤逝》这篇杰作，与其他的小说相比，出手不凡，炉火纯青，更能展示鲁迅全方位的文学才能。本文的艺术特色在于：诗意的语言，浓郁的感情色彩；形神兼备，人物性格鲜明突出；别具一格的手记形式，通过主人公的内心独白，把心灵深处的悲愤之情抒发得淋漓尽致，给人以亲切、逼真之感；细节的描写也具有不可忽视的作用，它使我们看到了两个知识分子山穷水尽的悲惨处境，看到了被封建势力摧残的纯洁的爱情，看到了子君对涓生真挚、深沉的爱，十分动人。

【思考练习】

1. 子君和涓生的爱情悲剧产生的原因是什么？
2. 叭儿狗阿随在作品中几次出现，有什么作用？

呼兰河传（节选）

萧红

【题解】

萧红（1911—1942），中国近现代女作家，被誉为 20 世纪“30 年代的文学洛神”。原名张迺莹。 笔名萧红、悄吟、玲玲、田娣等。1911 年，出生于黑龙江呼兰一个地主家庭，幼年丧母。1932 年，结识萧军。1933 年，以悄吟为笔名发表第一篇小说《弃儿》。1935 年，在鲁迅的支持下，发表成名作《生死场》。1936 年，东渡日本，创作散文《孤独的生活》、长篇组诗《砂粒》等。1940 年，与端木蕻良同抵香港，之后发表中篇小说《马伯乐》、长篇小说《呼兰河传》等。1942 年 1 月 22 日，因肺结核和恶性气管扩张病逝于香港，年仅 31 岁。

文本中的“呼兰河”，不是《呼兰府志》所记载的那条流动的呼兰河，而是一座在松花江和呼兰河北岸有固定地理位置的小城。《呼兰河传》不是为某一个人作传，而是为作者生于斯、长于斯的小城作传。全书共七章，写的是 20 世纪 20 年代北方一座普普通通的小城呼兰，以及普普通通的人的普普通通的生活。

本文节选自第五章。

第五章

一

我玩的时候，除了在后花园里，有祖父陪着，其余的玩法，就只有我自己了。我自己在房檐下搭了个小布棚，玩着玩着就睡在那布棚里了。

我家的窗子是可以摘下来的，摘下来直立着是立不住的，就靠着墙斜立着，正好立出一个小斜坡来，我称这小斜坡叫“小屋”，我也常常睡到这小屋里边去了。

我家满院子是蒿草，蒿草上飞着许多蜻蜓，那蜻蜓是为着红蓼花而来的。可是我偏偏喜欢捉它，捉累了就躺在蒿草里边睡着了。

蒿草里边长着一丛一丛的天星星，好像山葡萄似的，是很好吃的。我在蒿草里边搜索着吃，吃困了，就睡在天星星秧子的旁边了。

蒿草是很厚的，我躺在上边好像是我的褥子，蒿草是很高的，它给我遮着荫凉。

有一天，我正在蒿草里边做着梦，那是下午晚饭之前，太阳偏西的时候。大概我睡得不太着实，我似乎是听到了什么地方有不少的人讲着话，说说笑笑，似乎是很热闹。但到底发生了什么事情，却听不清，只觉得在西南角上，或者是院里，或者是院外。到底是院里院外，那就不大清楚了。反正是有几个人在一起嚷嚷着。

我似睡非睡地听了一会就又听不见了。大概我已经睡着了。等我睡醒了，回到屋里去，老厨子第一个就告诉我：

“老胡家的团圆媳妇来啦，你还不知道，快吃了饭去看吧！”

老厨子今天特别忙，手里端着一盘黄瓜菜往屋里走，因为跟我指手画脚地一讲话，差一点没把菜碟子掉在地上，只把黄瓜丝打翻了。

我一走进祖父的屋去，只有祖父一个人坐在饭桌前面，桌子上边的饭菜都摆好了，却没有人吃，母亲和父亲都没有来吃饭，有二伯也没有来吃饭。祖父一看见我，祖父就问我：

“那团圆媳妇好不好？”

大概祖父以为我是去看团圆媳妇回来的。我说我不知道，我在草棵里边吃天星星来的。祖父说：

“你妈他们都去看团圆媳妇去了，就是那个跳大神的老胡家。”

祖父说着就招呼老厨子，让他把黄瓜菜快点拿来。

醋拌黄瓜丝，上边浇着辣椒油，红的红，绿的绿，一定是那老厨子又重切了一盘的，那盘我眼看着撒在地上了。

祖父一看黄瓜菜也来了，祖父说：

“快吃吧，吃了饭好看团圆媳妇去。”

老厨子站在旁边，用围裙在擦着他满脸的汗珠，他每一说话就眨巴眼睛，从嘴里往外喷着唾沫星。他说：

“那看团圆媳妇的人才多呢！粮米铺的二老婆，带着孩子也去了。后院的小麻子也去了，西院老杨家也来了不少的人，都是从墙头上跳过来的。”

他说他在井沿上打水看见的。经他这一喧惑，我说：

“爷爷，我不吃饭了，我要看团圆媳妇去。”

祖父一定让我吃饭，他说吃了饭他带我去。我急得一顿饭也没有吃好。我从来没有看过团圆媳妇，我以为团圆媳妇不知道多么好看呢！越想越觉得一定是很好看的，越着急也越觉得是非特别好看不可。不然，为什么大家都去看呢。不然，为什么母亲也不回来吃饭呢。

越想越着急，一定是很好看的节目都看过。若现在就去，还多少看得见一点，若再去晚了，怕是就来不及了。我就催促着祖父。

“快吃，快吃，爷爷快吃吧。”

那老厨子还在旁边乱讲乱说，祖父间或问他一两句。

我看那老厨子打扰祖父吃饭，我就不让那老厨子说话。那老厨子不听，还是笑嘻嘻地说。我就下地把老厨子硬推出去了。

祖父还没有吃完，老周家的周三奶奶又来了，她说她的公鸡总是往我这边跑，她是来捉公鸡的。公鸡已经捉到了，她还不走，她还扒着玻璃窗子跟祖父讲话，她说：

“老胡家那小团圆媳妇过来，你老爷子还没去看看吗？那看的人才多呢，我还没去呢，吃了饭就去。”

祖父也说吃了饭就去，可是祖父的饭总也吃不完。一会要点辣椒油，一会要点咸盐面的。我看不但我着急，就是那老厨子也急得不得了了。头上直冒着汗，眼睛直眨巴。

祖父一放下饭碗，连点一袋烟我也不让他点，拉着他就往西南墙角那边走。

一边走，一边心里后悔，眼看着一些看热闹的人都回来了。为什么一定要等祖父呢？不会一个人早就跑着来吗？何况又觉得我躺在草棵子里就已经听见这边有了动静了。真是越想越后悔，这事情都闹了一个下半天了，一定是好看的都过去了，一定是来晚了。白来了，什么也看不见了，在草棵子听到了这边说笑，为什么不就立刻跑来看呢？越想越后悔。

自己和自己生气，等到了老胡家的窗前，一听，果然连一点声音也没有了。差一点没有气哭了。

等真的进屋一看，全然不是那么一回事，母亲，周三奶奶，还有些个不认的人都在那里。与我想象的完全不一样，没有什么好看的，团圆媳妇在那儿？我也看不见，经人家指指点点的，我才看见了。不是什么媳妇，而是一个小姑娘。

我一看就没有兴趣了，拉着爷爷就向外边走，说：

“爷爷回家吧。”

等第二天早晨她出来倒洗脸水的时候，我看见她了。

她的头发又黑又长，梳着很大的辫子，普通姑娘们的辫子都是到腰间那么长，而她的辫子竟快到膝间了。她脸长得黑乎乎的，笑呵呵的。

院子里的人，看过老胡家的团圆媳妇之后，没有什么不满意的地方。不过都说太大方了，不像个团圆媳妇了。

周三奶奶说：

“见人一点也不知道羞。”

隔院的杨老太太说：

“那才不怕羞呢！头一天来到婆家，吃饭就吃三碗。”

周三奶奶又说：

“哟哟！我可没见过，别说还是一个团圆媳妇，就说一进门就姓了人家的姓，也得头两天看看人家的脸色。哟哟！那么大的姑娘。她今年十几岁啦？”

“听说十四岁么！”

“十四岁会长得那么高，一定是瞒岁数。”

“可别说呀！也有早长的。”

“可是他们家可怎么睡呢？”

“可不是，老少三辈，就三铺小炕……”

这是杨老太太扒在墙头上和周三奶奶讲的。

至于我家里，母亲也说那团圆媳妇不像个团圆媳妇。

老厨子说：

“没见过，大模大样的，两个眼睛骨碌骨碌地转。”

有二伯说：

“介（这）年头是啥年头呢，团圆媳妇也不像个团圆媳妇了。”

只是祖父什么也不说，我问祖父：

“那团圆媳妇好不好？”

祖父说：

“怪好的。”

于是我也觉得怪好的。

她天天牵马到井边上去饮水，我看见她好几回，中间没有什么人介绍，她看看我就笑了，我看看她也笑了。我问她十几岁？她说：

“十二岁。”

我说不对。

“你十四岁，人家都说你十四岁。”

她说：

“他们看我长得高，说十二岁怕人家笑话，让我说十四岁的。”

我不知道，为什么长得高还让人家笑话，我问她：

“你到我们草棵子里去玩好吧！”

她说：

“我不去，他们不让。”

二

过了没有几天，那家就打起团圆媳妇来了，打得特别厉害，那叫声不管多远都可以听得见的。这全院子都是没有小孩子的人家，从没有听到过谁家在哭叫。

邻居左右因此又都议论起来，说早就该打的，哪有那样的团圆媳妇，一点也不害羞，坐到那儿坐得笔直，走起路来，走得风快。

她的婆婆在井边上饮马，和周三奶奶说：

“给她一个下马威。你听着吧，我回去我还得打她呢，这小团圆媳妇才厉害呢！没见过，你拧她大腿，她咬你；再不然，她就说她回家。”

从此以后，我家的院子里，天天有哭声，哭声很大，一边哭，一边叫。

祖父到老胡家去说了几回，让他们不要打她了；说小孩子，知道什么，有点差错教导教导也就行了。

后来越打越厉害了，不分昼夜，我睡到半夜醒来和祖父念诗的时候，念着念着就听西南角上哭叫起来了。我问祖父：

“是不是那小团圆媳妇哭？”

祖父怕我害怕，说：

“不是，是院外的人家。”

我问祖父：

“半夜哭什么？”

祖父说：

“别管那个，念诗吧。”

清早醒了，正在念“春眠不觉晓”的时候，那西南角上的哭声又来了。

一直哭了很久，到了冬天，这哭声才算没有了。

三

虽然不哭了，那西南角上又夜夜跳起大神来，打着鼓，叮当叮当地响；大神唱一句，二神唱一句，因为是夜里，听得特别清晰，一句半句的我都记住了。什么“小灵花呀”，什么“胡家让她去出马呀”。差不多每天大神都唱些这个。早晨起来，我就模拟着唱：

“小灵花呀，胡家让她去出马呀……”

而且叮叮当，叮叮当的，用声音模拟着打鼓。

“小灵花”就是小姑娘；“胡家”就是胡仙；“胡仙”就是狐狸精；“出马”就是跳大神的。大神差不多跳了一个冬天，把那小团圆媳妇就跳出毛病来了。

那小团圆媳妇，有点黄，没有夏天她刚一来的时候，那么黑了。不过还是笑呵呵的。祖父带着我到那家去串门，那小团圆媳妇还过来给祖父装了一袋烟。她看见我，也还偷着笑，大概她怕她婆婆看见，所以没和我说话。

她的辫子还是很大的。她的婆婆说她有病了，跳神给她赶鬼。等祖父临出来的时候，她的婆婆跟出来了，小声跟祖父说：

“这团圆媳妇，怕是要不好，是个胡仙旁边的，胡仙要她去出马……”

祖父想要让他们搬家。但呼兰河这地方有个规矩，春天是二月搬家，秋天是八月搬家。一过了二八月就不是搬家的时候了。

我们每当半夜让跳神惊醒的时候，祖父就说：

“明年二月就让他们搬了。”

我听祖父说了好几次这样的话。

当我模拟着大神喝喝咧咧地唱着“小灵花”的时候，祖父也说那同样的话，明年二月让他们搬家。

【阅读提示】

《呼兰河传》是萧红在20世纪40年代流亡到香港后，创作的一部带自传色彩的长篇小说。全书以萧红自己的童年生活为线索，把孤独的童年故事串起来，形象地反映出呼兰这座小城当年的社会风貌、人情百态，从而无情地揭露和鞭挞中国几千年的封建陋习在社会形成的毒瘤，以及这毒瘤溃烂漫浸所造成的瘟疫般的灾难。作者以一个童稚的目光注视着故乡的一切，不谙世事的小女孩心中时时存在的讶异与残酷的现实形成鲜明的对比。小说在结构上也颇有特色，以小女孩为线索，串起一系列的人、事，没有完整的故事情节。天真、佻达又困惑、压抑的笔致，与一位年幼的叙事者的口吻相符合，也与叙述环境相一致。这一切使作品更具有强烈的感染效果。

文中小团圆媳妇曾经“头发又黑又长，梳着很大的辫子”，曾经“看见‘我’，也还偷着笑”；说碗碟很好看，想坐起来弹玻璃球玩；一点也不害羞，坐得笔直，走得风快，吃饭就吃三碗等。但正是由于活泼开朗，婆家将她视为怪物，遵从“打到的媳妇，揉到的面”的古训，进行残酷的规训。先是毒打，接着是“跳大神”，最后是一天连续洗三次“热水澡”。那些东家的婶子、西家的大娘等“善心”的“看客”给她撕下了衣服，浇水的浇水、按头的按头，乐此不疲地狂喊着参与并欣赏这一壮举，小团圆媳妇真的被折磨得死去活来。那些“看客”们“于是人心大为振奋，困的也不困了，要回家睡觉的也精神了。这来看热闹的，不下三十人，个个眼睛发亮，人人精神百倍。看吧，洗一次就昏过去了，洗上三次，那可就不堪想象了。所以看热闹的人的心里，都满怀奥秘”。结果小团圆媳妇被活活烫死了。萧红以其真诚的自我表达和突破传统创作模式的创新精神，自由地吟唱出对生命的感悟，体现出她对世事不同寻常的洞察，在散文化的优美意境中写出了其寂寞人生的酸甜苦辣。

【思考练习】

1. 分析《呼兰河传》的艺术特色。

2. 造成小团圆媳妇悲惨命运的原因是什么？谈谈你的看法。

小二黑结婚（节选）

赵树理

【题解】

赵树理（1906—1970），原名赵树礼，山西沁水人，出生于一个贫苦农民家庭。他的父亲是农村识字人，酷爱地方戏曲上党梆子等民间音乐，劳动之余还常帮人看病、测卦。赵树理的许多邻里都是民间艺术组织“八音会”的成员，这使他从小便受到民歌、民谣、鼓词尤其是评书和地方戏曲等民间艺术的熏陶，自幼年就醉心于此，直至终生。他早年读过短期私塾，从 12 岁起参加劳动，劳动之余常借阅《施公案》《七侠五义》等当时流行的小说唱本。1925 年，20 岁的赵树理考入山西省立长治第四师范，从此开始大量地接触新文学。1929 年起开始创作，小说《悔》、《铁牛的复职》和长篇《盘龙峪》等都在太原报刊上发表，并在理论与实践两方面开始对文艺大众化进行思考。抗战爆发后正式参加革命，在太行根据地从事抗日文化工作。先后担任《黄河日报》路东版副刊《山地》、《人民报》副刊《大家干》、《新华日报》隶属的通俗小说《中国人》及副刊《大家看》等报刊的主编，创作了大量的各种体裁的文学作品，此间，他还改编、创作了一些戏剧作品，《万象楼》是这方面的代表作品。

1943 年 5 月赵树理创作了成名作《小二黑结婚》，同年 10 月又一代表作《李有才板话》面世。自此后佳作连连：《来来往往》《孟祥英翻身》（1944 年），《地板》《李家庄的变迁》（1945 年），《催粮差》《福贵》（1946 年），《刘二和与王继圣》《小经理》（1947 年），《邪不压正》（1948 年），《传家宝》《田寡妇看瓜》（1949 年）等。

一　神仙的忌讳

刘家峧有两个神仙，邻近各村无人不晓：一个是前庄上的二诸葛，一个是后庄上的三仙姑。二诸葛原来叫刘修德，当年作过生意，抬脚动手都要论一论阴阳八卦，看一看黄道黑道。三仙姑是后庄于福的老婆，每月初一十五都要顶着红布摇摇摆摆装扮天神。

二诸葛忌讳“不宜栽种”，三仙姑忌讳“米烂了”。这里边有两个小故事：有一年春天大旱，直到阴历五月初三才下了四指雨。初四那天大家都抢着种地，二诸葛看了看历书，又掐指算了一下说：“今日不宜栽种。”初五日是端午，他历年就不在端午这天做什么，又不曾种；初六倒是个黄道吉日，可惜地干了，虽然勉强把他的四亩谷子种上了，却没有出够一半。后来直到十五才又下雨，别人家都在地里锄苗，二诸葛却领着两个孩子在地里补空子。邻家有个后生，吃饭时候在街上碰上二诸葛便问道：“老汉！今天宜栽种不宜？”二诸葛翻了他一眼，扭转头返回去了，大家就嘻嘻哈哈传为笑谈。

三仙姑有个女孩叫小芹。一天，金旺他爹到三仙姑那里问病，三仙姑坐在香案后唱，金旺他爹跪在香案前听。小芹那年才九岁，晌午做捞饭，把米下进锅里了，听见她娘哼哼得很中听，站在桌前听了一会，把做饭也忘了。一会，金旺他爹出去小便，三仙姑趁空子向小芹说："快去捞饭！米烂了！"这句话却不料就叫金旺他爹听见，回去就传开了。后来有些好玩笑的人，见了三仙姑就故意问别人"米烂了没有?"

三　小芹

三仙姑前后共生过六个孩子，就有五个没有成人，只落了一个女儿，名叫小芹。小芹当两三岁时候，就非常伶俐乖巧，三仙姑的老相好们，这个抱过来说是"我的"，那个抱起来说是"我的"，后来小芹长到五六岁，知道这不是好话，三仙姑教她说："谁再这么说，你就说'是你的姑姑'。"说了几回，果然没有人再提了。

小芹今年十八了，村里的轻薄人说，比她娘年轻时候好得多。青年小伙子们，有事没事，总想跟小芹说句话。小芹去洗衣服，马上青年们也都去洗；小芹上树采野菜，马上青年们也都去采。吃饭时候，邻居们端上碗爱到三仙姑那里坐一会，前庄上的人来回一里路，也并不觉得远。这已经是三十年来的老规矩，不过小青年们也这样热心，却是近二三年来才有的事。三仙姑起先还以为自己仍有勾引青年的本领，日子长了，青年们并不真正跟她接近，她才慢慢看出门道来，才知道人家来了为的是小芹。

不过小芹却不跟三仙姑一样，表面上虽然也跟大家说说笑笑，实际上却不跟人乱来，近二三年，只是跟小二黑好一点。前年夏天，有一天前晌，于福去地，三仙姑去串门，家里只留下小芹一个人，金旺来了，嬉皮笑脸向小芹说："这会可算是个空子吧?"小芹板起脸来说："金旺哥！咱们以后说话要规矩些！你也是娶媳妇大汉了！"金旺撇撇嘴说："咦！装什么假正经？小二黑一来管保你就软了！有便宜大家讨开点，没事；要正经除非自己锅底没有黑！"说着就拉住小芹的胳膊悄悄说："不用装模作样了！"不料小芹大声喊道："金旺！"金旺赶紧放手跑出来。一边还咄念道："等得住你！"说着就悄悄溜走了。

五　小二黑

小二黑，是二诸葛的二小子，有一次反"扫荡"打死过两个敌人，曾得到特等射手的奖励。说到他的漂亮，那不只在刘家峧有名，每年正月扮故事，不论去到哪一村，妇女们的眼睛都跟着他转。

小二黑没有上过学，只是跟着他爹识了几个字。当他六岁时候，他爹就教他识字。识字课本既不是五经四书，也不是常识国语，而是从天干、地支、五行、八卦、六十四卦名等学起，进一步便学些《百中经》《玉匣记》《增删卜易》《麻衣神相》《奇门遁甲》《阴阳宅》等书。小二黑从小就聪明，像那些算属相、卜六壬课、念大小流年或"甲子乙丑海中金"等口诀，不几天就都弄熟了，二诸葛也常把他引在人前卖弄。因为他长得伶俐可爱，大人们也都爱跟他玩，这个说，"二黑，算一算十岁属什么?"那个说，"二黑，给我卜一课！”后来二诸葛因为说“不宜栽种”误了种地，老婆也埋怨，大黑也埋怨，庄上人也都传为笑谈，小二黑也跟着这事受了许多奚落。那时候小二黑十三岁，已经懂得好歹了，可是大人们仍把他当成小孩来玩弄，好跟二诸葛开玩笑的，一到了家，常好对着二诸葛问小二黑道：“二黑！算算今天宜不宜栽种?”和小二黑年纪相仿的孩子们，一跟小二黑生了气，就连声喊道：“不宜栽种不宜栽种……”小二黑因为这事，好几个月见了人躲着走，从此就和他娘商量成一气，再不信他爹的鬼八卦。

小二黑跟小芹相好已经二三年了。那时候他才十六七，原不过在冬天夜长时候，跟着些闲人到三仙姑那里凑热闹，后来跟小芹混熟了，好像是一天不见面也不能行。后庄上也有人愿意给小二黑跟小芹做媒人，二诸葛不愿意，不愿意的理由有三；第一小二黑是金命，小芹是火命，恐怕火克金；第二小芹生在十月，是个犯月；第三是三仙姑的名声不好。恰巧在这时候，彰德府来了一伙难民，其中有个老李带来个八九岁的小姑娘，因为没有吃的，愿意把姑娘送给人家逃个活命。二诸葛说是个便宜，先问了一下生辰八字，掐算了半天说：“千里姻缘使线牵”，就替小二黑收作童养媳。

虽然二诸葛说是千合适万合适，小二黑却不认账。父子俩吵了几天，二诸葛非养不行，小二黑说：“你愿意养你就养着，反正我不要！”结果虽把小姑娘留下了，却到底没有说清楚算什么关系。

一九四三年五月写于太行

【阅读提示】

《小二黑结婚》是赵树理确立自己艺术风格的名作。作品描写了抗日根据地太行山区一个名叫刘家峧的村庄，一对青年男女——小二黑、小芹——自由恋爱过程中遇到各种阻挠并最终在民主政权的支持下取得婚姻胜利的故事。作品中的六个人物分为三组，形成两对矛盾斗争。小二黑、小芹显然是根据地新生民主力量的代表，二诸葛、三仙姑则是当时农村封建意识的体现者，金旺、兴旺兄弟俩无疑是当时混进乡村政权里的坏分子。小二黑、小芹与二诸葛、三仙姑及金旺、兴旺兄弟俩的冲突斗争，反映了20世纪40年代抗日根据地农村中民主意识与封建意识和乡村恶势力的冲突，深刻地揭示了20世纪40年代特定区域里阶级斗争的新动向。作品中小二黑、小芹在民主政权支持下喜结良缘，说明了作者对历史进步趋向的准确把握。作品以其内容的贴近、形式的大众化，一出版就获得广泛好评和热烈欢迎，在解放区可谓家喻户晓、妇孺皆知。

赵树理小说成功地确立了一种“评书体”的小说样式。这种评书体小说结构上吸收评书艺术以人物带出故事、以小故事构成情节的方法。《小二黑结婚》中前五节都是为人物命名，在介绍人物中埋下故事进一步发展的伏线，后六节虽是以故事冲突设题，但是结尾仍是以人物性格的介绍入手。由此人物引出彼人物，人物的行为方式的设定，为以后的冲突埋下伏线。人物之间在结构上和冲突上的双重联系，又使得每一个小故事围绕主情节展开并给读者在阅读中留下“联想空间”。叙述上作品多用“白描”，即抓住特征，简约干练。每个故事都是特定人物最明显特征的形象注释，不枝不蔓，辞达而已。作品语言的通俗化是明显的。作者以“听得懂”来作为叙述选择的基本标准。通俗化即平实，用平常实在的口语进行人物刻画、情节演绎。赵树理在作品中对他所熟悉的北方农民的口语进行加工、筛选、改造、提炼，使之成为一种雅俗共赏的“农民普通话”，具有通俗晓畅、简洁生动、质朴明快、幽默风趣的特点。故事相缀，情节连贯，结构单线，语言通俗，正是“评书体小说”的基本要素特征。

【思考练习】

1. 分析作品中的人物形象。

2. 有学者认为，《小二黑结婚》的出现，是千百年来的中国文坛发生彻底变化的报春花。你如何理解？

第四节　外国小说名篇选讲

项　链

［法］莫泊桑

【题解】

莫泊桑（1850—1893），法国著名小说作家，短暂一生创作三百多部中短篇小说和六部长篇小说，文学成就斐然。莫泊桑青年时期跟随福楼拜学习文学创作，后来加入左拉为首的自然主义团体“梅塘小组”，1880 年发表中篇小说《羊脂球》，一举成名。莫泊桑中短篇小说中有很多杰作，最为著名的有《菲菲小姐》（1882）、《我的叔叔于勒》（1883）、《两个朋友》（1883）、《项链》（1884）、《遗产》（1884）等，长篇小说《一生》（1883）和《漂亮朋友》（1885）也是名著。他的短篇小说布局结构的精巧、典型细节的选用、叙事抒情的手法以及行云流水般的文笔，都堪称后世楷模。

世上有这样一些女子，面庞儿好，风韵也好，但被造化安排错了，生长在一个小职员的家庭里。她便是其中的一个。她没有陪嫁财产，没有可以指望得到的遗产，没有任何方法可以使一个有钱有地位的男子来结识她，了解她，爱她，娶她；她只好任人把她嫁给了教育部的一个小科员。

她没钱打扮，因此很朴素；但是心里非常痛苦，犹如贵族下嫁的情形；这是因为女子原就没有什么一定的阶层或种族，她们的美丽、她们的娇艳、她们的风韵就可以作为她们的出身和门第。她们中间所以有等级之分仅仅是靠了她们天生的聪明、审美的本能和脑筋的灵活，这些东西就可以使百姓家的姑娘和最高贵的命妇并驾齐驱。

她总觉得自己生来是为享受各种讲究豪华生活的，因而无休止地感到痛苦。住室是那样简陋，壁上毫无装饰，椅凳是那么破旧，衣衫是那么丑陋，她看了都非常痛苦。这些情形，如果不是她而是她那个阶层的另一个妇人的话，可能连理会都没有理会到，但给她的痛苦却很大并且使她气愤填胸。她看了那个替她料理家务的布列塔尼省的小女人，心中便会产生许多忧伤的感慨和想入非非的幻想。她会想到四壁蒙着东方绸、青铜高脚灯照着、静悄悄的接待室；她会想副接待室里两个穿短裤长袜的高大男仆，如何被暖气管闷人的热度催起了睡意，在宽大的靠背椅里昏然睡去。她会想到四壁蒙着古老丝绸的大客厅，上面陈设着珍贵古玩的精致家具和那些精致小巧、香气扑鼻的内客厅，那是专为午后五点钟跟最亲密的男友娓娓清谈的地方，那些朋友当然都是所有的妇人垂涎不已、渴盼青睐、多方拉拢的知名之士。

每逢她坐到那张三天未洗桌布的圆桌旁去吃饭，对面坐着的丈夫揭开盆盖，心满意足地表示："啊！多么好吃的炖肉！世上哪有比这更好的东西……"的时候，她便想到那些精美的筵席、发亮的银餐具和挂在四壁的壁毯，上面织着古代人物和仙境森林中的异鸟珍禽；她也想到那些盛在名贵盘碟里的佳肴；她也想到一边吃着粉红色的鲈鱼肉或松鸡的翅膀，一边带着莫测高深的微笑听着男友低诉绵绵情话的情境。

她没有漂亮的衣装，没有珠宝首饰，总之什么也没有。而她呢，爱的却偏偏就是这些；她觉得自己生来就是为享受这些东西的。她最希望的是能够讨男子们的喜欢，惹女人们的钦羡，风流动人，到处受欢迎。

她有一个有钱的女友，那是学校读书时的同学，现在呢，她再也不愿去看望她了，因为每次回来她总感到非常痛苦。她要伤心、懊悔、绝望、痛苦得哭好几天。

可是有一天晚上，她的丈夫回家的时候手里拿着一个大信封，满脸得意之色。

"拿去吧！"他说，"这是专为你预备的一样东西。"

她赶忙拆开了信封，从里面抽出一张请帖，上边印着：

兹定于一月十八日（星期一）在本部大厦举行晚会，敬请准时莅临。

此致

罗瓦赛尔　先生
　　　　　夫人

教育部部长乔治·朗蓬诺暨夫人谨订

她并没有像她丈夫所希望的那样欢天喜地，反而赌气把请帖往桌上一丢，咕哝着说：

"我要这个干什么？你替我想想。"

"可是，我的亲爱的，我原以为你会很高兴的。你从来也不出门做客，这可是一个机会，并且是一个千载难逢的机会！我好不容易才弄到这张请帖。大家都想要，很难得到，一般是不大肯给小职员的。在那儿你可以看见所有那些官方人士。”

她眼中冒着怒火瞪着他，最后不耐烦地说：

“你可叫我穿什么到那儿去呢？”

这个，他却从未想到，他于是吞吞吐吐地说：

“你上戏园穿的那件衣服呢？照我看，那件好像就很不错……”

他说不下去了，他看见妻子已经在哭了，他又是惊奇又是慌张。两大滴眼泪从他妻子的眼角慢慢地向嘴角流下来，他结结巴巴地问：

“你怎么啦？你怎么啦？”

她使了一个狠劲儿把苦痛压了下去，然后一面擦着被泪沾湿的两颊，一面用一种平静的语声说：

“什么事也没有。不过我既没有衣饰，当然不能去赴会。有哪位同事的太太能比我有更好的衣衫，你就把请帖送给他吧。”

他感到很窘，于是说道：

“玛蒂尔德，咱们来商量一下。一套过得去的衣服，一套在别的机会还可以穿的、十分简单的衣服得用多少钱？”

她想了几秒钟，心里盘算了一下钱数，同时也考虑到提出怎样一个数目才不致当场遭到这个俭朴的科员拒绝，也不致把他吓得叫出来。

她终于吞吞吐吐地说了：

“我也说不上到底要多少钱；不过有四百法郎，大概也就可以办下来了。”他脸色有点发白，因为他正巧积攒下这样一笔款子打算买一支枪，夏天好和几个朋友一道打猎作乐，星期日到南泰尔平原去打云雀。

不过他还是这样说了：

“好吧。我就给你四百法郎。可是你得好好想法子做件漂漂亮亮的衣服。”

晚会的日子快到了，罗瓦赛尔太太却好像很伤心，很不安，很忧虑。她的衣服可是已经齐备了。有一天晚上她的丈夫问她：

“你怎么啦？三天以来你的脾气一直是这么古怪。”

“我心烦，我既没有首饰，也没有珠宝，身上任什么也戴不出来，实在是太寒碜了。我简直不想参加这次晚会了。”

他说：

“你可以戴几朵鲜花呀。在这个季节里，这是很漂亮的。花上十个法郎，你就可以有两三朵十分好看的玫瑰花。”

这个办法一点也没有把她说服。

“不行……在那些阔太太中间，显出一副穷酸相，再没有比这更丢脸的了。”

她的丈夫忽然喊了起来：

“你可真算是糊涂！为什么不去找你的朋友福雷斯蒂埃太太，跟她借几样首饰呢？拿你跟她的交情来说，是可以开口的。”

她高兴地叫了起来：

“这倒是真的。我竟一点儿也没想到。”

第二天她就到她朋友家里，把自己的苦恼讲给她听。

福雷斯蒂埃太太立刻走到她的带镜子的大立柜跟前，取出一个大首饰箱，拿过来打开之后，便对罗瓦赛尔太太说：

“挑吧！亲爱的。”

她首先看见的是几只手镯，再便是一串珍珠项链，一个威尼斯制的镶嵌珠宝的金十字架，做工极其精细。她戴了这些首饰对着镜子里左试右试，犹豫不定，舍不得摘下来还主人。她嘴里还老是问：

“你再没有别的了？”

“有啊。你自己找吧。我不知道你都喜欢什么？”

忽然她在一个黑缎子的盒里发现一串非常美丽的钻石项链，一种过分强烈的欲望使她的心都跳了。她拿它的时候手也直哆嗦。她把它戴在颈子上，衣服的外面，对着镜中的自己看得出了神。

然后她心里十分焦急，犹豫不决地问道：

“你可以把这个借给我吗？我只借这一样。”

“当然可以啊。”

她一把搂住了她朋友的脖子，亲亲热热地吻了她一下，带着宝贝很快就跑了。

晚会的日子到了。罗瓦赛尔太太非常成功。她比所有的女人都美丽，又漂亮又妩媚，脸上总带着微笑，快活得几乎发狂。所有的男子都盯着她，打听她的姓名，求人给介绍。部长办公室的人员全都要跟她合舞。部长也注意了她。

她已经陶醉在欢乐之中，什么也不想，只是兴奋地、发狂地跳舞。她的美丽战胜了一切，她的成功充满了光辉，所有这些人都对自己殷勤献媚、阿谀赞扬、垂涎欲滴，妇人心中认为最甜美的胜利已完完全全握在手中，她便在这一片幸福的云中舞着。

她在早晨四点钟才离开。她的丈夫从十二点起就在一间没有人的小客厅里睡着了。客厅里还躺着另外三位先生，他们的太太也正在尽情欢乐。

他怕她出门受寒，把带来的衣服披在她的肩上，那是平日穿的家常衣服，那一种寒碜气和漂亮的舞装是非常不相称的。她马上感觉到这一点，为了不叫旁边的那些裹在豪华皮衣里的太太们注意，她就急着想要跑出大门。

罗瓦赛尔还拉住她不让走：

“你等一等啊。到外面你要着凉的。我去叫一辆马车吧。”

不过她并不听他这套话，很快地走下了楼梯。等他们到了街上，那里并没有出租马车；他们于是就找起来，远远看见马车走过，他们就追着向车夫大声喊叫。

他们向塞纳河一直走下去，浑身哆嗦，非常失望。最后在河边找到了一辆夜里做生意的旧马车，这种马车在巴黎只有在天黑了以后才看得见，它们是那么寒碜，白天出来好像会害羞的。

这辆车一直把他们送到殉道者街，他们的家门口，他们凄凄凉凉地爬上楼回到自己家里。在她说来，一切已经结束。他呢，他想到的是十点钟就该到部里去办公。

她褪下了披在肩上的衣服，那是对着大镜子褪的，为的是再一次看看笼罩在光荣中的自己。但是她忽然大叫一声。原来颈子上的项链不见了。

她的丈夫这时衣裳已经脱了一半，便问道：

"你怎么啦？"

她已经吓得发了慌，转身对丈夫说：

"我……我……我把福雷斯蒂埃太太的项链丢了。"

他惊慌失措地站起来：

"什么！……怎么！……这不可能！"

他们于是在裙子的褶层里，大氅的褶层里，衣袋里到处都搜寻一遍。哪儿也找不到。

他问：

"你确实记得在离开舞会的时候，还戴着吗？"

"是啊，在部里的前厅里我还摸过它呢。"

"不过如果是在街上失落的话，掉下来的时候，我们总该听见响声啊。大概是掉在车里了。"

"对，这很可能。你记下车子的号头了吗？"

"没有。你呢，你也没有注意号头？"

"没有。"

他们你看我，我看你，十分狼狈地看着。最后罗瓦赛尔重新穿好了衣服，他说：

"我先把我们刚才步行的那一段路再去走一遍，看看是不是能够找着。"

说完他就走了。她呢，连上床去睡的气力都没有了，就这么穿着赴晚会的新装倒在一张椅子上，既不生火也不想什么。

七点钟丈夫回来了。他什么也没找到。

他随即又到警察厅和各报馆，请他们代为悬赏寻找，他又到出租小马车的各车行，总之凡是有一点希望的地方他都去了。

她呢，整天地等候着；面对这个可怕的灾难她一直处在又惊又怕的状态中。

罗瓦赛尔傍晚才回来，脸也瘦削了，发青了；什么结果也没有。他说：

“只好给你那朋友写封信，告诉她你把链子的搭扣弄断了，现在正找人修理。这样我们就可以有应付的时间。”

他说她写，把信写了出来。

过了一星期，他们已是任何希望都没有了。

罗瓦赛尔一下子老了五岁，他说：

“只好想法买一串赔她了。”

第二天，他们拿了装项链的盒子，按照盒里面印着的字号，到了那家珠宝店。珠宝商查了查账说：

“太太，这串项链不是在我这儿买的，只有盒子是在我这儿配的。”

他们于是一家一家地跑起珠宝店来，凭着记忆要找一串和那串一式无二的项链，两个人连愁带急眼看要病倒了。

在王宫附近一家店里他们找到了一串钻石的项链，看来跟他们寻找的完全一样。这样首饰原值四万法郎，但如果他们要的话，店里可以减价，三万六可以脱手。

他们要求店主三天之内先不要卖它。他们并且谈妥条件，如果在二月底以前找着了那个原物，这一串项链便以三万四千法郎作价由店主收回。

罗瓦赛尔手边有他父亲遗留给他的一万八千法郎。其余的便需借了。

他于是借起钱来，跟这个人借一千法郎，跟那个人借五百，这儿借五个路易[1]，那儿借三个。他签了不少借约，应承了不少足以败家的条件，而且和高利贷者以及种种放债图利的人打交道。他葬送了他整个下半辈子的生活，不管能否偿还，他就冒险乱签借据。他既害怕未来的忧患，又怕即将压在身上的极端贫困，也怕各种物质缺乏和各种精神痛苦的远景；他就这样满心怀着恐惧，把三万六千法郎放到那个商人的柜台上，取来了那串新的项链。

等罗瓦赛尔太太把首饰给福雷斯蒂埃太太送回去时，这位太太神气很不痛快地对她说：

“你应该早点儿还我呀，因为我也许要戴呢。”

她并没有打开盒子来看，她的朋友担心害怕的就是她当面打开。因为如果她发现了掉包，她会怎么想呢？会怎么说呢？难道会把她当作窃盗吗？

罗瓦赛尔太太尝到了穷人的那种可怕生活。好在她早已一下子英勇地拿定了主意。这笔骇人听闻的债务是必须清偿的。因此，她一定要把它还清。他们辞退了女仆，搬了家，租了一间紧挨屋顶的顶楼。

家庭里的笨重活，厨房里的腻人的工作，她都尝到了个中的滋味。碗碟锅盆都得自己洗刷，在油腻的盆上和锅子底儿上她磨坏了她那玫瑰色的手指甲。脏衣服、衬衫、抹布也都得自己洗了晾在一根绳上。每天早上她必须把垃圾搬到街上，并且把水提到楼上，每上一层楼都要停一停喘喘气。她穿得和一个平常老百姓的女人一样，手里挎着篮子上水果店，上杂货店，上猪肉店，对价钱是百般争论，一个铜子一个铜子地保护她那一点可怜的钱，这就难免挨骂。

每月都要还几笔债，有一些则要续期，延长偿还的期限。

丈夫傍晚的时候替一个商人去誊写账目；夜里常常替别人抄写，抄一页挣五个铜子。

这样的生活过了十年。

十年之后，他们把债务全部还清，确是全部还清了，不但高利贷的利息，就是利滚利的利息也还清了。

现在，罗瓦赛尔太太看上去苍老了。她变成了穷苦家庭里的女强人，又坚忍，又粗犷。头发不注意梳理，裙子穿得歪歪斜斜，两只手通红，说话大嗓门，用大盆大盆的水冲洗地板。不过在她丈夫还在办公室的时候，她偶尔还会坐到窗前，缅怀当年的那个晚会，在那次舞会上她曾是那么美丽，受到那么热情的欢迎。

如果她没有丢失那串项链，今天会是怎样呢？谁知道？谁知道呢？生活就是这么奇怪！这么变化莫测！只需一点小事就能断送你或者拯救你！

有一个星期天，她去香榭丽舍大街遛弯儿，缓解一下一周的劳累。笃地，她看见一个妇女带着孩子在散步。原来是福雷斯蒂埃太太，她还是那么年轻，那么美丽，那么动人。

罗瓦赛尔太太非常激动。去跟她说话吗？去，当然要去。债务都还清了，她可以把一切都告诉她了。为什么不呢？

她于是走了过去。

“您好，让娜。”

对方竟一点也没有认出她来，听见这平民女子如此亲昵地称自己甚感诧异。

“可是……太太！……我不知道……您大概认错人了吧。”

“没有。我是玛蒂尔德·罗瓦赛尔。”

她的朋友喊了起来：

“哎哟！……是我的可怜的玛蒂尔德吗？你可变了样儿啦！……”

“是的，自从那一次跟你见面之后，我过的日子可艰难啦，不知遇见了多少危急穷困……而这一切都是因为你！……”

“因为我……那是怎么回事啊？”

“你还记得你借给我赴部里晚会去的那串钻石项链吧。”

“是啊。那又怎样呢？”

“那又怎样！我把它丢了。”

“那怎么会呢！你不是给我送回来了吗？”

“我给你送回的是跟原物一式无二的另外一串。这笔钱我们整整还了十年。你知道，对我们说来这可不是容易的事，我们是任什么也没有的……现在总算还清了，我太高兴了。”

福雷斯蒂埃太太站住不走了。

“你刚才说，你曾买了一串钻石项链赔我那一串吗?”

“是的。你没有发觉这一点吧，是不是？两串原是完全一样的。”

说完她脸上显出了微笑，因为她感到一种足以自豪的、天真的快乐。

福雷斯蒂埃太太非常激动，抓住了她的两只手。

“哎哟！我的可怜的玛蒂尔德！我那串是假的呀。顶多也就值上五百法 郎！……”

赵少侯　译

【注释】

［1］一个路易值二十个法郎。

【阅读提示】

《项链》揭示小职员生活的辛酸，对女主人公的恋慕虚荣和弄虚作假进行了讽刺。小说以“项链”为线索展开故事情节，使叙述更为有序而集中，在构思布局上又不落俗套。故事情节单一但小有起伏，结尾出人意料，起到发人深省的作用。《项链》在剪裁上极为精当，恰到好处。凡是过去的事情，时间过程长的事情和需要比较全面介绍的地方，作者都采用虚写的手法，概括地加以描述，或是几笔带过，或是补叙与作品内容相关的背景材料，如玛蒂尔德夫妇的身世，为了还债而度过的十年困苦的日子，等等。而近期发生的事情，或正在发生的事情，就用实写的手法，加以重点刻画和描写，生动而形象地揭示出人物的性格特征、心理变化，如写项链丢失后，突出了玛蒂尔德夫妇像遇到灭顶灾难，那种惊恐万状、愁苦不堪的情景，通过这样的实写，说明了事情的严重性。读者一旦进入其中，心思便会随着玛蒂尔德的感情而跌宕起伏，既对主人公的遭遇感到深切的同情，又觉得那样的结局是理所当然。

【思考练习】

1. 分析玛蒂尔德的性格特征。

2. 结合作品分析莫泊桑的创作风格。

骑桶者

［奥］卡夫卡

【题解】

卡夫卡（1883—1924），奥地利作家，最具代表性的现代主义作家之一。主要作品有《变形记》（1912）、《城堡》（1926）、《审判》（又译《诉讼》，1925），以及大量的日记、书信、散文、寓言、随笔、格言等。

《骑桶者》写于1917年寒冷的一、二月间，背景是第一次世界大战中奥匈帝国最艰苦的一个冬天的真实情况：缺煤。一个穷得买不起煤的人想去向煤店老板借煤，他不是像惯常的现实主义小说中描写的那样拎着煤桶走着去的，而是骑着煤桶飞着去的。结果可想而知：他没有借到煤，反而被煤店老板娘的围裙扇到了冰山区域。

煤全部烧光了；煤桶空了；煤铲也没有用了；火炉里透出寒气，灌得满屋冰凉。窗外的树木呆立在严霜中；天空成了一面银灰色的盾牌，挡住向苍天求助的人。我得弄些煤来烧；我可不能活活冻死；我的背后是冷酷的火炉，我的面前是同样冷酷的天空，因此我必须快马加鞭，在它们之间奔驰。在它们之间向煤店老板要求帮助。可是煤店老板对于我的通常的请求已经麻木不仁；我必须向他清楚地证明，我连一星半点煤屑都没有了，而煤店老板对我来说不啻是天空中的太阳。我这回前去，必须像一个乞丐，由于饥饿难当，奄奄一息，快要倒毙在门槛上，女主人因此赶忙决定，把最后残剩的咖啡倒给他；同样，煤店老板虽说非常生气，但在十戒之一“不可杀人”的光辉照耀下，也将不得不把一铲煤投进我的煤桶。

我怎么去法必将决定此行的结果；我因此骑着煤桶前去。骑桶者的我，两手握着桶把——最简单的挽具，费劲地从楼梯上滚下去；但是到了楼下，我的煤桶就向上升起来了，妙哉，妙哉；平趴在地上的骆驼，在赶骆驼的人的棍下摇晃着身体站起来时，也不过尔尔。它以均匀的速度穿过冰凉的街道；我时常被升到二层楼那么高；但是我从未下降到齐房屋大门那么低。我极不寻常地高高飘浮在煤店老板的地窖穹顶前，而煤店老板正在这地窖里伏在小桌上写字；为了把多余的热气排出去，地窖的门是开着的。

“煤店老板！”我喊道，那急切的声音裹在呼出的热气里，在严寒中显得格外沉浊。“煤店老板，求你给我一点煤吧，我的煤桶已经空了。因此我可以骑着它来到这里。行行好吧，我有了钱，就会给你的。”

煤店老板把一只手放在耳朵边上。“我没有听错吧？”他转过头去问他坐在火炉旁边的长凳上织毛衣的妻子。“我没有听错吧？是一位顾客。”

“我什么也没有听见。”妻子说，她平静地呼吸着，一面编织毛衣，一面舒服地背靠着火炉取暖。

“噢，是的，”我喊道，“是我啊；一个老主顾；向来守信用；只是眼下没钱了。”

“我的老伴，”煤店老板说，“是的，是有人；我不会弄错的；一定是一个老主顾，一个有年头的老主顾，他知道怎样来打动我的心。”

“你怎么啦，当家的？”妻子说，她把毛衣搁在胸前，暂歇片刻，“没有人，街上空空的，我们已经给所有的顾客供应了煤；我们可以歇业几天，休息一下。”

“可是我正坐在这儿的煤桶上，”我喊道，寒冷所引起的没有感情的眼泪模糊了我的眼睛，“请你们抬头看看，你们就会发现我的；我请求你们给我一铲子煤；如果你们给我两铲，那我就喜出望外了。所有别的顾客你们确实都已供应过了。啊，但愿我能听到煤块在这只桶里滚动的响声！”

“我来了。”煤店老板说，他正要迈动短腿走上地窖的台阶，他的妻子却已经走到了他的身边，拉住他的手臂说：“你待在这儿。如果你还固执己见的话，那就让我上去。想想你昨天夜里咳嗽咳得多么厉害。只为一件买卖，而且只是一件凭空想象出来的买卖，你就忘记了你的妻儿，要让你的肺遭殃。还是我去。”

“那么你就告诉他我们库房里所有煤的品种；我来给你报价格。”

“好。”他的妻子说，她走上了台阶，来到街上。她当然马上看到了我。“老板娘，”我喊道，“衷心地向你问好；我只要一铲子煤；放进这儿的桶里就行了；我自己把它运回家去；一铲最次的煤也行。钱我当然是要全数照付的，不过我不能马上付，不能马上。”“不能马上”这两个词多么像钟声啊，它们和刚才听到的附近教堂尖塔上晚钟的声响混合在一起，又是怎样地使人产生了错觉啊！“他要买什么？”煤店老板喊道。“什么也不买，”他的妻子大声应着，“外面什么也没有；我什么也没有看到，什么也没有听到；只是听到钟敲六点，我们关门吧。真是冷得要命；看来明天我们又该忙了。”

她什么也没有看见，什么也没有听见；但她把围裙解了下来，并用围裙把我扇走。遗憾的是，她真的把我扇走了。我的煤桶虽然有着一匹良种坐骑所具有的一切优点；但它没有抵抗力；它太轻了；一条妇女的围裙就能把它从地上驱赶起来。

“你这个坏女人，”当她半是蔑视半是满足地在空中挥动着手转身向店铺走去时，我还回头喊着，“你这个坏女人！我求你给我一铲最次的煤你都不肯。”就这样，我浮升到冰山区域，永远消失，不复再见。

孙坤荣　译

【阅读提示】

本文中的主人公像卡夫卡小说中惯常的主人公一样，是个猥琐的小人物。他战战兢兢，自怨自艾，面对一个强大的外部世界全然无力。他突发奇想，骑着煤桶去向煤店老板要煤。煤桶就像飞艇一样，驮着穷人在二层楼高的空中飞，飞到煤店老板家房子的上空停在那儿，向煤老板哀求。骑桶者能听见煤老板夫妇的说话，煤老板却只能隐约听见骑桶者的声音，听不到意思。所以不管骑桶者如何哀求，只是自说自话，达不到目的。煤老板的妻子不耐烦外边的声音，走出门，把围裙解下来一扇把骑桶者扇到了冰山里，永远消失了。小说延续了卡夫卡小说一贯的异化主题：人与人之间隔绝和无法交流。这是一次借煤的失败，也是一次交流的失败。人是孤独的，不被理解的，不被通融的。

小说没有起始，没有结尾，没有具体的时间和地点，没有明确的方向，借助细节上描绘的精确性、心态上的逼真性，让人产生一种心理上的真实，一切都变成了现实的、可触摸到的，与我们息息相关，甚至就像发生在自己身上一样。

【思考练习】

1. 结合具体作品分析以卡夫卡为代表的现代主义作家的艺术追求。
2. 你认为骑桶者与煤店老板交流失败的原因是什么？

第四章　戏剧鉴赏

“自有戏剧以来，它的目的始终是反映人生，显示善恶的本来面目，给它的时代看看它自己演变发展的模型。”

——莎士比亚

第一节　文体概述

剧本是一种侧重以人物台词为手段、集中反映矛盾冲突的文学体裁。剧本为戏剧表演提供文学脚本，属于戏剧艺术的文学部分，同时剧本也可以作为脱离戏剧演出而独立存在的文学作品。剧本受舞台演出的制约，在创作时需要考虑是否适合舞台表演的要求。剧本的叙事主要体现为台词和舞台提示。台词是剧本叙事的主要方式，它以对话（对白）为主，还有独白和旁白。对话是剧中人物之间的语言交流；独白是人物内心无声语言的有声表达；旁白则是人物直接向观众说话的语言，它假设剧中其他同台人物听不到。剧本中的舞台提示是以剧作者的语气所写的说明性文字，包括对剧情发生的时间、地点的交代，对剧中人物的形象特征、形体动作及内心活动的描述，对场景、气氛的说明，以及对布景、灯光、音响效果等方面的要求。曹禺的剧本《雷雨》第一幕就有一个比较详细的舞台提示。

中国的戏剧文学产生相对较晚，传统的戏文是歌、舞、乐相结合的戏曲剧本。元代杂剧、明清传奇推动了戏剧文学的长足发展，涌现了关汉卿、白朴、郑光祖、马致远等元曲四大家，产生了《牡丹亭》《长生殿》《桃花扇》等明清传奇杰作。中国传统戏剧的基本形式是唱、念、做、打，剧本则包括有韵的唱词和无韵的宾白两部分。现代戏剧主要是话剧，早期话剧又称为“新剧”或“文明戏”，“五四”之后经曹禺、田汉、夏衍、老舍等新文学作家的努力而走向成熟。

西方戏剧文学起源较早，古希腊时期就出现了埃斯库罗斯、索福克勒斯、欧里庇德斯三大悲剧家和“喜剧之父”阿里斯托芬。文艺复兴时期莎士比亚的戏剧创作代表了西方戏剧文学发展的又一高峰。之后的莫里哀、易卜生、萧伯纳、奥尼尔等剧作家的创作，以及20世纪《秃头歌女》《等待戈多》等荒诞剧，推动了西方戏剧文学的发展。

一、剧本的艺术特征

剧本的特征可以从下列几个方面理解：浓缩地反映现实生活；集中地表现矛盾冲突；以人物台词推进戏剧动作。

受舞台表演时间、空间的限制，剧本对现实生活的反映具有高度的浓缩性。舞台表演时间不宜过长，一般不超过三个小时。舞台场景相对固定，不能随时换景。与小说篇幅的随意性、电影自由的镜头组接比较起来，戏剧的时空是狭小的、不自由的。为了使舞台这块小天地尽量多地容纳社会生活繁复广阔的内容，剧作家必须把生活写得高度浓缩、凝练，用较短的篇幅、较少的人物、较简省的场景、较单纯的事件，将生活内容概括地、浓缩地再现在舞台上。剧本再现生活的浓缩性要求情节结构单纯、集中。剧中一般只包括一桩事件，事件发生的时间要尽量缩短，并将事件的发生、发展和结局组织成一个紧凑的整体。李渔在《闲情偶寄》中突出地强调了“结构单一化”“立主脑”“减头绪”“戏为一人一事而设”的主张。这虽然有些程式化，但也在一定程度上体现了戏剧浓缩性、集中性的特点。只有使剧情高度集中、概括，才能充分发挥戏剧的表现功能，在有限的时空中表现丰富的内容。郭沫若的五幕历史剧《屈原》只写了屈原一天（由清晨到夜半过后）的思想、行为、遭遇，但这一天却把屈原一生的生活、命运概括反映出来了。老舍的《茶馆》，一出戏只有三幕，却展现了三个时代，反映了50年的社会变迁。时空局限是戏剧文学的短处，但这短处又使它具有独特的长处，反而能够产生特殊的艺术效果。

没有集中的矛盾冲突就没有戏剧，这已成为一条公认的定理。小说也要反映、表现矛盾冲突，也需要加以集中、概括，而剧本则更要把矛盾冲突加以高度集中，使之达到尖锐、剧烈的程度。剧本要集中地表现矛盾冲突，是由戏剧艺术的时空特征决定的。戏剧的情节发展要在有限的时间内迅速进行，不能像小说那样可以不慌不忙地展开。它必须一开始就抓住事件的起点，然后通过一些必要层次的发展，把事件尽快地推向高潮。如果冲突不集中、不剧烈，剧情的发展必然会缓慢。戏剧要塑造具有鲜明个性的人物，但又不能像小说那样用多种描写方法来塑造，而矛盾冲突的集中展开，便为展示人物性格提供了充分的条件。戏剧是直接面向观众的艺术，如果没有尖锐激烈的矛盾冲突，舞台上必然会出现“冷场”，不能唤起观众的审美注意力。因此，集中地表现现实生活的矛盾冲突，是戏剧文学的基本特征。

在剧本中，剧中人物的言语（台词）是用来塑造形象、展示矛盾冲突的基本手段。高尔基指出：“剧本（悲剧和喜剧）是最难运用的一种形式。其所以难，是因为剧本要求每个剧中人物用自己的语言和行动来表现自己的特征，而不用作者提示。”[①] 在小说中，作者可以利用叙述人的话语来直接叙述生活事件，描写人物的思想感情和心理活动，以及介绍、分析、议论人物和事件等。而剧本不允许作者出现，一般不能有叙述人的言语，只能靠人物自身的言语塑造形象。离开了台词，就没有了戏剧文学。戏剧人物的言语、对话（台词）要足以推进戏剧动作。台词的动作性，即人物言语要以矛盾冲突为基础，并能促进事件、冲突的发展。戏剧矛盾冲突由产生到激变，就是由一系列戏剧动作来推动的。各个戏剧动作由人物的形体活动和言语活动来体现，其中对话、独白是更重要的。

二、剧本的类型

依据标准的不同，剧本可以有不同的分类。根据场次可以分为独幕剧和多幕剧，根据表演方式可以分为话剧、歌剧、舞剧、影视剧等。这里主要根据矛盾冲突的性质、人物命运表现出来的价值取向和审美差异划分为悲剧、喜剧和正剧。

悲剧多指冲突中正义的一方失败或毁灭而引起人们的悲痛、怜悯并由此产生崇高感的戏剧作品。悲剧产生于“历史的必然要求和这个要求实际上不可能实现”[②] 之间的矛盾。鲁迅指出，“悲剧将人生的有价值的东西毁灭给人看”[③]。悲剧又分为命运悲剧、性格悲剧和社会悲剧。近代以来的悲剧也可以表现普通人物的内心和精神世界。中国古典悲剧《窦娥冤》《桃花扇》《赵氏孤儿》，以及古希腊悲剧《被缚的普罗米修斯》《安提戈涅》《俄狄浦斯王》等都是悲剧经典作品。

喜剧一般以讽刺、幽默、夸张的手法表现人物的可笑之处。由于艺术家在表现对象的处理上有不同的态度和方式，因而喜剧呈现出不同的审美属性和审美价值。讽刺喜剧是对有性格缺陷或丑陋、庸俗的主人公加以嘲讽和揶揄，“将那无价值的撕破给人看”[④]；幽默喜剧体现了一种乐观自信的精神，它肯定和赞美喜剧人物所追求的目的的合理性，并在制造笑料的过程中体现出某种睿智。元代关汉卿的《救风尘》、现代陈白尘的《升官图》以及莎士比亚的《威尼斯商人》、果戈里的《钦差大臣》等都是喜剧佳作。

正剧，又称悲喜剧，它兼有悲剧和喜剧两种成分。18 世纪法国戏剧家狄德罗将介于喜剧和悲剧之间的“中间地带”的戏剧称为“严肃”戏剧[⑤]。这种“严肃”戏剧可以说是后来的正剧的一种预示。在正剧中，悲剧与喜剧两种形式“完善地结合在一起，一种

---

① 高尔基：《论剧本》，孟昌译，《文学论文选》，人民文学出版社，1958，第 243 页。

② 恩格斯：《恩格斯致斐迪南·拉萨尔（1859 年 5 月 18 日）》，载《马克思恩格斯文集》第 10 卷，中央编译局译，人民出版社，2009，第 177 页。

③ 鲁迅：《再论雷峰塔的倒掉》，《鲁迅全集》第 1 卷，人民文学出版社，2005，第 203 页。

④ 同上。

⑤ 狄德罗：《狄德罗美学论文选》，张冠尧等译，人民文学出版社，2008，第 81、121 页。

形式中的诸种因素可以融汇在另一种形式中”①。正剧与悲剧、喜剧的主要区别在于人物命运、事件结局的完满性。一般而言，正剧更近似现实生活，题材内容更广泛，人物性格塑造更丰满和复杂。

第二节　古代戏曲名篇选讲

牡丹亭·惊梦

汤显祖

【题解】

汤显祖（1550—1616），明戏曲作家、文学家，江西临川（今江西抚州）人。出身书香门第，早有才名，不仅擅长古文诗词，而且精通天文地理、医药卜筮诸书，被称作“东方的莎士比亚”。

《牡丹亭》是汤显祖的代表作之一，也是中国戏曲史上浪漫主义的杰作，亦称《还魂记》，共五十五出，塑造了一位长期深居闺中的少女杜丽娘，接受封建伦理道德的熏陶，但仍免不了思春之情，她背父游园，看到“姹紫嫣红开遍”的美景，发出“似这般都付与断井颓垣”的感叹，激发了自身人性意识的觉醒。梦中与书生柳梦梅幽会，后因情而死，死后与柳梦梅结婚，并最终还魂复生，与柳梦梅在人间结成夫妇。作品通过杜丽娘和柳梦梅生死离合的爱情故事，用浪漫主义手法，积极表达了当时广大男女青年要求个性解放、争取爱情自由和婚姻自主的强烈呼声。明代戏剧评论家沈德符曾这样描述：“汤义仍《牡丹亭梦》一出，家传户诵，几令《西厢》减价。”

本文选自《牡丹亭》第十出。

【绕池游】（旦上）梦回莺啭，乱煞年光遍[1]。人立小庭深院。（贴）炷尽沉烟[2]，抛残绣线，恁今春关情似去年？（乌夜啼）“（旦）晓来望断梅关[3]，宿妆残[4]。（贴）你侧着宜春髻子恰凭阑[5]。（旦）翦不断[6]，理还乱，闷无端。（贴）已分付催花莺燕借春看。”（旦）春香，可曾叫人扫除花径？（贴）分付了。（旦）取镜台衣服来。（贴取镜台衣服上）“云髻罢梳还对镜，罗衣欲换更添香[7]。”镜台衣服在此。

【步步娇】（旦）袅晴丝吹来闲庭院[8]，摇漾春如线。停半晌、整花钿。没揣菱花[9]，偷人半面，迤逗的彩云偏[10]。（行介）步香闺怎便把全身现！（贴）今日穿插的好。

【醉扶归】（旦）你道翠生生出落的裙衫儿茜[11]，艳晶晶花簪八宝填[12]，可知我常一生儿爱好是天然[13]。恰三春好处无人见[14]。不提防沉鱼落雁鸟惊喧[15]，则怕的羞

① 苏珊·朗格：《情感与形式》，刘大基等译，中国社会科学出版社，1986，第387页。

花闭月花愁颤。（贴）早茶时了，请行。（行介）你看："画廊金粉半零星，池馆苍苔一片青。踏草怕泥新绣袜[16]，惜花疼煞小金铃。[17]"（旦）不到园林，怎知春色如许！

【皂罗袍】原来姹紫嫣红开遍[18]，似这般都付与断井颓垣。良辰美景奈何天，赏心乐事谁家院！[19]恁般景致，我老爷和奶奶再不提起。（合）朝飞暮卷[20]，云霞翠轩；雨丝风片，烟波画船——锦屏人忒看的这韶光贱！[21]（贴）是花都放了[22]，那牡丹还早。

【好姐姐】（旦）遍青山啼红了杜鹃[23]，荼蘼外烟丝醉软[24]。春香啊，牡丹虽好[25]，他春归怎占的先！（贴）成对儿莺燕啊。（合）闲凝眄，生生燕语明如翦，呖呖莺歌溜的圆。（旦）去罢。（贴）这园子委是观之不足也[26]。（旦）提他怎的！（行介）

【隔尾】观之不足由他缱[27]，便赏遍了十二亭台是枉然。到不如兴尽回家闲过遣。

（作到介）（贴）"开我西阁门，展我东阁床。瓶插映山紫，炉添沉水香。"小姐，你歇息片时，俺瞧老夫人去也。（下）（旦叹介）"默地游春转，小试宜春面。"春啊，得和你两留连，春去如何遣？咳，恁般天气，好困人也。春香那里？（作左右瞧介）（又低首沉吟介）天呵，春色恼人，信有之乎！常观诗词乐府，古之女子，因春感情，遇秋成恨，诚不谬矣。吾今年已二八，未逢折桂之夫；忽慕春情，怎得蟾宫之客？昔日韩夫人得遇于郎，张生偶逢崔氏，曾有《题红记》、《崔徽传》二书。此佳人才子，前以密约偷期，后皆得成秦晋。（长叹介）吾生于宦族，长在名门。年已及笄，不得早成佳配，诚为虚度青春，光阴如过隙耳。（泪介）可惜妾身颜色如花，岂料命如一叶乎！

【山坡羊】没乱里春情难遣，蓦地里怀人幽怨。则为俺生小婵娟，拣名门一例、一例里神仙眷。甚良缘，把青春抛的远！俺的睡情谁见？则索因循腼腆。想幽梦谁边，和春光暗流传？迁延，这衷怀那处言！淹煎，泼残生，除问天！身子困乏了，且自隐几而眠。（睡介）（梦生介）（生持柳枝上）"莺逢日暖歌声滑，人遇风情笑口开。一径落花随水入，今朝阮肇到天台。"小生顺路儿跟着杜小姐回来，怎生不见？（回看介）呀，小姐，小姐！（旦作惊起介）（相见介）（生）小生那一处不寻访小姐来，却在这里！（旦作斜视不语介）（生）恰好花园内，折取垂柳半枝。姐姐，你既淹通书史，可作诗以赏此柳枝乎？（旦作惊喜，欲言又止介）（背想）这生素昧平生，何因到此？（生笑介）小姐，咱爱杀你哩！

【山桃红】则为你如花美眷，似水流年，是答儿闲寻遍。在幽闺自怜。小姐，和你那答儿讲话去。（旦作含笑不行）（生作牵衣介）（旦低问）那边去？（生）转过这芍药栏前，紧靠着湖山石边。（旦低问）秀才，去怎的？（生低答）和你把领扣松，衣带宽，袖梢儿揾着牙儿苫也，则待你忍耐温存一晌眠。（旦作羞）（生前抱）（旦推介）（合）是那处曾相见，相看俨然，早难道这好处相逢无一言？（生强抱旦下）（末扮花神束发冠，红衣插花上）"催花御史惜花天，检点春工又一年。蘸客伤心红雨下，勾人悬梦采云边。"吾乃掌管南安府后花园花神是也。因杜知府小姐丽娘，与柳梦梅秀才，后日有姻缘之分。杜小姐游春感伤，致使柳秀才入梦。咱花神专掌惜玉怜香，竟来保护他，要他云雨十分欢幸也。

【鲍老催】（末）单则是混阳蒸变，看他似虫儿般蠢动把风情扇。一般儿娇凝翠绽魂儿颤。这是景上缘，想内成，因中见。呀，淫邪展污了花台殿。咱待拈片落花儿惊醒他。（向鬼门丢花介）他梦酣春透了怎留连？拈花闪碎的红如片。秀才才到的半梦儿；梦毕之时，好送杜小姐仍归香阁。吾神去也。（下）

【山桃红】（生、旦携手上）（生）这一霎天留人便，草借花眠。小姐可好？（旦低头介）（生）则把云鬟点，红松翠偏。小姐休忘了啊，见了你紧相偎，慢厮连，恨不得肉儿般团成片也，逗的个日下胭脂雨上鲜。（旦）秀才，你可去啊？（合）是那处曾相见，相看俨然，早难道这好处相逢无一言？（生）姐姐，你身子乏了，将息，将息。（送旦依前作睡介）（轻拍旦介）姐姐，俺去了。（作回顾介）姐姐，你可十分将息，我再来瞧你那。"行来春色三分雨，睡去巫山一片云。"（下）（旦作惊醒，低叫介）秀才，秀才，你去了也？（又作痴睡介）（老旦上）"夫婿坐黄堂，娇娃立绣窗。怪他裙衩上，花鸟绣双双。"孩儿，孩儿，你为甚瞌睡在此？（旦作醒，叫秀才介）咳也。（老旦）孩儿怎的来？（旦作惊起介）奶奶到此！（老旦）我儿，何不做些针指，或观玩书史，舒展情怀？因何昼寝于此？（旦）孩儿适在花园中闲玩，忽值春暄恼人，故此回房。无可消遣，不觉困倦少息。有失迎接，望母亲恕儿之罪。（老旦）孩儿，这后花园中冷静，少去闲行。（旦）领母亲严命。（老旦）孩儿，学堂看书去。（旦）先生不在，且自消停。（老旦叹介）女孩儿长成，自有许多情态，且自由他。正是："宛转随儿女，辛勤做老娘。"（下）（旦长叹介）（看老旦下介）哎也，天那，今日杜丽娘有些侥幸也。偶到后花园中，百花开遍，睹景伤情。没兴而回，昼眠香阁。忽见一生，年可弱冠，丰姿俊妍。于园中折得柳丝一枝，笑对奴家说："姐姐既淹通书史，何不将柳枝题赏一篇？"那时待要应他一声，心中自忖，素昧平生，不知名姓，何得轻与交言。正如此想间，只见那生向前说了几句伤心话儿，将奴搂抱去牡丹亭畔，芍药阑边，共成云雨之欢。两情和合，真个是千般爱惜，万种温存。欢毕之时，又送我睡眠，几声"将息"。正待自送那生出门，忽值母亲来到，唤醒将来。我一身冷汗，乃是南柯一梦。忙身参礼母亲，又被母亲絮了许多闲话。奴家口虽无言答应，心内思想梦中之事，何曾放怀。行坐不宁，自觉如有所失。娘呵，你教我学堂看书去，知他看那一种书消闷也。（作掩泪介）

【绵搭絮】雨香云片，才到梦儿边。无奈高堂，唤醒纱窗睡不便。泼新鲜冷汗粘煎，闪的俺心悠步亸，意软鬟偏。不争多费尽神情，坐起谁忺？则待去眠。（贴上）"晚妆销粉印，春润费香篝。"小姐，薰了被窝睡罢。

【尾声】（旦）困春心游赏倦，也不索香薰绣被眠。天呵，有心情那梦儿还去不远。春望逍遥出画堂，（张说）间梅遮柳不胜芳。（罗隐）可知刘阮逢人处？（许浑）回首东风一断肠。（韦庄）

【注释】

［1］乱煞年光遍：缭乱的春光到处都是。

［2］沉烟：沉水香，薰用的香料。

［3］梅关：即大庾岭，宋朝在这里设有梅关。在本剧故事发生地点江西南安府（大庾）的南面。

［4］宿妆：隔夜的残妆。

［5］宜春髻子：相传立春那天，妇女剪彩作燕子状，戴在髻上，上贴“宜春”二字。

［6］翦不断，理还乱：南唐后主李煜词《相见欢》中的两句。

［7］“罗衣欲换更添香”两句：薛逢诗《宫词》中的两句，见《全唐诗》卷二十。

［8］晴丝：游丝、飞丝，也即后文所说的烟丝，虫类所吐丝缕，常在空中飘游。在春天晴朗的日子最易看见。

［9］没揣：不意，蓦然。菱花，镜子。古时用铜镜，背面所铸花纹一般为菱花，因此称菱花镜，或用菱花作镜子的代称。

［10］迤逗的彩云偏：迤逗，引惹，挑逗；彩云，美丽的发卷的代称。全句，想不到镜子（拟人化）偷偷地照见了她，害得（迤逗的）她羞答答地把发卷也弄歪了。

［11］翠生生出落的裙衫儿茜：翠生生，极言彩色鲜艳。出落的，显出，衬托出。茜，茜红色。

［12］艳晶晶花簪八宝填：镶嵌着多种宝石的光灿灿的簪子。

［13］天然：天性使然。

［14］三春好处：比喻自己的青春美貌。

［15］沉鱼落雁：小说戏曲中用来形容女人的美貌。意思是说，鱼见到她的美色，自愧不如而下沉；雁则为贪看她的美色而停落下来。下文羞月闭花，同。

［16］泥：沾污。这里作动词用。

［17］惜花疼煞小金铃：疼，为惜花常常掣铃，连小金铃都被拉得疼煞了。这是夸大的拟人化描写。

［18］姹紫嫣红：花色鲜艳貌。

［19］谁家：哪一家。一说作“甚么”解。

［20］朝飞暮卷：唐王勃《滕王阁诗》：“画栋朝飞南浦云，朱帘暮卷西山雨。”

［21］锦屏人：深闺中人，包括自己在游园前。

［22］是：凡是、所有的。

［23］啼红了杜鹃：开遍了红色的杜鹃花。从杜鹃（鸟）泣血联想起来的。

［24］荼蘼：花名，晚春时开放。

［25］牡丹虽好，他春归怎占的先：《诚斋乐府·牡丹品》第三折《喜迁莺》：“花

索让牡丹先。”

［26］观之不足：看不厌。

［27］缱：留恋、牵绾。

【阅读提示】

《牡丹亭》是汤显祖剧作中篇幅最长、成就最高的一部戏。他自己说过：“一生四梦，得意处唯在《牡丹》”。剧本深刻地反映了明代的个性解放思潮，表现出明代女性大胆追求爱情自由，摆脱封建束缚的时代心声。

《牡丹亭》所塑造的杜丽娘，从一个温顺柔弱、听命父母的大家闺秀，经历了春心萌动、为情而死、死而复生、生而如愿的磨难和抗争，成为一个为追求爱情自由和个性解放而不惜一切甚至生命的光辉女性典型形象。这一艺术形象的出现，对明代后期极为盛行的程朱理学予以有力的揭露和批判，有着深远的社会价值和历史意义。

《牡丹亭》极富奇幻色彩，在作者用奇幻手法创造出来的艺术境界里，“情”战胜了“理”，基于人性的青春之爱战胜了束缚人性的封建礼教。在语言方面，《牡丹亭》曲词婉转华丽、色彩鲜明、含蓄蕴藉、精工典雅。很多曲词不仅很好地刻画出人物的内心世界，而且文字优美，简直就是一首首高雅的抒情诗。明王骥德评论汤显祖的文学语言是“在深浅、浓淡、雅俗之间（《曲律》）”，这话是确当的。

【思考练习】

1.《牡丹亭》中杜丽娘形象的意义。

2. 从女性觉醒意识角度，比较《西厢记》与《牡丹亭》的异同。

赵氏孤儿（节选）

纪君祥

【题解】

纪君祥，元代杂剧、戏曲作家，生平事迹无考。大都（今北京）人，与李寿卿、郑廷玉同时。作有杂剧 6 种，现存《赵氏孤儿》一种及《陈文图悟道松阴梦》残曲。

《赵氏孤儿》全名《冤报冤赵氏孤儿》，又名《赵氏孤儿大报仇》，是元杂剧四大悲剧之一、中国古代十大悲剧之一。作品以歌颂英雄人物前仆后继的自我牺牲精神，构成了全剧悲壮的基调。曲词中所倾注的激烈愤懑情绪，渲染出炽烈的悲剧气氛。内容讲述的是春秋时期晋国贵族赵氏被奸臣屠岸贾陷害而惨遭灭门，幸存下来的赵氏孤儿赵武长大后为家族复仇的故事。王国维在《宋元戏曲史》里评论《赵氏孤儿》一剧，“即列之于世界大悲剧中，亦无愧色也。”法国著名文学家伏尔泰将其翻译成《中国孤儿》，并说“此为具有历史真实性及其感染力的好剧”。《赵氏孤儿》以其悲剧性的情节、悲剧性的人物傲然于中国古典文学史，堪称中国古典悲剧的集大成者。

本文选自《赵氏孤儿》第三折。

［屠岸贾领卒子上，云］兀的不走了赵氏孤儿也。某已曾张挂榜文，限三日之内，不将孤儿出首者，即将普国内小儿，但是半岁以下、一月以上，都拘刷[1]到我帅府中，尽行诛戮。令人，门首觑者，若有首告之人，报复某家知道。［程婴上，云］自家程婴是也。昨日将我的孩儿送与公孙杵臼去了，我今日到屠岸贾跟前首告去来。令人，报复去：道有了赵氏孤儿也！［卒子云］你则在这里，等我报复去。［报科，云］报的元帅得知，有人来报赵氏孤儿有了也。［屠岸贾云］在那里？［卒子云］现在门首哩。［屠岸贾云］着他过来。［卒子云］着过来。［做见科，屠岸贾云］兀那厮，你是何人？［程婴云］小人是个草泽医士程婴。［屠岸贾云］赵氏孤儿今在何处？［程婴云］在吕吕太平庄上公孙杵臼家藏着哩。［屠岸贾云］你怎生知道来？［程婴云］小人与公孙杵臼曾有一面之交。我去探望他，谁想卧房中锦绣褥上，躺着一个小孩儿。我想公孙杵臼年纪七十，从来没儿没女，这个是那里来的？我说道这小的莫非是赵氏孤儿么？只见他登时变色，不能答应。以此知孤儿在公孙杵臼家里。［屠岸贾云］咄！你这匹夫，你怎瞒的过我？你和公孙杵臼往日无仇，近日无冤，你因何告他藏着赵氏孤儿？你敢是知情么，说的是万事全休，说的不是，令人，磨的剑快，先杀了这个匹夫者。［程婴云］告元帅，暂息雷霆之怒，略罢虎狼之威，听小人诉说一遍咱。我小人与公孙杵臼原无仇隙，只因元帅传下榜文，要将普国内小儿拘刷到帅府，尽行杀坏。我一来为救普国内小儿之命；二来小人四旬有五，近生一子，尚未满月，元帅军令，不敢不献出来，可不小人也绝后了。我想有了赵氏孤儿，便不损坏一国生灵，连小人的孩儿也得无事，所以出首。［诗云］告大人暂停嗔怒，这便是首告缘故。虽然救普国生灵，其实怕程家绝户。［屠岸贾笑科，云］哦，是了。公孙杵臼元与赵盾一殿之臣，可知有这事来。令人，则今日点就本部人马，同程婴到太平庄上，拿公孙杵臼走一遭去。［同下］［正末公孙杵臼上，云］老夫公孙杵臼是也。想昨日与程婴商议救赵氏孤儿一事，今日他到屠岸贾府中首告去了。这早晚屠岸贾这厮必然来也呵。［唱］［双调·新水令］我则见荡征尘飞过小溪桥，多管是损忠良贼徒来到。齐臻臻摆着士卒，明晃晃列着枪刀。眼见的我死在今朝，更避甚痛笞掠。

［屠岸贾同程婴领卒子上，云］来到这吕吕太平庄上也。令人，与我围了太平庄者！程婴，那里是公孙杵臼宅院？［程婴云］则这个便是。［屠岸贾云］拿过那老匹夫来。公孙杵臼，你知罪么？［正末云］我不知罪。［屠岸贾云］我知个老匹夫和赵盾是一殿之臣，你怎敢掩藏着赵氏孤儿？［正末云］老元帅，我有熊心豹胆，怎敢掩藏着赵氏孤儿！［屠岸贾云］不打不招。令人，与我拣大棒子着实打者！［卒子做打科］［正末唱］

［驻马听］想着我罢职辞朝，曾与赵盾名为刎颈交。［云］这事是谁见来？［屠岸贾云］现有程婴首告着你哩。［正末唱］是那个昧情出告？元来这程婴舌是斩身刀！［云］

你杀了赵家满门良贱三百余口，则剩下这孩儿，你又要伤他性命！［唱］你正是狂风偏纵扑天雕，严霜故打枯根草。不争把孤儿又杀坏了。可着他三百口冤仇甚人来报？

［屠岸贾云］老匹夫，你把孤儿藏在那里？快招出来，免受刑法。［正末云］我有甚么孤儿藏在那里，谁见来？［屠岸贾云］你不招？令人，与我踩下去[2]着实打者！［做打科］［屠岸贾云］这老匹夫赖肉顽皮，不肯招承，可恼可恼！程婴，这原是你出首的，就着你替我行杖者！［程婴云］元帅，小人是个草泽医士，撮药尚然腕弱，怎生行的杖？［屠岸贾云］程婴，你不行杖，敢怕指攀出你么？［程婴云］元帅，小人行杖便了。［做拿杖子科，屠岸贾云］程婴，我见你把棍子拣了又拣，只拣着那细棍子，敢怕打的他疼了，要指攀下你来？［程婴云］我就拿大棍子打者。［屠岸贾云］住者。你头里只拣着那细棍子打，如今你却拿起大棍子来，三两下打死了呵，你就做的个死无招对。［程婴云］着我拿细棍子又不是，拿大棍子又不是，好着我两下做人难也。［屠岸贾云］程婴，你只拿着那中等棍子打。公孙杵臼老匹夫，你可知道行杖的就是程婴么？［程婴行杖科，云］快招了者！［三科了］［正末云］哎哟，打了这一日，不似这几棍子打的我疼。是谁打我来？［屠岸贾云］是程婴打你来。［正末云］程婴，你刬[3]的打我那！［程婴云］元帅，打的这老头儿兀的不胡说哩。［正末唱］

［雁儿落］是那一个实丕丕将着粗棍敲，打的来痛杀杀精皮掉。我和你狠程婴有甚的仇？却教我老公孙受这般虐！

［程婴云］快招了者。［正末云］我招，我招！［唱］

［得胜令］打的我无缝可能逃，有口屈成招，莫不是那孤儿他知道，故意的把咱家指定了？［程婴做慌科］［正末唱］我委实的难熬，尚兀自强着牙根儿闹[4]；暗地里偷瞧，只见他心明眼亮唬的腿脡儿[5]摇。

［程婴云］你快招罢，省得打杀你。［正末云］有，有，有。［唱］

［水仙子］俺二人商议救这小儿曹。［屠岸贾云］可知道指攀下来也。你说二人，一个是你了，那一个是谁？你实说将出来，我饶你的性命。［正末云］你要我说那一个？我说我说。［唱］哎，一句话来到我舌尖上却咽了。［屠岸贾云］程婴，这桩事敢有你么？［程婴云］兀那老头儿，你休妄指平人！［正末云］程婴，你慌怎么？［唱］我怎生把你程婴道，似这般有上梢无下梢[6]。［屠岸贾云］你头里说两个，你怎生这一会儿可说无了？［正末唱］只被你打的来不知一个颠倒。［屠岸贾云］你还不说，我就打死你个老匹夫！［正末唱］遮莫便打的我皮都绽，肉尽销，休想我有半字儿攀着。[7]

［卒子抱俫儿上科，云］元帅爷贺喜，土洞中搜出个赵氏孤儿来了也。［屠岸贾科，云］将那小的拿近前来，我亲自动手，剁做三段！兀那老匹夫，你道无有赵氏孤儿，这个是谁？［正末唱］

［川拨棹］你当日演神獒[8]，把忠臣来扑咬。逼的他走死荒郊，刎死钢刀，缢死裙腰，将三百口全家老小尽行诛剿，并没那半个儿剩落，还不厌你心苗[9]？

［屠岸贾云］我见了这孤儿，就不由我不恼也！［正末唱］

［七兄弟］我只见他左瞧、右瞧、怒咆哮，火不腾[10]改变了狰狞貌，按狮蛮[11]拽札起锦征袍，把龙泉扯离出沙鱼鞘。

［屠岸贾怒云］我拔出这剑来，一剑、两剑、三剑。［程婴做惊疼科］［屠岸贾云］把这一个小业种剁了三剑，兀的不称了我平生所愿也。［正末唱］

［梅花酒］呀，见孩儿卧血泊。那一个哭哭号号，这一个怨怨焦焦，连我也战战摇摇。直恁般歹做作，只除是没天道！呀，想孩儿离褥草[12]，到今日恰十朝，刀下处怎耽饶[13]，空生长枉劬劳[14]，还说甚要防老。

［收江南］呀，兀的不是家富小儿骄。［程婴掩泪科］［正末唱］见程婴心似热油浇，泪珠儿不敢对人抛。背地里揾了，没来由割舍的亲生骨肉吃三刀。

［云］屠岸贾那贼，你试觑者，上有天哩，怎肯饶过的你？我死打甚么不紧！［唱］

［鸳鸯煞］我七旬死后偏何老[15]，这孩儿一岁死后偏何小。俺两个一处身亡，落的个万代名标。我嘱咐你个后死的程婴，休别了横亡[16]的赵朔。畅道[17]是光阴过去的疾，冤仇报复的早。将那厮万剐千刀，切莫要轻轻的素放[18]了。

［正末撞科，云］我撞阶基，觅个死处。［下］［卒子报科，云］公孙杵臼撞阶基身死了也。［屠岸贾笑科］那老匹夫既然撞死，可也罢了。［做笑科，云］程婴，这一桩里多亏了你。若不是你呵，如何杀的赵氏孤儿。［程婴云］元帅，小人原与赵氏无仇。一来救普国内众生，二来小人跟前也有个孩儿，未曾满月，若不搜的那赵氏孤儿出来，我这孩儿也无活的人也。［屠岸贾云］程婴，你是我心腹之人，不如只在我家中做个门客，抬举你那孩儿成人长大，在你跟前习文，送在我跟前演武。我也年近五旬，尚无子嗣，就将你的孩儿与我做个义儿。我偌大年纪了，后来我的官位，也等你的孩儿讨个应袭。你意下如何？

［程婴云］多谢元帅抬举。［屠岸贾诗云］则为朝纲中独显赵盾[19]，不由我心中生忿；如今削除了这点萌芽，方才是永无后衅[20]。［同下］

【注释】

［1］刷：即统统拘禁的意思。

［2］踩下去：拉下去、拖出去。

［3］刬（chǎn）的：怎的，也可理解为无端的，平白无故的。

［4］闹：这里是嚷、争辩的意思。

［5］腿脡（tǐng）儿：腿肚子。

［6］有上梢无下梢：有始无终，有头无尾。

［7］遮莫：不论，尽教。攀：招供同案人。

［8］神獒（áo）：神犬的一种，屠岸贾养了一只神獒，屠岸贾想用它来杀死赵盾。

［9］厌：满足。心苗：心计。

［10］火不腾：马上，立刻。

［11］狮蛮：束战袍的带子，上有狮子蛮王的图案。

［12］褥草：产妇生孩子时的褥垫。

［13］耽饶：宽恕，怎耽饶，是无法活命的意思。

［14］劬劳：劳累。

［15］七旬死后偏何老："后"字是语气词，与"呵"字相近，下句同。

［16］休别了：休背离了，别辜负了。横亡：横死，非正常死亡。

［17］畅道：曲中衬字。其意义略近于"正是""简直是"。

［18］素放：平白放过。

［19］赵盾：春秋时的晋国大臣，经晋襄公、晋灵公、晋成公三朝。曾因谏晋灵公而遭受迫害，被迫逃亡。晋成公即位后，又在晋国执掌朝政，晋景公时卒。本剧所演内容，与史实有所更变。

［20］后衅：后患。衅，事端。

【阅读提示】

选文是全剧戏剧冲突最紧密的部分，悲愤激烈，乃千古绝唱。故事讲述程婴到屠岸贾处告首，终于骗得奸贼信任，救出赵氏孤儿。其过程写得一波三折、扣人心弦。本折剧中，狡诈的屠岸贾让程婴拷打公孙杵臼，以此作为试探。程婴为了保住赵氏孤儿，既要担上卖友求荣的恶名，又要亲手拷打共谋者，尤其是目睹屠岸贾亲手将假冒赵氏孤儿的程子剁为三段。面对如此严峻的考验，程婴强忍内心极度的悲痛，始终不露出丝毫破绽，体现了忍辱负重、沉着坚毅的忠诚大义。作品也塑造了守门将军韩厥、大夫公孙杵臼等一系列正面悲壮的人物。作者赋予他们舍生取义、视死如归的崇高品格，歌颂他们在反对邪恶势力的斗争中不惜赴汤蹈火的精神，谱写出一部壮烈的历史大悲剧，令人感觉惊心动魄，热血沸腾。

【思考练习】

1. 你认为剧中人物程婴、公孙杵臼、赵氏孤儿、屠岸贾等，谁的命运最具悲剧性？请谈谈你的看法。

2. 谈谈古代戏曲《赵氏孤儿》与电影《赵氏孤儿》的区别。

第三节　当代戏剧名篇选讲

茶馆（节选）

老舍

【题解】

老舍（1899—1966），原名舒庆春，字舍予，北京人，满族，出生于一个贫苦家庭。1918 年北京师范学校毕业后任小学校长和中学教员。1924 年赴英国任伦敦大学东方学院汉语讲师。1926 年加入文学研究会。1930 年回国后，先后任齐鲁大学、山东大学等校教授。1938 年任中华全国文艺界抗敌协会理事兼总务部主任，主持“文协”日常工作，以抗战救国为主题，创作了各种形式的文艺作品。1946 年应邀赴美国讲学，期满后旅居美国从事创作。新中国成立后应召回国，曾任中国文联副主席、中国作家协会副主席、中国民间文艺研究会副主席等职。因创作优秀话剧《龙须沟》而被北京市人民政府授予“人民艺术家”称号。1966 年因被迫害而自杀。老舍是一位多产作家，新中国成立前以小说创作为主，新中国成立后以戏剧创作为主。其作品具有鲜明的民族风格和浓郁的北京味，语言简洁传神，极富表现力，艺术成就很高。代表作有长篇小说《骆驼祥子》《四世同堂》，中短篇小说《月牙儿》《断魂枪》，戏剧《龙须沟》《茶馆》等。

本文节选自《茶馆》第一幕。

人物　王利发、刘麻子、庞太监、唐铁嘴、康六、小牛儿、松二爷、黄胖子、宋恩子、常四爷、秦仲义、吴祥子、李三、老人、康顺子、二德子、乡妇、茶客甲、茶客乙、茶客丙、茶客丁、马五爷、小妞、茶房一、二人。

时间　1898 年（戊戌）初秋，康梁等的维新运动失败了。早半天。

地点　北京，裕泰大茶馆。

［幕启］：这种大茶馆现在已经不见了。在几十年前，每城都起码有一处。这里卖茶，也卖简单的点心与菜饭。玩鸟的人们，每天在翻够了画眉、黄鸟等之后，要到这里歇歇腿，喝喝茶，并使鸟儿表演歌唱。商议事情的，说媒拉纤的，也到这里来。那年月，时常有打群架的，但是总会有朋友出头给双方调解；三五十口子打手，经调人东说西说，便都喝碗茶，吃碗烂肉面（大茶馆特殊的食品，价钱便宜，做起来快当），就可以化干戈为玉帛了。总之，这是当日非常重要的地方，有事无事都可以来坐半天。

［在这里，可以听到最荒唐的新闻，如某处的大蜘蛛怎么成了精，受到雷击。奇怪的意见也在这里可以听到，像把海边上都修上大墙，就足以挡住洋兵上岸。这里还可以听到某京戏演员新近创造了什么腔儿，和煎熬鸦片烟的最好的方法。这里也可以看到某

人新得到的奇珍——一个出土的玉扇坠儿，或三彩的鼻烟壶。这真是个重要的地方，简直可以算作文化交流的所在。]

[我们现在就要看见这样的一座茶馆。]

[一进门是柜台与炉灶——为省点事，我们的舞台上可以不要炉灶；后面有些锅勺的响声也就够了。屋子非常高大，摆着长桌与方桌，长凳与小凳，都是茶座儿。隔窗可见后院，高搭着凉棚，棚下也有茶座儿。屋里和凉棚下都有挂鸟笼的地方。各处都贴着“莫谈国事”的纸条。]

[有两位茶客，不知姓名，正眯着眼，摇着头，拍板低唱。有两三位茶客，也不知姓名，正入神地欣赏瓦罐里的蟋蟀。两位穿灰色大衫的——宋恩子与吴祥子，正低声地谈话，看样子他们是北衙门的办案的（侦缉）。]

[今天又有一起打群架的，据说是为了争一只家鸽，惹起非用武力解决不可的纠纷。假若真打起来，非出人命不可，因为被约的打手中包括着善扑营的哥儿们和库兵，身手都十分厉害。好在，不能真打起来，因为在双方还没把打手约齐，已有人出面调停了——现在双方在这里会面。三三两两的打手，都横眉立目，短打扮，随时进来，往后院去。]

[马五爷在不惹人注意的角落，独自坐着喝茶。]

[王利发高高地坐在柜台里。]

[唐铁嘴趿拉着鞋，身穿一件极长极脏的大布衫，耳上夹着几张小纸片，进来。]

王利发　唐先生，你外边蹓蹓吧！

唐铁嘴　（惨笑）王掌柜，捧捧唐铁嘴吧！送给我碗茶喝，我就先给您相相面吧！手相奉送，不取分文！（不容分说，拉过王利发的手来）今年是光绪二十四年，戊戌。您贵庚是……

王利发　（夺回手去）算了吧，我送给你一碗茶喝，你就甭卖那套生意口啦！用不着相面，咱们既在江湖内，都是苦命人！（由柜台内走出，让唐铁嘴坐下）坐下！我告诉你，你要是不戒大烟，就永远交不了好运！这是我的相法，比你的更灵验！

[松二爷和常四爷都提着鸟笼进来，王利发向他们打招呼。他们先把鸟笼子挂好，找地方坐下。松二爷文绉绉的，提着小黄鸟笼；常四爷雄赳赳的，提着大而高的画眉笼。茶房李三赶紧过来，沏上盖碗茶。他们自带茶叶。茶沏好，松二爷、常四爷向邻近的茶座让了让。]

常四爷　您喝这个！（然后，往后院看了看）

松二爷　好像又有事儿？

常四爷　反正打不起来！要真打的话，早到城外头去啦，到茶馆来干吗？

[二德子，一位打手，恰好进来，听见常四爷的话。]

二德子　（凑过去）你这是对谁甩闲话呢？

常四爷　（不肯示弱）你问我哪？花钱喝茶，难道还教谁管着吗？

松二爷　（打量了二德子一番）我说这位爷，您是营里当差的吧？来，坐下喝一碗，我们也都是外场人。

二德子　你管我当差不当差呢！

常四爷　要抖威风，跟洋人干去，洋人厉害！英法联军烧了圆明园，尊家吃着官饷，可没见您去冲锋打仗！

二德子　甭说打洋人不打，我先管教管教你！（要动手）

［别的茶客依旧进行他们自己的事。王利发急忙跑过来。］

王利发　哥儿们，都是街面上的朋友，有话好说。德爷，您后边坐！

［二德子不听王利发的话，一下子把一个盖碗搂下桌去，摔碎。翻手要抓常四爷的脖领。］

常四爷　（闪过）你要怎么着？

二德子　怎么着？我碰不了洋人，还碰不了你吗？

马五爷　（并未立起）二德子，你威风啊！

二德子　（四下扫视，看到马五爷）喝，马五爷，您在这儿哪？我可眼拙，没看见您！（过去请安）

马五爷　有什么事好好地说，干吗动不动地就讲打？

二德子　嗻！您说的对！我到后头坐坐去。李三，这儿的茶钱我候啦！（往后面走去）

常四爷　（凑过来，要对马五爷发牢骚）这位爷，您圣明，您给评评理！

马五爷　（立起来）我还有事，再见！（走出去）

常四爷　（对王利发）邪！这倒是个怪人！

王利发　您不知道这是马五爷呀！怪不得您也得罪了他！

常四爷　我也得罪了他？我今天出门没挑好日子！

王利发　（低声地）刚才您说洋人怎样，他就是吃洋饭的。信洋教，说洋话，有事情可以一直地找宛平县的县太爷去，要不怎么连官面上都不惹他呢！

常四爷　（往原处走）哼，我就不佩服吃洋饭的！

王利发　（向宋恩子、吴祥子那边稍一歪头，低声地）说话请留点神！（大声地）李三，再给这儿沏一碗来！（拾起地上的碎瓷片）

松二爷　盖碗多少钱？我赔！外场人不作老娘们事！

王利发　不忙，待会儿再算吧！（走开）

［纤手刘麻子领着康六进来。刘麻子先向松二爷、常四爷打招呼。］

刘麻子　您二位真早班儿！（掏出鼻烟壶，倒烟）您试试这个！刚装来的，地道英国造，又细又纯！

常四爷　唉！连鼻烟也得从外洋来！这得往外流多少银子啊！

刘麻子　咱们大清国有的是金山银山，永远花不完！您坐着，我办点小事！

（领康六找了个座儿）

［李三拿过一碗茶来。］

刘麻子　说说吧，十两银子行不行？你说干脆的！我忙，没工夫专伺候你！

康　六　刘爷！十五岁的大姑娘，就值十两银子吗？

刘麻子　卖到窑子去，也许多拿一两八钱的，可是你又不肯！

康　六　那是我的亲女儿！我能够……

刘麻子　有女儿，你可养活不起，这怪谁呢？

康　六　那不是因为乡下种地的都没法子混了吗？一家大小要是一天能吃上一顿粥，我要还想卖女儿，我就不是人！

刘麻子　那是你们乡下的事，我管不着。我受你之托，教你不吃亏，又教你女儿有个吃饭的地方，这还不好吗？

康　六　到底给谁呢？

刘麻子　我一说，你必定从心眼里乐意！一位在宫里当差的！

康　六　宫里当差的谁要个乡下丫头呢？

刘麻子　那不是你女儿的命好吗？

康　六　谁呢？

刘麻子　庞总管！你也听说过庞总管吧？侍候着太后，红的不得了，连家里打醋的瓶子都是玛瑙作的！

康　六　刘大爷，把女儿给太监作老婆，我怎么对得起人呢？

刘麻子　卖女儿，无论怎么卖，也对不起女儿！你糊涂！你看，姑娘一过门，吃的是珍馐美味，穿的是绫罗绸缎，这不是造化吗？怎样，摇头不算点头算，来个干脆的！

康　六　自古以来，哪有……他就给十两银子？

刘麻子　找遍了你们全村儿，找得出十两银子找不出？在乡下，五斤白面就换个孩子，你不是不知道！

康　六　我，唉！我得跟姑娘商量一下！

刘麻子　告诉你，过了这个村可没有这个店，耽误了事别怨我！快去快来！

康　六　唉！我一会儿就回来！

刘麻子　我在这儿等着你！

（康六慢慢地走出去）

刘麻子　（凑到松二爷、常四爷这边来）乡下人真难办事，永远没有个痛痛快快！

松二爷　这号生意又不小吧？

刘麻子　也甜不到哪儿去，弄好了，赚个元宝！

常四爷　乡下是怎么了？会弄得这么卖儿卖女的！

刘麻子　谁知道！要不怎么说，就是一条狗也得托生在北京城里嘛！

常四爷　刘爷，您可真有个狠劲儿，给拉拢这路事！

刘麻子　我要不分心，他们还许找不到买主呢！（忙岔话）松二爷（掏出个小小表来），您看这个！

松二爷　（接表）好体面的小表！

刘麻子　您听听，嘎登嘎登地响！

松二爷　（听）这得多少钱？

刘麻子　您爱吗？就让给您！一句话，五两银子！您玩够了，不爱再要了，我还照数退钱！东西真地道，传家的玩意儿！

常四爷　我这儿正咂摸这个味儿：咱们一个人身上有多少洋玩意儿啊！老刘，就看你身上吧：洋鼻烟，洋表，洋缎大衫，洋布裤褂…….

刘麻子　洋东西可是真漂亮呢！我要是穿一身土布，像个乡下脑壳，谁还理我呀！

常四爷　我老觉乎着咱们的大缎子，川绸，更体面！

刘麻子　松二爷，留下这个表吧，这年月，戴着这么好的洋表，会教人另眼看待！是不是这么说，您哪？

松二爷　（真爱表，但又嫌贵）我……

刘麻子　您先戴两天，改日再给钱！

［黄胖子进来。］

黄胖子　（严重的沙眼，看不清楚，进门就请安）哥儿们，都瞧我啦！我请安了！都是自己弟兄，别伤了和气呀！

王利发　这不是他们，他们在后院哪！

黄胖子　我看不大清楚啊！掌柜的，预备烂肉面，有我黄胖子，谁也打不起来！（往里走）

二德子　（出来迎接）两边已经见了面，您快来吧！

［二德子同黄胖子入内。］

［茶房们一趟又一趟地往后面送茶水，老人进来，拿着些牙签、胡梳、耳挖勺之类的小东西，低着头慢慢地挨着茶座儿走；没人买他的东西。他要往后院去，被李三截住。］

李　三　老大爷，您外边蹭蹭吧！后院里，人家正说和事呢，没人买您的东西！（顺手儿把剩茶递给老人一碗）

松二爷　（低声地）李三！（指后院）他们到底为了什么事，要这么拿刀动杖的？

李　三　（低声地）听说是为一只鸽子。张宅的鸽子飞到了李宅去，李宅不肯交，还……唉，咱们还是少说话好，（问老人）老大爷您高寿啦？

老　人　（喝了茶）多谢！八十二了，没人管！这年月呀，人还不如一只鸽子呢！唉！（慢慢走出去）

【阅读提示】

《茶馆》是当代中国话剧舞台上最优秀的剧目之一。通过在茶馆中活动的各色各样的人物，依次展现了清末戊戌维新失败后、民国初年北洋军阀割据时、国民党政权覆灭前三个时代的生活场景，概括了中国社会各阶层、几种势力的尖锐对立和冲突，揭示了半殖民地半封建中国的历史命运。

《茶馆》的结构独特，没有一个贯穿始终的戏剧冲突。被人称为“图卷戏”。老舍采用了四种手法构建该剧：一是主要人物，如王利发、常四爷、秦仲义，从壮年到老年，贯穿全剧。二是次要人物父子相承，如唐铁嘴、小唐铁嘴，刘麻子、小刘麻子，衣着变了，德行未改，有助于故事的连贯。三是每个人物都扮演着他们自己的故事，同时又与各自所处的时代紧密相连。因此，人物虽是各说各的，却又反映了时代。四是无关紧要的人物一律招之即来，挥之即去，绝无赘笔。

《茶馆》中的人物形象繁多，主要人物的刻画都很鲜明。王利发是裕泰茶馆的掌柜，也是贯穿全剧的人物，他从父亲手里继承了裕泰茶馆，也继承了他逢人说人话、逢鬼说鬼话的处世哲学。但就是这样一个精于处世的小商人，却无法抵御各种反动势力的欺压，最终仍然没能逃脱破产的命运。王利发的悲剧，是旧中国广大市民生活命运的真实写照。常四爷是一个对腐败的清王朝不满、对洋人更加痛恨的旗人。他正直、善良，敢作敢为，富于正义感。他不讳言他的不满，对抓过他的特务仍然很强硬，对正在发愁的王利发则雪中送炭。就是这样一个人，最后也穷困潦倒，绝望地喊出：“我爱咱们的中国呀，可是谁爱我呢?”这个形象代表了不甘受奴役的中国人，反映出旧中国人民的反抗情绪。懒散无能、胆小怕事的松二爷是一个没有谋生能力的旗人典型；说媒拉纤、拐卖人口的刘麻子，麻衣相士、算命骗人的唐铁嘴则反映了当时社会的畸形和病态。

寓庄于谐的幽默、个性化的人物语言、简短的台词、儿化词语的运用，地道的北京方言等，使作品更具特色，也更真实。

【思考练习】

1. 了解全剧剧情，分析剧中主要人物形象。

2. 体味老舍作品的语言特色。

关汉卿（节选）

田汉

【题解】

田汉（1898—1968），本名田寿昌，笔名有田汉、陈瑜、伯鸿、绍伯、漱人、陈哲生、明高、嘉陵、张坤等。中国剧作家、戏曲作家、电影编剧、小说家、词作家、诗人、文艺批评家、文艺活动家，中国现代戏剧三大奠基人之一。

《关汉卿》写于1958年，最初刊于《剧本》1958年第5期，同年由北京人民艺术剧院首演。剧本以《窦娥冤》的写作和上演为线索来展开矛盾冲突，塑造了元代戏剧家关汉卿的艺术形象。剧本体现了田汉作品的一贯特色：炽热的诗情，执着的正义感和震撼人心的道德力量。

本文节选自《关汉卿》第二幕。

大都附郭，朱帘秀的家，当时的行院所在。壁上挂着琵琶、箫管、宝剑、尘拂之类。

帘秀，姓朱，行四，元时歌妓的艺名多带一个秀字，如“顺时秀”之类。朱艺名作“珠帘秀”。她得名甚早，歌喉极佳，演杂剧独步一时，驾头、花旦、软末泥无不佳妙。弟子有赛帘秀、燕山秀等。交往的时人有胡紫山、冯海粟之辈，关汉卿跟她关系最密，赠过她《南吕·一枝花》，有“手掌儿里奇擎着耐心儿卷”的句子，因朱演过他的许多杂剧如《救风尘》、《调风月》、《望江亭》、《拜月亭》等等。她的出身良家，为人豪侠尚义，敢于担当。

朱帘秀穿着紫色衫子，这是当时妓女的官定服色。至元五年十月因“娼妓之家多与官员士庶同着衣服，不分贵贱”，规定娼妓各分等第，穿着紫皂衫子，戴着冠儿。帘秀因是出名歌妓，穿得较一般华美。

侍女香桂忙着用精致的茶具给关汉卿添茶。

这时关汉卿显然已然把朱小兰的故事兴奋地告诉帘秀了。

关汉卿：你看，就这样残暴无耻地断送了一条高贵的生命，可他们还把自己说成是“民之父母”！（击桌。）

朱帘秀：（急扶住茶杯）干嘛这样跟桌子、杯子过不去啊，我的关大爷？

关汉卿：你能不生气吗，四姐？你看这还成个世界吗？

朱帘秀：怎么能不气？我可是气够了，都麻木了。有的人简直把这看成理所当然的了。只有你，头发都有好些根白的了，可心还跟年轻人一样，碰上不公正的事，就气成这个样儿。人家敬重你，就为的你有这个好处，你知道吗？

关汉卿：得了吧。（起身躲开她）让我去想想，是不是我不够老成，所以想得跟你们不一样？

朱帘秀：不是你不够老成，是你还没有失掉你常说的“赤子之心”。可是那些该气也不气了的，也不尽因为他们比你坏，许是他们比你苦。你们爷儿们有才华，有学问，飞得高，跳得远，有受委屈的时候，也容易有扬眉吐气的时候，像我们就可怜了。我也是好人家子女啊，就为了还不清不花王爷胡里胡涂派给的租子，老爷子坐牢死了，我卖给行院当歌妓，坑在这里十来年了，还不是照样负屈衔冤没地方申诉吗？比起来我还算好点儿的哩，这大都城外两万五千个姊妹们谁过的是人的日子？有的求生不能，求死不得，还不如干脆挨那么一刀。

关汉卿：你们当然有许多苦处，可我们这些念过些书的男人们又能飞得多高，跳得多远？七匠、八娼、九儒、十丐，这年头我们的地位还不如你们哩。平常私下里我也有些自命不凡，杜甫说的“读书破万卷，下笔如有神”，老觉得有些想法。可今天在街上眼睁睁看见一群吃人血的家伙把一个无辜的女子拉到法场去杀头，我却想不出一星星办法。我写过《包待制三勘蝴蝶梦》，王石和被救出来以后，我让他母亲唱着“黑漫漫填满了这沉冤海，昏腾腾打出了迷魂寨。”我多么盼望出现包待制那样的青天来填满这冤海啊。可是出现在我们眼前的是吃人的豺狼，对着这群豺狼我们束手无策。刘大娘说得好：“关汉卿这位大夫只救得人家的伤风咳嗽！”她把我给骂苦了，可是骂得真对呀。我就是这么一个专会开薄荷、甘草的大夫。一字不识的黑旋风李逵敢在江州劫法场，可我呢？只能站在大家后头忍气吞声，袖手旁观。这就是我，这就是自负不凡的关汉卿！我真看不起我自己。

朱帘秀：（握着他的手安慰他）李逵虽勇，独自一个人劫得了法场吗？那是梁山泊的英雄们打算好了的呀。你偶尔见路见不平，能有什么办法呢？

关汉卿：古人路见不平，拔刀相助，我是无刀可拔，只有一支破笔！

朱帘秀：笔不就是你的刀吗？杂剧不就是你的刀吗？你在剧本里骂过杨衙内，骂过葛彪，骂过鲁斋郎，看过戏的人都跟着我们一起恨这些不明道德、陷害良善、鱼肉百姓的人。干嘛不把李驴儿、忽辛这些人的鬼脸给勾出来，替屈死的女子申冤呢？

关汉卿：这些邪恶的东西可不是一个两个，而是好多好多个结成一伙儿来吃人的。他们的鬼脸勾得完吗？以前我觉得这世道不公正，这天地鬼神总是公正的，有眼睛的，于今才知道天地鬼神也是不公正的，没有眼睛的！

朱帘秀：鬼东西太多，你拣那最凶恶的勾吧。天地鬼神不公正，没有眼睛，你就骂天地，骂鬼神去吧。

关汉卿：对，刚才在路上我还想来着，一定得把朱小兰这件案子写成一个杂剧，一定得把这些滥官污吏的嘴脸摆在光天化日下示众；一定得替那些负屈衔冤的好心女子鸣鸣怨，吐吐气，让大家知道在百姓们的心里还是有公道的，还是看得清是非的。

朱帘秀：那太好了。这位知府大人忽辛的事我也知道一些，他依仗他父亲的势焰，无恶不作。上回断错了一桩案子，许衡许大人来查案，他托病不见，许大人拿他也没有办法。

关汉卿：对，多替我搜集他的罪状吧，决不能让他逃脱我们的照妖镜。词儿我都想好一些了，女主角的名字我也想好了，可就是一桩——

朱帘秀：一桩什么？

关汉卿：怕戏写出来没有人敢演。

朱帘秀：（想了一下）汉卿，写吧。只要你还愿意给我们演，我们想试试，行吗？

关汉卿：为什么不愿意给你们演了呢？

朱帘秀：你不是对人家说：良家子弟扮的杂剧才是你们的“行家生活”，我们倡优扮的不过是“供笑献勤，奴隶之役。”只能叫作“戾家把戏”吗？

关汉卿：得了，别听赵孟耆说的那些个了，今天良家也好，倡优也好，都是被欺压、被践踏的，都是奴隶！我哪会说那样的话？

朱帘秀：那么你敢写我就敢演！

关汉卿：你敢演，我就一定写，而且一定很快地把它写成。

朱帘秀：那太好了。人家夸我扮赵盼儿、谭记儿、王瑞兰、燕燕，演得不错。于今为着朱小兰，为着普天下衔冤负屈的女子，我一定演好这个新的角色。

关汉卿：四姐，你！（感动地抓起她的双手。）

朱帘秀：这个女角色你安排叫她什么？

关汉卿：我安排叫她窦娥。

朱帘秀：窦娥？好！我知道，你曾经想写孝女曹娥来着，你于今改写孝媳窦娥了。对不对？

关汉卿：正是这个意思，你猜得对。

燕山秀、马二夫妇上来。赛帘秀、欠耍俏跟着进来。

燕山秀：（向朱帘秀）师父，出了稀奇事儿了。欠耍俏跟小二姐赔不是了。

马二：这真得谢谢关大爷。我还当这一对冤家结定了哩。

关汉卿：哈哈哈哈。他很执拗，一路上一定费了好大劲儿才把他给劝过来吧。

朱帘秀：你当然得劝劝他。他还是在学你的样儿哩。他老说关大爷自称是“普天下郎君领袖，盖世界浪子班头。”他呀，至少也是个小郎君、小浪子。

关汉卿：那好哇。不过我们演戏讲究入情入理，做人就讲究通情达理。倘使我们不通情理，甚而至于蛮不服理，那还算什么郎君、浪子呢。

朱帘秀：（向欠耍俏他们）听得了没有？讲道理，爱重自己的玩意儿，才算是真正的郎君、浪子哩。哦，赛帘秀，告诉你一个好消息，关大爷又要打一个新本儿了。这新本儿意思好极了。关大爷说让咱们演演看。

赛帘秀：那可太好了。就怕我们演不好。

关汉卿：别客气了，小二姐。

赛帘秀：那您就快写吧。我病好了，正愁没戏演哩。

马二：关大爷，欠耍俏也老没演新戏了。您先给他打一个《李逵负荆请罪》吧。

大伙笑了。

欠耍俏：哈哈哈哈。（转话题）哦，我想起来了，我在六郎庄做会，烦咱们演您的《单刀会》，您能去看看吗？

关汉卿：什么时候？

欠耍俏：下个月初。日子定了我通知您。

关汉卿：只要有工夫我一定去。我在六郎庄还串过戏的哩。

马二：关大爷，近来少见您上台了，也来一出吧。就来您自己编的《玉镜台》，四姐演刘倩英，您的温峤，赛帘秀的刘夫人，燕山秀的梅香，欠耍俏的媒人，还少不了我的王府尹。

关汉卿：哈哈，你分派得不错，可是六郎庄的庄稼汉不一定喜欢这样文绉绉的东西。来个《鲁斋郎》吧。四姐的李氏，你的张刺。欠耍俏的银匠李四，我来个待制吧。

马二：对，这个戏好。（他背词）“说那个鲁斋郎胆有天来大，他为臣不守法，将官府敢欺压，将妻女敢夺拿，将百姓敢踏查。赤紧地他官职大的忒稀诧。……”

欠耍俏：现在老百姓像“箭穿着大雁口似的，没有一个人敢咳嗽”，演这个戏会大快人心的。

马二：好，那就准看您演的包公吧。

鸨母上来，先向关汉卿略略招呼一下，对大家说。

鸨母：刚才总管来吩咐，今儿晚上丞相府有堂会，请波斯国的客人，你们快点去排戏吧。

燕山秀等：关大爷，您坐会儿。（他们随鸨母下去了。）

赛帘秀：关大爷，我不陪您了。（向朱帘秀）师父，留住关大爷吧。（跟着欠耍俏亲热地下去。）

关汉卿：（起身）好，四姐，我也走了。

朱帘秀：你要家去写本子吗？（热情地）别走了，汉卿。我在排戏，你就在这儿写，回头咱们一块吃饭。赛帘秀的老爷子送了几条好鲤鱼，他从湖里打上来的，你也领领他的情吧。（向侍女）香桂！你给关大爷好好地点几杯茶，用我那包最好的双蕉。（见香桂点头）可不许扰关大爷，吓？把门关上，别让他听到外面的锣鼓家伙。

香桂：哼，关大爷才不怕闹呢！前儿个他不是在后台写戏吗？前面吹啊唱的他好像一点也听不见似的。真是好本事！

朱帘秀：傻丫头！关大爷的本事我还不知道？这戏可不比往常，就得让他安静下来，不能扰他，知道吗？

香桂：是，知道了。

关汉卿：四姐，你真好，替我谢谢小二姐。本子还没有太想好，恐怕得过几天才能动笔写。现在我还得去西山看一个病人。

朱帘秀：看一个病人？

关汉卿：对。（笑）我还是一个大夫，你忘了？接到太医院的通知不管哪儿你就得去。有些病人还不许打听他的身份。看过好几次了，还不知病人姓什么，叫什么。

朱帘秀：你干嘛还要搞这个劳什子的行业呢？干脆辞掉，专心写东西，不好吗？

关汉卿：辞了太医院我就得出好些捐税，应好些别的差使，还不如专当这一门差，反而可以挤出工夫来做自己的事。再说，五医，六工 ，七匠，八娼，九儒，我干作家，比你们还低一等，干太医就比你们要高好几等了。哈哈哈哈。

朱帘秀：哈哈，原来是这样儿。那也好，我不留你了。祝你妙手回春，财源茂盛，我的关大夫！

关汉卿：瞧你！

——暗转

【阅读提示】

关汉卿是 13 世纪我国元代大剧作家，由于元代统治者轻视戏剧艺人，因而文献中留下的有关关汉卿的史料非常少。田汉凭借这有限的史料，结合关汉卿的全部著作，力求准确地把握关汉卿的思想感情和性格特征，同时，他又运用历史唯物主义观点去分析元代的经济、政治和人民的生活状况，从复杂的社会关系和尖锐的阶级、民族矛盾中把握了历史的真实。

第二场主要写关汉卿气愤地向朱帘秀讲述着朱小兰的悲惨故事。朱帘秀虽为名噪一时的歌妓，但出身贫苦农家，小兰的悲惨遭遇，引起了她的共鸣。二人当即商定，由关汉卿将朱小兰的冤案写成杂剧《窦娥冤》，朱帘秀主演窦娥。剧作在处理历史真实和艺术真实的关系上有独到之处。

【思考练习】

1. 概括关汉卿的人物形象。
2. 思考历史剧与历史的关系，谈谈你的看法。

第四节　外国戏剧名篇选讲

俄狄浦斯王（节选）

［古希腊］索福克勒斯

【题解】

索福克勒斯（约前 496—前 406），古希腊著名的三大悲剧诗人之一，其创作标志着希腊悲剧进入了成熟阶段。索福克勒斯一共写了一百多部悲剧，现存完整的有七部，其中最有名的是《俄狄浦斯王》与《安提戈涅》。

《俄狄浦斯王》是忒拜悲剧三连剧中的第二部，取材于希腊神话，历来被誉为希腊悲剧艺术的典范。戏剧从故事接近高潮的部分开始铺陈，场景限制在一天、一地之内。剧中的第二、第三、第四场，是全剧的核心部分，其中每个登场人物都将情节推向可怕的真相，步步逼近，扣人心弦。俄狄浦斯是一位人格高尚、具有强烈责任感的国王。他竭力追求成为高尚、纯洁的人，不相信命运，但是他每一次勇敢的抗争，只不过使自己在命运的罗网中越陷越深。全剧展现了个人的自由意志与不可抗拒的命运之间激烈的悲剧性冲突，成就了具有典范意义的悲剧人物。

本文为《俄狄浦斯王》第四场。

俄狄浦斯　长老们，如果让我猜想，我以为我看见的是我们一直在寻找的牧人，虽然我没有见过他。他的年纪和这客人一般大；我并且认识那些带路的是自己的仆人。（向歌队长）也许你比我认识得清楚，如果你见过这牧人。

歌 队 长　告诉你吧，我认识他；他是拉伊奥斯家里的人，作为一个牧人，他和其他的人一样可靠。

［众仆人带领牧人自观众左方上。］

俄狄浦斯　啊，科任托斯客人，我先问你，你指的是不是他？

报 信 人　我指的正是你看见的人。

俄狄浦斯　喂，老头儿，朝这边看，回答我问你的话。你是拉伊奥斯家里的人吗？

牧　　人　我是他家养大的奴隶，不是买来的。

俄狄浦斯　你干的什么工作，过的什么生活？

牧　　人　大半辈子放羊。

俄狄浦斯　你通常在什么地方住羊棚？

牧　　人　有时候在基泰戎山上，有时候在那附近。

俄狄浦斯　还记得你在那地方见过这人吗？

牧　　人　见过什么？你指的是哪个？

俄狄浦斯　我指的是眼前的人，你碰见过他没有？

牧　　人　我一下子想不起来，不敢说碰见过。

报 信 人　主上啊，一点也不奇怪。我能使他清清楚楚回想起那些已经忘记了的事。我相信他记得他带着两群羊，我带着一群羊，我们在基泰戎山上从春天到阿尔克图罗斯[1]初升的时候做过三个半年朋友。到了冬天，我赶着羊回我的羊圈，他赶着羊回拉伊奥斯的羊圈。（向牧人）我说的是不是真事？

牧　　人　你说的是真事，虽是老早的事了。

报 信 人　喂，告诉我，还记得那时候你给了我一个婴儿，叫我当自己的儿子养着吗？

牧　　人　你是什么意思？干吗问这句话？

报 信 人　好朋友，这就是他，那时候是个婴儿。

牧　　人　该死的家伙！还不快住嘴！

俄狄浦斯　啊，老头儿，不要骂他，你说这话倒是更该挨骂！

牧　　人　好主上啊，我有什么错呢？

俄狄浦斯　因为你不回答他问你的关于那孩子的事。

牧　　人　他什么都不晓得，却要多嘴，简直是白搭。

俄狄浦斯　你不痛痛快快回答，要挨了打哭着回答！

牧　　人　看在天神面上，不要拷打一个老头子。

俄狄浦斯　（向侍从）还不快把他的手反绑起来？

牧　　人　哎呀，为什么呢？你还要打听什么呢？

俄狄浦斯　你是不是把他所问的那孩子给了他？

牧　　人　我给了他；愿我在那一天就死了！

俄狄浦斯　你会死的，要是你不说真话。

牧　　人　我说了真话，更该死了。

俄狄浦斯　这家伙好像还想拖延时间。

牧　　人　我不想拖延时间，我刚才已经说过我给了他。

俄狄浦斯　哪里来的？是你自己的，还是从别人那里得来的？

牧　　人　这孩子不是我自己的，是别人给我的。

俄狄浦斯　哪个公民，哪家给你的？

牧　　人　看在天神面上，不要，主人啊，不要再问了！

俄狄浦斯　如果我再追问，你就活不成了。

牧　　人　他是拉伊奥斯家里的孩子。

俄狄浦斯　是个奴隶，还是个亲属？

牧　　人　哎呀，我要讲那怕人的事了！

俄狄浦斯　我要听那怕人的事了！也只好听下去。

牧　　人　人家说是他的儿子，但是里面的娘娘，主上家的，最能告诉你是怎么回事。

俄狄浦斯　是她交给你的吗？

牧　　人　是，主上。

俄狄浦斯　是什么用意呢？

牧　　人　叫我把他弄死。

俄狄浦斯　做母亲的这样狠心吗？

牧　　人　因为她害怕那不吉利的神示。

俄狄浦斯　什么神示？

牧　　人　人家说他会杀他父亲。

俄狄浦斯　你为什么又把他送给了这老人呢？

牧　　人　主上啊，我可怜他，我心想他会把他带到别的地方——他的家里去；哪知他救了他，反而闯了大祸。如果你就是他所说的人，我说，你生来是个受苦的人啊！

俄狄浦斯　哎呀！哎呀！一切都应验了！天光呀，我现在向你看最后一眼！我成了不应当生我的父母的儿子，娶了不应当娶的母亲，杀了不应当杀的父亲。

［俄狄浦斯冲进宫去，众侍从随入，报信人、牧人和众仆人自观众左方下。］

罗念生　译

【注释】

［1］阿尔克图罗斯，北极上空农夫星座最亮的星（即大角星），在秋分前几天出现，叫作晨星；又在春分前几天出现，叫作晚星。波吕博斯的牧人于三月间从科任托斯赶羊上基泰戎山，在那里遇见拉伊奥斯的牧人，后者是从特拜平原来的。他们在山上住了六个月，直到九月中晨星出现时，他们才各自赶着羊回家。

【阅读提示】

《俄狄浦斯王》全剧情节非常复杂，布下了一明一暗两条线索。暗线主要以“回溯”的方式展开“弑父娶母”的预言，明线则紧紧围绕追查凶手而展开。一明一暗两条线索相辅相成，剧情集中，布局巧妙严密，环环相扣。全剧一开始就突出悬念，抓住追查凶手这一核心事件，通过人物的依次登场而展开矛盾，推进情节的快速发展，在高潮部分展示了惊心动魄的结局。作者运用动机与效果相反的手法，取得了令人惊叹的艺术效果。王后为了说明神谕和先知的预言并不可信，回忆了前王遇害的往事，以解除俄狄浦斯对自己被指责为凶手的忧虑，却不料引出了俄狄浦斯16年前在同一地点杀害一位老者的往事；科任托斯报信人本意是要打消俄狄浦斯对“娶母”的忧惧心理，反而泄露了他的身世；俄狄浦斯出于为国为民解困的目的追查凶手，到头来发现自己就是真正的罪人。剧中每揭开一个疑团，不仅是对真相的一次“发现”，而且意味着出现了“突转”，即“行动的发展从一个方向转至相反的方向”（见亚里士多德《诗学》）。这也意味着戏剧的情境向着出人意料的方向逆转，而且往往是悲剧主人公由顺境转入逆境。这样的“发现”与“突转”同时发生的方式，在亚里士多德看来是最好的，因为它能产生良好的艺术效果。因此，亚里士多德称赞《俄狄浦斯王》为“十全十美的悲剧”。

【思考练习】

1. 试分析悲剧的作用是什么。

2. 谈谈你对“俄狄浦斯情结”的理解。

秃头歌女（节选）

［法］尤奈斯库

【题解】

尤奈斯库（1912—1994），法国戏剧家，荒诞派戏剧的奠基人之一和重要代表。其主要戏剧作品有《秃头歌女》（1950）、《椅子》（1951）、《犀牛》（1960）、《国王正在死去》（1962）等。尤奈斯库的戏剧惯于以怪诞的形式表现人生的荒诞，被称为“反戏剧”。

《秃头歌女》是荒诞派戏剧的代表作之一。这部独幕剧分十一场，主要人物有史密斯夫妇、马丁夫妇、女仆玛丽、消防队队长等。剧本没有贯穿始终的剧情，情节片段有史密斯夫妇之间的闲扯，马丁夫妇之间的相认，女仆玛丽煞有介事的发现，围绕消防队队长出现引起的争执，以及最后一场各个人物的自说自话等。全剧人物性格乖张，没有形成固定和统一的形象；人物语言貌似严谨明确，实则荒唐可笑，毫无逻辑可言。

本文为《秃头歌女》第四场。

人物

史密斯先生
史密斯太太
马丁先生
马丁太太
玛丽（女仆）
消防队队长

人物同前场，缺玛丽。

马丁太太和先生面对面坐着，没交谈。他们腼腆地互相微笑着。

马丁先生　（下面的对话必须以一种缓慢、单调略带唱歌调儿的、毫无变化的声音说）请原谅，太太，不过要是我没搞错，我好像在什么地方和您见过面的。

马丁太太　我也是，先生，我好像在什么地方和您见过面的。

马丁先生　太太，我难道不是在曼彻斯特偶然见到过您的吗?

马丁太太　这非常可能。我呢，我就是曼彻斯特城出生的！不过，先生，我记不清了，我不能说我是否在曼彻斯特见过还是没见过您！

马丁先生　我的上帝，这多么怪啊！我也是曼彻斯特城出生的，太太！

马丁太太　这多么怪啊！

马丁先生　这多么怪啊……不过，太太，我离开曼彻斯特城差不多五个星期了。

马丁太太　这多么怪啊！多么奇怪的巧合啊！我离开曼彻斯特城差不多也有五个星期了。

马丁先生　我乘的是早上八点半开，四点三刻到伦敦的火车，太太。

马丁太太　这多么怪啊！多么奇怪啊！多么巧啊！我乘的也是这班火车，先生！

马丁先生　我的上帝，这多么怪啊！太太，我很可能是在火车上见到您的吧？

马丁太太　这很可能，这点不能排除，这也许是真的，总之，为什么不呢……但是，我一点也记不起来了，先生！

马丁先生　我旅行坐的是二等车厢，太太。在英国，没有二等车厢，可是我旅行仍然坐的是二等车厢。

马丁太太　这多么奇怪啊！多么怪又多么巧啊！我也是，先生，我旅行也坐的二等车厢！

马丁先生　这多么怪啊！我们很可能在二等车厢内相遇的，亲爱的太太！

马丁太太　这事很可能，而且一点也不能排除。但是，这件事我已记不很清楚了，亲爱的先生！

马丁先生　我的座位在八号车厢第六室，太太。

马丁太太　这多么怪啊！我的座位也在八号车厢第六室，亲爱的先生！

马丁先生　这多么怪，而且是多么奇怪的巧合啊！我们可能就在第六室相遇的吧，亲爱的太太？

马丁太太　总之，这很可能！但是，我记不起来了，亲爱的先生！

马丁先生　说实话，亲爱的太太，我也记不起来了，但是我们可能就在那儿相见的，要是我想得对，我觉得这事很有可能！

马丁太太　哦！真的，当然啰，真的，先生！

马丁先生　这多么怪啊……我的座位是三号，靠窗口，亲爱的太太！

马丁太太　哦。我的上帝，这多么怪，多么奇怪，我的座位是六号，靠窗口，在您的对面，亲爱的先生！

马丁先生　哦，我的上帝，这多么怪，也多么巧啊……那么，我们是面对面啰，亲爱的太太！我们大概是在那儿见过面的。

马丁太太　这多么怪啊！这是可能的，但是，我记不起来了，先生！

马丁先生　说真的，亲爱的太太，我也记不起来了。可是，我们很可能是在这种情况下相见的。

马丁太太　确实如此，但是我一点也不能肯定。先生。

马丁先生　亲爱的太太，请我把她的手提箱放在网架上，接着向我道谢并允许我抽烟的那位夫人，不就是您吗？

马丁太太　是啊，这可能是我，先生！这多么怪，多么怪，也多么巧啊！

马丁先生　这多么怪，多么奇怪，多么巧啊！那么，我们可能就在那个时候认识的啰，太太？

马丁太太　这多么怪，也多么巧啊！这很可能，亲爱的先生！可是，我不相信我还记得这件事。

马丁先生　我也不相信。

沉默片刻，挂钟敲两下，又敲一下。

马丁先生　我到了伦敦以后，我住在布朗菲尔德路，亲爱的太太。

马丁太太　这多么怪，多么奇怪啊！我到了伦敦以后，我也住在布朗菲尔德路，亲爱的先生。

马丁先生　这多么怪，那么，那么，我们可能就在布朗菲尔德路相遇的。亲爱的太太。

马丁太太　这多么怪，多么奇怪啊！总之，这很可能！可是，我记不起来了，亲爱的先生。

马丁先生　我住在十九号，亲爱的太太。

马丁太太　这多么怪，我也住在十九号，亲爱的先生。

马丁先生　那么，那么，那么，那么，我们可能在这座房子里相见的啰，亲爱的太太？

马丁太太　这很可能，但是我记不起来了，亲爱的先生。

马丁先生　我的套间在六楼，是八号，亲爱的太太。

马丁太太　这多么怪，我的上帝，多么奇怪啊！多么巧啊！我也住在六楼八号套间，亲爱的先生！

马丁先生　（沉思地）这多么怪，多么怪，多么怪又多么巧啊！您知道，在我的卧室里有一张床。我床上铺着一条绿色的鸭绒被。这间有床和绿色鸭绒被铺床的卧室在过道的尽头，厕所和图书室之间，亲爱的太太！

马丁太太　多么巧啊！我的上帝，多么巧啊，我的卧室也有一张铺了绿色鸭绒被的床，它在过道的尽头，厕所和图书室之间，亲爱的先生！

马丁先生　这多么奇怪，多么怪，多么离奇啊！那么，太太，我们住的是同一间房而且睡的是同一张床啰，亲爱的太太。我们可能就是在那儿相遇的！

马丁太太　这多么怪，多么巧啊！我们可能就是在那儿相遇的，也可能就在昨天夜里，但是，我记不起来了，亲爱的先生！

马丁先生　我有一个小女儿，她和我住在一起，亲爱的太太。她两岁，她头发是金黄色的，她的一只眼珠子白，一只眼珠子红。她很漂亮，名叫艾丽斯，亲爱的太太。

马丁太太　多么奇怪的巧合啊！我也有个小女儿，她两岁，一只眼珠子白，而一只眼珠子红。她很漂亮，名字也叫艾丽斯，亲爱的先生！

马丁先生 （同样缓慢的、单调的声音）这多么怪，多么巧啊！奇怪！

这可能是同一个女孩，亲爱的太太！

马丁太太 这多么怪啊！这很可能，亲爱的先生。

[较长时间沉默……挂钟敲二十九下。]

马丁先生 （长时间沉思后，慢慢地站了起来，不慌不忙地朝马丁太太走去，马丁太太因为马丁先生庄严的神情而感到惊讶，也慢慢地站了起来；马丁先生还保持着那种少有的、单调的、略带唱歌调门的声音）那么，亲爱的太太，我认为毫无疑问，我们曾经见过面了，您就是我的妻子……伊丽莎白，我又找到您了！

[马丁太太不慌不忙地靠近了马丁先生。他们毫无表情地互相拥抱接吻。挂钟重重地敲一下。挂钟声音敲得很响，使观众大吃一惊。马丁夫妇却没听见钟声。]

马丁太太 唐纳德，是你，darling！

[他们同坐在一张扶手椅上，互相拥抱着并睡着了。挂钟又敲了好几下。玛丽踮着脚慢慢地出场，一个手指放在嘴上，并且对观众说。]

史亦 译

【阅读提示】

《秃头歌女》通过怪诞的人物和极其荒诞的对话来反映现代人生活的无聊和空虚，以及人与人之间关系的异化和毫无意义。《秃头歌女》作为荒诞派戏剧的代表作之一，其艺术特色与荒诞派大多数戏剧的艺术特色是一致的，主要包含以下几个方面的特点：第一，没有完整的情节，只有一些类似情节的片段。这些片段之间的联系只是相同的人物，却没有合乎逻辑的故事进展。第二，语言荒诞夸张，基本背离了日常生活语言的逻辑性，实际是一种可笑的、夸张的语言，打破了传统戏剧的语言规范。第三，不刻画人物性格，人物基本是一些符号式的人物，但却表现深刻的象征意义。

【思考练习】

1. 你了解其他荒诞派戏剧吗？举例说明。
2. 荒诞派戏剧“荒诞”在何处？如何理解这种荒诞？

中编

口语表达

第五章　口语表达概述

第一节　口语表达基础理论

一、口语表达的含义和特点

（一）口语表达的含义

人类语言的表现形态分为口语和书面语。口语是在口头交际中使用的、主要诉诸人们听觉的有声语言。口语表达不完全等同于口语，它是运用经过加工提炼、规范化的口语来交流思想、表达情感、传递信息的言语行为。

（二）口语表达的特点

1. 语言与思维的同步性

口语表达时，外部语言表达与内部语言思维是同步进行的，即随想随说，口语只是将思维外化。口语表达的这一过程与思维的关系包括以下两种形式：一是表达之前打腹稿，围绕目的意图确定说话的要点、思路；二是现想现说、边说边想。无论哪一种形式，都需要快速思维，思维和语言紧密结合，几乎瞬间完成思维到语言的转换。即使是事先打腹稿，一般情况下也只是一种大概的想法，对于某件事或某个问题的思考细节并不具体，内容、结构不十分严谨，逻辑性也不很强。在与别人交流过程中，对问题的认识会越来越明晰，思路也会随时调整，内容不断地充实，这一过程始终伴随着思维活动。

2. 言语形式的简散性

口语表达简单明了，多用短句、省略句，还可以借助体态语表情达意。不像书面语那样繁复，使用结构复杂、修饰语多的长句。它的语句结构松散、不够紧密，停顿比书面语多，关联词少，语序灵活。常用倒序句、插入语、追加句等，易位现象多。口语表达的这种特点，需要明确交流目的，表达的时候围绕核心和主旨，才能做到“形散神聚”。

3. 言语内容的暂留性

口语表达是通过声波传播的，而声波瞬间即逝，所以其承载的内容也随之消失，停留的时间很短。心理学家研究测试：人们听话的过程中，话语内容能够精确停留在记忆中的时间不超过 7~8 秒，然后就被新的语言片段所覆盖和代替。既然是短暂的，评价一个人的口语表达，就要从整体上、语流上把握。因此，口语表达速度不可太快，一般的发言每分钟应该在 200 字左右，每次发言时间不宜过长；否则，会削弱信息被接收的程度。

4. 表达过程的现场性

口语表达听说的双方都处于同一环境中，是面对面进行交流。时空环境、表达对象都是特定的，现场的氛围真实可感。这就要求口语表达的内容必须具有确切的针对性和可接受性，必须符合时间和空间的要求并受其制约。要考虑特定对象的特点和接受能力，关注“现场反应”，适时调整语言、语速、表达方式。表达过程的现场性决定说出去的话不易更改，更不能收回。这是口语表达的难点，表达者必须具有相关的知识，提高语言能力和素质。

5. 表达系统的综合性

口语表达是多种因素协调配合的过程，是一个综合完整的系统。口语表达的实质，是从生活到思维，再由思维外化成口语。所以，语言只是外在的形式和载体，而其内核是人的生活体验、思想情感、文化素质、道德水准、个性修养，这些综合成话语内容和表达方式。正如“文如其人”一样，同样的话题，每个人说出来的效果都不同。口语表达的手段也具有综合性，说话时，应该综合运用语言、声调、态势，如果语调始终没有变化，不用态势语言，表达的过程就会枯燥单调，不能生动感人。要以声传情，包括声音的高低、快慢、强弱、长短。运用眼神、面部表情、手势、体态等各种方法，协调配合，共同完成口语表达的目标，取得良好的效果。

二、口语表达的类型

（一）单向的独白式

独白式口语表达，是由一人或一方进行较长时间的口语活动，在这一过程中，“说”方以自己说为主，“听”方以听人说为主，双方的这种既定身份，一般不做改换或不宜多做改换。这种类型包括发言、演讲、讲课、报告、致辞等。

（二）双向的会话式

会话式口语表达是由双方或多方直接参与的口语活动。交流双方一般不做“说”与“听”的身份限定，双方是“听”还是“说”，不仅身份可以互换，而且这种互换有时还是即时的、快捷的。这种类型包括日常交谈和正式会话。日常交谈有聊天、谈心、讨论、对话、劝导等。正式会话指谈判、答辩、法庭辩护、赛场辩论等。

单向独白式侧重于自我如何进行口语表达，而双向会话式侧重于如何与他人进行交流。这两种类型虽然有所侧重，但无法截然分开，双向会话必须以单向表述为有机构成，单向表述又必然以双向交流为应用目标。

三、口语表达的意义

（一）口语表达是人类社会最重要、最常用的交流形式

口语表达无时不有、无处不在，覆盖人们工作和生活的各个领域，具有不可替代的意义和作用。在快节奏的现代生产和生活中，口语表达的地位越来越显著。国外学者曾对以英语为母语的一般成年人在听、说、读、写四个方面的交际活动做过调查，发现“听”“说”活动的总和可占言语活动总量的75%。毋庸置疑，口语表达在当今社会生活中所发挥的作用远远超过以往任何一个历史时期。

英国哲学家培根曾经说：“一个人从另一个人的诤言中所得来的光明比从他自己的理解力、判断力中所得出的更干净纯粹……”美国著名人际关系学家戴尔·卡耐基说：“一个人的成功，约有15%取决于知识和技术，85%取决于沟通——发表自己意见的能力和激发他人热忱的能力。”我国也有这样一句古话：“听君一席话，胜读十年书。”这都说明了口语表达的重要意义。

（二）良好的口语表达能力是现代社会高素质人才必备的条件

随着经济的迅猛发展，人们之间的交往日益频繁，语言表达能力的重要性也日益凸显，好口才被认为是高素质人才必备的重要条件。就职业而言，现代社会各行各业都需要具备良好口语表达能力的人才，对外交往，公务人员的日常工作，商业工作者推销商品，企业家经营管理企业，教师培养教育学生……，这些都需要良好的口语表达、人际交流和沟通能力。近年来，用人单位聘用人才，其中一个重要的环节是面试，而口语表达对面试能否取得成功往往起决定性作用。有的毕业生学业成绩很好，专业能力较强，但在学校时只埋头学习，未能有意识地锻炼自己的社交能力和表达能力，因而在面试时手足无措，失去了理想的就业机会。

四、口语表达的要求

（一）目的明确

一切言语行为，无论是传递信息，还是表达感情，都是为了达到一定的目的而进行的。口语表达要围绕说话目的，准确有效地表达自己的观点、认识、情感、立场和态度。在表达过程中，按照预期目标组织语言。如果由于某种原因，偏离了说话的意图，要有意识地调节言语行为，不能词不达意、离题万里。

（二）条理清晰

口语表达最基本的要求是清晰明确。围绕话题和交流目的，表达者必须将观点、具体内容、选用的材料，按照某一思路排列组合，然后付诸语言形式。可以时间、空间为序列，线性排列；或围绕某一核心，并列组合；也可先总后分，先分后总，等等，按照一定的逻辑顺序组织安排。要避免一盘散沙，理不清头绪，不知所云。

（三）适合语境

口语表达都有一定的对象，并在具体的时空环境中进行，客观环境与语言行为者的身份等主观因素所构成的语言环境，称为语境。语境对言语的选择和表达效果都具有一定的制约和影响。把握语境需要注意以下几点：

1. 适合说话对象

（1）符合说话对象的文化程度。

说话对象的文化程度，关系到对话语理解的深浅正误。对文化程度高的人，可用较准确、典雅的语言；而文化程度较低的人，则更容易接受通俗易懂、平实浅近的日常用语。

（2）适应说话对象的性格和心境。

要了解交流对象的性格以及在特定情境中的心情。对不同性格的人要用不同的语言表述，性格外向的人容易表露自己的情绪和看法，可以和他侃侃而谈；性格内向的人大多数沉默寡言，对他则应注意言语要委婉，循循善诱。不设身处地替别人着想，只顾一味地滔滔不绝，会引起对方的厌倦或反感。交流对象的情绪和心境会直接影响口语表达所产生的效果。在交谈过程中，双方的心理活动呈渐变状态，在和人交谈时，必须体察对方的心理活动，既要善于掌控自己的情绪，也要善于协调、顺应，或者影响别人的情绪。用恰切的语言，使谈话内容和对方的心境变化相适应并同步进行，这样才能达到交谈目的，引起双方共鸣，取得良好的沟通效果。

（3）把握特定的人际关系。

言语交流双方客观上存在性别、年龄、亲疏、社会角色等方面的差别，既要平等相待、一视同仁，也要根据交谈双方的特定关系，作言语的选择调整，更好地表情达意。

2. 适合说话场合

场合指言语表达时的时间、空间和情景。不同的场合对言语表达有不同的要求。

（1）了解社会文化背景。

人们在一定的社会文化中使用语言，社会文化因素制约着语言的运用，要了解不同国家民族的宗教信仰、文化习俗。例如，在人际交往中，中国人彼此见面时常说："你在忙什么？"这只是一种打招呼的方式，或者是通过询问对方而表达一种关心，目的并不在于真的要搞清楚别人做什么。但这句话放在不同的文化背景中，就可能表达不同的意思。在英国，这样问往往会使对方反感，觉得你是在干预他人私事。这句话对美国人说，则是表达"你现在做什么工作？""你现在在哪个部门工作？"其目的在于搞清楚对方是干什么的，被问的一方也必须认真回答。应注意这些不同文化背景下的语言禁忌，避免不恰当的语言表达造成的误解。

（2）适宜具体的场景情境。

口语表达要有临场观察了解的意识，在正式场合，说话前应做好充分的准备，所表达的内容和采取的形式应当比较庄重、严肃。在非正式场合，话题和说话的方式可以相对轻松随意。在喜庆的情境中，要说高兴事、吉祥话，增加欢乐气氛。而在悲痛的情境下，要表达沉痛、安慰之情，避免不协调的情绪和语言。应该选择恰当的内容和方式，使口语表达与周围环境的性质、气氛和谐融洽。

（四）真切坦诚

"感人心者，莫先乎情"，语言的功能，除了传递理性信息外，还要表达感情。这种感情信息的内涵十分丰富，它不仅能影响交际对象的理智，而且会渗透到情感中去，直接影响其接受心态。所以，口语表达要具备真情实感，以情动人，用真诚的言语取得信任和理解，获得良好的表达效果。

（五）口语色彩

口语表达与书面语不同，面对面的交流，要避免过多使用书面语。即使写讲话稿，也要口语化，是"说"，而不是"读"或"背"出来。口语化的主要方法有：第一，书面语中的单音节词在口语里可变双音节词。例如，书面语"此时"，口语表述就要用"这个时候"。第二，文言词变白话词。例如，"未加开垦的土地"，可用"没有开垦的土地"。第三，口语多用短句，不宜用太长的句子，口语的停顿多于书面语停顿的时间，用词与词（组）之间、句子与句子之间的间歇轻重等表达情感的变化。

（六）响亮流畅

话是说出来听的，除非是悄悄话，一般说话时都要把声音传达到对方，让人听得清楚、明白，所以音量要适度响亮。口语表达还要流畅，不要有口头禅，避免让人听起来哼哼哈哈、断断续续。

五、口语表达的构成基础

提高口语表达能力，是一个逐步积累、厚积薄发的过程，是思维敏捷、思路清晰的表现，也是词语丰富、勤学多练的结果。

（一）品德修养

品德是指思想品质和道德观念，包括世界观、人生观、价值观、审美观、幸福观、使命感、责任感等内容。“言”为心声，在口语表达中，个体道德品行和人格修养，对其人际吸引的程度和言语效能的实现有直接的影响。一个具有良好的品格修养、热情真诚、与人为善的人，才能得到口语表达对象的信任和尊重，为口语表达建立接受的心理预设，创造良好的氛围。

（二）知识积累

知识是人们在社会实践中所获得的认识和经验的总和，是口语表达内容的构成因素。虽然口语表达有方法和技巧，但如果没有必要的知识作为基础，“巧妇难为无米之炊”，任何技巧都是空中楼阁，没有发挥的前提。所以必须学习积累尽量多的相关知识，其中包括专业知识、社会知识、人的知识、自然知识等，使表达有话可说。有丰富的知识和实践经验，在观察问题、思考问题、分析问题等方面，都会有更敏锐的目光，说话的内容自然充实、丰富、深刻。

（三）思维能力

“语言是思维的直接现实”，语言是思维的工具，是人脑进行判断推理的依据。口语表达能力也是思维能力的具体表征形式，思维方式不够科学缜密、思考内容不深入细致，思维没有敏捷性和应变性，就不会有良好的口语表达。思维模式越立体化、科学化，就越有助于实现话题内容的辩证思考，其语言表述的闪光点就越多。要培养多向思维的能力，例如正向思维与逆向思维相结合、归纳推理与演绎推理相结合、直线思维与发散思维相结合，真正做到“人无我有”“人有我新”，从不同的角度采用不同的思维方式，将所思所想诉诸口头，理于中而形于外。

（四）语言素养

口语表达成功的重要环节是运用语言的能力，只有具有较高的语言素养，才有可能表现出较强的运用语言的能力。什么是语言素养？苏联语言学家季·艾·罗金尔达指出："我们应当把富有民族特色、意义表达准确、词汇丰富多彩、语法正确、逻辑严谨并充满艺术表现力的语言看作有修养的语言。"由此可见，语言素养在能否合理而有效地运用语言手段来进行表达上起决定作用。

口语表达所需要的语言素养主要可从以下三种途径获得：第一，系统学习词汇、语法、修辞和逻辑方面的知识、法则，以提高口语表达的正确性、生动性和严谨性。第二，系统学习和掌握副语言特征和体态语等方面的知识，以更好地展现表达者的精神风貌、情绪感受和个性特征。副语言特征如音质、音强、音色、语气、语调、语速、节奏，体态语有表情、神态、动作、身姿等，经过自觉培养和积极训练，可以淋漓尽致地展示出口语表达者的语言素养。第三，日积月累地坚持汲取良好的语言养料，是提高语言素养永不枯竭的源泉。这主要包括：善于从生活中学习活的、有生命力和表现力的语言；广泛阅读古今中外的经典图书，"读书破万卷，下笔如有神"，"熟读唐诗三百首，不会作诗也会吟"。阅读不仅可以拓宽视野、增加知识、培养思维能力，而且可以广泛积累语言材料，在不知不觉中提升语言素养，提高口语表达能力。

第二节　口语表达基本方法

一、运用语音语调的方法

著名语言学家吕叔湘先生在《〈汉语拼音方案〉公布30周年有感》一文中说："语言首先是一串声音，文字是用来传写声音的。汉字的特殊形式掩盖了这一基本事实，造成一种假象，仿佛先有文字，一个字有形有义，语音变成依附于文字的东西。这一不正确的认识影响语文教学方法和效果，对于社会上的文风乃至国家的语文政策也都不无影响。哪一天才能把语言文字的关系摆正呢?"这段话充分说明了语音在口语表达中的重要意义。口语表达的外在形式是声音，语音正确标准是一个人具有良好的语言素养的表现，优美的声音也会增加表达的魅力，加强表达的效果。

（一）控制气息

声音是由气流振动声带而产生的，所以控制气息，掌握正确的呼吸方法，是发好语音的基础。

发音前吸气时，要尽量吸得足、吸得深，气息深可以防止说话声音发飘、发虚。吸气的要领是：全身放松，嘴微闭，舌尖微翘抵上齿背，用鼻子吸，扩展两肋，向上向外提起，感到腰带渐紧，后腰有一种胀开的感觉，横膈膜下压腹部，扩大胸腔体积，小腹内收，气贯"丹田"。吸气时，要做到快、静、深。呼气是整个发音的过程，呼气的要领是：控制两肋，使腹部有一种压力，舌尖抵下齿背，由翘变平，将气均匀地往外吐。呼气时要用嘴，做到匀、缓、稳，为了不至于将气一下泄出，呼气时可保持吸气的状态。呼气时从胸腔向外运行，要走一条线，把气归拢在一起。

发音时，还要充分利用共鸣，也叫“共振”。共鸣是指一个发音体引起另一个发音体发出频率相同的音响的现象。人体有天然的共鸣器官，直接引起语音共鸣的是声带上方的喉、咽、口、鼻腔。此外，胸腔、前额、两颧部分也有共鸣作用。说话用声的特点是以口腔共鸣为主，以胸腔共鸣为基础，略带一点鼻腔共鸣。运用共鸣音讲话，可以使声音既丰满圆润、洪亮浑厚，又朴实自然、清晰真切，听来富有“磁性”。还可以保护嗓子，避免声音嘶哑。

共鸣控制主要是发音的声带要通畅，不憋不挤。发音时，颈部、脊背要自然伸直，胸部要放松，不僵不憋。喉头要放松，口腔要打开，气流可以十分通畅地向上向前流动，发音的声道虽然是贯通的，但声音却不宜直通通地放出来，而要控制好气流，使其产生一种被吸住的感觉，好像“挂”在前硬腭上。可适当打开上腭，从容地发复韵母 ɑ、i、u、o，体会声束沿上腭前行、“挂”于前硬腭的感觉。

（二）发音清晰准确

良好的口语表达首先要发音清晰准确，说标准的普通话，这样才能避免歧义，取得沟通交流的效果。普通话是现代汉民族的共同语，它以北京语音为标准音，以北方话为基础方言，以典范的现代白话文著作为语法规范。在我国，普通话是政府使用的官方语言，作为各民族、不同方言区交际的共同用语，在全国普遍使用。

我国幅员辽阔，民族众多，汉语与各少数民族语言并存，汉语内部又有各种方言，而方言最重要的差异体现在语音方面。说好普通话，首先要了解普通话的语音知识，掌握正确的发音方法，发准每个音节的声母、韵母、声调。

普通话语音中最小的结构单位是音节。一般来说，一个汉字就是一个音节。音节一般由声母、韵母、声调三部分构成。

1. 声母

声母是音节开头的辅音。普通话包括零声母在内共 22 个声母。声母按照发音部位分为以下几类：双唇音、齿唇音、舌尖前音（平舌音）、舌尖中音、舌尖后音（翘舌音）、舌面前音、舌面后音。

发好普通话声母，纠正方音，要重点注意以下几方面问题：

第一，克服舌尖前音 z、c、s 与舌尖后音 zh、ch、sh 相混淆，如：z——zh（自治——尊重）；zh——z（制造——准则）；c——ch（促成——操场）；ch——c（纯粹——储藏）；s——sh（松树——宿舍）；sh——s（收缩——山色）。

第二，克服尖音，如：经济——坚决。尖音，就是声母 z、c、s 跟 i、u 开头的韵母相拼的音；团音，就是声母 j、q、x 跟 i、u 或以 i、u 开头的韵母相拼的音。普通话里只有团音，没有尖音，但在一些方言中却有尖音。

第三，克服齿间音，如：字词——自私。声母的发音部位是上齿背，而不是上下齿之间。

第四，克服 r——y 混用，如：有用——柔软 。

第五，克服 n——l 相混淆，如：n 牛奶——男女；l 流利——嘹亮 ；n——l 努力——留念。

第六，克服 h——f 相混淆，如：防洪——符合。

2. 韵母

韵母是音节中声母后面的部分。普通话共有 39 个韵母，韵母的发音质量决定着普通话的语音质量。

根据韵母结构，可分为单韵母、复韵母和鼻韵母。根据韵母开头的发音口形，韵母分为“四呼”：开口呼（15 个）、合口呼（10 个）、齐齿呼（9 个）、撮口呼（5 个）。

发好普通话韵母要注意口形、舌位动程和归音，其中方言存在的主要问题有：

第一，含 a 的韵母舌位太高，开口度不够大。

第二，前鼻韵尾 n 和后鼻韵尾 ng 相混淆，如“盛”读作 shen，“新”读作 xing。

第三，丢失韵头 i、u，如：“峦”读作（lan），“腿”读作（tei）。要有针对性地进行练习，避免和纠正这类问题。

3. 声调

普通话声调是音节的高低升降的变化形式，也叫字调。声调具有区别意义（字义、词义）的作用。声调主要取决于音高。同一个人的不同音高的变化，是由其控制声带的松紧决定的。声带越松，声调越低；声带越紧，声调越高。声调包括调类、调值、调形。

调类是指声调的分类，普通话有四个调类（四声）：阴平调（一声）、阳平调（二声）、上声调（三声）、去声调（四声）。

调值指声调的实际读法，也就是音节的高低、升降、曲直、长短的变化形式。用五度标记法表示如下：阴平调，调值为 55；阳平调，调值为 35；上声调，调值为 214；去声调，调值为 51。

调形是音节的音高随着时间而变化的形式，即声调的高低、升降、平曲的形状。阴平调也叫高平调，声调高而平，如春、天、开、花；阳平调也叫中升调，声调由中升高，如河、流、长、存；上声调也叫降升调，声调从半低音先降到低音再升到半高音，如彼、此、理、解；去声也叫高降调，声调由高降低，如创、造、利、润。如下所示：

调类	调值	调形	调号
阴平调	55	高平调	ˉ

阳平调	35	中升调	ˊ
上声调	214	降升调	ˇ
去声调	51	高降调	ˋ

在掌握普通话语音知识的基础上，要清楚自己的方言与普通话语音之间的差异，有针对性地做纠正方音的练习，通过听广播、看电视、朗读等方式，多听多说多练，让自己的语音清晰准确，说一口标准的普通话。

（三）会用正确的语调

语调是语言声音的高低升降、轻重缓急的变化，它是帮助传情达意的主要手段之一。语调一般是和句调紧密结合的，应注意通过控制语调的变化，更细致生动地表达不同的思想感情。

语调具体表现为语句外在的快慢、高低、强弱、虚实的声音形式。常见的有表示陈述、疑问、肯定、祈求、喜悦、赞扬、憎恨、悲痛、冷漠等各种语调，还有申诉、惊惧、激动、思索、亲切、坚信、疑惑等语调。

1. 语调的类型

高升调：前低后高、末尾语调上扬。常用于表示疑问、反问、号召、呼唤、惊讶的情绪。例如：

什么是永远不会回来呢？

推开门一看，嗬！好大的雪啊！

降抑调：语势先高后低，句末明显下降。一般用在感叹句、祈使句、陈述句中，表示肯定、坚决、请求、感叹、沉重等感情。例如：

似乎每一片树叶上都有一个新的生命在颤动，这美丽的南国的树！（感叹）

如果你只是要借钱去买毫无意义的玩具的话，给我回到你的房间睡觉去。（坚决）

平直调：语调始终平直舒缓，没有显著的高低变化。一般多用在叙述、说明或表示迟疑、思索、冷淡、追忆、悼念等的句子里。例如：

这一切，都是原始生命得以产生和发展的必要条件。

很久以前，在一个漆黑的秋天的夜晚，我泛舟在西伯利亚一条阴森森的河上。

曲折调：语调由高而低后又高，或由低而高后又低，有曲折变化，用于表示特殊的感情，如讽刺、讥笑、夸张、强调、双关、反语、特别惊异等的句子里。例如：

爸听了便叫嚷道："你以为这是什么车？旅游车？"

他说你又聪明，又漂亮，又有文化。

2. 合适的语速

语速是说话时语流的速度，主要有快速、中速和慢速。不同的语速表达陈述、思索、喜悦、悲愤等不同的感情。语速的变化从根本上来说，是思想感情运动状态的一种反映。

决定语速不同的主要因素包括：

第一，不同的场面。急剧变化发展的场面宜用快速；平静、严肃的场面宜用慢速。

第二，不同的心情。紧张、焦急、慌乱、热烈、欢畅的心情宜用快速；沉重、悲痛、缅怀、悼念、失望的心情宜用慢速。

第三，不同的谈话方式。辩论、争吵、急呼，宜用快速；闲谈、絮语，宜用慢速。

第四，不同的叙述方式。抨击、斥责、控诉、雄辩，宜用快速；一般的记叙、说明、追忆，宜用慢速。

第五，不同的人物性格。年轻、机警、泼辣的人物的言语、动作宜用快速；年老、稳重、迟钝的人物的言语、动作宜用慢速。

口语表达中，一般情况下，不能自始至终采用一成不变的语速，要根据感情的起伏和当时情境的发展变化随时调整语速，实现速度的转换。

3. 处理好重音和停顿

重音也叫重读，在口语表达中，它有强调重点、突出主要情感的作用。语句中的词语在语义上并非完全并列、同等重要，而是有主有次、轻重有别。表达者有意对那些重要的语词（音节）加以强调和处理，这些语词就是重音。同一句话，随着重音位置的移动，表意的重点就会发生变化。如“今天我来这儿讲课”这句话，重音不同，语意就不同：

今天我来这儿讲课。（明天不来）

今天我来这儿讲课。（不是别人来）

今天我来这儿讲课。（明天在别处讲）

今天我来这儿讲课。（不是来聊天）

由此可见，重音的位置对语意有重要影响。把握重音的关键是找到重音的确切位置，这就需要明确讲话的重点，弄清话语主旨，真正把握每句话的表意重点。而表意的重点词语往往就是重音的位置。正确使用重音，是准确表情达意的关键。

停顿是指语言顿挫。它在口语表达中的作用有两个：首先，停顿起着标点符号的作用，它作为话语中换气的间隙，既表明上句话的结束，又是下句话的前奏，以此加强语言的清晰度和表现力；其次，停顿能使口语抑扬顿挫，它以间歇的长短、一定时间单位里次数的多少，形成讲话的节奏，给人以韵律美。

停顿要得当，应当根据传情表意的需要合理设置停顿，而不可随意为之。停顿的位置不同，一句话表达的语意就会不同。如：

你 / 知道我不知道？（问是否知道自己）

你知道 / 我不知道。（承认自己不知道）

你知道我／不知道？（不相信别人知道）

巧设停顿有时能造成言外之意和弦外之音，让人觉得“此时无声胜有声”。良好的语言表达往往善于利用语句的停顿，让听众去思索、回味和期待，以获得理想的语言效果。

二、选词炼句的方法

口语表达的基本单位是词语和句子。选择恰当、富有表现力的词语和句子，是良好口语表达的基础。

（一）选择和使用词语的要求

口语表达要选用口语色彩浓的词语，多用单音节词、语气词，少用关联词语。

1. 词语要规范

选择规范的词语，是口语表达的基本要求。要选择普通话词汇，避免使用方言词语。使用文言词、方言词、外来词、新造词，都要考虑口语表达的语境等因素，不能滥用。

2. 用词要准确

在选择同义词、同义成语时，要考虑这类词语语意轻重、词义范围大小、适用对象、感情色彩等方面的细微差别。

例如：“批评——批判”，“轻视——鄙视”，“请求——恳求”，“成绩——成就”等。每组同义词里，前面的语意轻，后面的语意重。

“战争——战役”，“时代——时期”，在这组同义词里，前一个所指范围大，后一个范围小。有些同义词意思相近，而适用对象有所不同。例如：“爱护”，适用于对下级、晚辈；“爱戴”，适用于对上级、前辈。

有的同义词感情色彩不同。例如：“结果——成果——后果”，“结果”是中性的，既可用于好的事物，也可用于坏的事物；“成果”是褒义的，指好的结果；“后果”，用于贬义，指坏的结果。

3. 寻常词语艺术化

选择词语，不在于堆砌华美的辞藻，而在于恰到好处。例如：

吃了一口，豆腐把身里烫开一条路。

4. 注意词语的声音配合

词语的声音配合有押韵、平仄、叠音等，其中最重要的是音节匀称。例如：

不少知名作家跻身其中，有滋有味地写文章、著起书来。

5. 用词要富于变化

在同一句话里，或相邻的几个句子里说到同一个对象时，要尽量把词穿插开来，避免单调、呆板。例如：

原先他就不喜欢说话，现在就更不爱开口了。

（二）句式的调整和使用

句式的选择和使用，修辞学上称为炼句。

1. 易位句

口语表达中，出于急切表达的需要，有时把要说的意思、句子的信息提到前面先说出来。例如：

快回去，叫他。

上哪儿啊，这是？

2. 主动句和被动句

从主语是动作行为的发出者还是接受者，把句式划分为主动句和被动句。典型的主动句是“把”字句，典型的被动句是“被”字句。例如：

由于宣传哥白尼的新宇宙观，意大利哲学家布鲁诺坐了七年牢，最后被处火刑。

意大利物理学家伽利略七十岁时受到宗教法庭审判，并被终身监禁。

或者把老虎打死，或者被老虎吃掉，二者必居其一。

3. 肯定句和否定句

这里的肯定句、否定句，指本来可以用肯定形式表达的意思，却用的否定形式，以取得特定的效果。例如：

她长得不难看。

双重否定句的语气是加重还是减轻，要看上下文。一般来说，双重否定句显得婉转，正因为婉转，也就可能取得更好的效果。例如：

我们不能不看到自己存在的问题。

4. 长句和短句

长句指字数多、容量大、结构比较复杂的句子。短句指字数少、容量小、结构比较简单的句子。长句严密，多用于书面语。口语中句子一般都不宜太长，一般要把长句改为活泼易懂的短句。例如：

为了使学龄儿童能进学校读书，（ ）使孩子们小学毕业后能继续就读，（ ）有效地用科学文化知识改变山区落后面貌，我们必须认真实行九年制义务教育。

在加括号的地方重复一下“为了”，这样每念完一个分句就可以停顿一下。这也可以说是长句化短。这种方法叫采用词语叠用的形式，使并列的成分之间更加舒缓。

5. 整句和散句

整句指相邻的几个句子或分句结构相同或相似。散句指相邻的几个句子或分句结构参差。整句有整齐美，散句有参差美。一般情况下，要把整句和散句结合起来使用，这叫正散兼用。例如：

射箭要看靶子，弹琴要看听众，写文章、做演说倒可以不看读者不看听众么？

讲“写文章，做演说”时本来也可以用陈述句分开说，可是这里把两种情况捏在一起，并且用反问句，使句式变化错落。

三、叙事描述的方法

（一）叙事的方法

口语表达离不开叙事，叙事就是对事情的经过或对人物的行为、经历所作的介绍或交代。叙事要清楚完整，叙事时思路清晰、主次分明，叙述内容的核心部分，要明确强调，有头有尾，让表达对象对所述事物的发展过程有完整的理解和把握。

叙事的方法与技巧有很多，比较常见的有顺叙、倒叙和插叙。

顺叙是按照事物发展的顺序进行叙述，这是一种最基本最常用的叙事方法，符合人们的接受心理，便于把叙述内容表述得条理清楚、自然顺畅。运用顺叙要区分主次，讲究详略，注意疏密相间，防止平铺直叙。

倒叙是把事件的结局或某一突出的片段提到前面，然后从事件的开头进行叙述的方法。倒叙强调了事件结果或高潮，容易产生悬念，形成波澜，引人入胜。采用这种方法要注意开始的“倒叙”与后文的“顺叙”部分的衔接，使之连接紧密、过渡自然。

插叙是在叙述过程中，根据表达内容的需要，暂时中断主线，插入相关的事情或必要的解说。叙述结束后，仍回到叙述主线上来。插叙的内容可以是对往事的回忆联想，可以是对某些情况的诠释说明，还可以是对人物、事件、背景的介绍。插叙补充丰富了人物、事件及背景，使口语表达灵活多变、错落有致。

顺叙、倒叙和插叙应该根据口语表达的目的和主旨，灵活选择运用。

（二）描述的方法

描述就是用生动形象的语言把人物、事件、景物具体生动地描绘叙述出来。描述的目的是塑造鲜明生动的形象，描述中的叙述只是借以描绘的框架和轮廓，主体和血肉还是描绘。

描述首先要真实准确，要符合客观对象的形象和特征，不能虚构。其次要形象生动，要通过绘声绘色的描述，构造一个具体可感的形象、情态、意境。让表述对象如闻其声、如见其形，有身临其境之感。

描述的方法从不同的角度可划分为人物描写、景物描写、环境描写、场面描写，正面描写、侧面描写，细描、白描等。人物描写又分为肖像描写（外貌描写）、神态描写、语言描写、动作描写、心理描写、细节描写等。

四、说理论证的方法

说理论证就是讲道理。它是一种运用抽象的思维形式，以概念、判断、推理等逻辑手段，去揭示生活本质的口语表达方法。口语中的说理与书面文字说理是有差别的。例如：书面说理可以十分抽象，而口头说理的对象和问题一般都比较具体；书面说理文字可供读者反复阅读、仔细思索，而口头说理说过即逝，必须立竿见影、当即见效等。口语表达中的说理论证在话语表达上，要求既准确、严谨，又简练、生动。在内容方面，要求观点鲜明，论据充分可靠，论证严密，符合逻辑性。逻辑就是思维的规律及客观的规律，掌握一定的逻辑方法，才能使表达条理清晰，论证具有说服力。常用的逻辑论证方法有以下几种：

（一）演绎法

演绎法是运用公认的科学原理、公理、定义、定理作为理论依据，从这个总的原则出发，来推及某一特定对象，印证事物的本质的方法。例如：

毛泽东在《为人民服务》一文中有一段著名的论述：“人总是要死的，但死的意义有不同。中国古时候有个文学家叫做司马迁的说过：‘人固有一死，或重于泰山，或轻于鸿毛。’为人民利益而死，就比泰山还重；替法西斯卖力，替剥削人民和压迫人民的人去死，就比鸿毛还轻。张思德同志是为人民利益而死的，他的死是比泰山还要重的。”这段话中就包含着一个完整的演绎论证，“为人民利益而死，就比泰山还重”，是普遍性原理，是论据，是“大前提”；“张思德同志是为人民利益而死的”，是已知的判断，是“小前提”；而“他的死是比泰山还要重的”则是结论，也是论点。

（二）归纳法

归纳法与演绎法相对，指一种由特殊推出一般的推理方法，从个别前提得出一般结论的方法。例如：

司马迁在《报任少卿书》中写道：“盖西伯拘而演《周易》；仲尼厄而作《春秋》；屈原放逐，乃赋《离骚》；左丘失明，厥有《国语》；孙子髌脚，《兵法》修列；不韦迁蜀，世传《吕览》；韩非囚秦，《说难》《孤愤》；《诗》三百篇，大抵圣贤发愤之所为作也”。这段话列举了六位圣贤从卑微困穷而最终名垂青史的典型事例，作者依据这些事实，推出如下道理：一个人要有所成就，必然会经受种种磨难，只有这样，才能“动心忍性，曾益其所不能”，使之有所作为。这种从大量事实中得出具有普遍意义的结论，即由个别到一般的推理，就是归纳法。

（三）归谬法

归谬法是为了反驳某一观点，首先假定它为正确的，然后由它推出荒谬的结论，这是经常使用的一种反驳方法。例如：

有个病人对住院处的护士说：“请把我安排在三等病房，我很穷。”护士问：“没有人帮助你吗？”“没有，我只有一个姐姐，她是修女，也很穷。”病人回答。“修女富得很，因为她和上帝结婚。”护士生气地说。“好，您就把我安排在一等病房，以后把账单寄给我姐夫就行了。”病人笑着回答。从这段对话可以看出，病人对护士的挑衅并未直接反驳，而是运用了归谬的逻辑推理，由对方的错误论题推导出荒谬的论题。这样既暴露了对方的荒谬，又不失幽默。

（四）二难法

二难法是先提出对方观点导致的两种可能性，并由这两种可能性引申出对方难以接受的结论，使对方进入进退两难的境地。二难法具有控制话语方向、控制对方思维的功能。例如：

20世纪50年代，在北京举行的一次记者招待会上，一位西方记者问周总理：“请问总理先生，中国有没有妓女？”几秒内，所有的眼睛都盯住了周总理，场上鸦雀无声。周总理很镇定，略停了一下，坦然、正色地答道：“有！”所有的人都瞪大了眼睛，惊奇、不解，场内微微有点骚动。周总理紧接着说：“在中国的台湾省！”话音一落，全场响起了热烈的掌声。周总理的回答是以正确的逻辑思维为基础的。西方记者的问题隐含了一个二难推理，不能简单地回答有或没有。如回答“有”，会有损于我国国格；如回答“没有”，就等于承认台湾不是中国的领土。同时，在重大记者招待会场合，对如此重要的问题，也不允许含糊其词。周总理以超人的智慧、准确的判断，识破了对方的用意，巧妙地一语破二难，显示了高超的语言艺术。

（五）例证法

例证法是指运用典型事例来说明道理的方法。通过对实例进行阐述分析、归纳总结，用事实来证明自己观点的正确性，增强说服力。运用例证法需要注意：第一，列举的事例要真实，这是说理的前提和基础；第二，举例要恰当，事例及其包含的意义要与所表达的观点一致；第三，举例要典型，所引事例要能反映事物的本质，具有代表性和说服力；第四，要分析事例，挖掘事例中的道理，以证明观点。

（六）类比法

类比法是根据两个对象在某些属性上的相同或相似，进行比较、对照，推论两者在其他属性上也有相同或相似，是一种从特殊到特殊、从个别到个别的说理方法。类比法富于启发性，它深入浅出，使读者易于领悟抽象的道理。使用这一方法要注意，类比对象应有共同的或相似的属性，要防止出现机械类比的毛病。要注意结论的可靠程度，在表述上要把握住分寸，不能牵强附会。

（七）引证法

引证法是引用名人名言或名人的观点等作为论据，引经据典地分析问题、说明道理的方法。引证的方法有两种：一种是明引，交代所引的话是谁说的或出处；另一种是暗引，即不交代所引的话是谁说的或出处。引证方法多变，十分灵活，可以增强口语表达的说服力和文采，使说理更有力度。

五、修辞的方法

修辞，是指运用有效的方法，对言谈话语进行修饰、调整，达到生动形象、理透意明的方法。常用的修辞手法有比喻、比拟、夸张、通感、婉曲、双关、排比等。

（一）比喻

比喻是用某一具体、浅显、熟悉的事物或情境来说明另一种抽象、深奥、生疏的事物或情境的一种修辞方法。

使用比喻时，要注意通俗，即喻体比本体更能为听话人所熟悉。要贴切，即喻体和本体之间要有相似点，相似的程度越高越贴切。要新颖，即喻体和本体之间联系的建立，是新的发现和创意。例如：

> 每一朵盛开的花就像是一个小小的张满了的帆，帆下带着尖底的舱，船舱鼓鼓的；又像一个忍俊不禁的笑容，就要绽开似的。

（二）比拟

比拟是借助丰富的想象，把物当成人来写，或把人当成物来写，或把甲物当成乙物来写。比拟能启发读者想象，让表达更生动。

比拟分为拟人和拟物。

1. 拟人

把物当作人写，赋予物以人的动作、行为、思想、感情、活动，用描写人的词来描写物，使具体事物人格化。例如：

> 春天来了，百花拉着手，唱着柔婉的曲子。

2. 拟物

把人比作物，或把此物当作彼物来写。例如：

我在少年时代，看见了蜂子或蝇子停在一个地方，给什么来一吓，即刻飞去了，但是飞了一个小圈子，便又回来停在原地点，便以为这实在可笑，也可怜。可不料现在我自己飞回来了，不过绕了一点小圈子。又不料你也飞回来了，你不能飞得远一些吗？

（三）夸张

在描写人或事物时，对其形象、性质、特征、作用、程度等，作扩大或缩小、强化或弱化的描述，使对象的本质特征更明显地表现出来，给人以深刻的印象。夸张的使用要注意适度，使用场合要合适。

1. 扩大夸张

对事物形状、性质、特征、作用、程度等加以夸大。例如：

太阳热辣辣的照着，人都要给晒化了。

2. 缩小夸张

对事物形象、性质、特征、作用、程度等加以缩小。例如：

只能看到巴掌大的一块天地。

3. 超前夸张

把后出现的说成先出现，把先出现的说成后出现。例如：

她还没有端酒杯，就醉了。

（四）通感

通感，是利用诸种感觉相互交通的心理现象，以一种感觉来描述表现另一种感觉的修辞方法。心理学家研究人的感觉过程，发现“伴生感觉”现象，即在日常生活中，眼、耳、鼻、舌、身这五种感官获得的视觉、听觉、嗅觉、味觉、触觉往往可以互相沟通。颜色似乎会有温度，声音似乎会有形象，冷暖似乎会有重量，这是通感的心理基础。通感能化抽象为形象，让读者更好地理解。它能由此及彼，勾起人们丰富的联想，能充实口语表达的意境，构成特殊的艺术美。通感的运用可以收到令人回味无穷的效果，其表达作用是无可替代的。例如：

微风过处，送来缕缕清香，仿佛远处高楼上渺茫的歌声似的。

朱自清的《荷塘月色》，用歌声带给人的优美感受，来写荷花的清香，将听觉嗅觉两种感觉互通，取得了可触可感、形象生动的效果。

（五）婉曲

婉曲是有些要表达的意思，不想直白地说出，或由于各种原因不能明说，因而采取一种迂回曲折、委婉含蓄的话来表达，使表达对象领会其中的内在含义。例如：

1957 年我们先后遭到不测。

“不测”指被打成右派。

柳原叹道：“这一炸，炸断了多少故事的尾巴！”流苏也怆然，半晌方道：“炸死了你，我的故事就该完了。炸死了我，你的故事还长着呢！”柳原笑道“你打算替我守节么？”

张爱玲小说《倾城之恋》中这一对话，实际包含流苏对柳原用情不专的调侃讥讽，但却不直说，而是说“炸死了我，你的故事还长着呢！”很能体现人物话语的机智、锋芒和妙趣。

（六）双关

双关是指在一定的语言环境中，借助语音或语义的联系，使语句同时关涉两种事物，这种言在此而意在彼的修辞方式叫双关。例如：

“道是无晴却有晴”中的“晴”表面上是晴天的晴，内含感情的“情”。

（七）排比

排比是把结构相同或相似、意思密切相关、语气一致的词语或句子排列在一起的一种修辞方法。排比使语言有节奏感，郎郎上口，能增强口语表达的情感浓度和气势。例如：

燕子去了，有再来的时候；杨柳枯了，有再青的时候；桃花谢了，有再开的时候。

六、运用态势语的方法

美国学者弗洛拉·戴维斯在《怎样识别形体语言》一文中指出：“心理学家阿尔伯特·梅拉比安发明了这个公式：信息总效果 =7% 的文字 +38% 的声音 +55% 的面部表情。当你认识到即使‘我恨你’这几个词也能使人听起来带有爱昵的情意时，声音和面部表情的重要性就显而易见了。”心理学家阿尔伯特·梅拉比安发明的公式和弗洛拉·戴维斯的精辟见解，充分地说明了态势语言在口语交际中的重要作用。

（一）态势语的含义和作用

态势语言是一种无声语言，它以人的表情、身体形态和动作等来表情达意，是有声语言的伴随语言，是口语表达中重要的信息交流手段，又称为体态语言或人体语言。它可以补充和强化有声语言，有时可以替代有声语言发挥作用。

（二）态势语的基本要求

1. 准确自然

态势语要符合口语表达的内容和思想情感，要与有声语言的内容、语调、响度、节奏相协调。应该是情之所至，自然大方，动作不生硬呆板、矫揉造作、故作姿态。

2. 得体适度

态势语要与交际环境、说话者或听者的心态、情感相吻合。运用的幅度、力度、频率要辅助有声语言，不宜过分夸张、过于繁杂，也要避免机械重复。

（三）态势语的类型

1. 表情

（1）眼神。

表情指人的面部五官在内在情绪支配下所体现出的情态变化。表情最重要的是“眼神”，“眼睛是心灵的窗户”，眼神能够传达许多具体、复杂甚至难以言传的思想感情。要能够运用和读懂眼神。眼神运用的方法有以下几种：

第一，注视。目光集中在某一个或一部分表达对象，表达关注、启发、鼓励、赞许、制止等情感。在与人交谈时，要注意眼神停留的时间和区域。心理学研究结果表明，视线接触对方面部的时间，应占整个谈话时间的30%~60%。低于30%，会让人感到冷淡和不耐烦；超过这一范围，会让人认为对谈话对象比谈话本身更感兴趣。眼神注视的区域位置，要根据与对方的关系来确定，如果是亲近的人，比如家人、恋人等，视线可以停留在两眼到下巴之间的区域。如果是一般的社交关系，比如同事、朋友、合作伙伴等，视线应停留在两眼和嘴部之间的位置。

第二，环视。有节奏或定时来回环顾场内听众，与他们保持目光接触，增强感情联络。运用环视时应注意，头部和眼睛不能转动过于频繁，应该适时适度。

第三，虚视。运用一种没有指向性的目光，似看非看。虚视常用来表示思考，与注视、环视结合使用。但因为它是一种转换性目光，所以不可常用。

（2）微笑。

微笑是一种态度，让人感受到亲切和温暖，是人际交往中最受欢迎的表情。其含义非常丰富：高兴、愉悦、满足、亲切、赞同、希望等。面含笑意，不发声，不露齿，肌肉放松，嘴角两端向上略为提起，是最自然、亲切的微笑。

2. 手势

手势是运用手掌、手指、拳和手臂的动作变化来表达思想感情的一种态势语。在整个体态语中，手势的表达能力仅次于面部表情，使用频率很高，范围很广泛。手势既能辅助表情达意，又可以展示个性风度。

手势的活动范围一般可分为三个区域。肩部以上，称为上区。手势在这一区域活动，多表示理想的、想象的、宏大的、张扬的内容和情感，如表示殷切的希望、胜利的喜悦、幸福的祝愿、未来的展望、美好的前景等。肩部至腹部称为中区，手势在这一区域活动，多表示叙述事物和说明事理，一般来说，表达者的心情比较平静。腹部以下，称为下区。在这一区域做手势，多表示憎恶、不悦、卑屑、不齿的内容和情感。

手势语的内涵丰富，常见的手势及其含义有：双手紧绞在一起，是精神紧张的反映；握拳表示坚定，是力量的象征；摊开双手，是真诚坦率或无奈的表示；双手连交放在胸腹部位置，是谦逊、矜持或不安的心情反映；反背手站着，表示正在思考问题；以手掩嘴，表示肃静或不愿让人知道；手插入口袋，显示无所谓或不信任；用手指轻拍额头或用手指太阳穴，强调在思考；用手指敲打，表示不耐烦；将手在耳朵上形成喇叭形，表示在耐心倾听；手捂住鼻子，表示怀疑或不愿意；用手揉眼，特别是谈话过程中插入这一动作，是一种掩饰行为，以延长思考时间；用手抚摸下巴，说明老练；手抓后脑勺表示困惑；自然双腕交叉，放在胸前，是防卫、保护之意；不规则交叉双手，表示心情不定或紧张；反背着一只手抓住另一只手腕，表示自我控制之意。

在手势语中，还有一类在社交中常用、应该重视的是握手语。握手时应该注意：握手一定用右手，即使是不方便用右手，也要想办法表示出来，切忌用左手，这是不尊重对方的表现。握手的先后顺序是长辈、上级、主人、女性先伸手；握手的最佳距离是两人之间一步的距离，姿势应双足立正，上身微微前倾，右手四指并齐。面带笑容，注视对方，以示热情。握手的时间保持在1~3秒为宜，太短显得态度冷漠，太长不礼貌。双手握手一般只有几种情况：一是面对长辈、贵宾，双手握手表示谦恭；二是久未见面的老友或至交，双手相握表达一种深厚的情感。除此以外，一般单手握手就可表达问候之意。在社交中，握手在运用时，一定要做到得体、适度、大方。

使用手势语应注意以下几方面：第一，手势与全身协调，手势与口头语言协调，手势与感情协调。第二，因人而异，口语表达者应根据自身条件选择合适、富有表现力的手势。就性别而言，男性的手势一般刚劲有力，手掌外向动作较多；而女性的手势柔和细腻，手心内向动作较少。就年龄而言，老年表达者因体力有限，手势幅度较小，精细入微；而中青年表达者身强力壮，手势幅度较大，气魄雄伟。就身高而言，个子比较矮小的表达者可以多做些高举过肩的手势来弥补不足，使听众的视感拔高一些；而个子较高的表达者，可多做些平直横向的动作。第三，不可乱用，宁缺毋滥。要了解口语表达对象的风俗习惯与忌讳事项，以免产生误会。总之，不同的手势传递不同的信息，手势能体现人们的内心思想活动和对待他人的态度。所以，在口语表达中，要给予手势语足够的重视，争取运用手势语达到更好的交流目的。

3. 体态

体态是口语表达者的身体形态，是态势语言的一种，由体动和身姿构成。

在口语表达中，体态同有声语言和眼神一样，都是表达、交流的工具。它能够补充有声语言的不足，或者把有声语言加以强调，能够与眼睛的活动变化协调一致，以共同完成交流任务，取得最佳效果。体态的产生有两种情况：一种是无意识的，另一种是有意识的。无意识的通常又分为习惯性的和下意识的两种。习惯性的一般忌用，除非是良好的习惯，否则用来弊多利少；下意识的，一般可用，但要对它进行加工，使它具有表情的力量和明确的目的性。有意识的，则可恰当使用。

（1）体动。

体动指整个身体的动作，由头部、身躯、双腿的动作构成，其表达情感、传递信息的作用明显而宽泛。

在特定的交际环境中，点头可表示赞同、肯定、鼓励；摇头可表示反对、否定、怀疑；偏头可表示诧异、犹豫、不解；低头可表示娇羞、顺从、深思；垂头可表示无奈、沮丧、回避。

行走时，双肩要自然下沉，手臂放松，手指自然弯曲，以肩关节为轴，上臂带动前臂摆动。两臂前后摆动的幅度不得超过 30°。每迈出一步，前脚跟到后脚尖之间的距离一般为 1.0~1.5 个脚长。脚落地的位置，女士行走时两脚内侧着地的轨迹应在一条直线上，男士行走时两脚内侧着地的轨迹应在两条直线上。女士步速标准为每分钟 118~120 步，男士每分钟 108~110 步。行走要轻松敏捷，和谐稳健。

在交际活动中，现代礼仪还常用鞠躬和拥抱来表达人的情感、传达信息。鞠躬在表示一般敬意时，上身前倾 15° 左右；表示特别敬意时，则弯曲 90°；演讲者上台演讲时，上身前倾 45°，目视下方点头，然后抬头起身，目视听众，以表示对听众的谢意。

（2）身姿。

身姿指躯干与肢体的造型，与体动互相联系、互相转化，呈现多姿多彩的情形，能给人以动态美。身姿分为坐姿和站姿两个方面。

站姿应庄重大方，一要挺拔，二要自然轻松。正确的姿势是：抬头，双目平视听众（或前方），下颌微收，脖颈挺直，嘴唇微闭，双目平视前方（约 5 米处），面带笑容，精神饱满。双肩放松，两臂自然垂于身体两侧，双手也可自然交握于腹部上位（右手轻握左手指部位），挺胸、收腹、立腰。男士可以选择平行分列步（两脚并拢或稍微分开）站立。女士可以选择双脚跟并拢，脚尖分开呈 30° 夹角，或双脚呈“丁字步”、身体略侧的“舞台姿态”站立。身体重心放在两腿间，挺拔自然。与人正式交谈时，身体直立并微微前倾。若在非正式场合，男士可双臂抱胸或双手插兜，站立时双腿不要弯曲，双手不要叉腰，女性可以一只腿略前、另一只腿略后。

完整的坐姿包括入座、坐定、起座三个程序。入座要从容大方、轻稳和缓，款款走到座位前，背向椅子，轻缓落座。女士要双手从臀部捋过裤、裙，顺势坐下，上体腰直、挺胸、收腹，下颌微收，双肩自然下沉，双臂自然弯曲。两手自然放在膝盖或扶手或桌面上。女士还可双手呈互握式，右手握住左手手指部分，放于腹前双腿上。双目平视对方（或前方），面带微笑。起座要舒缓、自然，可右脚向后收半步，用力蹬地，起身站立，或用手掌支撑大腿，重心前移，起身站立，给人以文雅、自然大方的形象。

第六章　口语表达训练

在人类所有的发明中，没有哪一种可以与语言相媲美。语言在传递信息的同时，又具有极大的包容性，为人类的思维和想象留下广阔的空间。古希腊时期著名的修辞学家高尔吉亚曾说：语言对人的精神具有强大的作用力，就像药品对人的躯体具有作用力那样。语言具有强大的说服力，可以“使人丢掉恐惧、摆脱悲伤、平添欢乐、滋生怜悯”。古往今来，语言在人类的发展中起到了巨大的作用，其力量之强有时甚至超过武器。大学生通过口语表达的训练，能够发现语言的独特魅力，加深对社会、对人生的理解，有助于开阔视野、拓展人际关系，在理想、道德、品行、意志和语文素养等方面都会有所提高。

第一节　演讲

演讲是演讲者面对听众，运用口语、借助表情和手势就某个问题或围绕一个中心，系统地阐述自己的见解和主张，以感召和影响听众的一种信息交流活动。演讲能提高口语表达水平，提升思想文化素质，增强思维和应变反应能力。好的演讲可以形成正确的舆论导向，使人深受感动，让人信服。

一、演讲的类型

根据演讲的内容和形式，以及演讲的表达方式与适用场合，可以将演讲分成若干种类。

按照演讲的内容可分为政治演讲、就职演讲、学术演讲、司法演讲、管理演讲、交际演讲等。

按照演讲的组织形式可分为即兴演讲、命题演讲、论辩演讲等。

按照演讲的表达方式可分为议论性演讲、叙述性演讲、抒情性演讲等。

按照演讲的适用场合可分为街头演讲、会场演讲、法庭演讲、广播电视演讲等。

二、演讲的特征

（一）现实性

演讲是针对人们在现实社会中关于思想、政治、工作、生活等所产生的问题而发表看法，进行深入细致的分析，明辨是非，作出正确的回答。演讲对于弘扬主流精神，推动物质文明和精神文明建设，具有重要的现实意义。

（二）鼓动性

鼓动性是演讲的一个显著特征。演讲是一种生动形象、声情并茂、富有吸引力和感召力的宣传艺术。演讲富有激情，能对听众产生强烈的吸引力，能引起听众的共鸣，具有很强的鼓动性。

（三）群众性

演讲带有直观性，是演讲者与听众的双边活动。演讲借助一定的场面，一人讲众人听。演讲者要善于营造热烈的现场气氛，调动听众的积极情绪，以求取得理想的、广泛的宣传效果。

（四）个性化

演讲内容、场合、主题、对象的不同，决定了演讲的形式和风格不可能千篇一律。不同的演讲者在思想、学识、修养、个性等方面有很大的差异，在表现形式、语言风格上也会表现出独特的个性化特点。

（五）艺术性

演讲是现实活动的艺术，同其他口语表达形式一样，都是以有声语言和态势语言作为表达手段。演讲会刻意追求有声语言和态势语言的表现技巧，使之带上强烈的艺术色彩。有人曾这样评论：一个出色的演讲，应当具有诗歌的激情、小说的情节、散文的结构、相声的幽默、评书的板眼、电影的蒙太奇。

三、演讲的态势语

演讲的态势语，是指演讲者的姿态、眼神、表情、手势等。它不仅有一定的表情达意的作用，更重要的是可以弥补口语表达的不足，使思想感情表达得直观、充分、形象、具体。

演讲的态势语的作用是：展示风采、辅助语言、取代口语、稳定情绪。

演讲的态势语的运用原则是：目的明确、准确鲜明、协调一致、自然雅观、富有个性。

演讲的态势语包括演讲者的面部表情、视线运用、手势与体态、仪表与风度等。

1. 面部表情

头、面部是演讲者形象的主体，是听众目光的焦点。演讲时，头要正，面部正对观众，不要频繁晃动。面部表情指演讲者通过自己的脸、嘴和眉目所表达出来的感情。例如：表达喜悦时嘴角会向上，表达愤怒时嘴角会向下；表达惊讶时嘴唇会大开，表达坚定时嘴唇会紧闭。演讲的成功与否和面部表情是否丰富也有密切的关系。演讲者应通过恰当的调节和控制，使面部表情准确、自然地体现自己的感情。

2. 视线运用

演讲过程中演讲者的视线运用主要有五种方法：前视法，演讲者的视线平直向前流动，控制全场。环视法，演讲者的视线在会场进行扫视，观察全场。点视法，要求演讲者的视线有重点地观察某个角落。虚视法，演讲者表面上在看听众，其实没有看。闭目法，演讲者以短暂的闭目来表示某种特殊的感情。

3. 手势与体态

手势是指从肩部到指尖的各种活动，包括手臂、肘、腕、掌指的各种协调动作的态势语言。手势语表达思想感情要同口语交际同时进行，是口语表达的辅助手段。手势语表达的意义，由手活动的范围、方向、幅度和形状几方面来决定。

手势活动的范围大体分为三个区间：肩部以上为上区手势，多表示积极向上或激昂；肩到腹部间为中区手势，多表示客观冷静；腹部以下为下区手势，多表示鄙夷、厌恶、决裂。手势活动的方向不同，意义也不同。手势活动的幅度大小与演讲者的感情和语势有关。

体态语是由多个人体动作组成的一种相对稳定的身体形态。它可以传播信息和表达思想感情，有助于塑造演讲者的自我形象。演讲的站姿很重要，在演讲过程中，站姿不是单一的，会和手势、面部表情等结合，形成体态语的独特节奏感。

4. 仪表与风度

仪表是演讲者的容貌、姿态等外部特征，包括长相、身材体型以及服饰等。演讲时，只能化淡妆，着装要整洁大方、整体协调。风度是通过人的言谈、举止和仪表所体现出来的个人风格和气度，是一个人的精神气质、文化修养各种因素的外在表现。

四、演讲的要求

（一）彰显时代特色

演讲是社会宣传的有力工具，也是青年自我教育的一种有效形式。这就要求演讲者牢牢把握时代脉搏，在演讲内容上下功夫，根据时代的特点，选用符合当代听众接受习惯的演讲形式。

（二）题材要新颖

观点、材料、演讲形式都让人感到新颖的演讲，才能产生极大的魅力，给人以启迪和影响。因此，演讲的立意要新、材料要新，角度也要新。

（三）语言要通俗

演讲的内容要便于听众理解、接受，思想深刻又能通俗易懂。少用复杂的长句，多用精当的短句。既要生动易懂，也要富有逻辑性和严密性。

（四）论证要有逻辑性

演讲是演讲者面对观众进行的一种信息交流活动。演讲者通过口语形式说出连贯而较迅速的语言信息，听众通过听觉来接受语言信息，不能像看书面作品那样细细品味。如果演讲者在演讲时层次不清、没有条理、逻辑性不强，听众接受信息就会受影响。

（五）要有真实的感情

“感人心者，莫先乎情”，演讲既要以理服人，也要以情感人，通过演讲者抒发的情感来调动听众的情绪，产生共鸣。真实的感情是内心自然的流露，不是装腔作势、矫揉造作。

（六）注意同听众的交流与呼应

交流和呼应是演讲者与听众之间沟通感情，和谐气氛的需要。演讲者要调动口语的各种因素，采用适当的表情和姿势，设法得到听众的呼应，从而给听众以思想上的启迪、精神上的鼓舞和心灵上的享受。

（七）使用普通话

语音清晰才能使听众听懂每一句话，这就要求演讲者必须用普通话讲演，发准每个音节的声韵调，并熟练掌握音变规律。在演讲中，要做到口齿清楚、发音准确，克服方音的影响。

【范例展示】

在马克思墓前的讲话

恩格斯

3月14日下午两点三刻，当代最伟大的思想家停止思想了。让他一个人留在房里还不到两分钟，当我们进去的时候，便发现他在安乐椅上安静地睡着了——但已经永远地睡着了。

这个人的逝世，对于欧美战斗的无产阶级，对于历史科学，都是不可估量的损失。这位巨人逝世以后所形成的空白，不久就会使人感觉到。

正像达尔文发现有机界的发展规律一样，马克思发现了人类历史的发展规律，即历来为繁芜丛杂的意识形态所掩盖着的一个简单事实：人们首先必须吃、喝、住、穿，然后才能从事政治、科学、艺术、宗教等等；所以，直接的物质的生活资料的生产，从而一个民族或一个时代的一定的经济发展阶段，便构成基础，人们的国家设施、法的观点、艺术以至宗教观念，就是从这个基础上发展起来的，因而，也必须由这个基础来解释，而不是像过去那样做得相反。

不仅如此。马克思还发现了现代资本主义生产方式和它所产生的资产阶级社会的特殊的运动规律。由于剩余价值的发现，这里就豁然开朗了，而先前无论资产阶级经济学家或者社会主义批评家所做的一切研究都只是在黑暗中摸索。

一生中能有这样两个发现，该是很够了。即使只能作出一个这样的发现，也已经是幸福的了。但是马克思在他所研究的每一个领域，甚至在数学领域，都有独到的发现，这样的领域是很多的，而且其中任何一个领域他都不是浅尝辄止。

他作为科学家就是这样。但是这在他身上远不是主要的。在马克思看来，科学是一种在历史上起推动作用的、革命的力量。任何一门理论科学中的每一个新发现——它的实际应用也许还根本无法预见——都使马克思感到衷心喜悦，而当他看到那种对工业、对一般历史发展立即产生革命性影响的发现的时候，他的喜悦就非同寻常了。例如，他曾经密切注视电学方面各种发现的进展情况，不久以前，他还密切注视马赛尔·德普勒的发现。

因为马克思首先是一个革命家。他毕生的真正使命，就是以这种或那种方式参加推翻资本主义社会及其所建立的国家设施的事业，参加现代无产阶级的解放事业，正是他第一次使现代无产阶级意识到自身的地位和需要，意识到自身解放的条件。斗争是他的生命要素。很少有人像他那样满腔热情、坚韧不拔和卓有成效地进行斗争。最早的《莱茵报》（1842 年），巴黎的《前进报》（1844 年），《德意志—布鲁塞尔报》（1847 年），《新莱茵报》（1848—1849 年），《纽约每日论坛报》（1852—1861 年），以及许多富有战斗性的小册子，在巴黎、布鲁塞尔和伦敦各组织中的工作，最后，作为全部活动的顶峰，创立伟大的国际工人协会，——老实说，协会的这位创始人即使没有别的什么建树，单凭这一成果也可以自豪。

正因为这样，所以马克思是当代最遭嫉恨和最受诬蔑的人。各国政府——无论专制政府或共和政府，都驱逐他；资产者——无论保守派或极端民主派，都竞相诽谤他，诅咒他。他对这一切毫不在意，把它们当做蛛丝一样轻轻拂去，只是在万不得已时才给以回敬。现在他逝世了，在整个欧洲和美洲，从西伯利亚矿井到加利福尼亚，千百万革命战友无不对他表示尊敬、爱戴和悼念，而我可以大胆地说：他可能有过许多敌人，但未必有一个私敌。

他的英名和事业将永垂不朽！

【技能训练】

1. 演讲具有哪些特征？
2. 演讲的态势语的作用是什么？
3. 以《我的大学，我的梦》为题，进行一次演讲。

五、竞聘演讲

竞聘演讲是竞聘者介绍自己的经历、自己的优势和工作设想的一种演讲。这种演讲明显不同于其他形式的演讲，有着自己的鲜明特征。

（一）竞聘演讲的特点

1. 目的的明确性

竞聘演讲者参加竞聘的目的就是要竞争竞选的岗位。通过竞聘演讲来展示自己的才华和实力，如果竞聘演讲获得成功，获得领导和群众的认同，竞聘成功也就有了很大的希望。正因如此，竞聘演讲具有明确的目的性。竞聘演讲者都想通过展示自己的实力，从而达到竞聘成功的目的。

2. 观点的鲜明性

竞聘演讲除了阐述自己的优势、工作设想之外，有时还要介绍自己的见解或主张。这种见解或主张是非常鲜明的，不能模棱两可。

3. 内容的竞争性

竞聘演讲明确的目的性决定了其内容的竞争性。既然要竞聘某个岗位，就要和其他人去竞争。竞争，就必须展示自己的实力，展示超过别人的优势所在。因此，竞聘演讲的内容都具有竞争性。演讲的内容如果不具有竞争性，在竞聘中很容易失败。

4. 结构的程序性

结构就是演讲的思路，即在演讲中演讲内容安排的顺序，先讲什么，后讲什么。竞聘演讲不同于其他演讲，其他演讲安排结构比较自由，可以根据感情或场景的需要安排。竞聘演讲要严格按照程序化来安排演讲内容：

第一，称呼领导、评委和群众；

第二，直接说明自己所竞争的职务和竞聘的缘由，真诚地对能够给予的竞聘机会表示感谢；

第三，简要地介绍自己的情况，即自己的年龄、学历及所任职务；

第四，具体阐述自己竞聘的优势；

第五，提出竞聘成功后的工作设想或打算；

第六，简明扼要地表示自己的决心和态度。

竞聘演讲一般按照以上步骤安排内容。也有个别演讲者突破这一模式，加入对竞聘的认识或者自己存在的不足等内容。有些竞聘者的演讲只讲自己的经历和优势，这是因为没有竞聘具体的职务，所以也就不讲工作设想或打算了。竞聘演讲要遵循一定的程序安排结构，这是由竞聘演讲的性质所决定的。

5. 事实的真实性

竞聘演讲介绍经历、阐述优势，都是建立在事实的基础之上的，因此所引用的事实必须是真实可靠的，来不得半点虚假。如果有虚假的成分，就会引起听众的强烈反感。

6. 论证的逻辑性

竞聘演讲要具有感染力，因此要讲究演讲的逻辑性，故论证的逻辑性也是非常重要的一个特点。论证的逻辑性体现在两个方面：一是竞争的优势要符合竞聘岗位的特点；二是具体措施要体现竞聘岗位的职责。

（二）竞聘演讲介绍经历的技巧

介绍工作经历是竞聘演讲的一个重要内容，这是因为听众和评委能从竞聘演讲者的经历中了解竞聘演讲者的基本情况，同时它也是听众和评委是否认同竞聘演讲者的一个重要因素或者依据。因此，竞聘演讲者在演讲中不可忽视介绍自己的经历这个环节。

1. 按照时间顺序介绍自己的经历

竞聘演讲者在竞聘中按照时间顺序介绍自己的经历，清楚明白，给人一目了然的感觉。

2. 简明扼要概述经历

当工作经历并不丰富，即工作年限不长，或长期在一个单位工作时，用一两句话概述自己的经历，同样能收到良好的效果。

3. 寓经历于竞争上岗的原因之中

竞聘演讲者在演讲中阐述自己竞争上岗的原因，可以将自己的工作经历寓于竞争上岗原因之中。

4. 寓经历于优势之中

竞聘演讲者将经历寓于优势之中，使经历直接成为自己竞聘某个岗位的优势。

（三）竞聘演讲介绍经历要注意的问题

1. 介绍经历要真实可靠，不能弄虚作假

经历必须真实可靠，也就是说，必须是自己真实的学习、工作的历程，决不能胡编乱造。因为弄虚作假、编造经历不但违背了实事求是的原则和诚信老实的原则，还会在听众中造成负面影响，损害自己的声誉。这样非但达不到竞争的目的，反而在听众中留下恶劣的印象。因此，竞聘演讲者介绍经历时一定要真实，决不能弄虚作假。

2. 介绍经历要简明扼要，不要冗长啰唆

经历实际上就是简历，因此应该简明扼要。因为经历尽管是竞聘演讲的一个部分，但并不是重点部分，重点部分应该是竞聘某个岗位的优势。如果经历冗长，就会影响重点部分的表达，削弱重点部分的作用。有的竞聘演讲者由于把经历介绍得过于详细，没有突出竞聘演讲的重点，从而导致演讲的失利。

3. 重点介绍与竞聘岗位密切相关的经历，不必介绍与竞聘岗位无关的经历

介绍与竞聘岗位相关的经历，可以加深听众对竞聘者的印象和认识，而介绍与竞聘岗位无关的经历，则会给听众造成思维不够清晰的感觉。

（四）竞聘演讲展示优势要注意的问题

优势是竞聘演讲者竞聘的有利条件，竞聘演讲者符合岗位条件要求的优势越多、越突出，竞聘成功的可能性就越大。因此，在演讲中展示自己的优势，这是竞聘演讲者不可回避的重要内容。如果竞聘演讲者在演讲中不展示自己的优势，听众就无法对其产生深入的了解，也就不可能产生认同感；没有认同感，演讲者就很难获得成功。因此，在演讲中要从经历、素质、作风、经验、工作成绩等方面如实展示自己的优势，让听众对自己的能力和素质做全方位的了解。但展示优势时要注意以下问题。

1. 展示优势要紧扣岗位特征

展示优势的目的是说明竞聘演讲者符合某一岗位条件。因此，竞聘演讲者展示优势一定要紧扣岗位的特征，将符合岗位特征的优势展示出来；不符合，哪怕再突出，也要坚决地舍弃。因为展示不符合岗位特征的优势，一方面说明思维不清晰，另一方面会带来负面影响。

2. 展示优势要真实可信

竞聘演讲者在竞聘演讲中所展示的优势一定要真实可信，既不能夸大其词，也不能弄虚作假，否则就会产生严重的不良影响。

3. 展示优势要归纳概括

善于归纳概括是竞聘演讲者应该具备的基本素质。一些竞聘演讲者在展示优势的时候，不善于归纳概括，给听众一种记流水账的感觉，也会影响演讲的效果。因此，竞聘演讲者对自己的优势一定要分门别类地进行概括，使之条理清晰，便于听众记忆。

4. 展示优势要谦虚谨慎

谦虚谨慎是一种美德，竞聘演讲者在展示优势时也要谦虚谨慎。对于竞聘演讲者而言，不管自己的优势多么突出，都要谦虚谨慎，在叙述优势时，不可目空一切地把全部功劳归于自己、把错误归于别人。同时，竞聘演讲者在演讲中切不可流露出该职位非我莫属的语气，因为这样做必然会激起听众的反感，即便条件再优越，也有可能被投反对票。

（五）竞聘演讲感染力应注意的问题

竞聘演讲的感染力是演讲成功的重要标志。竞聘演讲感染力越强，演讲的效果就越好；演讲的效果越好，就越能获得听众的认同。要想增强演讲的感染力，就要学会适当地运用一些修辞方法，通过适当地运用一些修辞方法，改变竞聘演讲过分严肃的状态，增强竞聘演讲的逻辑性、生动性和形象性，从而提升竞聘演讲的感染力。在竞聘演讲中运用修辞手法时，要注意所处的场合和情景，要结合具体情况来使用，不能乱用修辞手法。如果乱用各种修辞手法，有时会适得其反，产生负面效果，影响竞聘结果。

（六）竞聘演讲表达情感应注意的问题

情感表达应该真实，不能虚假。只有真情实感才能感动人。因此竞聘演讲者在演讲中一定要注意表达真实的感情，不能矫揉造作、虚情假意。如果矫揉造作、虚情假意，不但得不到听众的认同，相反会引起听众的强烈反感。

【技能训练】

1. 竞聘演讲者介绍经历时要注意哪些问题？
2. 竞聘演讲者展示优势要注意哪些问题？
3. 撰写一份竞聘团委或学生会某个岗位的竞聘演讲稿。

第二节　辩论

辩论是观点对立的双方站在各自的立场上，为了证明自己观点的正确并说服对方而在语言上的直接交锋。它是显示、较量双方思想是否深邃、知识是否广博、思维是否敏捷、思路是否清晰、应变是否灵活的一种语言交流形式。辩论是人类文化心理素质和思辨能力的一种外在化的表现形式，是为了探讨现实问题、认识社会矛盾、发展思维品质而进行的言语交锋和唇舌之战。辩论是人类社会普遍存在的一种社会现象，只要人们对客观世界认识不同，就会产生辩论。

一、辩论的特点

（一）观点的对立性

辩论是一种双边的活动，双方就同一问题发表截然相反的观点，双方的观点是针锋相对的、是对立的。辩论者要努力说服对方认同自己观点的正确性，又要针锋相对地批驳对方的观点，使对方放弃自己的观点。观点的对立决定了双方立场的对立性。

（二）说理的严密性

辩论说理要合乎逻辑，这样才能让辩论显得严谨、有条理，使自己的观点严密、牢不可破。在分析自己的观点和对手的观点时，要从逻辑的角度进行分析，明确双方在观点上的逻辑关系，说理论证时，讲究逻辑层次，表述严密。

（三）辩论的临场性

辩论双方处于同一个论辩现场，面对面进行言语交锋，辩论者的言语表达具有临场性的特点。辩论现场观点对立的双方各抒己见，语言上直接交锋，唇枪舌剑，需要有准确的判断，随机应变，组织有力的语言进行反击，要有灵活的临场应变能力。

（四）辩论的策略性

辩论中要捍卫自己一方的观点，让对方信服，要讲究方式方法，讲究策略，进攻和防守都不能随意，如何进攻、如何防守，都要进行方案的设计。

（五）思维的敏捷性

辩论过程受双方的制约，任何一方都不能完全控制辩论过程的进展，辩论现场需要思维敏捷、反应快速。根据辩论过程中出现的情况，做出快速的机敏对答，压倒对方，赢得辩论的胜利。

（六）素质的综合性

辩论是口语表达的最高形态，集道德修养、知识结构、逻辑思辨、学识积累、心理素质、语言艺术、竞争意识、仪表仪态、整体配合于一体，是综合素质的较量。

二、辩论的类型

根据辩论的内容，可分为法庭辩论、外交辩论、学术辩论、决策辩论等。

根据辩论的目的，可分为应用辩论和赛场辩论两大类。

根据辩论的进行形式，可分为竞赛式辩论、对话式辩论、答辩式辩论。

三、辩论的程序

（一）辩论前：吃透辩题，准备充分

辩论前最重要的准备工作就是吃透辩题。对辩题的内涵、范围、意义和分歧进行认真研究，弄清楚什么要辩、什么不要辩，分析自己一方和对方各自所处的有利或不利的条件，确定自己的立论或反驳对方的根据。大量查阅资料，进行调查研究，决定辩论的策略和方案，选择恰当的辩论方法和技巧。

（二）辩论中：陈述观点，反驳有力

表明自己的观点一定要旗帜鲜明，决不含糊。要运用严密的论证证明自己观点的正确性。选择的论据不管是理论论据还是事实论据，都要充实确凿，具有鲜明的针对性。发言时要重点突出，条理清晰，声音洪亮，语气坚定有力。反驳对方时，针对其观点找出自相矛盾或纰漏之处。用反驳论点、反驳论据、反驳论证三种方式进行反驳，来证明对方的论点错误、论据虚假或论证过程不合逻辑。

（三）辩论结束：决出胜负

辩论到最后，常常是两种对立的见解渐趋统一，形成双方都可以接受的结论；或者是以一方的观点赢得了听众和对方的认可，以一胜一负而告终。

四、辩论的要求和技巧

（一）辩论的要求

1. 观点鲜明，论据真实

辩论亮出己方观点时，不能闪烁其词，要观点鲜明，证明观点的材料要确凿、可靠，否则将不攻自破。

2. 听辨冷静，机敏应对

辩论中要冷静专注地听辨，透过对方的语言表述抓住要害，发现漏洞并采取相应的反驳对策。只有准确听辨，对语言信息进行敏锐捕捉，才能抓住机会，赢得辩论的主动。

3. 逻辑严密，论辩在理

在唇枪舌剑的辩论中，要熟练运用逻辑论证，紧紧抓住论题分歧所在，运用严密的逻辑，以理制胜。

4. 思路开阔，模式多变

辩论时要沉着冷静，思路要清晰开阔。当思路受阻时，面对争论焦点要做多角度思考，不能限于固定思维模式，要突破定式，选择最佳突破口。

（二）辩论的技巧

1. 针锋相对

辩论中对方所持观点或论证的方法，并不一定只对对方有利，不要被对方貌似严密的论辩吓住，只要冷静思考，往往能借用对方的观点和论证方法找出有利于自己的结论。

2. 词义转移

语言中很多的词语一词多义，运用这类词，可取它的此种含义，也可取它的另一种含义，可以表现出辩论者的机智和幽默。

3. 引经据典

在辩论中，可以引用与现实有关的历史资料来证明自己的观点，以古鉴今，论证自己观点的正确性，使对方放弃其错误主张。使用这种方法时，要选用与现实相似的有关历史做比较，才能说服对方。

4. 因势利导

辩论中，根据对方抛出的某个话题，顺势将其拉入自己的观点范围，循循善诱，使整个辩论朝着有利于自己的方向发展，并最终说服对方。

5. 逆向思维

在辩论时，有时明知对方持论偏颇，却找不到理由反驳。此时，要找准突破口，从相反角度逆向质疑，就可以化被动为主动、反守为攻。

6. 寓庄于谐

辩论是智慧的较量，利用幽默诙谐的话语说出庄严肃穆的道理，可使紧张的气氛变得轻松、严肃的场面变得活泼，在辩论中体现出智慧的力量。

五、辩论中要注意的问题

（一）忌“不认真倾听”

“听”和“论”是辩论中重要的两个环节。不认真倾听，对方观点是什么就会弄不清楚，反驳就会没有目标。因此，要“驳”到点上，就必须注意倾听对方的论点、论据及二者之间的联系，倾听对方用词造句上是否有漏洞、是否有诡辩。只有认真倾听，反驳才能针锋相对，做到克敌制胜。

（二）忌“出口伤人”

在辩论中，最忌讳对对手进行人身攻击。这不仅是没有修养的表现，而且不讲道德。即使非常占理，也会引起现场听众及选手的反感。在辩论中，要做到既能以理服人，又能以情明理，切忌“出口伤人”。

（三）忌“只论不辩”

辩论中要利用每次发言的机会，阐述自己的观点或批驳对方的观点。如果总是向对方提出问题，对方也同样提出问题反问，双方都回避正面回答对方问题，不针对对方发言展开论辩，辩论就变成只论不辩了。

（四）忌“缺乏风度”

辩论时说话刻薄、挖苦，手势体态不礼貌，指指点点，对方出现口误时嘲笑对方；发现对方某位辩手实力较弱时，集中进行攻击，只让这一人回答问题；本方辩手发生失误时，表现出不满情绪；宣布比赛结果时，胜者狂呼失态，败者垂头叹气，这些都是缺乏风度的表现。

【范例展示】

第二届国际大专辩论赛决赛（节选）

1. 赛事背景

（1）比赛地点：北京。

（2）辩论观点：知难行易（南京大学队）；知易行难（辅仁大学队）。

（3）比赛结果。冠军：南京大学队；亚军：辅仁大学队。

2. 辩词节选

（1）正方一辩。

谢谢主席！尊敬的评委，各位嘉宾，来自宝岛的对方辩友，大家好！洪荒久远的50万年前，在我们脚下的这片土地上生活着我们的祖先北京猿人。沧海桑田，斗转星移，告别了茹毛饮血的过去，他们学会了钻木取火。火的运用是跨时代的大发现。然而直到一百多年前，科学家才揭开了机械能转化为热能规律，从而科学地说明了钻木取火的真正奥秘。这无可辩驳地证明了我方立场：知难行易。所谓“行”是人对外界事物作用的过程，包括对“知”的运用；所谓“知”是指对“行”的认识，解决做什么、为什么做和怎样做的问题。知既是一个过程，又是一个结果。所谓“知难行易”，是说求知、得知难，行动使用易。知难行易与说说容易做起来难的言行观“风马牛不相及”，切不可混为一谈。我方主张知难行易，理由如下：首先，认识发生学告诉我们，行先知后，知难行易。人一生下来便会行，所谓：“手之，舞之，足之，蹈之”。但要成为像对方辩友那样才学渊博的翩翩君子，寒窗十年苦，谈何容易。个人求知无穷尽，人类探索亦无止境，“钻之弥深，仰之弥坚。”孔子他老人家到了晚年还坚持学习《易传》，韦编三绝。可见求知难哪！其次，辩证法告诉我们知行密切相关。人类的行为是一个不断进步的过程，其中，知是关键。无知之行只是简单重复。有了知，才有了自觉行为；有了知，才有了开拓引进。知作为行的认识、概括和总结，是行路明灯，是行动指南。掌握了行的知识和方法才会有成就。知，只有长期艰苦探索才会小有所成，因而知比行显得更难。再次，日常经验告诉我们，行之不易归根到底是不知或知之不足。俗语说得好：“会者不难，难者不会。”说的就是这个道理。一旦掌握了行的知识和方法，行起来必然如庖丁解牛般游刃有余。总而言之，知行相比，知难行易。谢谢各位！

（2）反方一辩。

主席，各位评委，大家好！题目把知、行两个东西分开来，就是要我们讨论其中的难易程度。如果把纯粹的认知与行动弄得混淆不清，那么难易从何产生？对方辩友所犯的第一个矛盾就是把知包含在行的过程。那么就请问对方辩友，这时候还有讨论行的必要吗？任何一个时代都需要知行的配合，但不同时代则需要不同的知行学说。大体而言，知只有两种，一方面是道德伦理的良知，一方面是科学经验的所谓知识。接下来让我方从这两方面，分别论述“知”和“行”之间的关系。第一，环顾当今社会，教育、科技日渐普及，但是人们的道德行为却是日益堕落。所谓吃、喝、嫖、赌、抽，坑、蒙、拐、骗、偷，社会不安的秩序才是我们所应当面临的问题。这时我们不禁怀疑，真的是知难行易吗？难道是知识教育文化不够？难道问题不是出在具体的落实与实践方面吗？我们难道不知道所谓仁义礼智？我们难道不知道所谓一般的公民道德吗？传统儒家告诉我们什么，所谓：“人性之善也，犹水之就下也。人无有不善，则水无有不下。”孟子不也说“仁、义、礼、智”是人之四端吗？王阳明先生更告诉了我们，今天所谓良知是本心所固有的，是生而有之的。因此对于为人处世的一些基本道理，对于所谓一般的佛理道德，这些都是我们本来就知道的，良知更是我们本心所拥有的。这难道不是很清楚很简单的吗？难在哪里呢？难在“行”啊！难在具体的实践方面。由于人心的懈怠，由于外在环境种种的限制以及变数，所以说行难更甚于知难啊！从第二个方面——科学经验方面来说，也是知易行难。顶夸克在物理学上早就能够论证出所谓顶夸克粒子的存在，但是还必须等到加速器产生，我们才能确切真实掌握住这样的概念。爱因斯坦发明相对论之后，人们却要经过一段长时间的艰辛过程才能创造出原子弹。综上所述，我们可以发现，一般的通病是什么？一般的通病就是：说是一回事，做又是另外一回事。所以我方才要在这里解析什么是知难行易，什么是知易行难。唯有认清知易行难的情况，才能够认清什么情况你不是不知道，你只是不愿意去做。所以，知不单只是知，行也不单只是行，知行必须相互配合。所以明白了知易行难的道理之后，我们就要对症下药，希望能够药到病除！谢谢大家！（掌声）

【技能训练】

1. 观摩一场国际大专辩论赛决赛的视频，找出双方各自的中心论点，双方运用了哪些表达方式，对辩手的表现进行评论。

2. 认真阅读一篇辩词，归纳其中涉及的专门知识和其他相关知识。

3. 从下列辩题中选择一项，举行一次辩论赛。

（1）正：诚信主要靠自律　　反：诚信主要靠他律

（2）正：文才比口才更重要　　反：口才比文才更重要

（3）正：现代社会更需要通才　　反：现代社会更需要专才

（4）正：在校大学生创业利大于弊　　反：在校大学生创业弊大于利

（5）正：大学生勤工俭学利大于弊　　反：大学生勤工俭学弊大于利

（6）正：大学生广泛社交利大于弊　　反：大学生广泛社交弊大于利

下编 实用写作

第七章　应用写作的一般原理

第一节　应用写作的特点与种类

写作是人们用语言符号把感受、认识主观世界和客观世界的思维结果有选择地记录、表述出来的精神性活动。而应用写作，是写作学科的一个重要分支。应用写作以具体应用文书为学习和研究对象，具有鲜明的应用性、实用性、实践性，是一种为直接解决生活、工作和学习中的各种问题而运用语言文字进行信息交流的社会实践活动。

一、应用写作的特点

应用写作首先是写作，它具备写作所必备的基本特点，如个体性、实践性、创新性、综合性、系统性等；同时，它还有许多自身的特点。

（一）实用性

“应用”是人类创造“写作”的初衷，人类最原始的写作是在满足“实用”这一社会迫切需求的基础上产生的，人类最早的写作都属于应用写作的领域。而此后发生的一系列演变更是表明，“实用”始终是人类掌握写作、发展写作，特别是应用写作的最基本动力。具体地说，应用写作所包括的任何一个文种，都能够为我们应对日常生活、处理具体事务、解决实际问题提供有效帮助。实用性是应用写作的生命。

（二）程式性

应用写作或者有法定的特殊的文面格式和行文程序的要求，或者有约定俗成的惯用格式，或者有惯用语和惯用句式，等等，已经在人们长期写作实践过程中逐渐定型化，这是应用文体区别于其他文体的一个显著特征。

（三）平实性

平实性是指写作主体以科学的态度对现实作出实事求是的分析，用准确、鲜明、朴素的语言反映其本来面目，直陈其事，注重实际，讲求实效。应用写作是直接用于处理事务、解决问题的，必须如实反映情况，这样所确立的主题才能立得住、才有说服力。

（四）时效性

写作主体要才思敏捷，拟稿迅速。应用写作总是针对生活中、工作中的具体事务而发的。各种事务和问题或者是已经摆在面前迫在眉睫、亟待解决，或者是随着事情进展或形势变化要求不久即将出现，这些都要求写作主体在一定期限内必须完成文种写作。

除此之外，应用写作还具有写作对象的明确性，即为明确的对象特意写作；应用的广泛性，即渗透到社会生活的方方面面等特点，不再赘述。

二、应用写作的种类

应用写作的使用范围广泛，种类繁多。根据特点和使用范围，大体上可将其分为通用文体和专用文书两类。

（一）通用文体

这类文体为各行各业通用。主要包括：

1. 公文

中共中央办公厅和国务院办公厅联合印发的《党政机关公文处理工作条例》（中办发〔2012〕14 号）中规定的公文有 15 种。分别是：决议、决定、命令、公报、公告、通告、意见、通知、通报、报告、请示、批复、议案、函、纪要。

2. 事务文书

有计划、总结、简报、调查报告、规章制度、会议记录、方志、年鉴、大事记、提案、述职报告、讲话稿等。

3. 日常文书

有日记、读书笔记、书信、演讲稿、启事、电报、鉴定、条据、对联、请柬、名片、题词等。

（二）专用文书

在一定工作系统、部门和业务范围，根据特殊需要专门使用的文书。包括外交文书、军事文书、司法文书、传播文书、财经文书、科技文书等。而每类文书中又可按照行业、专业等具体划分。例如：司法文书又包括判决书、诉状、代理词、辩护词、调查笔录、调解书、通缉令、司法精神病鉴定书等。财经文书又包括工业、农业、交通、能源、邮电、林业、经贸、财政、金融、统计、税务、审计、工商管理、外经等多种文书。

第二节　应用写作的主旨与材料

一、主旨

（一）概念

对于应用写作而言，主旨是作者通过文章的全部内容和形式所共同反映的基本观点或中心思想。它体现了作者的写作意图以及对客观事物的评价和态度。文章不能没有主旨，否则将使文章因失去针对性、目的性和最本质的内容而不成其为文章。

（二）特点

写作学理论中，人们一般认为主旨具有制约性、多样性、抽象性、凝聚性、倾向性的特点。除此之外，应用写作的主旨还具有以下几个特点：

1. 权威性

应用写作中的很多文种，特别是公文、诉状、合同等，常常代表着党和国家的意志，具有很强的权威性。比如公文，根据工作的实际，或发布行政法规和规章，或传达有关方针政策，或宣布重大事项，或部署重要工作，担负着特殊使命，能产生行政约束力，这一点是政论文、文学作品的主旨所不具备的。

2. 即时性

从产生的过程看，应用写作的主旨多数酝酿时间较短，不像其他文章，特别是文学作品的写作要经过反复思考和较长时间的孕育才成熟；从反映对象看，要针对当前实际工作来确立主旨，回答应当做什么事、怎么做以及做得怎样，不要求塑造人物形象或作系统的理论阐述；从社会价值上看，它有直接的现实效用，有关单位和人员一旦了解了主旨，立即会有新的行动，它目的明确、作用直接，不同于其他写作，特别是文学创作间接作用于社会。

3. 单一性

一般说来，文学创作，尤其是中长篇的主旨具有多义性或有多重主旨，读者见仁见智。当然，这不是作者的有意设计或读者随心所欲地臆断，而是因为作者通过作品中人物刻画、情节发展，以形象反映生活，而形象大于思维，所以由读者在艺术欣赏时，结合自己的阅历和感受，挖掘添加补充获得的。应用写作则不同，它只能有一个主旨。只有主旨单一，才能重点突出、行文有序，达到提高工作效率的目的。

4. 显豁性

文学创作中的主旨贵曲忌直，作家常常将其隐含在艺术形象的塑造中，让读者去体会揣摩。而应用写作的主旨要求直陈、显露，也就是说，要直截了当地点明主旨，不含蓄、不隐晦、不模糊，其观点和目的必须让人一看便明。

（三）作用

1. 主旨是灵魂

一篇文章没有主旨，犹如一个人没有灵魂一样。因此，主旨是衡量应用写作成功与否的首要因素。应用写作一般都是思想性、原则性、政策性、指导性和应用性较强的一类文章，都是为了反映、总结现实社会中的生活或各项实际工作，并分析、探索其特点和规律，以促进个人进步或社会的繁荣和发展。基于这样的目的，判断应用文写作质量的高低、价值的大小、作用的强弱、影响的好坏，主要取决于主旨是否正确、深刻。

2. 主旨是统帅

主旨在应用写作中的统帅作用，表现为对其他文章构制要素明显的制约性。具体表现在：

（1）主旨决定材料的取舍。主旨对材料的统摄作用是巨大的，是选材的重要标准。材料可以是多方面的、丰富的和多样化的，但真正适合某一主题需要的材料毕竟有限，只有包孕着主旨的材料才可选中；否则，即使材料本身再生动，也要割舍。

（2）主旨决定谋篇。谋篇的宗旨是为了更好地表现主旨，所以拟定标题、设计首尾、安排层次、划分段落等都要以主旨为纲。应用写作中，主旨一经确定，结构也就基本确定了，如要揭示事物、问题和现象的整体过程，就应该采用纵式结构；如要反映多侧面的问题，往往就需要采用并列式、总分式或对比的横向结构来完成。

（3）主旨决定表达方式和表现技法。表达方式和表现技法都是为主旨服务的，选用哪一种要以主旨表达的明确充分得体为标准。如直述式通报一般要概述事实、简议性质和原因、说明处理意见及要求，统计分析报告常用对比分析法和因素分析法等，这都是人们从写作实践中总结出来的表现主旨的方法。

（4）主旨决定遣词和造句。白居易《新乐府·序》中说的“篇无定句，句无定字”，“系于意，不系于文”就是如此。应用写作的语言运用要严肃、确切、朴素和专用，要以表现主旨为依据，既要与其切合，又要使其赫然。

（四）主旨的确立

不同文体的主旨是有差别的，确立主旨时的着重点也就有所不同，其中包括明确主旨和提炼主旨两个方面。

1. 明确主旨

明确主旨就是作者在上级交给写作任务之后，经过认真审题，明确地理解写作的中心。应用写作中公文的意图往往就是主旨，所以应着力于使意图更明确、意见更成熟。

2. 提炼主旨

提炼主旨就是作者针对选题所包括的全部事实和数据进行反复研究，实现由感性认识到理性认识的“飞跃”。材料是主旨的来源，是提炼主旨的基础。因此，主旨的提炼不能随心所欲、割裂事物的本来联系。主旨是一种“观念”，是人们对现实生活、客观事物由感性认识通往理性认识的“飞跃”的产物，必须对事物反复进行“去粗取精、去伪存真、由此及彼、由表及里”，深入、细致、全面的分析研究才能获得。

3. 确立主旨的原则

（1）正确。应用写作带有鲜明的政治性，正确是确立应用写作主旨的最基本要求。确立主旨是一项非常严肃的工作，它的正确与否直接关系到工作和生活的得失和利弊。因此，写作时，首先应以马克思列宁主义、毛泽东思想、邓小平理论、“三个代表”重要思想、科学发展观、习近平新时代中国特色社会主义思想为指导。其次要依法行文，具有法律意识，掌握法律、法规。再次要依照国家的方针、政策。应用写作是传达贯彻党和国家方针、政策的一个重要工具，因此对主旨的要求十分严格。写作或审核时，如果发现有与方针政策相违背的情形，要立即纠正，避免给工作造成损失。

（2）符合工作实际。大到一个国家、一个地区，小到一个单位、部门甚至个人，应用写作渗透人类社会生活的每一个层面。社会是一个多层次的系统结构，从中央、省、市、县到基层以至个人，地域不同，分工复杂，行业不一，情况多样。所以，应用写作的主旨确立，在遵循大政方针、法律法规的前提下，还必须结合本地区、本部门、本单位和每个人的具体情况，从实际出发，有针对性地回答和解决各种实际问题，这样才能够发挥应用写作的实用价值。另外，主旨贵在求新，从实际工作中提炼主旨，就会有所发现，从而有效地总结经验、反映问题、促进工作。

（3）揭示事物发展的客观规律。按照客观规律办事是任何单位和个人都应该遵循的一个基本原则。在确立主旨时，尤其应注重这一点。只有揭示客观规律，主旨才显得深刻，文章才会有价值。主旨肤浅，仅罗列现象，就失去了写作的意义。如果违反客观规律，就会受到现实实践的惩罚。这就要求确立主旨要从全部材料出发，认真研究材料，由感性认识上升到理性认识。为此，可以进行由此及彼的分析，以把握其内在的联系和各自特点，任何现象都不是孤立存在而是相互作用的，只有比较鉴别，才能找出共性和个性，由此得出结论。还可以对大量的现象进行由表及里的分析，层层剥笋，找出内在的本质。

（4）反映时代精神。主旨是时代的产物。应用写作是时代活动的反映，与所处时代的社会生活息息相关，它具有某一历史时期的某些本质特征，呈现出鲜明的时代特色。这就要求作者把握时代脉搏，符合时代需要，及时反映新观点、新情况、新问题。作者要置身于社会实践之中，切实感受时代气息，具有捕捉的敏锐性、分析的透辟性和推断的前瞻性。确立主旨，本身就是创造。作者要善于寻找并发现“闪光点”，使主旨不同凡响。

4. 表达主旨的方法

（1）“以意役法”。就是真正确立主旨的统帅地位。主题一经确立，就要调动一切手段来突出它、表现它。对主旨有说服力的材料要下重笔，有次要作用的材料下笔则要轻。一切与主旨无关的材料统统删除。在结构安排上，要首先考虑突出主旨的需要。

（2）“片言居要”。就是以简明扼要的一两句或几句话准确地概括和揭示主旨，形成主旨句。并将它置于关键之处，使其更加显豁。具体做法是：有题中见旨，就是在标题上直接点明文章的基本内容或作者的主要观点；开篇明旨，就是开篇亮出主旨，以总领下文；议中显旨，就是在叙述或说明的基础上，用精辟的议论对事实或数据进行剖析，从而显示主旨；落句结旨，就是在篇末归纳主旨，做到“卒章显志”。

二、材料

（一）概念

材料是作者为了一定的写作目的，从生活中搜集、摄取以及写入文章中的一系列的事实依据和思想认识。它包括两个方面：一是指作者所搜集、所摄取，但由于种种考虑最后并未实际采用的，即原始材料；二是指写入文章之中的材料。

（二）特点

1. 真实性

应用文在材料的选用过程中不准改变材料本身的性质，必须保持材料的真实性，对材料的时间、地点、数据、事实过程及结果都不能任意改动。

2. 新颖性

应用文写作是为了解决现实问题的即时之作，其主要的材料需选取能反映现实的新颖材料。所谓现实，是指围绕文章要解决的问题所存在的事实（数据）材料，而非通过联想和推论得到的材料。所谓新颖，是指材料本身是新近产生的，如新事实、新政策、新的统计数据、新发现的问题等和用新的角度重新审视其新意。

3. 典型性

典型性是指那些最能支持主题和说明问题的材料。典型材料可以是一个具体的事例，也可以是一些有说服力的数据和一些带有普遍性的现象。

（三）作用

1. 为主旨服务

材料的作用首先是为主旨服务。一方面，材料是形成主旨的基础。主旨不是凭空产生，而是从材料中提炼出来的。另一方面，材料是表现主旨的支柱。有了好的主旨，还要靠充分的材料来支撑。没有材料，主旨根本无法表现；材料无力，主旨也立不牢。

2. 反映实际

应用写作以“实用”为本。直接作用于人类社会生活的全过程，其中大量的事实和数据就成了材料的信息源，一旦写入文章中，就变成客观实际的再现。如果材料积累不多，对反映对象缺乏深入充分的了解，写起来就会肤浅平淡，所以要求作者对材料多占、精选、妙用。

3. 传播知识

许多应用写作的文种专业性很强，系统的专业知识要靠材料来具体说明，因此材料就具有直接或间接的传播功能。比如，商品广告是消费者的生活向导，不仅为消费者提供大量可选的商品，而且实事求是地介绍商品的构造、特点、用途及保养方法，借以提高消费者对商品的鉴别能力。当然，传播知识并非应用写作的主要目的，应当以准确、简括、平易为原则。

（四）种类

根据不同的标准，材料大体可分为五类。

1. 直接材料和间接材料

直接材料是指来源于写作主体的直接经验的材料，是写作主体亲身经历或通过调查研究等实践活动获取的第一手材料。直接材料具有真实、生动、可靠的特点，能提高写作主体的感性认识或理性认识。间接材料是指来源于写作主体的间接经验的材料，是通过学习、交流等途径间接获得的材料。广义的间接材料包括人类的一切文明成果，其丰富程度远远大于直接材料。实际写作中，运用间接材料比直接材料更频繁、数量更多，因此也更为重要。

2. 正面材料和负面材料

正面材料是指符合社会发展趋势、文化发展方向和人民根本利益的材料。应用写作因为具有实用性的特点，所以写作内容应以正面材料为主，切实反映社会风貌，体现主流思想，鼓励积极向上。负面材料是反映客观事物或社会现象中消极面的材料。通过收集负面材料，可以形成分析研究的新视角，透过现象深刻认识事物的本质，更全面地反映客观事物，增强解决问题的紧迫性。

3. 历史材料和现实材料

历史材料是指过去时期发生和存在过的事实和观念，是对事物演变过程的记载。用历史的观点看问题，通过分析特定事物的历史材料来获取对解决现实问题的启示，对写作大有裨益。现实材料是指与描述的特定事件相关的当时材料。现实材料的内容往往包括事件发生的事由、经过和亟待解决的问题等，是反映、解决现实问题的最重要的材料来源。因此，充分拥有和深刻领会、借鉴历史材料，准确把握、深入分析现实材料，是积累材料的重要方法。

4. 国内材料和国际材料

国内材料是指对国内发生事件或现象进行记载、分析和研究的有关文字材料。国际材料是指对国际上发生事件或国际现象的记载、分析和研究的有关文字材料。在世界政治、经济联系广泛，国际一体化进程进展迅速的今天，写作主体不能局限于国内材料，必须大量掌握相关国际材料，积极开展国内外比较研究和比较分析，充分借鉴国际经验、教训，开阔视野、少走弯路，使政策导向更加紧跟时代的步伐和世界的潮流，同时更加符合我国的客观发展实际。

5. 具体材料和概括材料

具体材料是指反映局部问题、个别事例、特殊情况的材料，即“点”的材料；概括材料是指反映全局问题、整体概貌、一般情况的材料，即“面”的材料。点面结合十分重要，没有具体材料，内容就会空泛，文章就没有深度；缺少概括材料，内容就会狭窄，文章就没有广度。只有两者结合，才能做到既突出重点，又勾勒全貌，达到深度与广度的统一。

（五）材料搜集

搜集材料即积累和占有材料，这是写作的基础。搜集材料，要力求全面。材料的搜集，不怕其详，愈详愈佳；不厌其多，多多益善。搜集材料的主要途径有下列几种：

1. 从党和国家的方针政策中获取

在写作中适当引用相关方针政策法律法规，作为行文的依据，同时将方针政策和实际情况相结合思考问题。

2. 通过观察获取

即作者动用各种感觉器官，对外部世界的各种现象进行全方位的感知，从而获得大量的第一手材料。观察可以帮助我们捕捉到生动的事例，增强文章的说服力和可读性。观察也有助于真实地反映客观世界，有助于我们加深思考，形成准确的思想认识，从而增强文章的真实性和实用性。

3. 通过调查获取

围绕选题，到社会活动中进行实地调查，通过听取当事人和知情者的情况反映来获得材料。进行调查首先要充分了解与调查内容相关的理论，从而确定正确的立场和观点；其次要明确调查目的，做好必要的准备，具体规定出调查的任务、时间、地点、对象、方法。调查的方法有专题调查、典型调查和抽样调查。调查要有笔录，以免遗漏。

4. 通过阅读获取

受时间、空间的限制，一个人通过亲自观察、调查等途径所获取的信息总是很有限的，一个人的思考和经验也是很有限的。所以，阅读是获取材料的又一重要途径。阅读的范围很广，包括听广播、看电视、上网浏览信息、阅读书报杂志中相关的文字资料等，通过阅读可从中摄取间接材料。大量的报刊、图书是人类社会实践活动的无尽的智慧结晶。勤于读书，可以增长知识、开阔视野、积累材料、启发思考。

（六）材料选择

从各方面搜集的丰富而详细的材料是提炼主旨的基础，主旨确立之后，还要用材料来表现。但搜集到的材料不能都拿来使用，必须进行严格筛选。

1. 围绕主旨选取材料

也就是依据表现主旨的需要进行取舍。与主旨有关，并能有力地说明、烘托、突出主旨者取之；否则舍之。不善于围绕主旨选择材料，不看是否需要，一股脑儿地罗列材料，就会造成材料的芜杂、主次不分，结果淹没了主旨。而以自己的偏好作为选材的标尺，不忍割爱，也不利于主旨的表现。

2. 选取典型性的材料

即要选取那些真正能深刻反映事物本质，具有广泛代表性和巨大说服力的事实现象和根据，以一当十，事半功倍。因篇幅所限，一篇文章不可能包罗万象，只能通过个别反映一般、通过个性反映共性。典型材料是矿藏中的精华，能以少胜多。所以，选择了它们，就能突出事物的本质特征，有力地表现主旨。

3. 选取全面真实、高度准确的材料

应用写作被留取使用的材料必须“实有其事”，同时它又不能是非本质的、个别的、偶然的“表象”，必须从局部到整体全面真实。为确保材料的真实性，要注意以下三点：一要多搜集第一手材料；二要对第二手材料进行认真核对；三要尊重事实。

4. 选取新颖、生动的材料

即要选择能反映时代精神的、给人以新鲜感的材料。要避免使用时过境迁，很难引起人们兴味与关注的事实现象依据。应用写作应跟上时代的脚步，及时反映新人、新事、新情况、新成果、新经验、新数据、新观点等，从而令读者耳目一新。新颖的材料包括以下几种：一是新近发生的事情；二是虽然不是最近发生的事情或提出的观点，但鲜为人知；三是老材料，新角度。

第三节 应用写作的谋篇与章法

一、谋篇

（一）概念

谋篇就是对篇章结构的谋划，是作者根据观点表达的需要，将精选出来的材料在系统的、科学的组织编排时所采用的一定的格式。

（二）特点

1. 规范性

文学创作没有固定的模式，提倡不拘一格、大胆创新。应用写作则不然，强调谋篇的规范性，以保证自身的科学和统一，便于提高工作效率。其中，有的是法律、法规或规章明确规定的，如公文、经济合同、学术论文、书刊征订发行委托书等；有的是约定俗成的，如简报、书信、启事、调查报告等。所以，谋篇时，必须考虑这一点，既遵循规范，又不落窠臼。

2. 多样性

应用写作的文体有很多。不同文体的谋篇特点及格式也不一样，即使是同一文体，有的在结构上也有区别，如同是计划，工作安排多用条文式，财务计划则为表格式。谋篇时，应当因文而异，灵活安排。此外，应用写作的格式项目较多，这也是应用写作与其他写作的一个区别。

（三）原则

1. 要正确反映客观事物的规律性

文章是客观事物的反映。客观事物纵然千变万化、错综复杂，但总有其规律。谋篇必须把准这一规律。比如，任何事物都有自身的演进过程，按照这一过程来谋篇，就形成了以时间先后为顺序的纵式结构。又如处理工作，有一个介绍目的或依据、交代情况、提出要求的过程，因而公文就形成了缘由、事项、要求三段式，它与处理问题的规律性相吻合。此外，在谋篇时，还要注意与人们认识客观事物的习惯性相一致。

2. 要服从表现主旨的需要

主旨是文章的总纲，谋篇的各个环节都要受命于它。一篇文章无论由这个主旨演绎多少层次，形成多么复杂的格局，都必须以纲统目。

3. 要适合不同文体的特点和要求

应用写作文体多样，它们反映问题的角度、容量和表达方式等各有特点。因此，谋篇也要因文而异，量体裁衣。要从实际出发，选用恰当的结构方式，以适应不同文体的特点和要求。

4. 要富于变化

大千世界，多姿多彩。文章是客观事物的反映，所以谋篇方式也应千变万化。前面我们强调应用写作谋篇的规范性，是与其他写作，特别是文学创作比较而言的，但它不是凝固的程式，如果谋篇时墨守成规、亦步亦趋，文章就会缺乏活力。“定体则无，大体须有”这种说法用于应用写作的谋篇是适合的，即在规范的格式里匠心独运、花样翻新，从而更好地反映日新月异的社会生活实践。

（四）应用写作的格式

格式，即文章的规格式样。应用写作的格式呈现规范性和多样性。如公文、简报、计划、合同、诉状、书信等，格式各不相同。因此，谋篇要有针对性和灵活性。这里主要介绍标题和正文。

1. 标题

即文章的题目。它是文章的眉目，是文章的旗帜，它的好坏对一篇文章能否取得预期的传播效果有着明显作用。除简报、消息等有多行标题外，应用写作一般用单标题或双标题。单标题主要写法有：主旨式、提问式、直陈式。双标题中往往正标题揭示主旨或指出意义，副标题起补充说明作用，交代单位、事由和文种。拟定标题的要求是贴切、简洁、醒目、生动。

2. 正文

正文包括开头、主体和结尾三个部分。其基本结构形式是：

（1）按照逻辑关系有总分式、递进式、并列式和连贯式等。

①总分式。即各层次之间的关系是总分关系，在应用写作中使用较普遍。具体有三种：一是先总后分式。开头点明主旨，统领全文，然后分条表述。二是先分后总式。先分头叙述、分项说明或部分论述，最后加以总括或者归纳主旨。三是总分总式。先由总而分，再由分而总。总分式结构布局严谨、条理清晰，容易掌握。

②递进式。即由表及里、由浅入深，层层推进、逐步深入。它适用于对现实现象做分析综合，所以，在统计分析报告、调查报告、学术论文等文体中用得较多。

③并列式。即前无总提、后无括应，全篇只是平行地谈几个相关的问题。并列式结构省去不必要的说明，行文很自然，但要注意各部分之间的内在联系，不能东拉西扯地罗列不相干的问题。

④连贯式。即以事实的发展和工作的进程为序来安排结构。它多用于简报、消息、

总结、调查报告、厂史、审计报告等侧重于反映事实的文体，能给人完整、清晰的印象。

（2）按照写法有叙议式、条文式、表格式和综合式。

①叙议式。即用文字叙述事实并加以评析。

②条文式。即分条表述。多将复杂的内容，按照其性质分成若干条，每条冠序码。其结构形式或条陈贯底，或前言之后分条。而且条下常设项，大项中又可分小项，各项也冠序码。

③表格式。即由有关部门印制或作者自己设计表格，写作时，将有关情况填入相关栏目。

④综合式。即将上述三种方式结合在一起，既叙议又条陈，必要时，还插入图形或附有表格来说明。

二、章法

（一）概念

章法，特指谋篇的方法。要写好文章，就要讲究章法，也就是考虑处理材料的详略和顺序，如何划分段落，如何设计开头、结尾，如何过渡照应等。

（二）作用

1. 体现文章作者的总体设计

章法着眼于一篇文章的全局，尽可能完美地体现作者对于这篇文章的总体设计。动笔之前谋划一番，运用良方妙法为文章搭架子、勾蓝图、造雏形，是十分必要的。只有总体设计精美，一篇文章才会严密、完整、匀称。

2. 为表现文章的主旨服务

章法有很多，在一篇文章中怎样遣用，必须以主旨为依据，切不可游离主旨而搞一些技巧性的游戏。

（三）种类

章法不是凭空产生的，它是古今中外许多文章家写作经验的结晶，是他们谋篇恰当方式的总结。下面择要介绍几种。

1. 思路

就是作者在构思文章时的思维路线，是作者对客观事物观察、理解、认识的梳理过程。文章的结构组织是否清晰严密，取决于作者的思路是否清晰严密。思路是否清晰严密，取决于他对所写的客观事物是否形成了鲜明的印象、看法、态度或感情。所以，要文章的结构好，必须求之于思路。思路是章法的基础，好的思路形成好的章法，紊乱的思路只能造成结构的混乱。

2. 详略

写文章要注意材料的多与少、详与略。谋篇时，材料疏密相间，能避免单调和死板，形成一种自然美、错落美。要处理好详略问题，就需要注意下面几组材料的关系：

（1）主要材料和次要材料。主要材料能够充分地表现主旨，宜详；次要材料对主旨起辅助、陪衬作用，宜略。

（2）中心事件和有关材料。中心事件是文章的“脊梁”，宜详；有时出于某种需要，插入有关事实、数据等作为补充性说明，宜略。

（3）具体材料和概括材料。具体材料是“点”的材料，宜详；概括材料是“面”的材料，宜略。

（4）新材料和老材料。一般说来，新材料因其“新”而显魅力，宜详；有些老材料为说明问题之所需又必须使用，宜略。

3. 理序

理序是客观事物的逻辑顺序在谋篇上的反映，也是作者认识、表现客观事物的一种顺序性、连贯性和条理性。由于理序直接涉及行文的脉络和层次，因此，历来为人们所注重。

应用写作沿革已久，在长期的写作实践中，摸索出各种文体的理序，为人们广泛使用。如公文的理序，多是缘由——事项——要求。分析报告的理序，一般是概况——分析——建议，其中概况是基础，分析是重点，建议是归宿。当然，撰写时，可变通处理。以说明为主的文体（如广告、启事、产品说明书、解说词等）在解说事物、剖释事理时的理序，是按照时间的推移或空间的转换，按照事物的特征，按照功用、效能，按照构造，按照生产和使用方法等，更多的是将其综合运用。要使理序顺畅，就必须遵循规律，稳中求变。

4. 段落

这里所说的段落，指的是“自然段”。它是构成文章的基本单位，是在行文中自然形成的分隔、停顿，具有“换行”另起的明显标志。文章的分段是非常重要的，其作用在于表现文章内容的转折、强调和间歇，展示其内在层次；使文章有行有止，在读者的视觉上形成更加醒目、明晰的印象，便于读者阅读、理解和回味；显示作者思路发展的阶段，有利于作者清晰地表达内容。

划分段落的原则如下：一是单一性。即在一个自然段里，只表达中心意思，不能把其他无关的意思硬扯进来。二是完整性。即在一个自然段里，把一个意思说完，不要把一个意思分散在几段说。三是连贯性。即文章中的任何一个段落都是整篇中的有机组成部分，都是为表现主旨服务的。因此段与段之间在内容上必然要有一种内在联系。上下段要自然衔接成一体，做到“分之为一段，合则为一篇”。四是匀称性。即根据内容的多寡繁简，各段的长短不必整齐划一，而是可长可短。但是，要防止过长或过短。

5. 起结

起结就是文章的开头和结尾。

（1）开头。

开头很关键，它要引发读者的阅读兴趣，还要为全篇奠定基调。起调太高，后续困难；起调太低，软弱无力；起调失体，风格难以统一。应用写作中，常用的起法有：

①明旨式。把全文的主旨置于开头，统摄下文。公文、短论、讲话稿、经济预测报告等常使用这种方法。

②直陈式。用概括性的语言直接说明某一时期、某一方面、某项工作的基本情况，使读者对内容有一个初步的印象。会议纪要、总结、调查报告常以此勾勒概况。

③缘由式。开篇交代目的或依据，常用“为”“为了”“根据”“依照”等介词作为发端。公文、规章制度、经济合同等多用此法。

④结论式。将事情的结论摆在文章的最前面，吸引读者去了解情况或探寻原因。

⑤引述式。在公文、书信等文体中多用首句引用来文、有关法律法规及方针、政策，以此作为行文的依据。

⑥引申式。在开端，或引经据典，或叙述情况，由此引发和扩展，提出新观点。它多用于讲话稿、短论等。

⑦提问式。起笔设问，提出所要叙议的问题，唤起读者的高度注意。调查报告、产销分析报告、学术论文等多用此种方法。

⑧礼仪式。祝辞、贺信、慰问信等用于社交的文体一般以礼仪辞令起笔，如表示祝贺、慰问等。

⑨无头式。有的文章不单设开头，直接进入正文，起笔为“一”，使用序码和小标题表明主旨句作为开头。

（2）结尾。

结尾要收束全篇，是文章所叙事实、所论事理的自然延续所形成的最终表述，对于归结全文、深化主旨、加深读者印象有重要作用。应用写作的主要结尾方法有：

①显旨式。结尾点明主旨，昭示其思想意义，也就是“卒章显志”。讲话稿、短论等多用此法。

②括应式。对上面各层的意思加以总结和回应，给人一个完整的印象。

③表态式。针对上述事项表明态度，或提出要求，或发出号召，或进行展望，或表明意见或建议。这种结尾方法的运用十分普遍。

④说明式。在结尾处交代与文章有关的问题，例如：法规及规章的生效期、协议书的份数及保管方等。

⑤自然式。有些文章自然收束全文，不另设结尾。

6. 转接

转接也叫转承或者过渡。转，转折；接，承接。转接，就是指文章上下内容的转换与衔接。文章转接自然巧妙，就会使整篇脉络通畅、层次分明、气韵生动、严密无缝，使读者的思路很顺利地由上文过渡到下文，不会有生硬阻隔之感。

常用的转接方法有三种：

（1）关联词语。如“因此”“由此看来”“但是”“总之”“综上所述”等，一般放在句首或段首。

（2）过渡句。多放在前段之后或后段之前，承前启后。

（3）过渡段。放在两个段落或两个层次之间，起到搭桥作用。

7. 伏应

伏应是指文章前后的关照、呼应。文章前有伏笔，到了后面适当地方就要回应。恰当运用伏应，不仅使文章针线细密、结构严谨，而且会使某些内容得以突出，给读者留下深刻的印象和某种启迪、联想。

常见的伏应方法有：首尾呼应，使文章结构完整、主旨突出；题文呼应，以突出题旨，有时还能收到解题之效；前后照应，指后文对前文的呼应，行文中处处照应。消息、通讯、调查报告、经济广告等多用此法。

8. 波澜

常言道：“文似看山不喜平”。现实生活色彩斑斓、千变万化，文章中的波澜正是客观现实的反映。文章波澜起伏，灵活多变，才有吸引力；布局呆板，平铺直叙，会使人感到枯燥乏味。应用写作因特定的程式性，尽管对“兴波”没有严格要求，不过也提倡因文制宜、富于变化。

“兴波”的方法有很多，如抑扬、张弛、虚实、开合、疏密、对比、悬念等，都可以打破结构的平板，使文章生动活泼。“兴波”一定要根据文体的特点和表达的需要，切不可故作惊人之笔。

第四节　应用写作的语言与表达

一、语言

（一）概念

语言是人类最重要的交流思想、传递信息的工具，是一种特殊的社会现象。语言分为口头语言和书面语言。应用写作就是使用书面语言来交流思想、传递信息的。

（二）特点

1. 准确明了

就是语言符合客观实际，合乎语法逻辑，能够恰如其分地表达思想内容。语言的准确基于作者思维的准确。思维正确、全面、清晰、严密，遣词造句必定运用自如、无懈可击，不然就会漏洞百出。要做到语言准确，还必须下苦功锤炼，力求字、词、句的使用以及逻辑关系的体现要能够正确地表达意思，实事求是。不过，我们强调语言的准确性，并不排斥使用模糊语言。这里讲的模糊语言，指的不是含糊不清、模棱两可的语言，而是自然语言中带有某些模糊性的语言。比如“约”“有时”“基本上”“程度不同”“视情节轻重”等，用得恰当，可以增强语言的表现力。

2. 简洁凝练

应用写作的语言贵在简练，这是节省时间、提高效率之必需。为了使语言简明，应该特别注意两点：第一，禁止说空话、套话；第二，学会“删”的艺术。讲究简洁凝练实际上是删繁就简的过程，即把与主题无关的内容，重复的意思和事例，无需受文方了解的事件及过程、不必要的修饰性语句尽可能删去。但是简练不是一味求简、越简越好，而是要做到言简之外还要意明。意明是该说的还要说，而且要说得明白。为了“简”要应无者无，为了“明”要求应有者有。简练的最高境界是字少文不单、文短理不薄，是言简意丰。

3. 平实易懂

平实，即平正朴实，就是说，应用写作的语言表达应尽可能平白、朴实、大众化。一般应注意以下几点：一要直陈其事。意思表达要直截了当，易于理解，不应绕弯子兜圈子、顾左右而言他，更不应该让受文方揣摩言外之意。二要感情隐淡。要偏重理性的叙事和说理，情感则要隐淡，不易体察。三要有选择地使用辞格。应用写作运用辞格要特别慎重，一般不宜使用象征、双关、比拟、夸张等，而应该平中显奇、朴中见巧。

4. 严肃庄重

就是端庄、郑重。这是处理公务应有的严肃持重态度在应用写作语言中的体现。应用写作的语言，特别是公文、诉状、经济合同、学术论文等文体的语言，要使用正规的书面语言，避免使用俗语、俚语、口头语；同时要恰当地选用惯用词语，酌情使用文言词语。

5. 规范得体

它是指应用写作语言运用所遵循的规范和程式。与应用写作相关的法律、法规、规章及其他文件中，有不少语言规范。其中，有的是统一标准，如《标点符号用法》《校对符号及其用法》等；有的则对语言运用作出某些规定，如“公文使用的汉字、数字、外文字符、计量单位和标点符号等，按照有关国家标准和规定执行。民族自治地方的公文，可以并用汉字和当地通用的少数民族文字”(《党政机关公文处理工作条例》)。广告中不得“使用国家级、最高级、最佳等用语”(《中华人民共和国广告法》)。写作时，必须按照有关规范，不可与之相悖。写作的语言还有明显的程式性。它是相对固定的框架语言体式，有法定和约定俗成两种情形。法定程式有公文、学术论文、经济合同等。约定俗成的语言程式也有很多，主要表现在惯用句式和词语上。

（三）遣词

应用写作的遣词常常包括下列词语的使用。

1. 公务词语

公务词语是指各行各业的人通常使用的反映公务活动的词语，它适用面广。主要包括称谓用语、经办用语、引叙用语、期请用语、表态用语、征询用语、期复用语、综述过渡词语、结尾用语等。

2. 专业术语

专业术语是应用写作遣词的一个重要方面。每个行业领域都有专业术语。只有懂得专业，才能掌握大量的术语，并且恰当地运用到文章中。

3. 数词

现实工作离不开数字，许多问题要用数字说明，所以数词在应用写作中使用频繁。数词有基数、序数、分数、倍数、概数等，使用时，应当准确、清楚。要注意以下几点：

（1）切实。也就是说，要如实反映情况，一是一，二是二，好就是好，差就是差，决不能弄虚作假。

（2）表示数量增加或减少时，要注意动词后带“了”或“到”的程度差异。

（3）倍数只用来表示数量的增加，不能表示数量的减少；分数既可以用于数量的增加，也可以用于数量的减少。

（4）定数和概数不能同用。定数是表示确定的数，概数是表示不确定的数，它们差别明显，不可在同一句子中使用。

（5）使用概数时，要对“以上”“以下”等字样前面的本数进行界定。

（四）造句

1. 合乎语法

合乎语法要做到成分完整。句子有长有短，但结构要完整。如果随意省略某个必备成分，句子就残缺不全了。还要搭配得当。句子的相关成分，如主语和谓语、谓语和宾语、谓语和补语、定语和中心词、状语和中心词等，它们之间有一个合理搭配的问题。如果搭配失当，句子就不顺了。也要前后有序。句子的语序安排要合乎语法规范，各就其位。若前后颠倒，就会造成混乱。

2. 合乎逻辑

合乎逻辑要做到概念明确。句子由若干个词语组成。概念是词语的思想内容，词语是概念的表达形式。概念不明，句子就出现毛病。在应用写作中，大多数句子是判断句。判断不当，自相矛盾，前后失应，非但收不到表达效果，有时还会与作者的原意相悖。推理严密，才能令人信服；推理欠周，就与事理不符。

（五）辞格使用

1. 对比

用对比对不同事物之间或同一事物的不同方面进行比较，可以突出事物的特征，增强文章的说服力。对比可分为两种情况：一是纵向比较。常见的是将某项工作在不同时期的情况或某个现象前后的变化加以比较。二是横向比较。这是不同地区、部门、单位的同一工作的比较，或者是同一地区、部门或单位在同时期内各个方面的比较。表现方式主要有事实、数据、分析、综合性对比四种。运用对比，要善于发现事物之间的差异，使之具有可比性。

2. 排比

陈马癸在《文则》中认为排比的作用在于“壮气势、广文义”。写作中常用它来列举情况、说明事理，以求表达清楚、严密。排比主要用于阐述工作意义、说明现象或问题、剖析实质、提出要求等。运用排比，要根据文体特点和表达需要，不可生拼硬凑；还要注意排比各项的排列顺序，恰当使用提示语。

3. 引用

在文章中，为了阐明观点、说明问题，常引用有关材料，以增强说服力。引用大致体现在三个方面：一是引出对象，即所引出的词语是被解释、说明的对象。这种方式常出现在补充性的通知、规章制度等文书中。二是引出根据，即所引用的词语是制发文书的根据。多引有关文书的标题和发文字号，有时也引用主要观点。三是其他情形。根据所需灵活处理，如调查报告中引用群众性语言、统计分析报告援引多种材料作纵横比较等。采用引用时，要做到材料真实、处理巧妙。

4. 比喻

应用写作中恰当地运用比喻，可以增强表达效果，显得深刻具体、富有文采。主要有以下几种作用：一是揭示文章的主旨，给人深刻的印象；二是描绘、渲染事物的特征，使其鲜明突出；三是突显事物的本质，具有实感性；四是强调某些内容，引起人们的高度注意；五是用成语、典故、俗语等比喻，使文字精练。用比喻，必须按照需要选定最佳喻体，使本体和喻体在内容和程度上相一致。

5. 对偶

应用写作中有时也用对偶，以求文字的概括性和节律感。讲话稿中常用对偶，广告中对偶句也不少。用对偶要看内容所需，切不可在字面上纠缠。

应用写作中还运用其他多种辞格。用辞格，一要准确恰当；二要自然合体；三要防止滥用。

二、表达

（一）概念

表达，即表达方式，是作者借助语言文字反映客观事物的方法和手段。表达方式是文章构成的要素之一。写作时，应当根据主旨的需要和文体的特点而运用不同的表达方式。

（二）特点

1. 直接性

这是由应用写作的实用性决定的。应用写作，大如行政法规，小如招领启事；长如万言论文，短如十余字的请假条，都要使读者一目了然，这样才能体现其直接的交际功能。

这里不妨把文学创作与应用写作的表达方式略作比较。在叙述方面，前者讲究波澜起伏、峰回路转，后者多是直陈其事，一看便明；在说明方面，前者常用渲染、比拟等手法把事物表现得生动形象，后者一般平实表述；在议论方面，前者是情感与哲理交织，后者往往直言己见；至于描写和抒情，前者要凭其呈现艺术感染力，后者多不用此法。可见，应用写作的表达是直截了当的。

2. 概括性

应用写作的表达讲究高度的概括性，笔墨集中，要言不烦。具体地说，在应用写作中，不要求详细陈述事物的发展过程，而是抓住事物的特征对其进行整体勾画，进而讲明原委和目的；不面面俱到地解说事物和事理，只以简约的文字说明应该怎样做、不应该怎样做；不需要作反复的推理和多次的证明，应当一针见血地进行评析、单刀直入地提出观点。

3. 综合性

写作文章种类繁多，是以性质和用途分类的，不像记叙文、说明文、议论文以表达方式为主要标准划分文体。在应用写作中，虽然个别文体以一种表达方式为主，如条据重在说明、短论多是议论等，但更多的是叙述、说明、议论交叉运用。所以，综合运用表达方式，要做到选用恰当、变换自然。

（三）表达方式

1. 叙述

叙述就是把人物的经历或事物的经过介绍出来。应用写作中离不开叙述。通过叙述，介绍情况，反映动态，为制定政策或作出决策提供依据，有力地促进工作的开展。叙述方式有很多，这里介绍两类。

（1）按照叙述顺序有顺叙、倒叙、插叙。顺叙，即按照人物的经历或事物的发生、发展的先后顺序进行的叙述。它有头有尾，脉络分明，易于被读者接受。运用这种方式，要注意材料的取舍，不能罗列现象，也不能平均用墨。倒叙，即把事件的结局或最突出的片段提到前面来写，然后回到事件发生、发展的时间顺序上接着叙述。它能造成悬念，突出重点。插叙，即在叙述过程中，由于表达的需要，暂时中断了原来的叙述，插入有关的另一件事情的叙述。它可以增加文章的容量，使表达充分、严密。插叙不可乱用，一要看内容是否需要；二要注意文字不宜过多；三要考虑起讫处的过渡。

（2）按照叙述详略有概叙和详叙。概叙，即比较浓缩的、概括性的叙述。它能加快文章的节奏，增加内容的广度，开阔读者的视野，给人一个整体的印象。概叙是应用写作最常用的叙述方式之一，不作精雕细刻，只是粗线条勾勒。详叙，即充分展开的具体叙述。它内容丰富，介绍详细，使读者更多地了解有关情况。经济诉状在陈述事实时因内容所需有时用到详叙。

叙述的要求：人称恰当，交代明白，线索清楚，详略得当。

2. 说明

说明就是用简洁的语言解说事物、阐释事理。应用写作常常使用说明。主要用于表明目的或依据、总结成绩和不足、归纳经验和教训、介绍有关情况等。常用的说明方法有：

（1）定义说明。即用精练的语言揭示事物的本质属性。它使读者明确概念，了解事物之间的区别。定义说明的方法是：被定义概念 = 种差 + 邻近的属概念，不宜用否定或打比方的形式。

（2）诠释说明。即对概念的含义作广泛的解释，包括本质特征、一般特征及构成、功能、用途、关系等。运用诠释说明，表达要精确，文事要晓畅，切忌言不及义、含糊其词。

（3）顺序说明。即按照事物本身的条理或人们认识事物的过程，以先后顺序来介绍事物。有按照时间、空间、逻辑顺序说明三种情形。

（4）概括说明。即对事物作简括介绍，使读者对其总体轮廓有一个基本了解，要力求点面结合、文字简洁。

（5）举例说明。即举出实例来介绍，使抽象变为具体、深奥变得浅显，增强说服力。举例要有真实性和代表性。

（6）比较说明。即通过事物之间的相互比较来突出其特征，有纵向比较和横向比较两种。

（7）比喻说明。即通过打比方来介绍，显得通俗易懂、生动有趣。但要符合客观实际，不能含有夸张的成分。

（8）比拟说明。即用比拟的方法深入浅出地解说，具体形象，饶有兴味。经济广告等常用此法。比拟说明要用得精当、自然，不能离奇，也不能生拉硬扯。

（9）引用说明。即援引有关资料来增强文章的真实性和说服力。要引得恰到好处，不能堆砌材料，也要避免以讹传讹。

（10）数字说明。即用数据说明事物，使读者从量的方面认识事物的本质特征。数字的来源要可靠，表达要准确。

（11）图表说明。即用图形、表格的方式来介绍有关情况。图表说明要合乎规范，与文字表述巧妙地结合。

说明的要求：态度客观，特征鲜明，顺序合理，语言简明。

3. 议论

议论就是议事论理，即作者对某一事物或问题进行分析评论，以表明自己的见解和主张。应用写作中的议论，具有直言和简括的特点，一般不作多层次、多角度的完整论证，而是直接对议论对象进行判断，得出结论，一语道破，画龙点睛。

常用的论证方法有：

（1）例证法。即以事实为论据，举例证明论点。它是运用归纳推理的形式进行论证的，说服力强，易于被读者接受。运用例证法，要以真实、典型的事实为依据，要善于对事实进行科学的抽象归纳。

（2）引证法。即引用权威性论述或者科学上的公理、定理以及名言警句等来证明论点。它用演绎推理的方式论证，权威性强。引证法的关键在于所引用的内容真实可信，并且少而精，也就是说，首先大前提必须正确、周谨严密。

（3）因果论证法。即通过分析问题，揭示事物本身的逻辑关系，从而证明论点的正确性。在使用时，要注意逻辑的严密性。

（4）喻证法。即借助打比方进行形象化的论证，使论证通俗生韵。使用此法，要注意拿来打比方的事物必须是人们比较熟悉的，而且有深刻寓意。

（5）类比法。即根据两种事物在某些特征上的相似，作出它们在其他特征上也可能相似的结论。用作类比的事物之间必须有相似点，相似点越多，推出的结论越可靠。

（6）对比法。即将两种性质、特征截然相反的事物加以对照，使它们的本质显现得更加鲜明突出。要注意两种事物必须是对立的，有纵向比较和横向比较两种。

（7）反证法。即不从正面直接证明自己论点正确，而是从证明与这个论点相反的论点的荒谬入手，来间接证明自己论点正确。要注意两个论点性质相反，不可共存；论证时兼顾两个论点，切不可脱节。

（8）归谬法。即先假定对方的观点正确，再用它作前提，推导出一个极为荒谬的结论，从而证明对方论点不能成立。归谬法的关键在于引申合理，使对方的论点不攻自破。

议论的要求：论点正确、鲜明；论据充分、可靠；论证合乎逻辑。

【综合训练】

一、这是一份会议通知，阅读后分析其语言表达上存在什么问题。

重要会议请君出席

全体职工同志们：

啊！今天的会议该是多么重要啊！

大家一定会群情振奋，踊跃参加的。

地点就在宽敞明亮、让人爽心悦目的东二楼大礼堂。

时间是午睡后精力充沛、神清气爽的三点整。

欲知会议内容多么重要，开会后自见分晓。

二、歌德早年秉承父亲的旨意，曾学法律，并当过律师。在短暂的律师生涯中，歌德为当事人辩护屡屡受挫，连连失败，为什么呢？下面是歌德当律师时的第一份辩护词中的几句话：

啊！如果不是喋喋不休和自负竟能预先决定明智的法院的判决，而大胆和愚蠢竟能推翻已经得到证明的真理——简直很难相信，对方居然向你提出这样的文件，它们不过是在无限的仇恨和最下流的谩骂的热情下产生的，是用最卑劣的手段和最虚伪的诺言精心编织的荒诞无稽的神话——啊！在最无耻的语言、最不知节制的仇恨和最肮脏和诽谤的角逐中受孕的丑陋而发育不全的低能儿，面对公正无私、光芒四射的神圣法律，不可避免地要失魂落魄，完全彻底地暴露那愚昧无知且贪得无厌的本性。

——这段文字可谓文采飞扬、艳丽多姿。但辩护效果如何呢？据记载，当歌德律师在法庭上进行辩护时，旁听席上不时地发出笑声，连严肃有余的法官也忍不住相视而笑，连连摇头。很显然这篇辩护词成了歌德律师生涯一次失败的记录。原因是什么呢？

三、阅读后分析此段文字在材料的使用上有什么问题。

某单位的工作简报上载：某领导干部一向清廉，从 ×××× 年至今十年间，共拒贿 63 次，款项 124 500 元；拒贿物品 42 宗，计有手机、手表、名烟酒等共价值 5.2 万余元；拒吃 120 余次。堪为廉政建设的表率。

四、修改病句

1. 承揽方为定做方加工服装 150 余套，其中运动服 100 套，其余为夹克衫。

2. 保管方为存货方保管粮食约 400 吨。

3. 供方提供的苹果要求无坏的、烂的。

4. 全部建造费用计 52 万元，发包方在订立合同后先交一部分，其余的分期付清。

5. ×× 县响石镇牌坊街的王氏兄弟，以祖传的缝纫绣花训练班闻名遐迩。

6. 局长和其他局里的干部跟我们一起参加植树劳动。

7. 一年下来，砖坯损失不下 200 万块砖。

8. 谁也不会否认，利改税不是对经济体制的巨大贡献。

9. 现在对伪劣产品进行曝光，真是令消费者扬眉吐气，使销售者胆战心寒，广大人民群众对这一举动无不拍手称快，但是有人说："只要当众惩罚那些利欲熏心胆大妄为的偷猎者就行了，何必把有用的东西付之一炬呢？多可惜啊。"

10. 去年红光厂的利润是 100 万元，今年才实现 20 万元，整整减少了五倍。

11. 二车间大打维修保养仗，使设备完好率从原来的百分之五十四，提高了百分之八十。

12. 今年的小麦亩产量在去年 200 千克的基础上增加 750 千克。

13. 以上是文秘人员在公关语言方面所应遵循的一些原则，当然这只是基本的，但我想，文秘人员了解了这些要求，在此基础上按照各自的理解不同会有各自不同的发展利用，而且也一定会做得很好。公关活动还包括日常电话的处理，单位内部之间关系以及同外来单位之间的关系的处理，有了这些原则，文秘人员就只需根据具体情况灵活运用喽！

14. 由于中国的互联网发展非常迅猛，网络空间自我规范的速度远远落在了技术更新换代的后面，这导致网络空间缺乏清晰、刚性、公共认同，在"哪些能做，哪些不能做"的界限上一直很模糊。

15. 浏览新闻是人们目前通过移动终端主要进行的活动，因此，各大门户网站纷纷推出具有自身特色的新闻客户端。

16. 由于企业资金状况较好，有实力的大型房企集中拿地，近期土地市场较为活跃，土地购置面积同比降幅将继续发生稳步收窄态势。

17. 我们在写作时常常需要把自己的观点在显著的位置表达出来，这样，文章的观点才会鲜明，读者才容易抓住文章的主题。

18. 我们通过读这本书，一百年前的中国的面貌会在心中越来越清晰，而且，一百年后的中国所发生的变革，也会得到我们更好的理解。

五、写作

1. 概括叙述练习：下面是发掘杭州雷峰塔地宫的一段报道。请将关于地宫打开过程的文字改为概括叙述。不必交代具体时间，不超过 40 个字。

上午 9 点整，考古队进入现场开始发掘。打开地宫并不容易，直到 9 时 45 分，考古人员才将压在地宫洞口的 750 千克的巨石移开，露出 93 厘米长宽、13 厘米厚的大理石盖板。盖板上没有任何文字，但考古人员在紫红色的泥土中发现了 10 枚唐开元通宝铜钱。10 时 5 分，盖板基本清理完毕。10 时 30 分，盖板绘图完毕。11 时整，盖板还没有打开，发掘现场发现越来越多的钱币。11 时 11 分，最激动人心的时候到了，考古人员开始用撬杠撬开盖板。11 时 18 分，考古人员翻开大理石盖板，地宫口终于打开了！

2. 根据所给材料，提炼主旨。

从事职业技术教育的教师，不仅要对自己所教学科的专业知识有深入的理解，而且要对相关学科和边缘学科知识有较多的理解。教师的知识视野宽广，实验操作技能娴熟，才能胜任职教工作。而目前职教师资队伍知识面相对狭窄，知识层面相对落后。主要表现为：知识单一不系统，教学单调不活跃，技能单纯不全面，使教师的整体水平和素质的提高受到一定程度的制约。这就要求各级职业技术学校加强师资队伍的继续教育，尽快补充现代的高新技术知识，调整知识结构，加快知识更新的速度。如果不重视教师的继续教育，其知识若干年后就会落伍。目前可能胜任教学工作，以后可能就有一定困难，乃至有可能成为门外汉的危险。所以要想不断地改变教师的知识现状，提高专业水平，就必须进行岗位的继续教育。

3. 请你用明确简练平实的语言，概述《水浒传》中鲁提辖拳打镇关西的内容，并具体分析文学写作和应用写作在语言表达上的不同。

第八章　日常文书写作

第一节　申请书、倡议书、决心书、聘请书

一、申请书

（一）概念

申请书是个人或集体向组织、机关、企事业单位或社会团体表述愿望、提出请求时使用的一种文书。它是沟通个人与组织、个人与领导、下级与上级之间关系的桥梁和纽带。申请书的使用范围广泛，申请书是一种专用书信，也是表情达意的工具。

（二）类型

按照使用范围划分，可以分为申请加入社会组织（加入党团组织、民主党派或社会团体）、申请工作或学习（入学、退学、进修、工作调动）、申请日常事项（困难补助）。

按照申请的对象划分，常见的有入团申请书、入党申请书等。

按照作者分，可分为个人申请书和单位、集体公务申请书。

按照解决事项的内容分，可分为入团、入党、困难补助、调换工作、建房、承包、贷款申请书等。

（三）写法

1. 标题

申请书的标题有两种写法：一是直接写“申请书”；二是在“申请书”前加上内容，如“入党申请书”“参军申请书”“调动申请书”等。

2. 称谓

在标题之下，另起一行顶格写明接受申请书的单位名称、组织或有关领导。申请书

一般不写给个人，所以称谓多写集体名称。

3. 正文

正文部分是申请书的主体，主要包括申请事项、申请理由、申请态度三项内容。申请事项部分即写出向领导或组织提出申请的内容，事项要写得清楚、简洁。申请理由部分要写清楚申请的目的、意义以及对申请事项的认识，理由要写得客观、充分。最后写申请态度，即向领导、组织表示自己的决心和要求。这部分要写得详细，做到层次清晰、内容单一、有条有理。

4. 结尾

写明惯用语“特此申请”“恳请领导帮助解决”“希望领导研究批准”等，也可用“此致”“敬礼”等礼貌用语。

5. 署名、日期

个人申请要写清申请者姓名，单位申请写明单位名称并加盖公章，注明日期。

（四）写作注意事项

（1）申请的事项要写清楚、具体，涉及的数据要准确无误。

（2）理由要充分、合理，实事求是，不能虚夸和杜撰，否则难以得到上级领导的批准。

（3）语言要准确、简洁，态度要诚恳、朴实。

例文 8-1

助学贷款申请书

中国 ×× 银行 ×× 市支行：

我于 20×× 年 × 月考进 ×× 学院 ×× 专业 ×× 班就读，名叫 ××，身份证号码为 ××××××××××××××××××，毕业时间为 20×× 年 × 月。

我来自农村，因为家庭经济困难，难于支付本人在校期间的学费和住宿费，为了能顺利完成学业，特向贵行申请国家助学贷款。贷款 20×× 至 20×× 学年的四年学费人民币 ×× 元整（×× 元），20×× 至 20×× 学年的住宿费人民币 ×× 元整（×× 元），以上合计人民币 ×× 元整（×× 元）。

我承诺：获得国家助学贷款后，努力学习，积极上进，较好地完成自己的学业，并信守诺言，在 ×× 年 × 月 × 日前还清贷款，遵守与贵行所签订贷款合同的一切条款，我父母也同意并承担保证责任。毕业后，我会及时将工作单位或详细的联系方式告知贵行，做一名守信用的当代大学生。

我家的详细联系地址是 ×× 省 ×× 市 ×× 县 ×× 镇 ×× 村，邮政编码是：

××，联系电话是：××。恳请贵行批准我的申请。

此致

敬礼

申请人：××

20××年×月×日

二、倡议书

（一）概念

倡议书是为了贯彻党的某项政策、开展某项活动或者完成某种重要任务，以集体或者个人的名义，向一个部门、一个地区乃至全国广大群众，提出建设性的建议或者意见的专用文书。倡议书的对象非常广泛，可以在大范围内，通过张贴、寄送、媒体和网络等多种途径传播。

（二）特点

1. 群众性

倡议书不是对某个人、某一集体或某一单位而言的，它往往面向广大群众，或对一个部门的所有人发出，或对一个地区的所有人发出，甚至向全国发出。所以其对象广泛的群众性是倡议书的根本特征。

2. 对象的不确定性

倡议书是要求广大群众响应的，然而其对象范围往往是不定的。它即便是在文中明确了自己的具体对象，但实际上有关人员可以表示响应，也可以不表示响应，它本身不具有很强的约束力。而与此无关的别的群众团体却可以有所响应。

3. 公开性

倡议书就是一种广而告之的书信。它就是要让广大的人民群众知道了解，从而激发更多的人响应，以期在最大的范围内引起共鸣。

（三）作用

（1）倡议书因其广泛的群众性，可以在较大范围内调动群众的积极性，使大家心往一处想、劲往一处使，齐心协力共同做好一些有益于社会的事务和开展某些公益活动。

（2）倡议书是开展精神文明建设的一个有效的方法。倡议书的内容一般是同人们的日常生活相关的一些事项。如倡议爱护花草树木，保护生态环境，倡议众志成城，同心协力实现祖国的复兴等。所有这些都有利于人们的身心健康，属于社会主义精神文明的重要内容。

（3）倡议书是一种建议、倡导，它不给人一种强制的感觉，所以在这种轻松倡导之中，宣传了真善美，使人们无形之中受到深刻的教育。

（四）写法

1. 标题

标题有四种写法：一是居中写上“倡议书”；二是在“倡议书”前面加上倡议对象的名称；三是写明倡议者、倡议内容和文种；四是使用双标题，正标题概括倡议主旨，副标题说明倡议者、倡议内容和文种。

2. 称谓

在标题之下，另起一行顶格写。一般都是泛指性称呼，如“亲爱的同学们”“全国的中青年文艺工作者”等。有的倡议书也可以不用称呼，而在正文中指出。

3. 正文

（1）开头。交代倡议的背景、缘由、目的、意义。

（2）主体。分条列项写出倡议的具体事项、指标、措施、方法。倡议内容要充分体现时代精神，紧密结合当前形势和政策；行文说理要清楚，逻辑性强，文字要有号召力，富有鼓动性，能引起人们的共鸣，并能够结合当地实际，付诸行动。

4. 结尾

表明决心、提出希望，一般不用礼节性的惯用语。

5. 署名、日期

右下方署上倡议单位、集体名称或个人姓名，另起一行写明发起年月日。

（五）写作注意事项

（1）内容应当符合实际情况，切实可行，与国家的路线方针政策相一致。

（2）交代清楚背景、目的，有充分的理由。

（3）措辞贴切，情感真挚，富有鼓动性。

（4）篇幅不宜过长。

例文 8-2

倡议书

各位居民朋友：

当前，国内本土聚集性疫情频发，特别是3月以来，疫情发生的频次和规模明显增大，波及地区范围不断扩大。杭州市疫情形势严峻复杂，已经到了关键的窗口期、决胜期。为彻底排查潜在感染者，第一时间阻断疫情传播，我区近期持续开展区域核酸检测工作。请广大居民朋友从保障自身身体健康和生命安全出发，自觉主动参与核酸检测，为此我们倡议如下：

一、主动参与核酸检测。请您到就近的采样点进行核酸采样，并动员家人、亲戚朋友积极参与。在工作人员规范操作、采样群众全程规范佩戴口罩、保持安全距离情况下，核酸检测中交叉感染的风险很低，请居民朋友不用过度担心。

二、提前做好相关准备。前往核酸检测采样点时，请全程佩戴好口罩，携带智能手机、本人有效身份证件（身份证或户口本等），注意采样前30分钟做到不进食、不喝酒、不咀嚼口香糖等，以免影响检测结果。

三、共同维护公共秩序。自觉遵守秩序，听从指挥，服从现场安排，保持一米以上距离，做到不扎堆、不聚集、不交谈。保持环境整洁卫生，不随地吐痰、不乱丢杂物，打喷嚏要遮掩口鼻，共同维护文明有序的社会环境。

四、配合流调溯源工作。核酸筛查工作是最快速、精准、阻断疫情的有效手段。拒不配合核酸检测、故意隐瞒病毒感染症状、逃避流调溯源调查等行为，延误疫情处置的，将依法追究法律责任。

感谢您一直以来对全区疫情防控工作的支持和配合。为守护自己和家人健康、保卫美丽杭城，请您主动参与到区域核酸检测中来。此外，正值疫情防控关键期，请您继续做好个人防护措施不放松，勤洗手、戴口罩、少聚集、一米线、常通风。防控疫情，你我共同努力！

××××

××××年××月××

三、决心书

（一）概念

决心书是个人、集体或单位在接受某项任务后，向上级或有关人员表明自己坚决完成任务的态度、意志、决心的专用书信。决心书的语气要坚定，承诺的事项要切实可行。

（二）写法

1. 标题

居中以“决心书”三字为标题。

2. 称谓

另起一行顶格写受文单位或负责人，如无具体的受文对象可不写。

3. 正文

首先，简述写决心书的原因和目的；其次，表明决心做到的事项；最后，表明自己的态度。

4. 落款

写清署名和日期。

例文 8-3

决心书

尊敬的校领导：

为了开展教学改革，适应学校转型发展的新要求。为了培养我们的组织性和纪律性，加强培养我们自我管理的意识，根据教学大纲军事理论学习和实践的要求，我们即将开始军训了。听了校领导的动员，我们全班都很兴奋，认识到这是锻炼的一个好机会，也是对我们集体的一次考验。全班同学经过认真的讨论，大家一致表示一定会积极参加这次军训，并争取以优异的成绩向学校领导和家长汇报。

我们决心做到：

一、听从学校和指导员的指挥，克服懒散的习惯，决不做有损学校荣誉的事。

二、加强纪律性。我们必须高标准严格要求自己，用心配合军队指战员，保证严格执行各种纪律，不迟到不早退，不单独行动，按时作息，注意安全，以顽强的毅力并发扬不怕苦的精神完成一切训练。

三、坚决无条件地听从班长的指挥，虚心向指战员学习。在生活上也要严格要求自己，不挑食、不浪费，搞好个人卫生及环境卫生。

四、发扬解放军的光荣传统。保证全班同学团结一致，互相关心、互相帮助，使全班在团结友爱方面再上一个新台阶。

我们要把决心变为行动，个个争当“五好战士”，为将来参加社会主义建设打好思想和能力的基础。我们一定会达到预期的目的，请校领导看我们的实际行动吧！

××班全体同学

20××年××月××日

四、聘请书

（一）概念

聘请书也称聘书，是指一般机关、团体、企事业单位聘请某些有专业特长或有威望的人完成某项任务或担任某项职务时所发的邀请性质的专用书信。

（二）类型

聘请书通常有两种类型。一种是对专业人才所发的聘书，如学校、工矿企业等在需要某方面有特长或者有专业技能的人才时，或是由于企业的发展、事业的扩大，需增聘一些有专长、在工作中起重大作用的人。

一种是社会团体或某些重要的活动为了提高自身的知名度、扩大影响力，常常聘请有名望的人加盟或参与，以期更好地开展活动。如聘请名人做顾问、指导，或做某项比赛的评委等。

（三）作用

聘请书具有纽带作用、交流作用、竞争作用、知名作用、凭据作用。

（四）写法

1. 标题

聘请书通常在标题正中写上“聘书”或“聘请书”字样，有的聘请书也可以不写标题。已印制好的聘请书，标题常用烫金或大写的“聘书”或“聘请书”字样。

2. 称谓

聘请书标题之下的首行开头可以顶格写被聘者的姓名称呼，然后加冒号；也可以在正文中写明受聘人的姓名称呼。

3. 正文

聘请书的正文一般要求包括以下一些内容：首先交代聘请的原因和请去负责的工作或所要担任的职务；其次写明聘任期限，如“聘期 2 年”“聘期自 ×××× 年 ×× 月 ×× 日—×××× 年 ×× 月 ×× 日”；再次写明聘任待遇，聘任待遇可直接写在聘请书之上，也可另附详尽的聘约或公函写明具体的待遇，这要视情况而定。另外，正文还要写上对被聘者的希望，这一点可以写在聘请书上也可以不写，而通过其他的途径使受聘人切实明白自己的职责。常见的印制好的聘书则大都在第一行空两格写“兹聘请 ×××”，后面再写相关聘任的内容。

4. 结尾

聘请书的结尾一般写上表示敬意和祝颂的结束用语，如“此致、敬礼”“此聘”等。

5. 落款

落款要署上发文单位名称或单位领导的姓名、职务，并署上发文日期，同时要加盖公章。

（五）写作注意事项

（1）聘请书要郑重严肃，对有关聘任的内容要交代清楚。同时聘请书的书写要整洁、大方、美观。

（2）聘请书一般要短小精悍，不可篇幅太长，语言要简洁明了、准确流畅，态度要谦虚诚恳。

（3）聘请书是以单位名义发出的，所以一定得加盖公章，方视为有效。

例文 8-4

聘请书

兹聘请王 ×× 同志为 ××× 集团策划部总监，聘期自 2020 年 1 月 1 日至 2023 年 12 月 31 日。聘任期间享受集团高级部门总监全额工资待遇。

此聘。

××集团（印章）

2019 年 12 月 30 日

第二节　证明信、感谢信、表扬信、慰问信

一、证明信

（一）概念

证明信是以机关、团体、单位或个人的名义凭借确凿的证据证明某人的身份、经历或某件事情的真实情况时所使用的一种专用书信。证明信一般也直接称作证明，用于存档材料、证实情况或作为证件。证明信贵在证明，具有凭证性，必须据实证明，不得作假。

（二）类型

根据出具证明者的不同，证明信可分为组织证明信和个人证明信，前者又可分为普通书写证明信和印刷证明信。组织证明的材料一般来源于单位档案或者调查；个人证明的内容则完全由个人负责，必要时需要证明者所在单位签署属实与否的意见。

（三）写法

证明信的写作一般是一事一书，内容单一，写作也有相对固定的格式。基本结构包括以下几项。

1. 标题

在证明信的首页上部居中，写上“证明信”、“证明”或“有关 ×× 问题的证明”。

2. 称谓

另起一行顶格写上受文单位的名称或者受文个人的姓名，之后加冒号。有些供有关人员外出活动证明身份的证明信因没有固定的受文者，可以不写称谓，而是在正文前用公文引导词“兹”引起正文内容，但要注明证明信的有限期限。

3. 正文

另起一行空两格书写正文。正文要写明需要被证明的事实，何人、何时、何地、何事以及事件经过。要做到条理清晰，事项准确周全但不必展开，容易阅读。再另起一行，空两格写“特此证明”，后面不加标点符号。

4. 落款

出具证明的单位署名、日期，加盖公章；或个人署名、日期，加盖私章。

（四）写作注意事项

注意证明信的写作要实事求是，不能凭空想象，不能掺杂个人好恶。语言表达要明确简练庄重，不能使用模糊词语。

例文 8-5

个人收入证明

兹证明 ×× 是我公司员工，男，已婚，身份证号码为 2106021986××××××××，本科学历，工作年限为 × 年，在理赔部门任理赔员。月收入 ×××× 元，一年总收入约为 ××××× 元。

本证明仅用于证明我公司员工的工作和在本公司的工资收入，不作为我公司对该员工任何形式的担保文件。

×××× 公司

×××× 年 ×× 月 ×× 日（印章）

二、感谢信

（一）概念

感谢信是向帮助、关心和支持过自己的集体（党政机关、企事业单位、社会团体等）或个人表示感谢的专用书信。

感谢信既有表达出真切谢意的作用，又有表扬先进、弘扬正气的作用。它广泛应用于个人与个人之间、个人与组织之间、组织与组织之间。一方受惠于另一方，应及时地表达谢忱，使对方在付出劳动和贡献后得到心理上和精神上的收益，这是一种不可少的公关手段。

（二）类型

根据寄送对象不同，感谢信可以分为三种：一种是直接寄送给感谢对象，一种是寄送对方所在单位或在其单位公开张贴，还有一种是寄送给广播电台、电视台、报社、杂志社等媒体，供其公开播发。

（三）写法

1. 标题

可居中只写“感谢信”三字；也可加上感谢对象，如“致 ×× 同学的感谢信”“致 ×× 物业公司的感谢信”；还可再加上感谢者，如“×× 全家致 ×× 社区居委会的感谢信”。

2. 称谓

另起一行顶格写所感谢对象的单位名称或个人姓名，还可以写有关媒体名称。个人姓名后可以加适当的称呼，如“同志”“师傅”“先生”等，称呼后用冒号。如果感谢对象比较多，也可以把感谢对象放在正文中间提出。

3. 正文

主要写两层意思：一是写感谢对方的理由，即“为什么感谢”；二是直接表达感谢之意。感谢理由：首先要准确、具体、生动地叙述对方的帮助，交代清楚人物、时间、地点、事迹、过程、结果等基本情况；然后在叙事基础上对对方的帮助作恰贴、诚恳的评价，以揭示其精神实质、肯定对方的行为；在叙述和评价的字里行间要自然渗透感激之情。表达谢意：在叙事和评论的基础上直接对对方表达感谢之意，根据情况也可在表达谢意之后表示以实际行动向对方学习的态度。结语一般用“此致敬礼”或“再次表示诚挚的感谢”之类的话，也可自然结束正文，不写结语。

4. 落款

署名与日期：写感谢者的单位名称或个人姓名和写信的时间。

（四）写作注意事项

（1）叙述对方对自己或本单位的帮助，一定要把人物、时间、地点、原因、结果以及事情经过叙述清楚，便于组织了解和群众学习。

（2）信中要洋溢着感激之情。在叙述事实的过程中，除了要突出对方的好思想和表示谢意外，行文要始终饱含着感情。感情要真挚热烈，使所有看到信的人都会受到感染。

（3）写表示谢意的话要得体，既要符合被感谢者的身份，也要符合感谢者的身份。

切勿不着边际、大发议论。

（4）感谢信写作时应篇幅短，300 字左右即可；感谢信以说明事实为主，内容清楚准确，不要含糊其词，也不要夸大溢美；语言朴实真挚，不能过分雕琢、过于拔高；谢意之外，如果允诺别人什么应切实可行，说到做到。

例文 8-6

感谢信

×× 保险公司 ×× 省分公司：

6 月 5 日下午，我公司业务员王芳和李达到时代广场购买物品后，不慎丢失皮包一个，内有人民币 5000 余元、工作证一个及发票单据若干张。在发现皮包丢失正在焦急寻找之时，贵公司员工刘佳女士主动将捡到的皮包送到我公司。我们再三感谢并表示要赠送纪念品，刘佳女士却说："这是我应当做的！"并一再表示不能接受纪念品。她这种拾金不昧的高尚品德，使我们公司员工深受感动，纷纷表示要向刘佳女士学习！在此特对刘佳女士和贵公司表示深深的谢意，并建议对刘佳女士的高尚行为予以表扬。

此致

敬礼

××××公司

2020 年 6 月 7 日（印章）

三、表扬信

（一）概念

表扬信是对某人或某单位的先进思想、优秀品德或模范行为进行表彰的专用书信。表扬信一般写给对方单位或在大众传媒上发表。可以是对给予自己帮助的好人好事进行表扬，也可以对其他有典型意义的优秀事迹进行表扬。表扬信写作时要突出重点，将主要事实叙述清楚具体，议论画龙点睛，针对性强。

（二）写法

表扬信与感谢信的写作结构基本相同，写法与一般书信一致。一般包括四部分：标题、称谓、正文和落款。

1. 标题

在居中位置用大字直接书写"表扬信"即可。

2. 称谓

另起一行顶格书写被表扬的对象姓名或单位名称并加冒号。

3. 正文

正文部分一是要概述被表扬对象的主要事迹，交代清楚人物、事件、时间、地点、原因和结果等内容，并恰当评价事实的先进意义。二是要对先进人物或先进事迹进行表扬的希望和建议，要热情颂扬对方的可贵品质和精神风范，阐明其产生的良好社会影响，表明向对方学习的态度等。

4. 落款

署名和日期。

例文 8-7

表扬信

致参与“5·20”抢险的所有员工们：

5月20日19点左右，突下倾盆暴雨，由于成品仓地势较低，雨水瞬间暴涨，下水道排水不畅，厂区瞬间变成一片汪洋，大水如洪流全涌入成品仓，情况十分紧急。保安部、包装部第一时间堵洪、抢搬成品。得知情况后，厂里大部分住宿男员工，不约而同在第一时间赶到成品仓，抢救泡水成品、堵洪、挖开排水道下水口。为了公司利益不受损失，大家冒雨抢险，不顾自身被雨淋湿，争分夺秒与雨洪抗争，场面非常感人。

在这次抢险突击行动中，你们顽强拼搏的作风，不怕吃苦的精神，心系公司的真情，感动着每一位公司领导。你们用实际行动，彰显了冲锋在前的良好风采，展示了心系公司的宝贵品质。集体的力量是伟大的，是最具有凝聚力的；在最有利的时间里，抢险的员工们，挽救了公司的最低损失，成功隔离雨洪。望着一个个全淋湿的熟悉背影，公司领导召开了一次股东会议，会议决定以公司股东会议名义对参与“5·20”抢险的所有员工们公开表扬，向你们表示衷心的感谢，并致以崇高的敬意！

×××公司

××××年5月22日

四、慰问信

（一）概念

慰问信是表示安慰和问候，一般是在节日期间或某些特殊的情况下，以组织或个人的名义，向对方（集体或个人）表示慰问和鼓励。

（二）类型

慰问信按照内容一般可分为三大类：一是对具有突出贡献或取得重大成绩的集体或个人表示慰问，赞扬其作出的贡献，慰问其付出的辛劳；二是在节日对某些特定岗位的人员表示慰问；三是对遭遇灾难、困难或重大打击的集体或个人表示安慰和问候。

（三）写法

慰问信与表扬信的写作结构基本相同，写法与一般书信一致。一般包括标题、称谓、正文和落款。

1. 标题

在居中位置用大字直接书写“慰问信”即可。

2. 称谓

另起一行顶格书写被慰问的对象姓名或单位名称并加冒号。

3. 正文

慰问信的正文首先要写提出慰问的背景、原因，如“正当（在）……你们取得了（突然遭到了）……”引出对方的业绩或遭遇的困难，或“值此……之际，谨向你们致以亲切的问候！”来交代背景；其次要叙述对方的辛劳和遭受的困难，分析、评价、赞扬对方行为的意义，并以热情饱满、亲切诚恳的语言表示慰问；再次要提出希望号召或向对方表示祝愿、鼓励。

4. 落款

署名和日期。

例文 8-8

党中央、国务院、中央军委致全国抗洪救灾军民的慰问信

各省、自治区、直辖市党和人民政府，各大军区党委，军委各总部、各军兵种党委：

今年入汛以来，我国一些地方遭受严重洪涝灾害，特别是长江发生了近五十年以来又一次全流域性的大洪水。在国家和人民生命财产受到严重威胁的关键时刻，各级党委、政府发挥了坚强的领导核心作用，组织广大军民以顽强的拼搏精神，战胜了一次又一次的洪峰，保障了大江大河大湖、重要水库、重要城市和重要交通铁路干线的安全，保护了人民群众的生命安全，为国民经济发展和社会稳定作出了重大贡献。在这场抗洪斗争中，我们的党员和干部经受了考验，我们的人民和军队经受了考验，涌现了许多可歌可泣的英雄事迹和模范人物。这又一次证明，在中国共产党的领导下，我们的人民和军队能够战胜任何艰难险阻。党中央、国务院、中央军委向你们，并通过你们向战斗在抗洪抢险第一线的广大干部群众、解放军指战员、武警官兵、公安干警和受灾群众表示亲切的慰问。

当前，全国的防汛抗洪正处在最关键的阶段。党中央、国务院、中央军委号召，防汛抗洪的第一线的各级党组织要发挥领导核心和战斗堡垒作用；广大共产党员、共青团员要发挥先锋模范作用；人民解放军、武警部队和公安干警要发挥突击队作用。全国

各条战线的干部群众要以搞好生产和工作的实际行动，支援抗洪救灾。在党中央的领导下，各级党委和政府要进一步组织和动员广大军民继续发扬不怕疲劳、连续作战精神，再接再厉，团结奋斗，夺取抗洪救灾斗争的全面胜利。

中共中央、国务院、中央军委

××××年××月××日

第三节　求职信

一、概念

求职信也称自荐信、应聘信，是个人向有关用人单位提出求职愿望，将自己简短经历以及个人专长、才能写成书面材料的一种书信。有时在求职信后面也附上个人自传。

二、特点

求职信作为具有特殊内容的交际信函，在写作过程中要体现出以下特点。

（一）鲜明的针对性

写作求职信就是为了找到一份理想的工作。目标是既定的、明确的，所以动笔之前就应该尽可能地对自己理想中的求职单位有一定的了解。要善于根据掌握的资料确定自己的求职目标。同时，还要考虑用人单位的要求、读信人的心理和自己拟定的求职目标等，做到有的放矢。

（二）展示自我的自荐性

作为求职者，最主要的目的就是让求职单位对自己的情况有所了解，取得求职单位的初步信任。所以，必须毛遂自荐，通过合适的方式推销自己。写作时，必须围绕自荐这个宗旨，恰如其分地表现自己，展示自己的成绩、特长、优势，甚至用自己的个性和闪光点来吸引对方，使自己在对方的脑海中留下深刻的印象。

（三）强烈的竞争性

写作求职信本身就是竞争。你求职的单位，可能是一个人人向往的理想地方，所以，要在竞争的夹缝中取胜，就必须使自己显得出类拔萃，并且尽可能地在信中让对方相信你，觉得你确实与众不同。但是不能胡吹乱侃、故弄玄虚，或者贬低他人。

（四）显著的功利性

写作求职信，就是为了找到一份理想的工作，为了更好地体现自身的价值，所以，求职信中应该根据自己的特长优势和对方提供的条件直截了当地提出自己的岗位目标、利益取向以及相关要求。这一点尤其适应于外资企业，切不可为了迎合对方而无原则地降低自己的要求，甚至表现出一种东方式的谦卑而博取对方的垂青，这样反而会被对方轻视，失去竞争的机会。

三、写法

（一）标题

标题可直接居中标明文种“求职信”、“自荐信”或“求职书”。

（二）称谓

称谓一般可写有关单位的名称，或者单位名称加上领导职务，单位领导个人姓氏加上官衔、职衔，以及启事中的联系人。求职信不同于一般信函，用语一定要庄重典雅严谨，不能过分亲热或者庸俗。为礼貌起见也可以在前面加上“尊敬的”来称呼。

（三）问候语

问候一项，根据实际情况而确定；可以说“您好”，也可以用“惠鉴、钧鉴、台鉴、赐鉴”。

（四）正文

1. 开头

求职信的开头要能够引人注目，吸引对方看完你的材料，同时为下文的展开做好铺垫。所以开头部分要直截了当地写明自己写信的原因和目的，这部分的写作可以用一句话概括你具备的最重要的求职资格和工作能力；或者赞扬目标单位近期取得的显著成就，表达渴望为其效力的想法等，方法多样。语言表达要尽可能地简洁，并且尽可能地注意突出自己的特点，显得与众不同。

2. 主体

主体部分是求职信的写作重点，在交代自己写信的缘由之后，应该着重地介绍自己应聘或者寻找工作的条件，以自己的成绩和特长，展示区别于其他竞争者的优势。写作时要注意扬长避短，针对求职目标，具体表述自己的主要成绩和优势，包括所学专业、学科特长，兴趣爱好、学业成绩以及取得的各项成果和奖励，多角度地展示自己良好的个人品质和工作态度，同时，也要评议一下目标单位的有关情况，表明对其有所了解，并愿意为之效劳；也可以提及希望的工资范围，并且把它和你作出的贡献大小结合起来。这一部分的写作，要注意引用充分的事实依据，既不能无原则地拔高自己，也不可以过分卑怯，要用信心和特色去打动对方。

3. 结尾

结尾部分主要强调自己的愿望和要求。例如：希望对方能够给自己一个面谈的机会，盼望对方做出肯定的答复，希望得到工作的迫切心情，如果录用将如何工作，语气要诚恳热情，有礼貌。

4. 祝颂语

表达敬意或祝愿的话，另起一行空两个格写“此致（即颂）”，转行顶格写“敬礼（大安）”等致敬语。

（五）附件

附件起着证明和介绍的作用，在求职信的写作中具有十分重要的意义。它不仅让用人单位对你有具体的了解，还可增强用人单位对你的信任感。在决定是否同你面谈或录用你的时候，附件具有潜在的和直接的影响力。其中包括：个人简历、所学课程一览表、各门成绩、发表的论文、专家的推荐信、获奖情况、晋级证书、照片等。选定附件的原则：一是要有必要的权威性；二是要精当，不能过多。同时，主要的材料要有必要的印章。

（六）落款

按一般书信的格式，在信的右下方写署名和日期，必要时也要写出方便联系的电话号码。

四、写作注意事项

（一）要掌握必要的信息量

求职者要善于收集、归纳信息。收集信息一般有两个渠道：一是通过各种传媒收集，如注意报纸、杂志、电视台、电台播发的有关企业的报道以及有关的招聘广告等；二是从非正式渠道获取，如走访亲朋好友，获得有关企业和求职单位的情况，从中掌握自己所需要的信息。然后，根据自己的特长和求职目标，排出自己理想的求职单位的顺序，有的放矢地确定主攻方向。求职信要写得简短。求职信原则上要写得简明扼要，力戒空话。起笔要开门见山，决不能为了迎合对方而转弯抹角地说一大堆客套话。一般来说，求职信的篇幅以不超过 1000 字为宜。

（二）要坚持实事求是

写作求职信的时候，要充分表现自己，这是基本要求。但是要特别注意，无论自己多么出色，都必须以实事求是为前提，不能弄虚作假。措辞上要特别注意讲究分寸，用语准确有度，自己的优势特长要写得恰到好处。

（三）要重视写信

求职信本身就是一封介绍信，从一封信中，可以看到一个人的严谨态度、忠实作风和精益求精的品质，可以看到一个人的文化修养和知识水平。所以，无论是信封还是内文都要写得整洁工整、认真细致，这样会给人留下良好的第一印象。如果你的字写得不好，最好打印；如果你写得一手好字，就自己誊写，这不仅可以给对方留下办事认真负责的印象，也可以展示你的书法特长。要选用质地较好的信纸，用钢笔按正确的格式书写。四周要留有空白，字的布局不要过度拥挤，要疏密适度、和谐优美，给人一种舒适感。

例文 8-9

求职信

××公司人事部：

我是××大学商学院财务管理专业的一名应届毕业生，在投身社会之际，获悉贵公司声誉卓著、前景广阔，是一个能充分展现自己价值与能力的良好舞台，又正在招聘财会人员，因此慎重地将个人有关资料呈上，希望有幸成为贵公司的一员，能为贵公司进一步繁荣尽自己绵薄之力。

四年的大学生活，培养了我熟练的专业技能。在能熟练掌握会计学原理、财务会计、成本会计、预算会计、管理会计、会计电算化、Excel 在公司财务管理中的运用等重要的会计理论知识的同时，通过学校组织的会计模拟实验，利用寒暑假到企事业单位学习，进一步丰富了自己的实践经验。此外，为充实自己的专业技能，我还利用课余时间学习操作金碟、速达等财务软件和 Office 系列办公软件。

市场需要的是一专多能的复合型人才。为了更好地适应社会和迎接挑战，我也在尽力完善各方面能力，英语已达国家英语四级水平，具备良好的读、写和一定的听、说能力，计算机达到国家二级水平；在校期间，我多次获得奖学金和“三好学生”等称号；积极参加社会实践，通过发传单、推销牛奶、卖运动鞋、做青年志愿者锻炼自己胆识和处事能力，增强自信和丰富阅历。

我来自贫穷的农民家庭，有较强的适应能力，有良好的生活习惯，农民那朴素和宽厚的胸怀培养了我诚实、细心、谦让、随和的待人作风和踏实、稳重、谨慎、不怕吃苦的办事态度。我为此感到庆幸和自豪。我从小喜欢锻炼，尤爱篮球，很是享受在场上和队友的配合，这也塑造了我热爱团队活动的性格。此外，我对自己要求很严格，对自己说过的话、做过的事负责，如果做错了能够勇于承担。

诚信乃立职之本。上面所言都是真心之言。我相信贵公司看中的不是学历，而是应聘者的能力和发展潜力。真心希望获得一个与贵公司同甘共苦、共创未来的机会，我会勤奋踏实地做好属于自己的一份工作，竭尽全力在工作中取得好的成绩，我相信自己一定会为公司作出应有的贡献。

最后，真心感谢您在百忙之中给予我的关注。并祝愿贵公司事业蒸蒸日上，再创辉煌！

附上我的个人履历表和相关证书复印件，盼面谈！

联系电话：××××××××

此致

敬礼

××大学商学院×××

2020年5月20日

第四节　启事

一、概念

启事是机关、企事业单位、团体或个人，需要向公众说明或希望公众协助办理的一种公开文告。它一般张贴在公共场所或刊登在报刊上。

二、类型

按照内容分，启事有找寻启事，招领启事，招聘启事，征集、征订启事，开业启事，迁址启事，更改名称启事，遗失、作废启事，征婚启事，招标启事等。

按照发布形式分，启事有报刊启事、电视启事、广播启事、张贴启事等。

三、特点

（一）知照性

启事是向大众告知事宜，它只具有知照性，不具备强制性和约束力。启事的对象可以参与启事中所要求的事，也可以不参与。

（二）简明性

启事要求表达简洁明了，既为了方便读者对启事的内容一目了然，也节约篇幅，力求用最少物力取得最好的告启效果。

四、写法

（一）标题

启事的标题要明确，写清启事的标的。如寻找遗失物品就写“寻物启事”，如征集稿件的启事就写“征稿启事”等。也有一些启事标题只写“启事”二字。

（二）主体

正文的内容一般包括目的、意义、原因、要求等。简单的启事，通常是一段成文；内容较多的启事可以分段书写，也可以分条列项书写。

（三）结尾

紧接正文后，另起一行空两格书写联系人姓名、联系方式。最后，签署发启事的单位和启事的时间。

五、写作注意事项

（一）内容简约明了

一般启事均应写清楚原因、对象、要求、联系方法等。假如是寻人启事，应写清楚被寻找人的主要特征；寻物启事应写清楚所寻物品的基本特征，以便公众更快、更准确地给予帮助。

（二）用语诚恳有礼

每一种启事，写作的目的都在于寻求公众的帮助，所以行文语言应谦逊有礼，避免盛气凌人、出现语言不得体的情况。

六、启事与启示的区别

“启事”，是为了公开声明某事而登在报刊上的文字。这里的“启”是“说明”的意思，“事”就是指被说明的事情。而“启示”的“启”，则是“开导”的意思；“示”是把事物摆出来或指出来让人知道。"启示"是指启发指示、开导思考，使人有所领悟。可见，"启事"和"启示"的含义截然不同，二者不能通用。无论是"征文启事"，还是"招聘启事"，都只能用"事"字，而不能用"示"字。"征文启事"写成"征文启示"是错的。

例文 8-10

寻物启事

3 月 23 日晚 8 点左右，在淮河路站 366 公交车上遗失一个公文包，内有金额为 5 万元人民币的存折一份、派遣证一个及它物，有拾到者请与失主联系，失主愿重金酬谢。

联系电话：13007628××× 田先生

13007672××× 张先生

例文 8-11

招聘启事

为充实我校政工队伍的力量，经学校研究，决定公开招聘专职政治辅导员干部若干名。条件：中共正式党员或预备党员；硕士研究生不超过 27 岁，本科毕业生不超过 25 岁，曾担任校或院（系）学生干部，有一定组织能力、活动能力、写作能力。具备下列条件之一者优先考虑：有一年辅导员工作经验者；英语通过六级以上；思想政治专业出身或曾在核心刊物上发表文章或某方面有特长者。

有意者请于 5 月 20 日前将推荐材料和一张 4 寸生活照电邮至我校学工部或快递到我校人事处。

地址：×× 省 ×× 学院人事处

mail:freeman@163.com

联系电话和传真：××××××××

×× 学院学工部

×××× 年 ×× 月 ×× 日

【综合训练】

1. 三月学雷锋纪念日来临之际，学校团委向全校师生提出了开展学雷锋活动的倡议，请以校团委的名义写一份“爱雷锋、学雷锋”的倡议书。

2. 根据自己的专业特点，写一份求职信。

3. 为迎接建党100周年，学校宣传部向全校发起一次征文活动。请按“征文启事”的一般要求写一则启事，征文的体裁要求、字数限制、评奖办法等内容自拟。

第九章 公务文书写作

第一节 公文的概念、特点与作用

一、公文的概念

公文是公务文书的简称。它有广义和狭义之分。广义的公文，指公务活动中形成并运用的所有公文，包括法定公文、事务公文、专用公文等。狭义的公文，专指党政机关公文。

党政机关公文是党政机关实施领导、履行职能、处理公务的具有特定效力和规范体式的文书，是传达贯彻党和国家方针政策，公布法规和规章，指导、布置和商洽工作，请示和答复问题，报告、通报和交流情况等的重要工具。

二、公文的特点

（一）法定机关，专人撰拟

公文的制作者是依法成立的机关或组织。公文的专人撰拟主要有两种形式：一是由承担某种责任的工作人员拟写与其职务相称的公文；二是机关、组织或其领导人授权某工作人员代为拟写公文。

（二）成于公务，用于公务

法定的机关、组织，各有其职责与业务范围，其履行职责、开展业务、进行各种公务活动，需要公文。公文形成于公务之中，又服务于公务的推进。

（三）法定效力，规范行为

公文具有行政机关赋予的特定的效能和影响力。公文的权威性和约束力，是同公文制发机关的职权相吻合的。

（四）表述意志，实施管理

公文是表述行为主体意志的工具。国家公文，直接表述国家领导集团及其领导人的意志，而这种意志一经表达，即发生权力关系。公文的本质在于管理，协调内外、沟通上下、排除障碍、解决问题，都离不开公文这一强有力的工具。

（五）体式规范，程序严格

公文具有规范的结构和格式，各种类型的公文都有明确规定的格式，而不像私人文件那样约定俗成。

三、公文的作用

（一）领导与指导作用

公文是上级机关对下级机关领导与指导的一种工具。它可以记录和传达领导机关的意图、工作安排，发给下级机关后，下级机关就要认真贯彻执行，这就起到了领导的作用。上级机关可通过公文对下级机关请示的问题表达看法和态度，提出指导性意见和措施，批复下级，这就起到了指导的作用。

（二）传达与教育作用

党和国家权力机关制定的各项法律和法令，一般都用公文来发布，所以公文具有传达作用。这些公文，有的本身就是党和国家的方针、政策，有的则是方针、政策的具体化，这对于提高广大干部、群众的认识，统一思想，就起到教育的作用。另外，公文中的通报、决定等文种，经常表彰、嘉奖先进，批评、惩处错误，这对于广大干部与群众，也起到了教育作用。

（三）知照与联系作用

知照，是信息交流，工作关照。联系，是工作相联，接续关系。任何一个机关、单位的工作、活动，都不能孤立进行，公文在架设“桥梁”、建立联系方面起到重要作用。

（四）依据与凭证作用

从总体上说，公文就是为阐明、传递发文机关的意图，使得收文机关办事有依据。同时，某些重要的公文在完成其既定作用后，将立卷归档，对今后的工作起着记载、查考和凭证作用。

第二节　公文的种类与格式

一、公文的种类

根据2012年4月16日中共中央办公厅、国务院办公厅联合发布的《党政机关公文处理工作条例》的规定，党政机关公文种类有决议、决定、命令（令）、公报、公告、通告、意见、通知、通报、报告、请示、批复、议案、函、纪要15种。

（1）决议。适用于会议讨论通过的重大决策事项。

（2）决定。适用于对重要事项作出决策和部署、奖惩有关单位和人员、变更或者撤销下级机关不适当的决定事项。

（3）命令（令）。适用于公布行政法规和规章、宣布施行重大强制性措施、批准授予和晋升衔级、嘉奖有关单位和人员。

（4）公报。适用于公布重要决定或者重大事项。

（5）公告。适用于向国内外宣布重要事项或者法定事项。

（6）通告。适用于在一定范围内公布应当遵守或者周知的事项。

（7）意见。适用于对重要问题提出见解和处理办法。

（8）通知。适用于发布、传达要求下级机关执行和有关单位周知或者执行的事项，批转、转发公文。

（9）通报。适用于表彰先进、批评错误、传达重要精神和告知重要情况。

（10）报告。适用于向上级机关汇报工作、反映情况，回复上级机关的询问。

（11）请示。适用于向上级机关请求指示、批准。

（12）批复。适用于答复下级机关请示事项。

（13）议案。适用于各级人民政府按照法律程序向同级人民代表大会或者人民代表大会常务委员会提请审议事项。

（14）函。适用于不相隶属机关之间商洽工作、询问和答复问题、请求批准和答复审批事项。

（15）纪要。适用于记载会议主要情况和议定事项。

依据不同的标准，公文还可以分为其他不同类别。

按照行文方向的不同，公文可分为上行文、平行文、下行文三大类。上行文是下级机关向上级机关呈送的公文，如报告、请示等；平行文是同级或不相隶属机关之间互相往来的公文，如函；下行文是上级机关发给下级机关的公文，如决定、批复等。

按照机密情况，公文可分为秘密公文和非秘密公文两类。秘密公文是指内容涉及党和国家安全，需要限制阅读范围的重要公文。非秘密公文是向全社会公开发布的公文，如公告、通告以及其他一些周知性公文。

按照缓急程度，公文可分为紧急公文和普通公文。紧急公文根据发送和处理程序的时间要求而定，分为“特急”“加急”。普通公文指不标识紧急程度的公文。普通公文虽然不标识紧急程度，但发、收文机关还是应当按照公文处理程序及时处理，避免拖沓。

二、公文的格式

根据中共中央办公厅和国务院办公厅2012年4月16日联合印发的《党政机关公文处理工作条例》（中办发〔2012〕14号）和国家质量监督检验检疫总局、国家标准化管理委员会2012年6月29日发布的《党政机关公文格式》国家标准（GB/T 9704—2012）的规定，将版心内的公文格式各要素划分为版头、主体、版记三部分。公文首页红色分隔线以上的部分称为版头；公文首页红色分隔线（不含）以下、公文末页首条分隔线（不含）以上的部分称为主体；公文末页首条分隔线以下、末条分隔线以上的部分称为版记。页码位于版心外。

（一）版头

1. 份号

公文印制份数的顺序号，即将同一文稿印刷若干份时每份公文的顺序编号。涉密公文应当标注份号。如需标注份号，一般用6位3号黑体阿拉伯数字，顶格编排在版心左上角第一行。

2. 密级和保密期限

密级和保密期限：公文的秘密等级和保密期限。涉密公文应当根据涉密程度分别标注“绝密”、“机密”、“秘密”和保密期限。保密期限是对公文秘密等级时效规定的说明。秘密级不超过十年，机密级不超过二十年，绝密级不超过三十年。

如需标注密级和保密期限，一般用3号黑体字，顶格编排在版心左上角第二行；保密期限中的数字用阿拉伯数字标注。密级和保密期限中间用黑色五角星隔开。

3. 紧急程度

公文行文时如需标注紧急程度，应根据紧急情况，分别标明“特急”或“加急”字样，一般用3号黑体字，顶格编排在版心左上角，两字之间空一字；如需同时标注份号、密级和保密期限、紧急程度，按照份号、密级和保密期限、紧急程度的顺序自上而下分行排列。

4. 发文机关标志

由发文机关全称或者规范化简称加“文件”二字组成，也可以使用发文机关全称或者规范化简称。发文机关标志居中排布，上边缘至版心上边缘为35 mm，推荐使用小标宋体字，颜色为红色，以醒目、美观、庄重为原则。联合行文时，发文机关标志可以并用联合发文机关名称，“文件”二字编排在发文机关名称右侧，上下居中排布。注意：党的机关可以使用发文机关全称或者规范化简称作为发文机关标志，不加“文件”二字。

5. 发文字号

发文字号是发文机关按照发文顺序编排的顺序号。由发文机关代字 + 年份 + 发文顺序号组成。年份、序号用阿拉伯数字标注；年份应标全称，用六角括号“〔　〕”括入；序号不编虚位（即 1 不编为 001），不加“第”字。发文字号编排在发文机关标志下空二行位置，居中排布。联合行文时，使用主办机关的发文字号。上行文的发文字号居左空一字编排，与最后一个签发人姓名处在同一行。

6. 签发人

上行文应当标注签发人姓名。签发人是在上报的公文中批准签发的领导人姓名。签发人必须是本机关正职或主持工作的领导。签发人平行排列于发文字号右侧。发文字号居左空一字，签发人姓名居右空一字；“签发人”用 3 号仿宋体字，签发人后标全角冒号，冒号后用 3 号楷体字标识签发人姓名。如有多个签发人，签发人姓名按照发文机关的排列顺序从左到右、自上而下依次均匀编排，一般每行排两个姓名，回行时与上一行第一个签发人姓名对齐。下移红色分隔线，应使发文字号与最后一个签发人姓名处在同一行并使红色分隔线与之的距离为 4 mm。

7. 分隔线

发文字号之下 4 mm 处居中印一条与版心等宽的红色分隔线。

（二）主体

1. 标题

即对公文主要内容准确、简要的概括。由发文机关名称、事由和文种组成。位于红色分隔线下空二行位置，用 2 号小标宋体字，可分一行或多行居中排布；标题排列应当使用梯形或菱形。回行时，要做到词意完整，排列对称，长短适宜，间距恰当。

2. 主送机关

公文的主要受理机关，应当使用机关全称、规范化简称或者同类型机关统称。编排在标题下空一行位置，左侧顶格 3 号仿宋体字编排，回行时仍顶格。最后一个主送机关名称后标全角冒号。

3. 正文

公文的主体，用来表述公文的全部内容。公文首页必须显示正文。一般用 3 号仿宋体字，编排于主送机关名称下一行，每个自然段左空二字，回行顶格。

4. 附件说明

公文附件的顺序号和名称。公文如有附件，在正文下空一行左空二字用 3 号仿宋体字标识“附件”，后标全角冒号和附件名称。如有多个附件，使用阿拉伯数字标注附件顺序号（如“附件：1.××××××”）；附件名称后不加标点符号。附件名称较长需回行时，应当与上一行附件名称的首字对齐。

5. 发文机关署名

署发文机关全称或者规范化简称。正文下空两行。单一机关行文时，一般在成文日期之上、以成文日期为准居中编排发文机关署名。联合行文时，一般将各发文机关署名按照发文机关顺序整齐排列在相应位置（主办机关在前，每排最多排3个）。

6. 成文日期

是公文生效日期。署会议通过或者发文机关负责人签发的日期。联合行文时，署最后签发机关负责人签发的日期。成文日期编排在发文机关署名之下，空二行右空四字，用阿拉伯数字标全年、月、日，月、日不编虚位（即1不编为01）。

7. 印章

（1）加盖印章的公文。

公文中有发文机关署名的，应当加盖发文机关印章，并与署名机关相符。联合上报的公文，可以由主办机关加盖印章，联合下发的公文，发文机关都应加盖印章。加盖印章应上距正文（或附件说明）一行之内，端正、居中下压发文机关署名和成文日期。印章用红色，不得出现空白印章。联合行文时，应将各发文机关署名（可用简称）排在成文日期和正文（或附件说明）之间。主办机关印章在前，每排最多排3个印章，两端不得超出版心，印章之间互不相交或相切；最后一个印章居中下压发文机关署名和成文日期。

（2）不加盖印章的公文。

党的机关有特定发文机关标志的普发性公文可以不加盖印章。不加盖印章的公文：单一机关行文时，在正文（或附件说明）下空一行右空二字编排发文机关署名，在发文机关署名下一行编排成文日期，首字比发文机关署名首字右移二字，如成文日期长于发文机关署名，应当使成文日期右空二字编排，并相应增加发文机关署名右空字数。联合行文时，应当先编排主办机关署名，其余发文机关署名依次向下编排。

（3）加盖签发人签名章的公文。

单一机关制发的公文加盖签发人签名章时，在正文（或附件说明）下空二行右空四字加盖签发人签名章，签名章左空二字标注签发人职务，以签名章为准上下居中排布。在签发人签名章下空一行右空四字编排成文日期。联合行文时，应当先编排主办机关签发人职务、签名章，其余机关签发人职务、签名章依次向下编排，与主办机关签发人职务、签名章上下对齐；每行只编排一个机关的签发人职务、签名章；签发人职务应当标注全称。签名章一般用红色。

特殊情况说明：当公文排版后所剩空白处不能容下印章或签发人签名章、成文日期时，可以采取调整行距、字距的措施解决。

8. 附注

附注是需要说明的其他事项，如公文的发放范围、政府信息公开方式、联系人和联系电话等。公文如有附注，用 3 号仿宋体字，居左空二字加圆括号编排在成文日期下一行。“请示”件应在附注处注明联系人和电话。

9. 附件

公文正文的说明、补充或参考资料。附件应另面编排，并在版记之前，与公文正文一起装订。“附件”二字及附件顺序号用 3 号黑体字顶格编排在版心左上角第一行。附件标题居中编排在版心第三行。附件顺序号和附件标题应当与附件说明的表述一致。附件格式要求同正文。如附件与正文不能一起装订，应在附件左上角第一行顶格编排公文的发文字号并在其后标注“附件”二字及附件顺序号。

（三）版记

1. 分隔线

版记中的分隔线与版心等宽，首条分隔线和末条分隔线用粗线（推荐高度为 0.35 mm），中间的分隔线用细线（推荐高度为 0.25 mm）。首条分隔线位于版记中第一个要素之上，末条分隔线与公文最后一面的版心下边缘重合。

2. 抄送机关

除主送机关外需要执行或者知晓公文内容的其他机关，应当使用机关全称、规范化简称或者同类型机关统称。如有抄送机关，一般用 4 号仿宋字，在印发机关和印发日期上一行、左右各空一字编排。“抄送”二字后加全角冒号和抄送机关名称，回行时与冒号后的首字对齐，最后一个抄送机关名称后标句号。

3. 印发机关和印发日期

公文的送印机关和送印日期。印发机关和印发日期一般用 4 号仿宋体字，编排在末条分隔线之上，印发机关左空一字，印发日期右空一字，用阿拉伯数字将年、月、日标全，年份应标全称，月、日不编虚位（即 1 不编为 01），后加“印发”二字。

（四）页码

页码是公文页数顺序号。一般用 4 号半角宋体阿拉伯数字，编排在公文版心下边缘之下，数字左右各放一条一字线；一字线上距版心下边缘 7 mm。单页码居右空一字，双页码居左空一字。公文的附件与正文一起装订时，页码应当连续编排。

三、公文用纸幅面尺寸及版面要求

（1）用纸：A4 型纸（210 mm × 297 mm）纸张白度 80%~90%，横向耐折度不低于 15 次，不透明度不低于 85%，pH 值为 7.5~9.5。

（2）字体字号：3 号仿宋。

（3）行数和字数：每面排 22 行，每行排 28 个字。

（4）版面尺寸：天头（上白边）为 37 mm ± 1 mm；订口（左白边）为 28 mm ± 1 mm；版心尺寸为 156 mm × 225 mm。

（5）文字的颜色：如无特殊说明，公文中文字的颜色均为黑色。

（6）制版要求：版面干净无底灰，字迹清楚无断划，尺寸标准，版心不斜，误差不超过 1 mm。

（7）印刷要求：双面印刷；页码套正，两面误差不超过 2 mm。印品着墨实、均匀；字面不花、不白、无断划。

（8）装订要求：左侧装订，不掉页，两页页码之间误差不超过 4 mm，裁切后的成品尺寸允许误差 ±2 mm，四角成 90°，无毛茬或缺损。

骑马订或平订的公文应当订位为两钉外订眼距版面上下边缘各 70 mm 处，允许误差 ±4 mm；无坏钉、漏钉、重钉，钉脚平伏牢固；骑马订钉锯均订在折缝线上，平订钉锯与书脊间的距离为 3~5 mm。

第三节　公文的语言特点与要求

公文在写作过程中具有独特的语言习惯，其主要特点是用词要准确贴切、句式要简练严谨、文风要朴实庄重。公文有一些固定的习惯用语等，具体要求如下。

一、用词准确贴切

用词准确贴切是公文语言的基本要求。公文的写作如果选字用词疏忽大意，一旦把关键词语用错，将会给工作造成无可挽回的损失，所以公文必须写得一清二楚、十分明确，让读者不折不扣地了解你要说的是什么。要想把词语用得准确贴切，必须在词义辨析上下功夫。因为汉语词汇相当丰富，词语运用也极为灵活，表述同一事情可用不同的词语，使用同一词语也可表达不同的意思，这些特点都会给选用词语带来很大的困难。选用最恰当的词语，是公文写作的一个基本能力。

言简意明，把事情表达得一清二楚，这是对公文语言的基本要求。但有时公文也要把话说得委婉灵活，表达意思留有余地，这就需要适当地使用模糊词语。如“原则上”“一定”“尽快”“适当”“妥善”均属模糊词语。在公文中，当需要做模糊的表达时，选用恰当的模糊性词语也属于用词准确贴切的范围。

二、语句简练严谨

简练是指用简洁的语言把意思表达明白；严谨是指词句紧凑，表达意思确切缜密。简练严谨也是对公文语言的基本要求。具体运用语言时，除了在造句时避免句子残缺不全、句式杂糅外，还须避免语句重复啰唆、句子冗长、句子关系不清、句子前后无序等。

（一）避免重复啰唆

要使语言简洁，必须将可有可无的字、词、句去掉，力求做到词无可删、句无可减，使公文中的每一句话、每一个词都有其作用。

（二）避免句子冗长

句子有长有短，各有不同的表达效果。长句的优点是表达意思周密，但也有结构复杂、包含意思较多、不够简明的缺点；而短句则结构简单，句意单纯，让人一目了然，适合在公文中使用。要使公文言简意明，一个有效的方法是少用长句，多用短句。

（三）避免联合不当

公文中经常将词与词或词组与词组联合排列，用以表达一连串的事物或意思。在排列具有联合关系的词或词组时，要注意两点：一是联合的各项要排列有序。具有联合关系的词语所表达的事物，要有合乎逻辑的内在联系，或者由大到小、由小到大，或者由重到轻、由轻到重，或按其他内在联系进行排列，一定要井然有序。二是联合的各项要分类恰当。句子中联合的各项，须按照同一标准分类，各项概念的外延不能重合，也不能交叉。

（四）避免关系不清

撰写公文，经常使用由几个关系密切的分句组成复句，分句之间或有并列、递进关系，或有因果、转折、条件等关系。如果分句之间关系模糊不清，那么复句意思的表达便会受影响。

三、文风朴实庄重

公文作为办理公务的工具，在表述内容时必须语言质朴无华、真切庄重。无论是上行文、下行文还是平行文，均忌堆砌华丽辞藻，宜运用质朴平实的文字；忌滥用俚俗口语，宜用规范书面词语；忌多作修饰描写，宜据实直书达意明理。

四、正确使用惯用语

公文中经常使用一些保留了古汉语成分的习惯性用语。具体如下。

（一）开头词语

常用的有“依照”“遵照”“根据”“据查”“经……批准”“为了”“鉴于”“由于”等，

用以表明行文的依据、目的、原因。

（二）引叙词语

批复、复函等答复性公文，在开头引叙来文的发文文号、标题或主要事由时，经常使用“前接”“近接”“收悉”“谨悉”等词语。

（三）承启词语

用于前言的最后，有承接上文、提领下文的承上启下作用。下行文常用的承启词语有“现批复如下”“现作如下指示”“作如下决定”“现予公布”“现予发布”“为此，特通告如下”“特公布如下”“特作如下通告”“现将有关情况通报如下”“现将有关事项通知如下”“现答复如下”等。

（四）结尾词语

下行文常用的结尾词语有“特此公告”“此令”“请贯彻执行”“参照执行”“将贯彻执行情况及时报告……”等。主要作用是对受文机关单位如何贯彻执行文件作出规定、提出要求。

上行文常用的结尾词语有“特此请示”“妥否，请批示”“如无不妥请批转……执行”“请批复”“敬请大力支持为盼”“特此报告”等。主要作用是请求上级机关对“请示”和“报告”事项给予答复和关注。

平行文常用的结尾词语：在致函中，向对方提出要求、希望时，常用“望早日见复”“盼予函复”“请大力协助为荷”等；在复函中常用“此复”“特此函复”等。

第四节　公文的行文方式与规则

一、公文的行文方式

公文的行文方式指的是公文行文的方法和形式。具体可分为：

（一）逐级行文

为了维护正常的领导关系，有隶属关系或业务指导关系的机关之间应基本采用逐级行文的方式，既包括上级对下级，也包括下级对上级的行文。

（二）越级行文

特殊情况下下级机关越过自己的直接领导机关向更高的上级领导机关行文甚至中央

行文，如遇有重大紧急情况如战争、自然灾害；多次请示直接上级长期未得到回复；上级领导或领导机关直接指定越级上报的事项；对直接上级检举或控告；直接上下级有争议而无法解决的重大问题；询问只有直接上级机关的上级才能答复的事项等。

（三）多级行文

将公文同时发送给上几级或下几级机关，甚至直达基层与人民群众直接见面。此种方式多用于为加快文件的传递的上行文或部分不容许作任何变通和发挥的下行文。

（四）直达行文

党政机关直接发到最基层或者传达到人民群众的一种直接行文方式，属于向下行文。

（五）直接行文

发文机关直接向需要承办或执行的有关受文机关行文，是最常见、最基本的行文方式。平行机关或者不相隶属机关之间多采用这种行文方式。

二、公文的行文规则

（1）行文应当确有必要，讲求实效，注重针对性和可操作性。

（2）行文关系根据隶属关系和职权范围确定。一般不得越级行文，特殊情况需要越级行文的，应当同时抄送被越过的机关。

（3）向上级机关行文，应当遵循以下规则：

①原则上主送一个上级机关，根据需要同时抄送相关上级机关和同级机关，不抄送下级机关。

②党委、政府的部门向上级主管部门请示、报告重大事项，应当经本级党委、政府同意或者授权；属于部门职权范围内的事项应当直接报送上级主管部门。

③下级机关的请示事项，如需以本机关名义向上级机关请示，应当提出倾向性意见后上报，不得原文转报上级机关。

④请示应当一文一事。不得在报告等非请示性公文中夹带请示事项。

⑤除上级机关负责人直接交办事项外，不得以本机关名义向上级机关负责人报送公文，不得以本机关负责人名义向上级机关报送公文。

⑥受双重领导的机关向一个上级机关行文，必要时抄送另一个上级机关。

（4）向下级机关行文，应当遵循以下规则：

①主送受理机关，根据需要抄送相关机关。重要行文应当同时抄送发文机关的直接上级机关。

②党委、政府的办公厅（室）根据本级党委、政府授权，可以向下级党委、政府行

文，其他部门和单位不得向下级党委、政府发布指令性公文或者在公文中向下级党委、政府提出指令性要求。需经政府审批的具体事项，经政府同意后可以由政府职能部门行文，文中须注明已经政府同意。

③党委、政府的部门在各自职权范围内可以向下级党委、政府的相关部门行文。

④涉及多个部门职权范围内的事务，部门之间未协商一致的，不得向下行文；擅自行文的，上级机关应当责令其纠正或者撤销。

⑤上级机关向受双重领导的下级机关行文，必要时抄送该下级机关的另一个上级机关。

（5）同级党政机关、党政机关与其他同级机关必要时可以联合行文。属于党委、政府各自职权范围内的工作，不得联合行文。党委、政府的部门依据职权可以相互行文。部门内设机构除办公厅（室）外不得对外正式行文。

第五节　通知、通报、通告

一、通知

（一）概念

《党政机关公文处理工作条例》（中办发〔2012〕14号）规定：通知“适用于发布、传达要求下级机关执行和有关单位周知或者执行的事项，批转、转发公文”。

国家行政机关、人民团体、企事业单位的公务活动中，通知起着承上启下、联系内外的“传达”和“领导”作用。它的适用范围十分广泛，不受机关或组织性质、级别的限制。与其他指令性公文相比较，显得灵活简便。

（二）特点

1. 使用的广泛性

通知的使用不受内容轻重、繁简的制约，也不受机关性质与级别限制，是党政机关使用频率最高、适用范围最广的一个文种。

2. 内容的指导性

通知的内容是有所告知、有所要求，兼具“晓”和“谕”的作用。要明确阐述需要做什么事、怎么做、达到什么要求等，对下级机关起到指导作用。

3. 办理的时效性

通知的内容比较单一，一般都是要求立即办理或执行的事情，因此十分强调时效性。

（三）种类

根据功用，通知可分以下类别。

1. 批示性通知

（1）批转性通知。对下级机关来文，如呈转性报告、意见等，上级机关用通知批转下级各有关部门执行。

（2）转发性通知。对上级机关、不相隶属机关的来文，本机关用通知转发下级各有关单位执行。

2. 发布性通知

发布本机关制定的各类规章及其他材料，使之产生直接的行政效力。

3. 指示性通知

指上级机关对下级机关的某项工作有所指示，要求办理或执行，而其内容又不适宜用命令时使用的通知。

4. 知照性通知

用于向有关单位、部门传达、晓谕、告知有关事项或情况。如任免或聘用干部、设立或调整机构、启用或更换印章、迁移办公地点等。

5. 布置性通知

就某些具体事项上级机关对下级机关下达任务、布置工作、提出要求。

6. 会议通知

告知某机关或部门将召开某一会议，同时提出与会的相关要求，故这类通知兼有告知和布置作用。

（四）写法

通知一般由标题、主送机关、正文、落款及成文时间几个部分组成。

1. 标题

（1）完全式。由发文机关、事由和文种构成，如《中共中央办公厅、国务院办公厅关于严禁用公费变相出国（境）旅游的通知》。

（2）省略式标题。根据需要省去其中的一项或两项。省略式标题有三种情况：

①省略发文机关。如果标题太长，可省略发文机关。如“关于县级市经济管理权限的通知”，这个标题便省略了发文机关。省略发文机关的标题很常见。

②省略多余的“关于”和“通知”字样。发布性和批转、转发性通知的标题由“发文机关＋发布（批转、转发、印发）＋被发布文件标题＋通知”构成。如：“××县人民政府关于转发××市人民政府关于转发××省人民政府关于转发人事部关于×××同志恢复名誉后享受××级待遇的通知的通知”。这个标题有四个层次，用了三个“关于转发”、两个“的通知”，很复杂。可简化为“××县人民政府转发人事部

关于 ××× 同志恢复名誉后享受 ×× 级待遇的通知”。至于被省、地区等转发过的内容，可在转发意见中交代清楚。

③省略发文机关和事由。如果通知发文范围很小，内容简单，甚至张贴都可以，这样的通知标题可以省略发文机关和事由，只写文种“通知”二字。

2. 主送机关

即通知的发文对象，可以单一，也可以多个。如果主送机关较多，要注意主送机关排列的规范性。如水利部《关于公布 2021 年度绿色小水电示范电站名单的通知》的主送机关：

部机关各有关司局，部直属各有关单位，各省、自治区、直辖市水利（水务）厅（局），新疆生产建设兵团水利局：

由于级别、名称不同，主送机关的称法和排列非常复杂，这个序列显然是经过深思熟虑后确定下来的。

3. 正文

不同种类的通知，正文写法有所不同。

（1）批示性通知。

全文由“批语”+ 被批转、转发的文件（附件）两部分组成。批语的拟写：先写明发文原因、依据，然后写明意见和要求，即对所转发、批转的文件表明态度，或指出文件意义，提出执行的要求。

（2）发布性通知。

一般由文件的由来、文件的名称、发布文件的作用和意义、提出希望和要求几部分组成。这类通知的正文通常十分简短，由发布对象、发布决定、执行要求组成。这类通知是复合体公文，被发布的规章全文附在通知之后，但不作为附件处理，而是正件的组成部分。

（3）指示性通知。

要写明指示的根据和指示的事项，任务、要求。

（4）知照性通知。

只要写清楚行文的依据、目的和事项即可。要求文字简练、明白。

（5）布置性通知。

要写清通知目的、通知事项（布置工作，非政策性）及通知要求。事项部分可分条列项来写。

（6）会议通知。

一般要写明召开会议的机关、会议名称、会议起止时间、地点、会议内容和任务、参加会议人员的条件和人数、报到时间及地点、与会人员所携带的文件材料、注意事项等内容。

4. 落款及成文时间

写上发文单位和发文日期，时间用阿拉伯数字标识。

（五）写作要求

1. 主题要集中

每份通知要求说明一件事情，布置一项工作，达到一个目的。这就要求一文一事、一文一主题。

2. 重点要突出，措施要具体

通知的写作要点在于将通知事项、要求、措施等交代清楚，做到明确具体、切实可行，使受文单位能正确理解并准确执行。

例文 9-1

国务院关于批转交通运输部等部门重大节假日
免收小型客车通行费实施方案的通知

各省、自治区、直辖市人民政府，国务院各部委、各直属机构：

国务院同意交通运输部、发展改革委、财政部、监察部、国务院纠风办制定的《重大节假日免收小型客车通行费实施方案》，现转发给你们，请认真贯彻执行。

国务院

2012 年 7 月 24 日

重大节假日免收小型客车通行费实施方案

交通运输部　发展改革委　财政部　监察部　国务院纠风办

（原文略）

例文 9-2

丹东市人民政府关于印发
丹东市利用外资若干政策措施（试行）的通知

各县（市）区人民政府、各经济区管委会，市政府各部门：

现将《丹东市利用外资若干政策措施（试行）》印发给你们，请认真贯彻执行。

丹东市人民政府

2020 年 12 月 23 日

丹东市利用外资若干政策措施（试行）

（原文略）

例文 9-3

辽宁省人民政府关于做好第七次全国人口普查工作的通知

各市人民政府，省政府各厅委、各直属机构：

为贯彻落实《国务院关于开展第七次全国人口普查的通知》（国发〔2019〕24 号）精神，切实做好我省第七次全国人口普查工作，现将有关事项通知如下：

一、普查的目的和意义

第七次全国人口普查是在中国特色社会主义进入新时代开展的重大国情国力调查。此次普查将全面查清我省人口数量、结构、分布、城乡住房等方面情况，对完善人口发展战略和政策体系，促进人口长期均衡发展，科学制定国民经济和社会发展规划，推动经济高质量发展，实现辽宁全面振兴、全方位振兴具有十分重要的意义。

二、普查的对象、内容和时间

普查对象是普查标准时点在中华人民共和国境内的自然人以及在中华人民共和国境外但未定居的中国公民，不包括在中华人民共和国境内短期停留的境外人员。普查主要调查人口和住户的基本情况，内容包括：姓名、公民身份号码、性别、年龄、民族、受教育程度、行业、职业、迁移流动、婚姻生育、死亡、住房情况等。普查标准时点是 2020 年 11 月 1 日零时。

三、普查的组织和实施

第七次全国人口普查涉及范围广、参与部门多、技术要求高、工作难度大，各地区、各部门要按照“全国统一领导、部门分工协作、地方分级负责、各方共同参与”的原则，认真做好普查的宣传动员和组织实施工作。

（一）成立普查机构。省政府成立辽宁省第七次全国人口普查领导小组，负责普查组织实施中重大问题的研究和决策，及时协调解决普查工作中遇到的困难和问题。普查领导小组办公室设在省统计局，具体负责人口普查的日常组织和实施。市、县、乡级政府要设立相应的普查领导小组及其办公室，居民委员会和村民委员会设立普查小组，认真组织好本地区的人口普查工作。要充分发挥街道办事处和乡镇政府、居民委员会和村民委员会的作用，广泛引导、动员和组织社会力量积极参与并认真配合做好普查工作。

（二）明确部门分工。省委宣传部负责普查的宣传工作；省发展改革委负责协调普查设备投资保障工作；省公安厅负责户口整顿，配合普查登记阶段相关工作；省财政厅负责普查经费和政府采购的协调保障工作，协调制定有关普查经费保障的政策；省自然资源厅负责提供现有的我省第三次全国国土调查成果，协助开展普查区域划分和绘图；省住房城乡建设厅负责协调城管、物业等部门配合普查登记阶段相关工作；省卫生健康委负责协调制定相关政策，开展普查登记信息与卫生健康相关行政记录的比对等工作。领导小组其他成员单位按照各自职责，配合做好相关政策协调和普查登记工作。

（三）选调普查人员。市、县、乡级普查机构要根据工作需要，招聘或者从有关单位借调政治素质好、责任心强、业务水平高、能熟练运用电子设备、善于沟通、熟悉当地情况的普查员和普查指导员。为稳定普查员队伍，确保普查工作顺利进行，要及时支付聘用人员的劳动报酬（补贴），保证借调人员在原单位的工资、福利及其他待遇不变。

四、工作要求

（一）坚持依法依规普查。……

（二）确保普查数据质量。……

（三）做好经费和物资设备保障。……

（四）加强宣传工作。……

（五）提升信息化水平。……

辽宁省人民政府

2019 年 12 月 30 日

例文 9-4

关于开展 2021 年上半年丹东市事业单位专业技术三级岗位评审工作的通知

各县（市）区人力资源和社会保障局，市直各单位：

根据《辽宁省事业单位岗位设置管理实施意见》（辽人发〔2008〕15 号）、《转发中共辽宁省委组织部、辽宁省人事厅关于全省事业单位岗位设置管理有关问题的处理意见》（丹人社发〔2011〕92 号）和《事业单位专业技术三级岗位聘用工作有关问题处理意见》（丹人社发〔2013〕83 号），为做好事业单位三级岗位评审工作，现通知如下：

一、时间安排

2021 年 5 月 10 日至 2021 年 5 月 31 日，各县（市、区）人力资源和社会保障局、市直各事业单位主管部门按照《事业单位专业技术三级岗位聘用工作有关问题处理意见》（丹人社发〔2013〕83 号）等有关文件规定，确定推荐人选，上报材料。

二、报卷要求

（一）各单位人事干事，携带单位岗本、加盖公章的空岗证明、个人申请，单位推荐报告至人社局 510 进行报卷；

（二）填写《辽宁省专业技术三级岗位聘用申报表》《丹东市申报专业技术（　）级岗位聘用人员一览表》；

（三）提供相关材料证明（资格证、聘任证原件；业绩成果、论文论著需提供任现职以来的材料原件，同时提供论文论著在核心期刊或学术期刊发表的检索页；提供任现职以来年度考核表）；

（四）申报人主要业绩材料（800—1000字）。

三、具体要求

（一）申报范围、条件、程序及人员数量严格按照《事业单位专业技术三级岗位聘用工作有关问题处理意见》（丹人社发〔2013〕83号）规定执行。

（二）各县（市）区人力资源社会保障局、市直各有关单位要高度重视我市事业单位专业技术三级岗位的申报工作，严格政策，严肃纪律，精心组织，稳慎实施。对违反规定的要追究单位相应责任，对申报中弄虚作假的人员，一经查实三年内不得申报事业单位三级岗位。

（三）各单位需按规定程序报卷，报卷人数小于等于空岗数，并提供单位出具的三级岗空岗数证明加盖公章。

联系电话：3192706

附件1：《丹东市事业单位专业技术三级岗位管理办法》

附件2：丹东市申报专业技术三级岗位聘用人员一览表

附件3：辽宁省（　　）级专业技术岗位聘用申报表

丹东市人力资源和社会保障局

2021年4月16日

例文9-5

国务院办公厅关于2021年部分节假日安排的通知

各省、自治区、直辖市人民政府，国务院各部委、各直属机构：

经国务院批准，现将2021年元旦、春节、清明节、劳动节、端午节、中秋节和国庆节放假调休日期的具体安排通知如下。

一、元旦：2021年1月1日至3日放假，共3天。

二、春节：2月11日至17日放假调休，共7天。2月7日（星期日）、2月20日（星期六）上班。

三、清明节：4月3日至5日放假调休，共3天。

四、劳动节：5月1日至5日放假调休，共5天。4月25日（星期日）、5月8日（星期六）上班。

五、端午节：6月12日至14日放假，共3天。

六、中秋节：9月19日至21日放假调休，共3天。9月18日（星期六）上班。

七、国庆节：10月1日至7日放假调休，共7天。9月26日（星期日）、10月9日（星期六）上班。

节假日期间，各地区、各部门要妥善安排好值班和安全、保卫等工作，遇有重大突发事件，要按规定及时报告并妥善处置，确保人民群众祥和平安度过节日假期。

国务院办公厅

2020 年 11 月 25 日

例文 9-6

关于召开 2021 年春季学期教学工作会议的通知

各学院、各部门：

为推进省教育厅《关于进一步深化本科教学改革，全面提高人才培养质量的实施意见》，学校决定召开“2021 年春季学期教学工作会议”，现将有关事宜通知如下：

一、会议时间、地点

1. 会议时间：2021 年 5 月 10 日（周一）下午 1：30。

2. 会议地点：临江校区文萃楼（1 号楼）1214 会议室。

二、参加会议人员

各学院院长，教学评价与教师发展中心、创新创业教育中心及教务处相关人员。

三、会议内容

推进省教育厅《关于进一步深化本科教学改革，全面提高人才培养质量的实施意见》。

四、注意事项

1. 请各位参会人员安排好工作，佩戴口罩，按时参加会议；

2. 如有特殊原因不能参加本次会议的，请向 ××× 副校长请假。

教务处

2021 年 5 月 8 日

二、通报

（一）概念

《党政机关公文处理工作条例》（中办发〔2012〕14 号）规定：通报“适用于表彰先进、批评错误、传达重要精神和告知重要情况”。属于下行文。

（二）特点

1. 题材的典型性

通报的题材，无论是表彰性的、批评性的，还是通报情况的，都要求有典型意义。典型就是既有普遍性、代表性，又有个性和新鲜感的事实。只有普遍性没有个性的题材，不能给读者以深刻印象；只有个性没有普遍意义的题材，缺乏广泛的指导价值。通报的题材，要做到个性与共性的统一。

2. 思想的引导性

通报的内容，无论是肯定性的，还是否定性的，其价值都不仅仅在于宣布对事件的处理结果，而是要树立学习榜样，或者提供借鉴，使读者能够总结经验、汲取教训，思想上受到启迪，得到教益。

3. 制发的时效性

通报所涉及的事实比较具体，写作时对发生的时间、地点等要素都要进行交代。而且这些具有典型意义的事件，总是跟特定的时代背景，跟某一时期中普遍存在的问题和现象，有着紧密的联系。人们对当下发生的事实兴趣较高，对发生已久的事实缺少了解的热情。而且，发生已久的事实也必然会跟最新的现实有所偏离。因此，通报的写作和传播都应该是迅速及时的。

4. 内容的真实性

通报内容必须真实、准确。通报不仅要给人们提出借鉴和学习的事例，同时它还涉及单位或个人的声誉。如果失真，不仅可能侵权，还会影响威信。

（三）种类

1. 表彰性通报

用于表彰先进、树立榜样、宣传典型、总结经验，在一定范围内号召人们学习先进个人或先进集体的事迹。

2. 批评性通报

用于批评错误，通报事故，总结教训，警示后人，引以为戒。

3. 传达重要情况的通报

用于传达情况、沟通信息，达到统一认识、协调一致的目的。

（四）写法

通报一般由标题、主送机关、正文、落款及成文时间几个部分组成。

1. 标题

（1）由发文机关名称、事由和文种构成，如《国务院办公厅关于对少数地方和单位违反国家规定集资问题的通报》。

（2）由事由和文种构成，如《关于给不顾个人安危勇于救人的王 ×× 同志记功表彰的通报》。

（3）少数通报标题在文种前冠以机关单位名称，如《中共 ×× 市纪律检查委员会通报》。

（4）只有文种名称。

2. 主送机关

除普发性通报外，其他通报应该标明主送机关。

3. 正文

不同类别的通报，其内容和写法有所不同，现分述如下。

（1）表彰性通报。

正文分为四部分。一是介绍先进事迹。要写清时间、地点、人物、基本事件过程。表达时使用概括叙述的方式，将事实讲清楚即可，篇幅不可过长。如果是基层单位表彰个人先进事迹的通报，事迹可以更具体一些。二是先进事迹的性质和意义。主要采用议论写法，但并不要求有严谨的推理，而是在概念清晰的前提下，以判断为主。也要注意文字的精练。三是表彰决定。这部分写什么会议或什么机构决定，给予表彰对象以什么项目的表彰和奖励。如果表彰的是若干个人，或者有具体的奖励项目，可分别列出。四是希望号召。这是表彰通报必须有的结尾部分，用来提出希望、发出号召。希望号召部分表述的是发文的目的，也是全文的思想落脚点，要写得完整、得体，富有逻辑性。

（2）批评性通报。

正文也分为四部分。一是错误事实或现象。如果是对个人错误的通报，这部分要写明犯错误人的基本情况，包括姓名、所在单位、职务等，然后是对错误事实的叙述，要写得简明扼要、完整清晰。二是错误性质或危害性的分析。处理单一错误事实的通报，这部分要对错误的性质、危害进行分析，一般写得比较简短。对综合性的不良现象或问题进行通报，这部分的分析性文字要复杂一些。三是惩罚决定或治理措施。对个人单一错误事实进行处理，要写明根据什么规定、经什么会议讨论决定、给予什么处分等。对普遍存在的错误现象或问题，在这部分中要提出治理、纠正的方法措施。内容复杂时，这部分可以分条列项。四是提出希望要求。在结尾部分，发文机关要对受文单位提出希望要求，以便受文单位能够高度重视、认清性质、汲取教训、采取措施。

（3）情况通报。

正文分三部分。一是缘由。情况通报的开头要首先叙述基本事实，阐明通报的根据、目的、原因等。二是情况与信息。主体部分主要用来叙述有关情况、传达某些信息，通常内容较多、篇幅较长，要注意梳理，合理安排结构。三是希望与要求。在明确情况的基础上，对受文单位提出一些希望和要求。这部分是全文思想的归结之处，写法因文而异，总的原则是抓住要点、切实可行、简练明白。

4. 落款及成文时间

写上发文单位和发文日期，时间用阿拉伯数字标识。

（五）写作要求

1. 要客观真实

无论是表彰性通报还是批评性通报，通报的有关情况和作出的决定，事关当事人的名誉，必须客观公正，慎重起见。因此，材料必须真实可靠，写作时要对事实材料反复进行核实，务求准确反映，不能对事实夸大或缩小，更不能虚构，既使当事人感到处理得当，又对广大群众起到教育作用。

2. 要新颖、典型

要选取新颖、典型的事例，使通报真正起到教育鼓励或引起警戒的作用。

3. 要把握时机

通报有很强的时效性，应抓住时机，及时宣传推广先进典型经验，揭露批评反面典型，公布重要情况，以更好地发挥通报的教育性和指导性的功能。

例文 9-7

教育部办公厅关于近期发生多起学生意外伤害事故的通报

各省、自治区、直辖市教育厅（教委），新疆生产建设兵团教育局：

近日，河北、江西、山东、河南、湖南、广西、陕西等地陆续发生多起学生和幼儿上下学交通事故和受伤害事件，造成多名学生幼儿死伤，令人十分痛心。特别是2012年12月24日，江西省贵溪市一载有15名幼儿的面包车侧翻坠入水塘，造成11名幼儿遇难。12月19日，陕西省西安市蓝田县三官庙镇某寄宿制学校一名初中女生被劫持到校外遭多人强暴，让人十分震惊。当前我国部分地区雨雪冰冻极端天气肆虐，新年元旦、寒假和春节又即将到来，地方各级教育部门和学校务必把学生生命安全放在第一位，切实把各项安全防范措施落实到人、落实到校，切不可麻痹松懈，坚决防止学生意外伤害事故的发生。

一、严防交通安全事故

各地教育部门要立即行动起来，与公安、交通等有关部门协调配合，采取分区包校的办法，对学生和幼儿上下学交通情况进行全面排查，督促所有提供校车服务的车辆取得校车使用许可，驾驶人取得校车驾驶资格，确保车况良好、驾驶员合格、路段安全、行驶合法。坚决取缔非法接送学生车辆。教育部门要及时把掌握的非法车辆接送学生情况通报公安交管部门。雨雪灾害严重的地区，要加大排查力度。

二、切实落实校园安全防范措施

各地教育部门和中小学校要按照2012年12月17日发出的《教育部办公厅关于河南光山县22名小学生被砍伤事件的通报》（教电〔2012〕431号）要求，全面落实人防、技防和物防措施。特别要加强门卫，严防校外无关人员闯入校园。要高度重视农村寄宿制学校特别是女生宿舍的夜间值守，严格落实出入登记、值班巡逻制度，坚决防止外来人员进入。

三、积极预防冬季常见事故

冬季是火灾、煤气中毒、滑冰溺水等事故的高发期。各地教育部门要帮助和督促学校加强消防安全管理，确保制度落实、设备合格。特别要对仍采用燃煤取暖的学校开展一次全面排查，及时消除隐患，预防煤气中毒。在农村江河湖泊较多地区，要健全联动机制，切实落实村委会、监护人责任，加强学生在上下学路上、周末和节假日的监管，防止学生到冰面玩耍发生溺水事故。

四、开展有针对性的安全教育

各地教育部门和中小学校要结合本地、本校实际，对学生开展一次有针对性的安全教育，特别要根据元旦、寒假、春节等节假日多发易发事故特点，加强对学生的滑冰安全、用火用电安全、燃放烟花爆竹安全和乘坐车辆安全教育。

教育部办公厅

2012 年 12 月 26 日

例文 9-8

关于表彰王 ×× 同志不畏强暴勇斗走私犯罪分子事迹的通报

全县各级党组织：

共产党员王 ×× 同志是我县工商管理局一名青年检查员。2013 年 2 月 21 日清晨，他在对一辆长途客车例行检查时，查获张某走私黄金 2500 克。在押送张某归案途中，张某先以人民币五千元贿赂王 ×× 同志，被王 ×× 同志严词拒绝后，便凶相毕露拔刀行凶，刺伤王 ×× 同志的脸部、胸部。王 ×× 同志身负重伤，但临危不惧，英勇地与歹徒搏斗，最终在群众协助下，将歹徒扭送到附近派出所。

王 ×× 同志今年 26 岁，参加工作 4 年来，机智地战斗在缉私岗位上，先后破获各种走私案件 10 余起，连续四年被评为县先进工作者。

鉴于王 ×× 同志一贯表现突出，在关键时刻又经受住了严峻考验，特予以通报表扬。

希望各级党组织发动党团员和广大青年，学习王 ×× 同志为维护党和人民的利益，不畏强暴，坚决同违法犯罪分子作斗争的英勇事迹，学习他热爱本职工作，出色地完成党交给的艰巨任务的崇高品质，在党和政府的领导下，为我县的各项事业作出更大的贡献。

中共 ×× 县委员会

2013 年 3 月 1 日

例文 9-9

国家铁路局关于监督抽查铁路产品质量情况的通报

各地区铁路监管局：

根据《铁路产品质量监督抽查管理办法》(国铁科法〔2014〕33 号)，现将 2016 年第 1 批铁路产品质量监督抽查情况通报如下：

一、产品抽查复查情况。

本批抽查 12 种产品 61 个厂项，合格 59 个，合格率 96.7%(见附件 1)。按产品分类，本批抽查机车类产品 10 个厂项，合格 10 个；车辆类产品 9 个厂项，合格 9 个；通信信号类 13 个厂项，合格 13 个；牵引供电类产品 29 个厂项，合格 27 个。本批无复查厂项。

二、反映的主要问题。

限位定位装置共抽查了 15 个厂项，2 个厂项不合格，不合格的原因是化学成分不符合标准要求。

三、对不合格产品的处理意见。

1. 抽查产品不合格的企业，自通报之日起要立即进行整改。各主管部门要加强对企业的管理，督促企业提高产品质量。

2. 抽查产品不合格的企业，应在 6 个月内提出复查申请。有特殊情况的应在限期期满前提出延期复查申请，并申述延期的理由。逾期不提出复查申请者，视为复查不合格。

3. 对通报的不合格产品，生产企业不得销售，使用单位不得采购。

四、本通报所公布的内容，不得用于广告。

五、本通报在国家铁路局政府网站、铁道质量技术监督网上公布，可登录查询。

附件：2016 年第 1 批监督抽查检验结果

国家铁路局

2016 年 4 月 5 日

三、通告

(一) 概念

《党政机关公文处理工作条例》(中办发〔2012〕14 号)规定：通告“适用于在一定范围内公布应当遵守或者周知的事项”。

（二）特点

1. 法规性

通告常用来颁布地方性的法规，这些法规一经颁布，特定范围内的部门、单位和民众都必须遵守、执行。例如，《××省无线电管理委员会办公室关于清理整顿无线电通信秩序的通告》，对有关事宜作了八条规定。

2. 周知性

通告的内容，要求在一定范围内的人们或特定的人群普遍知晓，以使他们了解有关政策法令，遵守某些规定事项，共同维护社会公务管理秩序。

3. 务实性

所有的公文都是实用文，从根本性质上说都应该是务实的。但它们之间还是有一些区别，有的公文只是告知某事，或者宣传某些思想、政策，并不指向具体事务。通告则是一种直接指向某项事务的文种，务实性比较突出。

4. 行业性

不少通告都具有鲜明的行业性特点，如税务局关于征税的通告，机动车管理部门关于机动车辆年度检验的通告，银行关于发行新版人民币的通告，房产管理局关于对商品房销售面积进行检查的通告等，都是针对其所负责的那一部分的业务或技术事务发出的通告。因此，通告行文中要时常引用本行业的法规、规章，也免不了使用本行业的术语、行话。

（三）种类

从内容的性质划分，通告有两种类型。

1. 制约性通告

主要用于要求一定范围的对象普遍遵守的某些事项。这类通告一般具有法规的性质，要求有关组织的人员严格遵守，而且要由行政领导机关来发布。

2. 知照性通告

主要用于告知大家某件事情，如发生的新情况、出现的新事物以及需要大家知道的新决定等。这类通告大都具有专业性和单一性，往往不具有法规性质，但也有一定的约束力。各专业部门、社会团体和企事业单位等都可发布这类通告。

（四）写法

通告一般由标题、正文、落款及成文时间几个部分组成。

1. 标题

通告的标题一般有四种基本形式：

（1）由发文机关名称、事由和文种构成，如《杭州市人民政府关于从重处罚乱扔垃圾等违法行为的通告》。

（2）由发文机关、文种构成，如《中华人民共和国卫生部通告》。

（3）由事由、文种构成，如《辽宁省2020年度省基础教育优秀科研成果获奖名单公示通告》。

（4）只写文种名称，如《通告》。

2. 正文

通告的正文写法比较简单，一般分通告缘由、通告事项、通告结语三部分。

（1）缘由写明发通告的原因、依据、目的、意义等，要简明扼要，然后用“特通告如下”“现将有关事项通告如下”等句式过渡。

（2）事项是正文的主体，要具体写明一定范围内有关单位和有关人员应当知道或遵守的事项。一般行止性通告事项较多，可分点列出。

（3）结语，可以写希望和要求，也可以说明从何时起执行。通告常以“特此通告”等惯用语作结尾。

3. 落款及成文时间

写上发文单位和发文日期，时间用阿拉伯数字标识。

（五）写作要求

1. 一事一告

通告的内容限于说一件事或一个问题，不要把性质不同的事放在一起。

2. 语言简明

通告语言要通俗简洁、明白晓畅，便于公众接受。

例文 9-10

农业农村部关于设立长江口禁捕管理区的通告

为巩固和扩大长江禁捕退捕成效，加强长江口水域禁捕管理，清理整治非法捕捞行为，更好地养护长江水生生物资源，保护长江水域生态环境，根据《中华人民共和国渔业法》、《国务院办公厅关于加强长江水生生物保护工作的意见》（国办发〔2018〕95号）和《国务院办公厅关于切实做好长江流域禁捕有关工作的通知》（国办发明电〔2020〕21号）等有关规定，经国务院同意，我部决定扩延长江口禁捕范围，设立长江口禁捕管理区。现通告如下。

一、禁渔区

长江口禁捕管理区范围为东经122°15′、北纬31°41′36″、北纬30°54′形成的框型区线，向西以水陆交界线为界。

二、禁渔期

长江口禁捕管理区内的上海市长江口中华鲟自然保护区、长江刀鲚国家级水产种质资源保护区等水生生物保护区水域，全面禁止生产性捕捞；水生生物保护区以外水域，自 2021 年 1 月 1 日 0 时起实行与长江流域重点水域相同的禁捕管理措施。

三、禁止类型

长江口禁捕管理区以内水域，实行长江流域禁捕管理制度。禁渔期内禁止天然渔业资源的生产性捕捞，并停止发放刀鲚（长江刀鱼）、凤鲚（凤尾鱼）、中华绒螯蟹（河蟹）和鳗苗专项（特许）捕捞许可证。在上述禁渔区内因科研、监测、育种等特殊需要采捕的，须经省级渔业行政主管部门专项特许。

长江口禁捕管理区以外海域，继续实行海洋渔业捕捞管理制度。有关省级渔业行政主管部门应根据渔业资源状况和长江口禁捕管理需要，进一步加强海洋渔业捕捞生产管理，适时调整压减生产性专项（特许）捕捞许可证发放规模，清理取缔各类非法捕捞行为，避免对长江口禁捕管理和水生生物保护效果产生不利影响。

四、执法监督

上海市、江苏省、浙江省有关渔业行政主管部门及其所属渔政执法机构，应当在同级党委政府领导下，加强与相关部门协同配合，强化渔政执法队伍和能力建设，开展禁渔宣传教育引导，严格禁渔执法监管，确保长江口禁捕管理区的各项管理制度顺利实施。

违反本通告的，按照《中华人民共和国渔业法》等有关法律规定予以处罚；构成犯罪的，依法移送司法机关追究刑事责任。

本通告自 2021 年 1 月 1 日起实施。

农业农村部

2020 年 11 月 19 日

第六节　请示、报告

一、请示

（一）概念

《党政机关公文处理工作条例》（中办发〔2012〕14 号）规定：请示“适用于向上级机关请求指示、批准”。

（二）特点

1. 呈请性

下级机关针对需要请求的事项，根据隶属关系向上级机关呈送，请上级机关给予指示或者批准。

2. 期复性

写请示传递带有请求的信息，期盼得到批复。上级机关无论同意与否，都必须给予明确的批复。

（三）种类

1. 指示性请示

一般是政策性问题。下级机关需要上级机关对原有政策规定作出明确解释，对变通处理的问题作出审查认定，对如何处理突发事件或新情况、新问题作出明确指示等。

2. 审批性请示

大多属于业务性事项。下级机关针对某些业务性问题向上级机关请求批准，主要目的是解决某些自己无力解决的实际困难和具体问题。

（四）写法

请示一般由标题、主送机关、正文、落款及成文时间几部分组成。

1. 标题

请示的标题有两种写法：

（1）由发文机关、事由和文种构成，如《××省人民政府关于增拨防汛抢险救灾用油的请示》。

（2）省略发文机关，由事由、文种构成，如《关于将丹霞山风景名胜区列为国家重点风景名胜区的请示》。

拟制请示标题应注意以下三点：

（1）不能文种合用。请示的标题只能"一文一种"，即请示的标题使用"请示"这一个文种。不能"请示""报告"两个文种合二为一。

（2）不能以"报告"代替"请示"。"报告"与"请示"在写法上有许多相同的地方，但又有明显的区别。"请示"上级机关必须答复，"报告"则不必答复。如果以"报告"代替"请示"，往往给办文带来麻烦，会延误工作的完成。

（3）不能"请求""请示"联用。有的请示标题把请求请示联在一起使用，如"关于请求××××的请示"，这是不妥当的。"请示"中本身就包含着请求、申请的意思了，不必画蛇添足。

2. 主送机关

请示的主送机关只能有一个，即发文单位的直接领导部门。

3. 正文

请示的正文一般由请示缘由、请示事项和请示结语组成。

（1）请示缘由。应简明扼要地陈述请示的原因、依据。必须讲清情况，说明事实，提供资料，为请示事项提供充分理由。陈述的情况要实事求是，为上级正确决断提供真实客观的依据。

（2）请示事项。是请示上级机关给予指示、批复、答复的具体事项。

请示事项的内容要写得具体，所提要求要切实可行，语言得体合规。

（3）请示结语。一般用“妥否，请批复”“以上意见是否妥当，请批示”“以上意见如无不妥，请批转各地执行”。有的请示使用“特此请示”作为结语，显得干净利索。

正文根据内容多少，采取不同的结构形式，内容少的一般采用篇段合一式，将请示缘由、事项、结语列为一段；内容多的采用三段式，将请示缘由、事项、结语各为一段。

4. 落款及成文时间

写上发文单位和发文日期，时间用阿拉伯数字标识。

（五）写作要求

1. 一文一事

请示务必一文一事，以便上级机关对此事专门处理。如果一文数事会造成内容芜杂，所请求的事项难以一一解决。

2. 一文一主

请示不能同时主送几个上级机关。如果一项请示涉及不止一个上级机关，应当以主管此项请示的上级机关为主送机关，其他机关为抄送单位，这样可避免职责不明、推诿扯皮、耽误处理。

例文 9-11

××镇人民政府关于取缔流动气贩的请示

凤城市人民政府：

我镇于10月5日至9日对全镇液化气安全隐患进行认真排查。经统计汇总，全镇共有液化气钢瓶4610个，其中正在使用中“螺丝瓶”“报废瓶”1405个，超期瓶808个，存在严重安全隐患。其主要原因是我镇现有7家流动气贩，在没有任何许可手续的情况下，开着三轮车走街串户为居民灌气，不论钢瓶是否合格，给钱就给灌气，严重危害了人民群众生命财产安全，也干扰了边门液化气站的正常营业，致使气站无法生存下去，已停业2年多，不利于源头治理。

为了消除全镇安全隐患，加大对违法充装、使用液化气“螺丝瓶”和“报废瓶”的执法力度，请凤城市政府协调相关执法部门对边门镇7家流动气贩坚决依法取缔，使边门气站恢复正常营业，从源头对钢瓶使用进行规范操作，确保人民群众生命财产安全。

以上请示当否，请批示。

××镇人民政府

2015年2月9日

例文9-12

关于沙里寨镇洋河二组河道治理所需资金的请示

××市人民政府：

沙里寨镇洋河村二组地处洋河流域上游，二组至一组路段是一组通往外界的唯一一条道路，该路段于2014年经一事一议建成水泥路，极大地改善了该组的交通状况，解决了儿童上学难问题，受到群众的一致好评。但是，由于这条道路其中的1500米，一面是悬崖峭壁，一面紧临大洋河岸边，常年受河水冲刷，汛期则更易受冲击浸泡，导致道路塌方受损甚至中断，给该组群众生产生活造成巨大损失。因此，急需对该段河道进行护坡治理。计划采用蜂巢网格护坡，长1500米，预计需资金88万元，请予以帮助解决。

妥否，请批复。

××市沙里寨镇人民政府

2015年12月14日

二、报告

（一）概念

《党政机关公文处理工作条例》（中办发〔2012〕14号）规定：报告“适用于向上级机关汇报工作、反映情况，回复上级机关的询问”。

（二）特点

1. 汇报性

凡报告都是下级机关向上级机关或业务主管部门汇报工作，一般是将做过的事情报告给上级，让上级掌握基本情况，以利于其心中有数或对工作进行指导。这一特征决定了报告一般事后行文。

2. 陈述性

因为报告具有汇报性，是向上级讲述做了什么工作，这项工作是怎样做的，有些什么情况、经验体会、存在问题和今后打算等，所以在行文上一般都用叙述的笔法，即向上级机关或业务主管部门陈述其事，而不是像请示那样祈使、请求。

（三）种类

1. 工作报告

凡用来向上级汇报工作的报告，都是工作报告。工作报告又可分为综合工作报告和专题工作报告两种。综合报告涉及面宽，主要工作范围之内的方方面面都要涉及，可以有主次的区分，但不能有大的遗漏。专题报告的涉及面窄，只针对某一方面的工作或者某一项具体工作进行汇报。

2. 情况报告

如果本单位出现了正常工作秩序之外的情况，对工作产生了一定影响，应该及时将有关情况原原本本向上级进行汇报。即使对工作没有太大影响，一些有倾向性的新动态、新风气，以及最近出现的新事物等，必要时也要向上级报告。

3. 答复报告

答复上级机关询问的报告，称为答复报告。这种报告内容针对性最强，上级询问什么，就答复什么，不能答非所问。对待上级机关的询问，一定要慎重，如果不了解真情，要经过深入的调查研究后再作答复。

（四）写法

报告一般由标题、主送机关、正文、落款及成文时间几部分组成。

1. 标题

报告的标题有两种写法：

（1）由发文机关、事由和文种构成，如《××区教育局关于支援××县教育工作情况的报告》。

（2）由事由和文种构成，如《关于进一步加强我市公共场所防火工作的报告》。

2. 主送机关

报告的受文机关，一般是上级机关或业务主管部门。

3. 正文

（1）导语。

导语指报告的开头部分，它起着引导全文的作用，所以称为导语。不同类型的报告，其导语的写法也有较大不同。概括起来，报告的导语一般有以下几种类型：

①背景式导语：交代报告产生的现实背景。

②根据式导语：交代报告产生的根据。

③叙事式导语：在开头简略叙述一个事件的概况，一般用于反映情况的报告。

④目的式导语：将发文目的明确阐述出来作为导语。

报告导语的写法不止以上四种，运用时可以举一反三，融会贯通，灵活处理。

（2）主体。

报告主体一般有以下几种写法：

①总结式写法。这种写法主要用于工作报告。主体部分的内容，以成绩、做法、经验、体会、打算、安排为主，在叙述基本情况的同时，有所分析、归纳，找出规律性认识，类似于工作总结。总结式写法最需要注意的是结构的设计安排。按照总结出来的几条规律性认识来组织材料、安排层次，是最常用的结构方式。

②“情况—原因—教训—措施”四步写法。这种结构多用于情况报告。先将情况叙述清楚，然后分析情况产生的原因，接着总结经验教训，最后提出下一步的行动措施。

③有的放矢式写法。正文根据上级机关或领导的查询、提问，有针对性地作出报告，要突出专一性和时效性。

（3）结语。

报告的结语比较简单，可以重申意义、展望未来，也可以采用模式化的套语收结全文。模式化的写法大致是“特此报告”“以上报告，请审阅”等。

4. 落款及成文时间

写上发文单位和发文日期，时间用阿拉伯数字标识。

（五）写作要求

1. 态度言辞，谦恭诚恳

报告属于上行公文，撰写时态度必须谦和恭敬，言辞必须真诚恳切，不能自以为是，不能生硬偏激。

2. 材料真实，观点明确

撰写报告，应当充分掌握实际材料，让事实说话。

3. 及时报告，不含请示

报告强调时效性，一段工作结束后，或遇到问题、情况，或遇到上级机关询问，一定要及时报告，不能拖沓。另外，在报告中不能夹带请示事项。

例文 9-13

关于第四届中国（丹东）国际时尚生活博览会
暨新区购房节情况的报告

管委会：

历时 5 天的 2015 第四届中国（丹东）国际时尚生活博览会暨新区购房节于 11 月

17 日在国门湾家居生活广场圆满结束。本届博览会紧紧围绕繁荣新区的总目标，精心组织实施，在整体地产下滑的形势下，本届博览会依然取得了可喜的成果，现将本次展会取得的主要成果报告如下：

一、主要成果

本次博览会新区 18 家地产企业携 20 个楼盘参展，现场销售商品房 479 套，售房总面积 4.8 万平方米，实现销售收入 1.7 亿元，到访现场人数约 3 万人次。

二、主要特点

1. 领导重视。我区适时出台的《丹东新区关于支持居民购买商品房的优惠政策》，在广大市民中反响强烈，这样的补贴力度，让很多市民动心，同时出手购房。新区地产企业备受鼓舞，借此机会加大销售力度，盘活存量资产。

2. 宣传到位。本届博览会制定了周密的宣传方案，通过各类媒介采取铺天盖地的方式宣传优惠政策，做到家喻户晓。同时制作大量的新区购房指南，将市、区的奖励政策和各楼盘信息编制其中，发放到百姓手中，为百姓购房提供了方向。

3. 组织到位。本次活动也得到了新区管委会各级领导的大力支持，公安、交警、消防、城市管理局、社会事业局、安监局、市场监督管理局等部门的协同合作，为本次活动的成功举办提供了强有力的保障。

4. 新区前景看好。各项大型活动的成功举办对于繁荣新区经济和集聚人气起到了巨大的拉动作用，让走进新区的人群感受到了新区日新月异的发展变化和宜居环境。同时，高铁开通运营，为新区地产带来了源源不断的外地购房者。并且，日渐明朗的朝鲜局势也为新区繁荣注入了催化剂。今年下半年，朝鲜开放的各类消息不断升温，以及朝鲜领导人明年访华、新鸭绿江大桥开通等利好消息让百姓越来越对新区的未来充满信心。

三、下一步工作重点及建议

针对新区存量商品房较多的问题，下一步我们的工作重点将多措并举，加大对新区商品房的销售力度。一是定期召开企业家座谈会和销售经理培训会，统一思想，稳定新区房价，阻止房价下滑，提升销售水平；二是创新售房方式，如外出售房活动、建立家居广场售房超市、走进大型工业企业售房、开办年货节等活动，积极开展促销活动。因此，建议管委会将今年实施的优惠政策延续至明年，保证新区地产健康平稳发展。

总之，我们相信，在管委会的正确领导下，新区地产形势会越来越好，“新区让 ×× 更美好”愿望的宏伟目标一定会早日实现。

特此报告。

新城管理办公室

2015 年 11 月 20 日

例文 9-14

关于 ×× 高速公路 ×× 路段发生塌方事故的报告

×× 市建设委员会：

2012 年 6 月 7 日 9 时 54 分，×× 高速公路 ×× 路段发生塌方事故，重伤 10 人、轻伤 16 人，2 辆出租车严重受损，路段损坏 650 米，中断车辆通行近 30 小时，直接经济损失 300 万元人民币。

事故发生后，当地交通局、公路管理局负责同志立即随救援车赶赴现场，组织抢救、抢修工作。当地武警官兵、消防救援人员、工地工人近 200 人也赶到现场救援，抢救时间持续近 30 小时。

据调查，事故原因是工人违章施工，按照施工程序应分两次浇铸的混凝土却一次浇铸；当时桥面上有 30 人在施工，使得桥面负荷过重。但这次事故的发生也说明了市政工程总公司基础工作薄弱，管理不善，作风不扎实，对安全工作抓得不力，在安全生产中管理不严、职工纪律松弛的问题长期没有得到解决。

为使全公司职工从这起事故中吸取教训，要求各部门、各单位必须把安全工作放在第一位，各级领导干部要树立安全第一的思想，并向全体职工进行安全教育；动员广大职工干部迅速行动起来，以这次事故为教训，采取措施，堵塞漏洞，保证施工安全。

特此报告。

×× 工程公司

2012 年 6 月 20 日

例文 9-15

关于我校工会干部有关待遇的报告

市总工会：

×× 月 ×× 日函悉。现将我校工会干部有关待遇报告如下：

一、我校基层工会主席由教师兼任，每年减免工作量 40 学时。

二、部门工会主席任职期间享受本单位行政副职待遇，由教师担任的每年减免工作量 30 学时。

三、校工会委员任职期间减免工作量 30 学时，部门工会委员每年减免工作量 15 学时。

专此报告。

××大学工会委员会

2015年6月10日

【综合训练】

一、修改

（一）请修改下列标题

1. 国务院转发国家医药管理局关于进一步治理整顿医药市场意见的通知

2. 国务院办公厅批转关于国家旅游局进一步清理整顿旅行社意见的通知

3.××厂关于转发××分厂《关于建立安全岗位责任制经验总结》的通知

4. 国家旅游局关于批转国务院《旅行社管理暂行条例》的通知

5. 沈阳市工商局关于整顿农贸市场的公告

6. 和平区机动车检验所关于发放新车牌照的通报

7. 中山百货商店出售钢质沙发的布告

8.××市热水器厂关于征求用户意见的公告

9. 关于维护中小学正常教学秩序的通报

10. 通知——校团委举办“三个一读书活动”征文比赛

（二）将下列句子语言改成公文用语

1. 那条路位置在×路与×路之间，解放初期，就已经封闭了。

2. 二月十五日函收到了。

3. 请告诉这个公司把它们的招工计划直接交给人事部。

4. 以上请示可行吗，麻烦批复一下。

5. 上面的事情经过领导研究，同意发给做买卖的执照，但是有关办企业的钱的问题，还得进一步检查核实。

6. 你单位×〔20××〕××号请示的内容我们知道了。关于××问题，应该按照百分之十五的税率收税。如果按照这个规定执行起来有困难，就让他们自己先写出申请，再一级一级地向上报告，最后让地区税务局审核批准。

（三）请修改下列发文字号

1.（11）冀水发1号

2.（2010）工专发1号

3.×县府发［11］第一号

4.××食品公司发［2011］001号

（四）修改下面的公文

××县人民政府关于表扬营业员×××同志的通报

各乡镇人民政府：

××××年××月××日中午十二时左右，××百货商店××路门市部售表柜台前来了一个青年顾客，提出要买一块“北京”牌手表。青年营业员×××同志将手表拿出上了几扣弦后递给这个顾客，又忙着接待别的顾客。一种强烈的责任促使他随时盯着买表人的动作。忽然，发现那人侧过身子挡住营业员的视线，把表放在耳边装作听表样。这种行为引起了×××同志的警觉，他心想：挑表为什么要侧过身子背对着营业员呢？当他把表交回来的时候，×××同志立即进行了检查，发现弦是满的，表面上有两道划纹。他马上认定新表已被换走，于是当机立断，喊了一声：“你停一下！”那人听到喊声，慌忙向店外跑去。见此情景，×××同志一跃跳到货圈外，用尽力气拼命追赶。霎时间，那家伙穿过胡同，跑出数百米。营业员边追边喊：“抓住他！抓住他！”终于在××分局同志的协助下，将罪犯逮住扭送公安派出所，从其衣袋里搜出换去的新表。

×××同志机智果断，不顾个人安危与坏人坏事作斗争，保住了国家财产，精神可嘉。决定给予通报表扬，并颁发奖金，以资鼓励。

××县人民政府

××××年××月××日

关于××厂维修办公楼的报告

××经理：

最近，我厂办公楼经房管部门鉴定为危楼，急需维修。办公楼是20多年前建造的，由于年久失修，多处墙体开裂，并发生渗水现象。

据了解，维修费需15万元。由于我厂去年效益欠佳，只能自筹5万元。还缺10万元。

另外，为了活跃职工的业余生活，我厂决定修建一个篮球场，需款2万元，两项共计12万元。请公司一并拨款解决。

××厂

××××年××月××日

关于要求解决学生宿舍拥挤等问题的请示

市人民政府、市教育局：

我校今年由于住宿生急剧增加，已有的学生宿舍已无法容纳，现在住宿生基本上是一个床位两个人睡，严重影响学生的身心健康。为解决这一困难，我校决定再建一栋学生宿舍楼。另外，我校图书馆也尚未达到省“两基”标准，望上级部门给予适当支持。

特此请示，请回复。

××市二职

××××年12月15日

二、写作

（一）根据材料，拟写通知。

1. 以“争做文明大学生”为主旨，明确其演讲内容。演讲时间定于××××年4月28日14时，地点为本校报告厅。本次比赛设一等奖1名、二等奖3名、三等奖5名、优秀奖8名，向获奖者颁发荣誉证书和纪念品。请各系团支部高度重视，组织广大学生积极参与，在层层选拔的基础上推选出3名代表参加比赛，并在4月25日前将参赛选手名单报送到校团委办公室。该通知为校团委的第10号文件，于××××年4月8日发出。

2.××职业技术学院，决定在本院邀请有关院校召开高等职业教育管理干部座谈会，互相交流管理经验，为期四天，特告知有关高等职业技术学校。与会要求代表具有副教授以上职称，或是从事高等职业教育管理工作三年以上的处级领导干部。

（二）根据材料，拟写通报。

1. 石××，男，物理系二年级学生。××××年6月28日下午，石××等二人在回宿舍途中与化学系学生田××相遇。田××因走路匆忙，不小心将石××的书碰落在地，石××对田××破口大骂，继而用砖头去伤田××头部，造成田××严重脑震荡。

2.××××年3月4日晚，陈××在检查一艘货船时，发现假茅台酒50箱。货主当即拿出2000元请他放行，陈××拒收。货主伙同另外三人，捆绑他到岸上一间房子内吊打。陈××趁这伙人外出喝酒之机脱险，在公安部门协助下抓获不法分子，没收了假酒。陈××，45岁，中共党员，××市××区工商行政管理所副所长，多次立功受奖。工商局决定给予陈××晋升二级工资。

（三）××市治安状况较差，请你代××市公安局草拟一份通告，提出一些明令禁止的事项。

（四）根据材料，拟写请示。

1.××县××小学暑假内拟翻修危旧教室十间，现有自筹资金5万元，还缺资金3万元。请你以××小学的名义向××县教委写一份公文，请求拨款3万元房屋修建费。

2.×× 市副食品公司考虑生产不断发展、人民生活水平逐步提高的情况下，小食品的经营范围已日益扩大，这对于繁荣市场、满足群众需要、回笼货币都有一定的作用。为了进一步加强对小食品经营的领导，搞好市场供应，拟增设小食品科，所需人员在本公司现有人员中调剂解决。请你以 ×× 市副食品公司的名义向市商业局请示。

（五）试以你完成的某项工作为事实，向上级写一份工作报告。

第十章　事务文书写作

第一节　计划

一、概念

计划是根据党和政府的有关方针、政策以及上级的指示、要求，根据本部门的实际情况，对未来一定时期内的工作、生产、学习等拟定目标、内容、步骤、措施和完成期限的一种文书。

计划是一个总的名称，最能体现计划的本义，是计划文种的典范名称，表述比较详尽，目标清晰、步骤严谨、措施具体。除了一般说的计划之外，我们在日常生活中还常见到“安排”“打算”“规划”“设想”“方案”“要点”等字眼，这些都是对今后所进行的工作或活动作出的部署与安排，因此都属于计划这个范畴。它们的区别主要体现在内容的详略和时间的长短上。

二、作用

制订计划是日常工作中不可缺少的环节，也是一种科学的工作方法。就一项具体的工作、活动来看，一般总是先有决策，再有计划，然后组织实施。“凡事预则立”已成为共识。无论是制订长远规划，还是解决眼前问题；也无论是一个国家的五年、十年国民经济发展成就的取得，还是一个大学生学业的成功，人们都可以看到计划在其中发挥的作用。

（一）有了计划，就有了目标

计划可以鼓舞人们为实现目标而勤奋工作。以国家计划为例，我国现代化建设既有长远目标，即到21世纪中叶达到中等发达国家的水平，又有五年一订的国民经济和社会发展目标，这就使全国人民有了奋斗的方向，心往一处想，劲往一处使，为实现共同目标而发奋工作。

（二）有了计划，就有了步骤

计划可以指挥人们各司其职、有条不紊地完成工作任务。计划不只订出目标，还要写出实现目标的步骤，步骤划分，不仅使看似难以实现的目标变得能够实现了，而且能使人们按部就班、井然有序地工作，避免急躁忙乱、顾此失彼，从而提高工作效率，取得事半功倍的效果。

（三）有了计划，就有了措施

计划可以使任务的完成得到保证。计划不仅有目标、分步骤，还要提出行之有效的措施。如发展乡镇企业的计划要得以实现，必然遇到资金和人才问题，因此在计划中应提出积累和筹集资金的措施、培养和招揽人才的方法。这样就不会临渴而掘井，使计划落空。

（四）有了计划，就有了标准

计划便于督促和检查工作。计划不仅有总目标，往往还有分部门、分阶段的分目标，并且落实到各个单位，有的还落实到人头。这样有了总体和分别的任务及职责标准，督促和检查起来就有了客观依据。

计划是人们的行动指南，只有从实际出发按照客观规律办事，才行得通、做得到。不了解实际情况，不尊重事物的发展规律，闭门造车，凭主观意志行事，没有不碰壁的。我们吃过“人有多大胆，地有多大产”式的违背科学性计划的苦头，应引以为戒。为此计划的制订不仅应当进行认真的调查研究，广泛听取群众和有关专家的意见，而且应当进行科学论证，务必使计划建立在符合客观规律的基础上。

三、种类

按照不同的标准，可以将计划分为不同的种类。

按照内容划分，有单项计划、专题性计划和综合性计划等。单项计划是指对某项具体工作任务所作出的安排。专题性计划是指对某一方面的工作任务作出的安排。综合性计划是指对一定时期内的各项主要工作作出的安排。按照范围划分，有区域计划、单位计划、部门计划等。按照时间划分，有长远计划、年度计划、季度计划、月份计划、周计划等。按照作用划分，有指令性计划、指导性计划等。

以上分类都是从某一角度划分的，而实际上一份具体的工作计划往往同时兼有几个特征，如《××县农业局××××年工作计划》，它既是部门计划，又是年度计划，同时也是综合性计划。

四、写法

计划没有一成不变的格式，可以采用条款式、表格式，也可以既有条款又有表格。一份计划一般由标题、正文、结尾、落款组成。

（一）标题

标题要写在第一行的正中，包括制订计划的单位的名称，计划适用期限、内容、计划名称几方面。如果是讨论稿或初稿，还要在标题后面或下方注明“（讨论稿）”或“（征求意见稿）”等字样。下面介绍几种标题的写法：

完整式。由单位名称、时限、内容、计划名称组成。如《××市××公司20××年普法教育工作计划》《××公司20××年12月份工作安排》《××公司20××年党建工作要点》《××市××××—××××年城市绿化规划》，都是四项俱备的完整式标题。

省略式。指相对于完整式有所省略的标题。共有三种：省略单位，如《××××年学生管理工作计划》《××××年教育培训计划》，这种标题必须在正文之后落款部分署上单位名称；省略时限，如《××大学大学生创新活动方案》；省略单位和时限，如《国债发行计划》《能源管理方案》，这种标题也必须在正文之后落款部分署上单位名称。

（二）正文

正文是计划的核心，是计划的主体，在这部分里要写出为什么制订这份计划、要做些什么、怎么去做、什么时候完成等。要求具体明确、主次分明、条理清晰、言简意明，以便于执行。正文一般包括下列几项内容：

前言。前言是计划的开头，要简要说明一下制订计划的依据。分析基本情况，结合本单位的实际，按照上级的要求，确定今后总的工作任务，这是计划的出发点。在篇幅较长的计划中都有前言，篇幅较短的计划，内容也较简单，可以不写前言，直接写计划的目的和任务。

主体。前言之后便是主体，它是用来表述计划的具体内容，是计划的写作重点任务。正规的计划应写好三项内容：目标、步骤、措施，这三项内容被称为计划的三要素。目标是回答“做什么”的问题，有总目标和分目标两种。总目标是总体工作所要完成的任务，分目标是各分项工作所要达到的目的。分目标是总目标的分解，各分目标达到了，总目标也就实现了。步骤是回答“何时做”的问题，是对开展工作的阶段划分。工作要一步一步地做，任务才能逐步完成，工作起来才能有条不紊。措施是回答“怎么做”的问题，是为实现目标、解决工作中的困难和问题制定的行之有效的途径和方法，措施是完成计划的保证。

并非所有的计划的主体都必须要素齐备，有些简要的、短期的工作要点或工作安排可以有所省略。

（三）结尾

结尾可以提出希望，发出号召，增强信心，团结奋斗，为实现计划的目标而努力。重要的需要下发的计划一般需要结尾部分；简短的计划，内部使用和日常性的计划在主体内容写完之后即可结束，不必加结尾部分。

（四）落款

落款在正文的右下角写明制订计划的单位和日期。如果在计划标题中已经冠以单位名称，结尾就不必重复。如果是上报或下达的计划，还要加盖公章。

五、写作要求

（一）下级服从上级，局部服从全局

计划的写作要求下级服从上级、局部服从全局，这是制订计划的原则之一，也是计划写作的基本要求之一。制订计划的目的是执行和贯彻党和政府的有关方针、政策，更好地完成本单位、本部门的各项工作任务。因此计划的制订和写作必须从整体利益出发，把本单位、本部门的小计划纳入国家、上级的大计划之中，正确处理好个人与集体、当前与长远、局部与整体的关系。这样制订出来的计划就能比较切合工作实际，发挥、调动各方面的积极性。

（二）计划的制订要依据实际情况

要使计划符合实际，就必须熟悉本单位、本部门的业务知识和发展状况，掌握客观真实的情况，预见性地分析本单位、本部门的实际能力和潜在能力，才能制订出客观、真实、符合实际、行之有效的计划，而不能依照个人的主观愿望和意志；要对当时当地现实情况加以具体的科学分析，而不要从抽象的原则出发；要进行认真、深入、系统、全面的调查研究，把调查研究作为制订计划的前提和基础，而不是闭门造车。

（三）计划要充分考虑人的因素

制订和执行计划的是人，人是最具主观能动性的。所制订的计划需要达到既要让人在执行计划时能够充分调动积极性，充分发挥各方面能力和潜力，有较高的效率，又要使其心情舒畅。只有充分考虑人的因素，以人为本，计划才更加人性化、更具有实际意义。

（四）计划要具有可操作性

计划只有目标明确、步骤清晰、措施具体，具有较强的操作性，才能更好地走过从“制定出”到“实施完”这样一个计划的“生命”周期，才能真正称得上是落实了计划、完成了计划。任何没有操作性或操作性不强的计划只能是纸上画饼。计划的目的、任务、步骤、措施等都要写得具体明确，切忌含糊不清、模棱两可、职责不明。要根据每个时期任务的主次、缓急来安排工作的程序，把中心工作和重点任务突出出来。如果没有中心和重点，所有工作都像报流水账似的写入计划，结果必然是主次不分、杂乱无序，什么工作也做不好。通常在写计划的时候，重要的、紧迫的工作应安排在前面，一般的、可缓的工作写在后面，这样写既使行文错落有致，又使计划便于执行。

计划是在工作实施之前就确定了的，本身就是先入为主，主观性很强，但这主观性却很好地体现着科学性。因为每一次计划都是在前一个计划完成后，即工作完成后，总结出的经验教训的基础上作出的。这一次的计划就比前一次的计划更规范、更细致、更完整，也就具有了科学性。这种科学性更强的计划，自然就对工作有了督促作用、约束作用，进而增加了工作的科学性，保证了工作目标的实现。

例文 10-1

××市×××纸业公司××××年质量提升计划

随着我国经济体制改革的深入和经济的发展，企业外部环境和条件发生了深刻的变化，市场竞争越来越激烈，质量在竞争中的地位越来越重要。企业管理必须以质量管理为视点，提高产品质量是增强竞争能力、提高经济效益的基本方法，是企业的生命线。××××年是我公司产品质量升级、换代的重要一年，特制订本计划。

一、目标

1. 一季度增加 2.5 米大烘缸 1 只，扩大批量，改变纸页湿度。

2. 二季度增加大烘缸轧辊 1 根，进一步提高纸页的平整度、光滑度，要求此项指标达到标准。

3. 三、四季度改变工艺流程，实现里浆分道上浆，使挂面纸板和小泥代纸板达到省内同行业先进水平。

二、措施

1. 强化质量管理意识，进行全员质量教育，培养质量管理骨干，使广大职工提高认识，管理人员工作方法得当。

2. 成立以技术经理为首的技术改造领导小组，负责提高产品质量以及产品升级所需设备、技术改造工作，负责各项措施的布置、落实和检查工作。

3. 由上而下建立质量保证体系和质量管理制度，把提高产品质量水平列入主管经理、科技及技术人员的工作责任，年终根据产品质量水平结算奖金，执行奖金奖惩办法。

4. 本计划已纳入今年全公司工作计划，公司负责检查监督，指导实施，各部门、科室要协同配合，确保本计划的完满实施。

××市×××纸业公司
××××年××月××日（印章）

例文 10-2

××公司团委纪念“七一”活动安排

为了隆重纪念中国共产党成立××周年，对全公司团员、青年集中进行一次热爱党、热爱祖国、热爱社会主义的教育，我们根据全公司青年的现状和特点，对不同对象分别提出不同的要求，进行有针对性的正面教育。

一、目的

通过一系列不同形式的教育活动，使全公司团员、青年进一步认识党的伟大，进一步增强党的观念，进一步密切党同团员、青年的关系。

二、活动内容

（一）召开“在争取入党的日子里”座谈会。请公司党委书记与写过入党申请书的团员、团干部座谈，使这些积极分子进一步向党表示自己的愿望和决心。

（二）召开“与优秀党员见面会”。请本公司 11 名被机电局党委授予优秀党员称号的同志同全公司团支部书记见面，由优秀党员介绍他们的先进事迹，使大家学有榜样、干有方向，同时又使大家从这些党员身上进一步感到党的可亲。

（三）召开“团是党的后备军”报告会。请党委组织部部长向全公司团员作有关党的基本知识和对团员的要求的报告，使全体团员进一步了解党的性质、任务，明确团与党的关系，明确团员所负的责任。

（四）举办以党史和党的领袖人物的革命业绩为主要内容的“纪念建党××周年图片展览”，组织全公司团员、青年参观，并以班组为单位进行一次座谈。

（五）组织全公司团员、青年观看革命历史题材的影片，如《南昌起义》等。

三、时间安排

上述活动除电影在 7 月 1 日放映外，其余安排在 6 月 15 日至 30 日期间进行。各有关部门要认真做好各项活动的准备工作。

××公司团委（印章）
××××年6月2日

第二节　总结

一、概念

总结是本部门、本单位或个人对某个阶段、某个方面的工作进行回顾、检查、分析研究，从中找出经验教训，获得规律性的认识，以便指导今后工作的一种应用文体。总结也可称为小结、经验、体会、回顾等。

总结是某项实践活动全过程的终端环节，是对实践的本质概括，是从物质到精神的飞跃，是由感性认识到理性认识的升华。通过总结能够肯定成绩，得出经验，发现问题，吸取教训，减少今后工作的失误。通过总结能更正确地认识世界，掌握客观规律，取得更好的实践效果。总结虽然不具行政约束力，但具有提高理论认识、指导今后实践、提供经验借鉴、鼓舞启发群众和调动积极性的作用。

事先做计划，事后做总结，这已成为常规。如果说计划是对未来的展望与构思，那么总结则是对过去的回顾与思考。我们的工作，就是在计划、实践、总结、再计划、再实践、再总结的过程中不断提高和发展的。所以总结可以使本系统、本地区、本单位、本部门某一项工作的实践活动由感性认识上升到理性认识，以便发扬成绩，克服缺点，吸取经验教训，使今后的工作少走弯路，多出成果；它可以为各级领导和机关提供基层工作的情况和经验，以便加强科学管理和指导；它还可以用于表彰先进，树立典型，交流推广先进经验，指导和推动工作，促进两个文明建设的发展。

二、种类

总结主要有以下几类：

（1）按照性质划分，可分为综合性总结和专题性总结。综合性总结也叫全面总结，是对各项工作的全面回顾，务求重点突出，避免面面俱到、没有中心和重点。单位的年终总结就属于这一类。专题性总结也称为单项总结或经验总结，是对某项工作、某一问题的经验或教训的总结，内容比较集中，针对性强，实用性也强，应用广泛。综合性总结和专题性总结是总结最基本的两种类型，在日常工作生活中运用广泛。

（2）按照内容划分，可分为工作总结、思想总结、学习总结、活动总结等。

（3）按照时间划分，可分为阶段性（多年）总结、年度总结、季度总结、月份总结等。

（4）按照范围划分，可分为个人总结、单位总结、部门总结、地区总结等。

（5）根据实用功能划分，可分为汇报性总结和经验性总结。

三、特点

（一）内容的真实性

总结的内容必须完全忠实于客观事实，有一说一，有二说二，不能添油加醋或报喜不报忧，更不能无中生有。其观点应以客观工作实际为依据作客观分析得出的，不能任意拔高、主观臆断。

（二）对象的个性化

总结是以自身的实践活动为对象，是“我写我自己”。而每一个“我”与每一个“他”都是不同的。因此，总结必须写出自身的个性特征，让人一看就知道写作本体的与众不同之处；也因此，总结需用“第一人称”行文。

（三）认识的规律性

总结是从自身的实践中归纳出带规律性的东西，从零散的感性材料中概括出正确的观点。它的实质就是在正确的理论指导下，经过分析综合，把零散的肤浅的感性认识升华为带规律性的体现本质特征的理性认识。

（四）效用的经验性

总结的关键是将实践的成功经验概括出来，将失败的教训分析出来，作出正确的评价，得出科学的结论，指导今后的实践。它们既可成为自身的经验积累，又可提供他人作为经验借鉴。

（五）表述的简明性

作为应用文体，总结同样要求用简明扼要的语言表达。它主要用概述，而不用具体描写；用高度概括的具体事实作简要说明，而不旁征博引；作直接议论，而不必多方论证。总结的生动性主要靠事例本身的典型、新鲜、生动与感人。

四、写法

总结的写作格式不固定，写法较灵活，必须根据不同内容和目的，确定相应的写作格式和写作重点。总结在结构上一般由标题、正文和落款构成。

（一）标题

总结的标题常用如下三类。

（1）四项式标题，由单位名称、时限、内容和文种四项组成，如《××大学××××年党建工作总结》。

（2）三项式标题，可以在标题中省略单位或时限中的一项，如《××市城市规划工作总结》《××××年消防工作总结》。这类省略式标题多用于工作总结。

（3）二项式标题，由内容和文种组成，如《学生工作总结》。

还有的总结用正副题结合式。正标题用结论性语言概括总结的内容，副标题可标明单位、时限、内容、文种，如《抓住机遇 努力学习 成功地走向社会——大学四年学习总结》。

也有用文章式标题。它要归纳总结内容的中心，揭示主旨。这类标题大多用于专题经验总结，如《科技兴厂，人才兴业》。

（二）正文

总结的正文一般由前言、主体、结尾构成。

1. 前言

又称导言，前言是让读者对全文有个大体印象，为主体部分的行文做好铺垫，所以前言要求开门见山，紧扣中心，简明扼要，能统领全文。前言大多是概述总结的内容、目的、背景等，常采用以下几种方式：

（1）概述式。概括介绍基本情况，简要交代工作背景、时间、地点、条件等，但不要求全求详，与中心无关的不写。

（2）提问式。开头先提出问题，点明总结的重点，以引起人们的注意和思考。

（3）结论式。提出总结的结论，以使读者知道总结的核心所在。

（4）对比式。采用比较法，将有关情况进行比较以显示优劣、说明问题。

2. 主体

主体是正文的重点所在。由于总结的工作多种多样，写总结的目的也不尽相同，所以主体写作的内容也不是千篇一律的。

（1）比较典型的主体部分应当有以下四项内容：

①工作情况。主体应先介绍工作情况，即使前言部分已有概括，这里也应具体展开。工作情况包括做了哪些工作、工作是怎样做的、取得了什么样的成绩或效果等。可以总体介绍，也可以分项说明。

②主要经验。这是对工作的理性认识，是具有指导意义的规律性的东西，是达到总结目的的主要内容，因此要写得有理有据、令人信服。这部分内容不一定称为经验，有的称为“基本做法”或“主要措施”，实际上都是谈经验，即分析归纳工作获得的成绩

或取得成绩的原因。

③存在的问题。总结既要看成绩，也不能忽视存在的问题。这才是实事求是的态度，才有利于改进工作，取得更大的成绩。

④今后努力的方向。即针对存在的问题，写出今后解决问题、改进工作的打算。这部分内容要简略。

（2）主体结构形式常见的有以下几种：

①分部式结构。把主体内容按照情况、成绩、经验、存在问题和努力方向分成几大部分来进行总结，每部分可以用序号列出。这是总结中最基本的写法，有人称之为传统式、程序式。这种开头适用于内容比较单一的单位总结或个人小结等。这种结构的好处是容量大，眉目清楚，适用于综合性总结。写这种总结，既要全面，又要突出重点。

②小标题式结构。把总结的内容按照性质分成若干部分，从每部分提炼出一个概括的小标题，或段首主旨句，以揭示中心内容。它的顺序是将每条经验概括出来后，先写结果，由果导因，引起叙述，将有关情况、过程、做法充当必要的论据。而各部分之间既存在一定的逻辑关系，又具有内容上的相对独立性，适用于专题总结。写这种总结，主要谈经验，侧重于描述具体事实，手法是夹叙夹议，写作时要少用逻辑推理，多用事实说理，通过具体、生动、典型的事例，来描述经验、反映规律。

③阶段式结构。按照工作的时间顺序或工作顺序，把整个过程分成几个阶段，分别说明每个阶段的成绩、经验和教训，并注意怎样从较低阶段推进到较高阶段进行总结。周期长、阶段性明显的业务工作、思想总结较宜采用这种结构形式。

④贯通式结构。这种形式也称漫谈式。它既不列条款，也不分小标题，而是从头到尾围绕主题，分若干自然段，一气呵成。它主要靠清晰的思路来串联材料，靠分清层次来构架全篇，靠语言的过渡来贯通始终。这种结构较难驾驭，只适用于篇幅较短、内容较少的总结。如向别人介绍自己的学习经验就常用这种形式。

3. 结尾

结尾可根据内容灵活使用。可以概括全文；可以说明好经验带来的效果；可以提出今后工作的打算，努力的方向；也可以不写，直接结束。

（三）落款

应在正文的右下方署上总结的单位名称和日期。如标题中已有单位名称，此处只落日期即可。

五、写作注意事项

（一）要明确总结目的

不同目的的总结，对内容的选择有不同的侧重。工作汇报总结重在客观、实事求是，因此既要总结成绩，又要总结问题。典型经验总结旨在提供经验借鉴，因此总结好的做法和效果是重点。只有目的明确，才能有针对性地选材，有针对性地确定写法和行文，写出针对性强的总结。

（二）要实事求是

总结必须真实、客观。写成绩必须实事求是，不能夸大其词，不能弄虚作假；有问题，不能瞒天过海，不能报喜不报忧。总结目的不同，总结也各有侧重，但不管是哪种总结，采用的事实材料必须是真实的、客观的、可靠的。

（三）要高度概括，上升为理论

写总结时，对自身所做的工作、事情，不仅要认真回顾反思，还必须进行归纳概括，上升为带规律性的理论认识。切忌不作概括，写成“流水账”或“一堆散沙”。表现在文章形式上，这些带规律性的认识，常作标题、小标题或段旨，是支撑文章的筋骨。

（四）要写出个性特征

总结是“我写我自己”，而“每一个我又总是不同于每一个他”。即使同一件事，由不同的人来完成，其做法、效果、认识也不会是完全相同的。因此，好总结是有个性、有特点的总结。

例文 10-3

2020 年党建工作总结

在局党组和机关党委的正确领导下，聚焦年度工作要点，以钉钉子精神，一步一个脚印地推进工作落实，圆满地完成了各项工作任务。

一、政治建设坚强有力

制定“三个要点、两个清单、一个措施”，即《××党组 2020 年党建工作要点》《××机关 2020 年党的建设工作要点》《局党组 2020 年理论学习中心组学习要点》《××党组 2020 年度落实全面从严治党主体责任责任清单和任务清单》《××党组 2020 年加强政治生态建设工作措施》，把党中央、市委和××党组关于思想政治建设的部署要求一贯到底、落地落实。每周召开党组会，及时学习领会最新指示要求，研究部署工作，把准把稳建设方向和大局。

二、思想建设效果明显

先后 5 次组织党组理论中心组学习，每月向各支部下发理论学习参考，通过领导干部带头学、一般党员干部普遍学，深入学习以习近平新时代中国特色社会主义思想为重点的党的创新理论，不断夯实思想根基。按照统一部署，开展“使命·奋斗”大讨论活动，一边组织党员干部深入学习习近平新时代中国特色社会主义思想，一边围绕3个专题进行研讨，并刊发活动《简报》6期，进一步增强了党员干部责任心使命感，激发了干事创业热情。

三、干部队伍建设不断增强

激励担当作为，开展并完成三级调研员及以下职级晋升77人，做好公务员和机关工勤年度考核工作和工资晋级晋档工作。加强监管模式探索，对 ×× 工作开展情况进行调研，对目前 ×× 监管的运行情况、遇到的问题进行梳理。开展干部培训，制订年度培训计划，落实 ×× 要求，组织全体干部参加网络专题学习，组织处级领导干部参加十九届四中全会专题和脱贫攻坚网络专题学习。完善制度规范，出台 ×× 关于培训、培训质量评估、考勤、请销假、平时考核等规定，对干部的管理进一步加强。会同 ××、××、×× 等单位，建立联席会议制度、健全沟通协调机制、确定工作目标、细化责任分工，共同研究制定印发了《×× 的实施方案》。组织“×× 大讲堂”活动，发挥全体干部特长，营造全员学习的浓厚氛围。

四、组织建设更加规范

下发了《关于进一步规范主题党日活动、“三会一课”制度落实的通知》，对党支部落实主题党日活动、“三会一课”制度进一步细化规范。完成了机关党委书记任免调整；按照“两请示一报告”程序，严密组织 ×× 个党支部选举工作，党组织框架进一步健全完善。深入学习贯彻《中国共产党党和国家机关基层组织工作条例》，开展“《条例》学习月”活动，组织党支部书记及班子成员网上培训，努力提升党建工作能力。开展纪念建党99周年系列活动，落实“党课开讲啦”要求，参加“闪亮七一”主题宣传活动，评选表彰先进党组织和优秀个人，召开优秀个人事迹报告会，政治文化氛围更加浓厚，组织力不断增强。

五、党风廉政建设有效推进

开展廉政警示教育，在每名党员干部自行收看《政治掮客——苏洪波》基础上，组织处以上干部集中观看，并进行讨论，每名处级干部写出了心得体会。及时向各支部传达了 ××、××、×× 违纪违法案例，各支部组织学习并开展了讨论。在元旦、春节、清明、五一、端午等关键时间节点开展廉政提醒，防止“四风”反弹。开展“小金库”专项治理，完善制定《××“小金库”专项治理工作方案》，明确了十七条治理重点和各阶段时间；设置了局举报电话和举报信箱，严格自查自纠，至今未接（收）到任何举报电话及信件。严肃执纪问责，先后对 ×× 件问题线索进行了核查。

2021年我们将全面落实党组从严治党主体责任，做好党组织书记抓基层党建述职评议考核工作，加强机关党建工作日常督导，强化干部队伍建设，加大党风廉政建设力度，进一步强化履行党内监督职责，加大执纪审查力度，持之以恒正风肃纪，进一步加强机关纪委制度建设，加强纪检干部素质能力建设，确保机关纪委各项工作顺利开展。

××××××××

20××年××月××日

例文 10-4

奋发努力，不断充实提升自我

——××××—××××年业务小结

自××××年晋升讲师职称以来，我主要从事教学和班主任两项工作。这是我向新的更高层次迈进的五年，我在教学、学习、科研和班主任工作等方面都有新的提高和发展，取得了令人满意的成绩。现小结如下：

一、教学水平逐渐得到提高

这五年，我主要担任大专应用文写作课和大学语文课的教学工作。五年中共完成教学工作量2450多学时，平均每学年完成490多学时，超额完成教学工作量。教学中，我坚持教书育人，坚持从教学大纲的要求和培养目标出发；注重理论与实际、知识传授与能力培养相结合，取得了良好的效果。所教各个班级，写作课考试及格率均在85%以上，大学语文课及格率均在90%以上；我自己坚持写教学札记，不断总结经验教训，教学水平逐渐得到提高。××××年学院组织全校130多名青年教师开展“青年教师教学评优”活动，我荣获一等奖，讲课、论文、作业批改等项的单项评分均占榜首。

二、知识水平与业务能力得到新的发展

首先，五年来，我始终坚持学习专业理论知识、学习先进的教学经验、学习现代先进科学技术与新知识。一个人的业务水平的提高离不开这些重要因素，而它们则来自不断的学习。五年中，我读了大学写作教材和一些前辈教育家的教学论集以及课堂教学艺术等书100多本，做读书笔记130余万字。其次，通过订阅有关杂志来了解应用写作和大学语文教学的新动向、新理论，学习借鉴新经验，甚至参与某些问题的探讨。例如论文《对一篇公文病例修改的再修改》就是读了《应用写作》杂志上的一篇文章后写成的。再次，争取一切学习机会来提高自己。五年中，我参加各种年会、研讨会5次，参加了学校举办的计算机应用和大学英语提高班的学习。通过坚持不懈的学习进修，有效地提高了自己的理论水平和业务能力。

三、学术水平上了新台阶

五年来，我本着以教学带科研、以科研促教学的原则，在做好教学工作的同时，注意理论探讨，坚持科研，先后在《应用写作》《阅读与写作》《秘书》《成都成人教育》杂志，有关学术会议及学校年度论文交流中发表论文8篇，编著《机电应用文写作》

(国防科大出版社出版)、《社交文写作》(湖南师大出版社出版)两书，完成两项院级科研项目。跟过去相比，我的学术水平上了一个新的台阶。

四、班主任工作取得好成绩

五年来，我一直担任着班主任工作，本着对国家、社会、家长、学生负责的精神，我注意思想工作和班级管理方法，坚持正确方向和高标准、严要求。我管理的××班在学院文明班级评比中年年被评为文明班级，成为学校整体素质最好的班级之一。我自己也两次被评为院级优秀班主任、一次市级优秀班主任。现在我对班主任工作有了深刻的体会和成熟的经验，班主任管理工作基本上得心应手了。

总之，五年来我不仅尽职尽责地履行一名讲师的职责和义务，而且在向更高知识层面与教学、学术水平作不懈的努力，并取得了较好的成绩。今后我将继续努力工作、认真钻研，以适应新形势的需求，为教育事业、科学文化事业作出更大的贡献。

×××

××××年××月××日

【综合训练】

1. 改写计划开头。

近几年来，我们银行的青年职工人数越来越多，已经成了业务骨干力量，他们在经济战线上发挥着积极作用，展示了我国银行事业的希望和前景。但也不能忽视，一些青年由于理论水平低、专业素养差、相关知识贫乏等而感到我们做的工作没有意思。根据中国人民银行总行要求，提高在职员工业务水平，我们办事处开办了培训班，脱产学习一个月，招生的对象是在银行工作半年以上年龄在30岁以内的同志。为了让大家更好地完成学习任务，我们教育科计划如下：

2. 任选内容(①期末考试复习，②提高人文素养，③提高综合素质)为自己制订一份计划。

3. 给下面一段材料补写段首提要。

由于今年资金来源少，需求量大，为保证各续建项目按计划顺利进行，我们对资金的使用采取了灵活调度、加强监督的方针。一方面根据各续建项目的工程进度、资金需求的轻重缓急合理安排资金；另一方面，加强贷款使用监督，建立了严格的贷款使用审批制度，实行逐步核贷，从用款数额、投向到结算方式全面审核，杜绝了不合理贷款使用。

4. 任选其一观点(①强化专业基础，②提高专业实践能力)，补写材料内容。

5. 请以自己进入大学后的学习情况写一篇学习总结。提示：概述基本情况；介绍学习收获(如何学习的，成绩、缺点)以及经验(要找出规律)；指出存在什么问题；提出今后努力方向。

第十一章　传播文书写作

第一节　消息

一、概念

消息，是对新近发生的有价值的事实的及时报道。消息，也称新闻，“新闻”有广义和狭义之别。广义的新闻包括消息、通讯、特写、专访、调查报告、新闻图片及新闻评论等；狭义的新闻，专指消息。消息有六要素，即何时、何地、何人、何事、何故、如何（亦称“五个 W 和一个 H”——when、where、who、what、why、how）。

二、特点

（一）真：用事实说话

消息的特殊价值和独特作用，就在于它要对事实作出报道。首先事件关涉的时间、地点、人物、原因、过程、结果等因素均要真实；其次有关人名、地名、数据要具体实在，可靠可信，“事实胜于雄辩”，一旦失真，消息也就失去了生命和它存在的价值。

（二）新：最新的事实

“新”是消息的一大特点，是消息写作的一项基本要求。“新”首先是内容新；其次是时间新。也就是消息必须报道新近发生的或发现的事件、情况、问题等。“隔日黄花蝶见愁”，人人皆知、失去新鲜感的事，也就不是什么新闻了。抢占新时机，确立新角度，运用新手法，都可以实现消息新鲜耐读的效果。

（三）快：反应及时迅速

紧密配合社会与时代形势，严密关注国内国际最新动态，及时反映现实生活，第一时间迅疾地进行报道，这是新闻体裁非常重要的特点。新闻界有一个著名的说法：“当天的新闻是金子，隔天的新闻是银子，过时的新闻是废纸”。

（四）短：篇幅简明短小

消息是“电报文体”“电讯体裁”。一般消息在四五百字以内。简讯、短讯、快讯在几十字到一百字以内。有的甚至一句话。

（五）活：手法形式灵活生动

消息的表现方法灵活多样，可呈现为视频、图画、文字等形式，或几种形式配合使用。

三、类型

消息作为报纸、广播、电视中最广泛、最常用的新闻体裁，自身不断裂变，分化出许多特色各异的类型，逐渐形成了一个庞大的消息家族。

按照新闻来源领域的不同，可把消息分为经济、社会、会议、体育等类型；根据篇幅的长短，可分为长消息、短消息、简讯、一句话新闻、标题新闻等；按照消息的传播范围，分为国际新闻、国内新闻、地方新闻等。从实践的角度出发，采用最常见的分类方法，即以结构和写作手法的不同为标准，可分为动态消息、综合消息、经验消息、述评消息、人物消息、简明新闻等。

（一）动态消息

动态消息也称动态新闻，这种消息迅速、及时地报道正在发生或新近发生的国内国际大小事件和活动的新闻。它反映社会生活中不断涌现的新事物、新情况、新成就、新问题、新气象、新动向、新趋势等，是报刊、广播、电视上每天都大量出现的新闻体裁。要求一事一报，并且要客观显示，一般不作解释和评述。

（二）综合消息

综合消息也称综合新闻，指的是把发生在不同地区或单位的具有类似性质又各有特点的事件综合起来，从不同侧面去阐明一个共同的主题思想，反映一个时期带有全局性的情况、成就、趋势、动向或问题的消息报道。它纵览全局，报道面较广，声势较大，能给人较为完整的印象。因此，综合消息表现出综合性、宏观性、典型性的特点。

（三）经验消息

经验消息是反映事物发展变化的阶段性、概括性、经验性或典型性的报道。这类消息要注重经验的典型性、针对性、规律性和多样性。

（四）述评消息

述评消息也称新闻述评或记者述评。它是在向受众传播新闻事实的同时，又由作者直接对事实发表一些必要的评论、简明表达作者观点的消息。它介于消息和评论之间，西方称之为“新闻分析”。通常有事件述评、形势述评、思想述评、工作述评等。

述评消息最鲜明的特点是：除具有动态消息的一般特征外，有述有评，边述边评，述评结合，即夹叙夹议。它的叙述不像其他消息那样详尽，议论也不如其他评论那样广泛展开。

（五）人物消息

人物消息是记叙先进人物新近发生的事迹，反映人物精神境界和思想面貌的新闻体裁。一般篇幅短小，叙事单一，具有一定的时效性与故事性。

（六）简明新闻

简明新闻是最简明扼要的新闻体裁，又称简讯、短讯、快讯、要闻或“一句话新闻”。即用三言两语，简要地报道新发生或新发现的具有新闻价值的事实。比如，一些报纸上辟有《简明新闻》《一句话新闻》等栏目，刊登的消息都属于这一类。对这些栏目报道的内容要求单一，一般不分段落，既没有导语，又不必交代背景，只要求简单明了地告诉读者某地某时发生了某事。

简明新闻具有如下特点：其一，篇幅短小、结构简单。一般只有一二百字，甚至只有一句话就将事件简要地报道出来。报上常用《一句话新闻》《要闻简报》《时势要闻》《国际短波》《简讯》《标题新闻》《各地零讯》等栏目，来集中刊登简明新闻。其二，一事一报。只突出最有新闻价值的那部分事实，不旁生枝蔓。其三，速度快捷。简明新闻能以最快的速度和简短的文字，将一件事情的简要情况迅速地报道出来，使受众及时知道有这么一回事，故报道一些重大突发事情的简明新闻又称快讯。而以时间性最强见长的快讯在使用时总是冠以“今天”字样，有时还精确到“几时几分”。

四、写法

消息作为一种文体，没有固定的结构模式，根据消息种类和写作目的不同，其结构也呈现不同的变化。一般包括标题、导语、主体、背景、结尾几个部分。

（一）标题

标题是消息的“眼睛”，具有向读者推荐的作用，是决定一则消息能否吸引读者阅读兴趣的最重要的要素之一。它的作用主要体现在概述新闻内容和评论新闻事实。

1. 消息的标题种类

（1）主题。

主题也叫正题，是标题中最主要的部分，所用的字号最大，居于最显著的地位。用于概括与说明最主要事实和思想内容。

（2）引题。

置于主题之上而字号较小，因而被形象地称为“肩题”或“眉题”。它主要是从一个侧面对主题进行引导推介、交代背景、说明原因、烘托气氛或渲染环境、揭示思想意义。

（3）副题。

副题也叫次题，是置于主标题之后的次要标题。它的字号最小，主要起补充、注释、内容提要等作用。

2. 消息标题的主要组合形式

（1）单行题。

用一句话概括消息的主要内容。要求必须写实，必须以叙事为主，点明必要的新闻要素，使读者一见标题便知道这篇报道主要讲什么事件。

例如：

909万高校毕业生如何走好就业第一步

（2）双行题。

一般有“引题＋主题”，或“主题＋副题”两种。无论采取何种类型，都要求其中有一个必须写实，另一个可虚可实。

例如：

跨越2500多公里的拥抱（引题）

四川盐亭一男子找到失散32年的母亲和弟弟（主题）

（3）三行题。

由“引题＋主题＋副题”组成。引题往往激起读者的阅读兴趣或引发关注，主题接着引题概述主要信息，副题对主题补充交代或进一步思考。

例如：

到底是送福利还是挖陷阱？（引题）

当心那些“能赚钱的App”（正题）

社会呼吁行业监管（副题）

再如：

　　和平现曙光（引题）

　　巴以停火协议正式生效（主题）

　　停火能持续多久？（副题）

（二）导语

“导”有先导、导引的意思。顾名思义，导语是一篇消息在开头位置用以导引读者阅读的第一自然段或第一句话。导语用最精粹的文字，简明扼要地把最主要、最新鲜的事实及其意义表达出来，是消息中最有价值的部分。对导语的写作要求，一是要具备较强的分析理解能力，善于抓住事情的核心；二是要掌握一定的写作技巧，通过导语能够吸引读者对消息继续阅读的兴趣。

在表达方式上，导语写作主要有以下几种。

1. 叙述式

用摘录或综合等方法，把消息中最具新闻性的事实，简要地写在消息的开头。叙述式导语又可以分为顺叙、倒叙、插叙等几种。叙述式导语具有干脆利索、简练明快、开门见山的优点，能让受众在第一眼就看到事实的主干。为了避免干巴呆板、缺少文采的缺点，应在简洁、条理清楚的基础上，尽量让语言生动。

2. 描写式

对消息中主要事实的某一场景、具有意义的某一情节或侧面作简练而抓住特点的描绘。特别是记者根据目击事件采访而得的导语，能带给读者强烈的现场气氛和情绪渲染，增强消息的说服力与生动性。描写式导语具有生动形象、清晰直观的特点，能明显增加现场感、画面感，有较高的可读性。这也导致其缺点：受众不能在第一时间直接触及事实的主干。

3. 评论式

在简明扼要地叙述事实的同时，对所报道的新闻加以评论，揭示事物的内涵和重要意义。这类导语多用于报道一些重大的、不平常的事件和某方面取得重要成就的消息。因此写作要言简意赅，紧紧围绕主题，针对消息的焦点，评论到点子上。

4. 提问式

故意在导语中提出有关问题，再接着作简要回答，以引起读者的关注和思考。提问型导语要注意抓取读者最关心的、最感兴趣的问题切入进来，能够鲜明地提出问题，尖锐地揭示矛盾，所提的问题以具体明确为宜。

5. 对比式

通过对比、衬托的方式突出事物的个性特征，从而使新闻主题更加突出、更加鲜明，给读者留下深刻印象。

6. 引语式

即引用有代表性的、权威的、有影响力的某人的话作为新闻导语，往往一语中的，或点出矛盾焦点，或切中要害，或引发热议，或启人思考。

7. 结果式

就是把事件的结果或意义作为导语。这种导语多用于报道实际工作或生产建设的新成就、重大的发明创造、某一事件的结局等方面的消息。这样的一个结果更容易引起观众对其他相关因素的探知欲。

（三）主体

消息主体是整个消息的躯干。它紧随导语之后，按照“从主到次”的写作顺序对导语作具体详尽的阐述，全面展开事实或进一步突出中心，从而写出导语所概述的内容，表现全篇消息的主题思想，因此它是消息的重要组成部分。

1. 主体的功能

首先，为导语展开丰富的材料。导语总是简明扼要的，它虽然叙述了主要的新闻事实，但是十分简略，不会提供事件的全部过程，不会把涉及的方方面面都一一讲到，更不会提供翔实的数据和丰富的细节。主体的最明显的作用，就是为导语中已经表达过的主干事实提供更加丰富而细致的数据、细节、过程、相关要素等材料。

其次，解释证明导语中提出的观点。导语中提出来的观点，要在主体中得到充分、有力的证明。导语中可能造成不解或引起疑问的地方，在主体中要有充分的解释。

再次，满足读者了解新闻详细内容的欲求。读者如果对某一新闻感兴趣，他就不会满足于导语所提供的那点简单介绍，作者有责任在主体中向读者提供详细的内容。

2. 写作注意事项

其一，主体与导语相辅相成。导语是主体的关键提要和高度浓缩，主体是导语的逐步展开和细致深化。写作中，导语和主体在选题材、亮观点时必须前后一致，不可以出现彼此脱离、互相抵牾的现象。为此，主体要按照导语部分已经规定了的方向行文。

其二，主题集中明确。一篇消息，或直接、或间接，总要表达一定的思想、见解或态度，这就是消息的主题。消息的主题，要写得集中、明确。所谓集中，就是消息要围绕一个主题来写，不管有多长的篇幅、多丰富的材料，都只能有一个中心，要围绕这个中心选择材料、使用材料。所谓明确，就是消息的主题即使不能一目了然，也应该让人在稍加思索之后便可豁然顿悟。不能像文学作品的主题那样含蓄、隐蔽，表现为某种程度的不确定性甚至是多义性，读者看过之后，仁者见仁，智者见智。

其三，材料典型充分。所谓典型材料，就是那些有广泛的代表性、强大的说服力的材料。这与生活中日常所见的那些零散、孤立、琐屑、无意义的现象不同，消息主体中所使用的材料，必须要能引起受众的思考，揭示现象的本质。所谓材料充分，就是主体部分要提供足够的、必要的、能够满足读者探知欲望的信息。

其四，结构层次分明。消息虽然篇幅短小，但主体部分也要有不同的层次，而且要做到层次分明。各层意思之间，或者是并列关系，或者是递进关系，要体现出很强的逻辑性。消息的篇章结构设计这一要求在后面的结构形态部分将详细介绍。

其五，写法勇于创新。消息由于篇幅短小、体式规范性强，在写作手法上就有许多承袭而来、模式化的东西，如概括叙述的表达方式、直接写实的表现手法等。即使如此，它的写法也不是完全公式化的，还应体现“大体须有，定体则无”的文法基本规律。这就要求作者要勇于探索、创新、实践，大胆尝试更新、更合理、更有利于报道的技巧。

（四）背景

消息背景又称新闻背景，就是用来对新闻事实进行解释的所有事实材料。

依据不同的标准，背景可以划分出众多类型。有人借鉴学科分类的标准，把背景分为地理背景、历史背景、自然背景、社会背景、经济背景、文化背景、政治背景等。也有人按照背景在文章中的作用，把背景分为烘托主题的背景、说明来源的背景、说明相关事物的背景、引起联想性的背景等。这些分法都有一定的合理性，不过，分得过细对于写作实践的意义并不大。通常依据写作手法的不同，把背景分为三种类型，分别叫作对比性背景材料、注释性背景材料、说明性背景材料。这种分法对写作实践有较大的指导意义，笔者采取这种分法。

1. 对比性背景材料

主要通过对比衬托，突出新闻事实的意义，阐明主题、表明观点。通过对比，突出矛盾和差异，显出特点和价值。可古今比、中外比、正误比、前后比等。

例如：2021 年 5 月 20 日，欧洲议会表决通过了“冻结中欧投资协定”，要求欧洲议会暂停批准该协定。而德国总理默克尔此前受访时仍在“苦口婆心”地阐述协定对欧企的好处，德国经济部长和商界人士也表态支持协定。

2. 注释性背景材料

就是用来帮助人们看懂新闻内容，增长知识和见闻的背景材料。它包括产品或其他物品性能特点的说明、科技成果的通俗介绍、技术性问题的解释、名词术语的注释、文史知识或风俗人情的介绍等。它可以使新闻的言辞更通俗易懂，可以使受众增加知识和见闻，也可以把深奥难懂的内容通过注释性背景材料让受众更易于理解。例如，2021 年 2 月 10 日某媒体报道一则消息《历史性瞬间：中国首颗火星探测器“天问一号”精准实施近火捕获制动》：

> 2021 年 2 月 10 日 19 时 52 分，中国航天再次迎来一个历史性时刻。在经过长达七个月，累计 202 天，4.75 亿千米的漫长飞行之后，中国首颗火星探测器

> “天问一号”精准实施近火捕获制动，成功进入近火点高度约400千米，周期约10个地球日，倾角约10°的大椭圆环火轨道，中国的航天探测器首次到达火星！
>
> 火星制动捕获，顾名思义就是高速“行驶”的火星探测器在靠近火星时，通过主发动机长时间点火“踩一脚刹车”，使得探测器以大速度增量减速，从而能够被火星的引力场所捕获，使得探测器能够顺利进入绕火轨道。
>
> 火星制动捕获堪称是火星探测任务中技术风险最高、技术难度最大的环节之一。因为制动捕获的机会是唯一的，维系着整个探火任务的成败。
>
> 探测器在捕获过程中，火星环绕器需要精确地进行点火制动，只有点火时机和时长都分秒不差，才能形成理想的目标捕获轨道。如果探测器“刹车”太晚或是“刹车”时长不够，就会飞越火星继续围绕太阳公转，耗费数年时间等待下一个“制动窗口”。而探测器如果“刹车”太早或是“太急”，就有可能直接“撞上”火星。

上面这则消息，第二、三、四段，提供的就是注释性背景材料。对于普通读者而言，这样的三段内容可以通俗易懂地阐释关于“天文一号”专业性极强的科学知识。如果没有这段背景材料，受众就无法真正理解“火星制动捕获”的概念和它的实际难度究竟有多大，无法直观理解其危险性有多高。所以这样必要的注释性背景材料，对于受众而言意义非凡。

3. 说明性背景材料

就是来说明和解释新闻事实产生的原因、时代背景、历史演变、地理环境、物质条件，以及人物的身份、资历、性格特点等的事实材料。所以，有人又把这类背景材料分为历史背景材料、地理背景材料、人物背景材料和事物背景材料。它们的作用在于：使新闻更容易理解；使新闻更全面深刻；使新闻的意义更突出。

例如，还是上面这则消息《历史性瞬间：中国首颗火星探测器“天问一号”精准实施近火捕获制动》第五段：

> 据公开资料显示，此前苏联、美国、日本的火星探测任务都曾在“火星捕获段”遭遇失败。1974年，苏联的火星4号探测器在距离火星表面2200千米处由于制动发动机失效而没有切入火星轨道，最终飞越火星。1999年，美国的火星气候轨道器星在实施火星制动捕获时，因轨道高度比设计值偏低，最终导致探测器进入火星大气层而被烧毁。而在2020年，日本的“希望号”火星探测器因为探测器上的通信和电子系统损坏，从而无法顺利实施制动捕获未能进入环火轨道。此外，2010年12月，日本的“拂晓号”金星探测器也是倒在了“制动环节”，“拂晓号”金星探测器的发动机由于故障未能及时完成金星捕获制动，直接飞越金星。直到2015年12月，它才再次回到金星附近捕获成功，然而此时它已经接近寿命末期。

（五）结尾

消息的结尾宜顺势而行，既不要草率随意，也不应拖泥带水。同时结尾应紧扣主题，切忌空泛，力求简洁、富有余味。结尾的方法多种多样，常见的有：

（1）评论式。在消息收结的地方对所报道的事实加以评论。具体表达时，既可以是直接发表议论，也可以是借别人之口进行评议，或者转述有关的评价。

（2）总结式。一些内容较为复杂的消息，可以在结尾处补一个概括性的总结，使全文的内容最终归纳在一个点上。总结式写法在概括整体面貌、明确新闻的意义和目的方面，有着不可替代的作用。

（3）启发式。在新闻事实已表达清楚的基础上，再引导人们进一步联系现实、作出更多思考的写法，就是启发式。

（4）展望式。在新闻事实表达完毕之后，对其发展方向和未来结果作出预测或判断，通常都是描绘乐观的、令人向往的前景。

（5）引用式。在消息的结尾引用相关人物的话来收束全篇，也是消息常用的结尾方式之一。

（6）补充式。这种结尾主要用于补充新闻导语和主体部分未提及的其他新闻要素，使新闻报道完整、圆满；或者补充有关背景资料，使新闻报道更加充实、可信。

（六）结构形态

标题、导语、主体、背景、结尾这五个部分的组成，构成消息的外部形态，这是消息共同的结构形式；如果从每一篇消息内在的构造形态上看，消息的结构形态又可以区分出不同的类型，比较常见的有倒金字塔结构、时间顺序结构、并列式结构。

1. 倒金字塔结构

这是消息最为常见的结构形态。所谓“倒金字塔”，就是顶尖朝下、底边朝上的倒三角形。这个倒三角形如果用水平线划出几个等份来，上面的那一层面积最大，显得分量最重，下面各层逐层缩小，最下面的一层就是个面积最小的尖角了。“倒金字塔结构”这一形象的称谓，就是表示把消息最重要的材料放在开头，比较重要的随后安排，再次的再向后排，最不重要的放在最后——这就是一个倒金字塔的形态。

倒金字塔结构之所以被新闻界广泛采用，是因为它有许多优点。

其一，便于阅读。美国密苏里新闻学院副院长布莱恩·布鲁克斯认为，读者可能在任何时候放下报纸，因此有必要把重要材料首先让读者读到，一个只读了一段的人可以知道该消息中的精华部分。他这个说法是很有道理的。新闻的作者和编者不能总是指望读者把全篇文章读完。事实上，我们在阅读新闻的时候常常半途而废。倒金字塔结构可以让读者无论在任何地方停止阅读，都可以获得对新闻事实的较完整认识，捕捉到消息中最重要的信息，只不过读完了知道得较详细，没读完知道得较粗略罢了。

其二，便于编辑。采用倒金字塔结构形态的消息，编辑、调整、补充或删减起来都十分容易：如果需要给读者更重要的信息，只需要找到主次轻重最合适的位置，添加即可；若要删减，只需要从后面开始删起，不管删到哪里，余下的都还是一篇完整的文章。如此一来，删改时就不必对文章大动刀斧、打乱重写。

其三，便于写稿。倒金字塔结构也给作者写稿带来了便利。作者在采访时，对材料已有了较充分的认识，在写作时只需按信息价值大小或重要程度将材料依次组织在一起，一篇新闻的结构就基本安排妥当，无须耗费太多时间或精力，使稿子成型更加快捷。

正是由于以上优点，倒金字塔结构在消息写作中一直占据主导地位。虽然近来有人提出，这种结构形态构造单一，模式化，不够灵活，写出来的文章不够生动等，但这并没有从根本上动摇倒金字塔结构在新闻界的地位。消息的文体特性决定了这种结构形态永远不会过时。

2. 时间顺序结构

所谓时间顺序，就是以时间的延续为基本线索，发生在前的表述在前，发生在后的表述在后。任何事件都需经历一个阶段性的过程，按照时间顺序组织在一起，不同阶段就会自然形成不同的层次。

在一般的记叙文中，时间顺序是比较常用的结构形态。在消息写作中，由于倒金字塔结构更适合消息的文体特性，时间顺序结构运用得相对少一些。

时间顺序结构具有以下特点：

首先，更接近事物的原始形态。时间和空间是事物的存在形式，任何事物都是在特定的时间中产生，并随着时间的延续向前发展的。采用时间顺序结构叙述新闻事件，最接近事物的原始形态。而新闻是一种比较讲究客观再现的文体，时间顺序结构对于忠实地再现客观事物是有利的。

其次，符合读者的认知习惯。在现实生活中，人们都是随着时间的延续逐步认识事物的，久而久之，自然形成了以时间为依托来认识事物的习惯。在一般的记叙文中，有时作者为了加强生动性，在结构上作一些诸如倒叙、平叙、插叙、补叙等灵活处理，但都不从根本上破坏原有的时间顺序。只有一些现代主义小说，采用时空破碎的结构手法组织结构，有时给读者阅读造成障碍。但是读者也必须在恢复了原始时间顺序之后，才能真正理解文章。新闻是大众化的文体，必须给读者的阅读提供最大限度的方便，在这一点上，时间顺序最具优势。

再次，容易出现平铺直叙和拖沓的弊病。时间顺序结构的局限性就是容易出现平铺直叙、记流水账的现象。另外，采用时间顺序写出来的文章，可能篇幅会长一些，严重了就是拖沓。古人说："顺叙最易拖沓，必言简而意尽乃佳。"不过，这些弊病不是不可避免的。写作时注意区分主次，精心选材，锤炼语言，也可以避免上述情况。

3. 并列式结构

这是在综合消息和经验消息中较多采用的一种结构形态。在综合消息中，报道的具体事实不止一个，需要并列地叙述若干个新闻事实，这样就形成了并列式结构。经验消息也可能围绕几个不同的方面而形成若干层次。

并列式结构最突出的特点是层次非常清楚，而且层次与层次之间的关系是彼此平行的——不是因果关系，也不是递进关系，从意义上说也分不出主次来。

并列式结构的另一个特点是各层之间的互补性。每个层次都是相对独立的，犹如多枝鲜花集成一束。但它们必须是围绕一个更大的核心事件而存在的，共同证明着一个主题思想。如果脱离了核心，全篇也就散架而失去其意义了。

4. 其他结构形态

因果式结构——各个层次之间呈现因果联系，既可以由原因推至结果，也可以由结果回溯原因。

对比式结构——消息的主要层次之间呈现彼此对照的关系，就是对比式结构形态。

悬念式结构——在一篇消息中，如果前面的层次通过有保留的交代引起了读者的强烈关注，在后面的层次中再揭示谜底，就是悬念式结构。这样的结构对读者有较强的吸引力。

散文式结构——借鉴文学作品的结构技巧来写消息。这样的写法，构思随意，章法灵活，较为生动活泼。

例文 11-1

外交部再回应巴以冲突：敦促美方承担应尽责任

【环球时报－环球网报道 记者 王盼盼】5 月 17 日，外交部发言人赵立坚主持例行记者会，部分内容如下。

有记者提问，近日，巴以冲突局势不断升级，5 月 16 日，王毅国务委员兼外长以安理会 5 月轮值主席身份主持安理会巴以冲突问题紧急公开会，请问会议达成何种共识？

赵立坚表示，近段时间，巴勒斯坦局势骤然紧张，以巴爆发 2014 年以来最大规模冲突。作为安理会 5 月轮值主席，中方推动安理会两次进行紧急磋商，并提出安理会主席新闻谈话草案。在此基础上，王毅国务委员兼外长于 5 月 16 日主持安理会巴以冲突问题紧急公开会，为推动局势降温作出进一步努力。王毅国务委员在会上就应对当前巴以局势提出 4 点主张，指出：

停火止暴是当务之急。敦促各方特别是以色列保持克制，立即停止敌对行动。

人道援助是迫切需要。促进各方加强对巴勒斯坦人道援助，全力避免人道主义灾难。

国际支持是应尽义务。呼吁国际社会特别是安理会采取有力行动，推动局势缓和降温。

两国方案是根本出路。支持巴以双方尽快重启和谈，政治解决巴勒斯坦问题。

赵立坚表示，绝大多数安理会成员针对当前巴以局势发出了共同的声音，大家都呼吁立即停火，防止爆发全面危机。大家都要求保护平民，避免更大的伤亡。大家都坚持政治解决，呼吁巴以双方尽早在两国方案基础上恢复和谈。大家也都认为安理会应发出一致声音，公正推进巴以和谈进程，努力推动巴以两国实现和平共处。

“我们敦促美国承担应尽责任，采取公正立场，和国际社会大多数成员一道，支持安理会为推动缓和局势、重建信任、政治解决发挥应有作用。中方作为安理会轮值主席国，将继续推动安理会履行职责，发挥作用，为推动巴勒斯坦问题的全面、公正、持久解决，作出应有贡献。”赵立坚说。

例文 11-2

中国“天问一号”成功着陆火星！

赵立坚解读火星车“祝融号”名字寓意

据中国国家航天局消息，科研团队根据“祝融号”火星车发回的遥测信号确认，5月15日，“天问一号”着陆巡视器成功着陆于火星乌托邦平原南部预选着陆区，我国首次火星探测任务着陆火星取得圆满成功。

凌晨1时许，“天问一号”探测器在停泊轨道实施降轨，机动至火星进入轨道。4时许，着陆巡视器与环绕器分离，历经约3小时飞行后，进入火星大气，经过约9分钟的减速、悬停避障和缓冲，成功软着陆于预选着陆区。两器分离约30分钟后，环绕器进行升轨，返回停泊轨道，为着陆巡视器提供中继通信。后续，“祝融号”火星车将依次开展对着陆点全局成像、自检、驶离着陆平台并开展巡视探测。

火星探测风险高、难度大，探测任务面临行星际空间环境、火星稀薄大气、火面地形地貌等挑战，同时受远距离、长时延的影响，着陆阶段存在环境不确定、着陆程序复杂、地面无法干预等难点。“天问一号”任务突破了第二宇宙速度发射、行星际飞行及测控通信、地外行星软着陆等关键技术，实现了我国首次地外行星着陆，是中国航天事业发展中又一具有重大意义的里程碑。

另据中国青年网视频官方账号5月17日报，近日，多国祝贺“天问一号”成功着陆火星。对此，中国外交部发言人赵立坚表示，这是中国航天事业发展的又一具有里程碑意义的进展。

他提到，从“神舟”到“嫦娥”“玉兔”再到“天宫”“天问”，中国人民把对遥远星空和未知宇宙的无尽憧憬寄托在这些美好的名字之中。此次“天问一号”着陆巡视器搭载的火星车名为“祝融”。祝融是中国上古神话中的火神，火的应用促进了人类文明的发展，驱散黑暗，带来温暖。“祝融号”寓意点燃中国星际探测的火种，指引航天人不断超越自我，逐梦星辰。

中国将以开放包容姿态推进国际合作，为探索宇宙奥秘、促进人类和平发展的崇高事业作出新的更大贡献。

第二节 广告

一、概念

作为现代社会最为强势的宣传形式，广告在社会经济活动和人们的日常生活中被广泛使用，铺天盖地，影响巨大。厂家或商家的决策者与领导者越来越重视广告在树立企业形象、促进商品销售等方面发挥的巨大作用。现代社会的全部经济活动都离不开广告，它已经成为促进供需的道路、沟通产销的桥梁、活跃市场的媒介、生产生活的向导。

对于广告从业人员、市场营销人员以及文秘管理人员来说，了解广告的含义、特点、作用，掌握广告文案的写作知识与技巧，已经成为未来一个从业者出色完成工作、充分展示才艺的重要基本功。

“广告”一词源于拉丁文 advertere，意为注意、诱导及传播。广告的汉语字面意思就是“广而告之”“广泛劝告”，即向公众告知、传播某信息的重要手段。《中华人民共和国广告法》对“广告”的定义是：商品经营者或者服务提供者通过一定媒介和形式直接或者间接地介绍自己所推销的商品或者服务的商业广告活动。

我们可以这样概括：广告是通过一定的传播媒介，公开而广泛地向公众传递某一信息或宣传某一产品所使用的文书。

二、特点

（一）商业性

商业性是广告商业行为首要的、本质的特点。广告写作有着极强的盈利目的和市场取向，其目的是用来吸引受众的注意，劝导、说服消费者在广告的指导下，购买特定商品，接受特定服务或接受广告主所倡导的某种观念，从而使广告主从中获益。

（二）信息性

广告要利用各种途径，借助多种手段，达到说服的目的。为此，广告中所提供的信息既要准确、完整，尽可能完备，又要含蓄、精练，使受众更易于理解和接受。

（三）说服性

广告起劝导的作用，并最终影响消费者的消费行为，达到使广告主盈利的目的，这必然带有明显的说服性。

（四）真实性

广告的写作虽然可以使用文学化的语言，可以采用虚拟的场面、情景或夸张的行为，但有一点是不容置疑的，那就是向受众传达的广告信息必须来源于客观真实的存在，真实性是广告的基础和生命。特别是有关企业产品、服务的内容、形式、质量、功能、价格、承诺等能给予消费者服务和利益的，广告主借此以说服消费者产生消费行为的内容，必须客观真实。这就给相关从业人员提出了法律上的约束。

（五）艺术性

任何广告，要想达到其商业性的目的，必须调动各种艺术形式和技巧来吸引消费者，打动他们的心弦，引导他们购买商品。优秀的广告作品，一般都具有较高的艺术性，往往会让大众印象深刻。

（六）独创性

独创性是广告成功的关键，好的广告应该在内容和形式两方面都做到新颖独特、与众不同，在创意和表现手法上都要有所创新。只有这样，才能吸引受众的注意，激发受众的兴趣，发挥广告推介商品、树立形象的功能。

三、类型

为了给广告的策划、制作提供依据，使广告活动适应广告的目的和需要，以取得最佳的广告效果，我们要依照不同的标准给广告进行分类。

按照广告的内容可分为商品广告、劳务广告、企业形象广告；按照商品的经济生命周期可分为开拓期广告、竞争期广告和维持期广告；按照广告媒介可分为报纸广告、杂志广告、传单广告、电视广告、广播广告、网络广告、门面广告、橱窗广告、柜台广告等；按照广告的体式可分为叙述式、议论式、说明式、对话式、标语式、动画式、小品式、相声式、歌曲式等。另外还有一些其他媒介广告，如直邮广告和路牌、车体、灯箱、条幅、橱窗、霓虹灯及有关实物等广告中的语言文字部分。

除上述分类角度外，还可按照广告目的分为商业广告和公益广告。商业广告（盈利性广告）是为了推销商品、提供服务而通过媒介宣传，刺激诱发消费者的购买兴趣和接受服务所作的广告，如各种商品广告、服务性广告等。公益广告（非营利性广告）是为宣传某一事项或规范人们某种行为或制造某种舆论而通过媒介宣传所作的广告，如中央电视台的“广而告之”就是对公众进行思想道德教育、规范人们行为的非营利性广告。

当前使用最多的是按照媒介途径划分的几类广告，即平面广告、广播广告、电视广告、网络广告。

（一）平面广告

它是通过各种以长宽二维形态传达视觉信息的广告媒体来传播的，其中最常见的就是报纸和杂志广告。平面广告的效果主要倚重于文案而非图形，因此在其广告写作中，除注意文字与画面的匹配互补之外，还要充分发挥语言文字的优势，尤其要重视广告标题的制作。

（二）广播广告

广播是诉诸听觉的传播方式，为广播媒介撰写广告，应该充分注意受众的收听特点。在广播广告的制作过程中，要注意文字的亲切自然、形象可感、悦耳动听，要避免可能产生误听、晦涩难懂的字、词，对重要的广告内容要安排适当的重复，还应注意广告内容与音乐和音响效果和谐配合。

（三）电视广告

由于电视具有声画合一、视听结合的传播特点，所以电视广告更注重语言的经济性和通俗性，上下文语句之间具有较大的跳跃性，同时作用于人们的视觉和听觉。注意声音与画面协调互补，既不简单重叠，也不游离割裂。

（四）网络广告

网络广告以网络为传播媒介，随着互联网的普及和广泛应用，网络广告表现出巨大的发展潜力。它依靠传播上穿越时空、快捷方便、多媒体并用、信息互动等各方面的优势，呈现出范围广、容量大、费用低、投放快、目标准、互动强、够生动、易统计等诸多优点，故其广告的写作除了汲取传统媒体广告的写作手法之外，还要尽量与网络的特性相结合。

四、写法

现代广告的表现手段和发布形式已经逐步发生重大变化，由过去简单、单一的手段和形式发展为声、光、电、色彩、图片、装饰、雕刻等多种丰富的手段和表现形式。但无论怎样发展变化，广告中表现广告内容的语言文字的撰写始终都是重中之重。

广告文稿的写作一般包括标题、正文、标语、结尾四部分。

（一）标题

广告标题是广告文稿的精髓，被称作广告的灵魂，它标明广告的主旨，反映着广告的精神。标题的优劣是广告成败的关键，所以标题要以新奇的构想、生动的形象、精练的文字、独特的个性，鲜明揭示广告的主题。广告标题是最能激发受众阅读视听兴趣的信息。好的广告标题，能起到画龙点睛的作用，吸引人们来阅读整个广告内容。从表现形式上看，广告的标题分为直接标题、间接标题和复合标题三种。

1. 直接标题

直接标题即直截了当地表现广告主要内容或点明广告主题的标题。它以简明的文字表现广告的内容，使人们一看一听便可瞬间知道该广告的信息内涵。如饮品广告标题“今天我要喝——娃哈哈果奶”。再如护肤品广告标题“要想皮肤好，早晚用大宝”。它的好处是开门见山，一语中的，受众获取信息省时又省力。缺点是容易流于平板，缺少吸引力。

2. 间接标题

间接标题是指用迂回曲折的方式来引起受众关注的标题，它往往不直接说明产品和产品有关的情况，不出现品牌和商标，而是抓住商品的特点，先用委婉的或富有趣味性和戏剧性的语言来表述，抓住人们的好奇心和注意力，使人们非弄明白不可，直到读了广告正文才恍然大悟。如“出门前轻轻一按，回到家有菜有饭”(一则阿迪锅广告)。显然，这类标题的语言给人以很大的想象空间和回味余地。如奔驰汽车广告标题为“经典是对经典的继承，经典是对经典的背叛”，丝毫没有提及商品本身，而是使用了一对语义相反看似矛盾的句子，不由得引起读者的好奇与思索，使人一读难忘，既点明该汽车的传统继承，又强调该汽车的现代创新。间接标题的优点在于生动活泼、富有趣味，易使读者产生进一步细读和思索的冲动，能较好地锁定读者的注意力。但缺点是可能导致广告的主要信息不够明确突出。

3. 复合标题

由两种或两种以上不同类型的标题组成，通常排列成多行，并用不同字号来加以区分，故又叫多行标题，类似于新闻标题。复合标题由引题、正题和副题构成，也可由引题和正题、正题与副题构成。引题主要用来交代背景，烘托气氛，引出正题。正题是标题的主体部分，交代广告的主要信息或提示广告主题，又叫主题或主标题。副题是对正题的补充，进一步扩大正题的信息量或增强正题的效果。

（二）正文

正文是广告的中心和主体，主要凭借它来体现广告的目的和内容。为此，正文要交代清楚以下几方面的内容：商品的品种、性能、规格、特点、用途等；商品出售的方式、时间、地点、接洽方法等；对顾客承担的责任，如修理、退换、保质期等。正文部分的写作一定要实事求是，切忌浮夸和套话大话，类似“誉满全球”“驰名中外”“畅销海内外”之类的虚空溢美之词，已令人生厌，只会使消费者产生逆反、排斥心理，一定要避免。

1. 组成

（1）引言。

引言是正文的开端，主要任务是用一句话或一段话上承标题、下启正文。引言可以不关涉正文的主要内容，也可以简要涉及正文的主要内容。如“佰草美白精华液”广告的标题为“亮白——精粹如月”，用比喻修辞突出了商品的使用功效，而引言“想让肌肤如月亮般皎洁吗？”承续了比喻的优美意境，并变换运用疑问句式，更易吸引爱美女性的目光，促使她们继续阅读下文的内容。

（2）中心语。

置于引言之后，是广告的重心之所在，也是整个广告的核心部分。其主要任务是根据广告主题，展示关键性的、有说服力的事实，陈述商品的特长和优点，以唤起和巩固消费者的购买欲望。根据需要，中心语可以只有一整段，也可以分成几个段落。其写法可按照时间顺序纵向来写，鱼贯而行，也可按照事物的逻辑联系横向展开，分点来写；可承接引言的内容作进一步延伸，也可借回答引言中所提出的问题而进一步展开；或与引言涉及的内容形成转折关系，以给人柳暗花明之感。

（3）结束语。

为正文的最后一段或最后一句，大多以精练的语句再次点明商品的独有特色，或呼应前文，或敦促消费者迅速购买。结束语要简短有力，有感染力和鼓动性。广告正文通常都有结束语，也可自然收束而不需写结束语。

2. 类型

广告正文的写作大致可以按照表达方式，分为五种类型：说明型、描写型、论证型、叙述型和抒情型。

（1）说明型正文。

注重以事实来说明诉求内容，主要意图在于告知消费者有关商品的信息，如性能、特点、功效、价格等。在写作上比较客观平实，以说明为主，不作过多修饰。这种类型适用于生产资料、技术服务类商品或技术含量高的商品广告。

例如，明日经典瑞士艾美表广告正文："瑞士艾美表于 1975 年创立，虽然只有短短三十一年的历史，但已获多项殊荣。艾美拥有其自己的机芯设计工作室、组装工厂及表壳工厂。至今仍然在自行生产表壳和机芯，同时在 2006 年开始建立自己的复杂机芯工厂，从而进一步提高手表的质量，巩固了艾美表在复杂功能表市场中独特之地位。"

（2）描写型正文。

注重对有关商品事实进行形象生动的描写，较多运用修辞手段，文学色彩较浓。运用得当，能给人留下深刻的印象。

例如，新加坡旅游广告："夕阳西下，新加坡依然魅力十足——星光下的晚餐如梦如幻，芬芳的美酒香飘河畔，奔放的迪斯科挥舞热情，夜色中的大都市依旧生机盎然……这就是新加坡。"

（3）论证型正文。

重在"以理服人"，即在事实的基础上进行理性的分析论证，告知读者"是什么"的同时还分析了"为什么"，以此达到促销的目的。

例如，格力空调广告的正文："格力，十年免费包修，是一个自我的挑战，也是给消费者的一个承诺，推动行业进步，共同助力高质量发展，品质生活，格力创造。"这则正文在介绍产品时，着重于消耗性产品易坏的焦点，所以将广告词注重于产品过硬的质量，想消费者之所想，解消费者之所困，从科技创新和使用效果角度，提高消费者的信任度，增强消费者的购买欲。

（4）叙述型正文。

以叙述商品或企业的有关情况或前后经过来宣传产品或企业形象。内容上要求用一定的人物形象和故事情节来吸引读者。

例如白酒广告正文，简单几句话叙述其历史传承，强调其原味和正宗："二锅头，我就认红星。49 年那会儿啊，北京就这一家。几辈人都喝这酒，红星，这味儿，正。北京二锅头始创者，红星二锅头。"

（5）抒情型正文。

通过与商品相关联的某种情感的抒发来打动消费者。它多用诗歌或散文片段的形式来直接抒情，或与叙述、描写等结合起来进行间接抒情。

例如本田汽车广告："视线一经牵引，内心的力量不触即发！静观，已为之动容；启动，更令世界彻底改观！正所谓，身未动，心先动。一颗天生非凡的心和一部动力浑厚的车，将从此开始惬意奔放的行程。新一代雅阁的发动机 I－VTEC /VTEC 发动机，持续输出澎湃卓绝动力，激活内心的力量，瞬间提速，一往无前！新一代雅阁，激活新力量！"这则汽车广告正文体现了"人车合一"理念，优美的抒情性语言，极易激发爱车一族的购买和一试欲望，着重抒发一种驾车的豪迈激越之情，充满了阳刚之气，对正在犹豫选择哪款品牌汽车的群体具有极强的诱惑力。

（三）标语

为了加强公众印象，在广告中长期、反复使用的一种简明扼要的口号性语句就是广告标语。广告标语又叫广告口号，这是为了加强受众对企业、产品或服务的认知和印象，通过广告反复传播地体现企业、产品或服务的理念、概念以及特征的一种简明扼要的口号式的语句。它可以出现在正文的任何部位，一般情况下，它独立于正文之外，作为广告相对独立的部分，它高度概括，语言凝练，善于运用修辞，具有很强的号召力。广告标语的特点是简洁、整齐、有韵、上口、入耳、易记。例如：

味道好极了！（雀巢咖啡的标语）

因为信任，所以简单！（支付宝的标语）

让世界了解中国，让中国了解世界！（《中国日报》标语）

你的擦身而过，他的百次回眸（欧梵路女装）

让世界爱上中国造！（格力标语）

显然，这些简短的口号性语句，要基于长远的销售利益，向消费者传达一种长期不变的观念。由此我们来分析广告语的文体特点。

广告标语应简明扼要，抓住重点，没有多余的话。不简短就不便于重复、记忆和流传。广告标语在形式上没有太多的要求，可以是单句也可以是对句。一般来说，广告标语的字数以 6~12 个字（词）为宜，一般不超过 12 个。这样的例子我们随处可见，能够在社会上广泛流传的广告标语基本都是很简短的。例如海尔集团的广告语“海尔——真诚到永远”，华为手机“您手中的世界 500 强”，山东旅游“好客山东欢迎你”，海飞丝洗发水“头屑去无踪，秀发更出众”，药物广告“康必得治感冒，中西药结合疗效好”，等等。这些标语都简练醒目，正是应了那句话“浓缩的都是精华”。

广告标语必须清楚简单、容易阅读、用字浅显，符合潮流，内容又不太抽象，使受过普通教育的人都能接受。广告标语应使用诉求对象熟悉的词汇和表达方式，使句子流畅、语义明确。避免生词、新词、专业词汇、冷僻字词，以及容易产生歧义的字词。也不能玩文字游戏，勉强追求押韵。

广告标语应避免低俗粗鄙的格调。即使广告重心在于宣传产品或服务，也要追求高格调，宣传正能量，以美的形式和思想达到“广而告之”目的。

（四）结尾

广告的结尾常被称为广告附文，是广告文案中的附属部分，又叫随文，是用来传递产品与企业的附加信息，以方便消费者与企业的沟通与联系。附文的具体内容包括：广告单位名称、品牌全称，企业的全称、地址、邮政编码、电话号码、传真号码、网址及联系人，经销商及其地址、电话号码，安装、维修服务电话，服务承诺，等等。必要时还可写上开户银行、银行账号以及购销方法，以便联系购买。它对广告正文起补充、说明作用。

五、写作要求

（一）讲求韵律，易于识记

广告语要流畅，朗朗上口，首先应适当讲求语音、语调、音韵搭配等，这样才能可读性强，抓住受众的眼球和受众的心。不难发现，许多广告语都是讲求押韵的，比如“农夫山泉，有点甜”，“好空调，格力造”，等等，俯首即是，一目了然。其次，广告口号写作应注意提炼文字，使用简洁明快、节奏鲜明、声韵和谐而响亮的语句，便于受众识记。例如，别克汽车广告口号为“心静思远，志在千里”，中国银行的广告口号为“传承经典，刷新未来”，都具有该特点。

（二）创新独特，包蕴深意

要选择最能为人们提供信息的广告语，在“新”字上下功夫，如新产品或老产品的新用途、新设计、新款式等。广告语的表现形式要独特，句势、表达方法要别出心裁，切忌抄袭硬套，可用适当的警句和双关语、歇后语等，迎合受众的好奇心和模仿性，唤起心灵上的共鸣。比如某电话机“勿失良机”，巧妙地利用了“机”字的双关；又如前些年流传甚广的“万家乐，乐万家”前后两句运用顶真与回环，既包含了品牌名称，又说明了该产品的普及率和使用效果，“乐万家”的蕴意温暖人心，听起来朗朗上口。雕牌洗衣粉的“妈妈，我能帮您干活了”也是一句成功的广告，既宣传了产品神奇的功能，又体现了母子间的深情，会在无形之中催生孩子帮助父母做家务的愿望，不知感动了多少人。

（三）突出个性，宣扬精神

宣扬企业精神，打造品牌效应，好的广告语应该用极其简省的文字来浓缩商品的个性，使人在瞬间对商品留下深刻的印象。例如，M & M 巧克力的口号为“只溶于口，不溶于手”，麦氏咖啡的广告口号为“滴滴香浓，意犹未尽”。此外，广告口号还可以宣扬企业的独特理念或精神，以打造和提升企业自身形象。例如，丰田汽车广告口号为“有山就有路，有路就有丰田车”，用语豪迈，体现了这家汽车巨头的强大，以及对客户服务的普及；飞利浦电器的广告口号为“让我们做得更好”，宣扬了企业精益求精、不断进取的精神，有助于赢取消费者对企业的好感。

六、广告口号与广告标题的区别

广告口号与广告标题在广告中各起特殊的作用，它们有相近之处，如语句都响亮简洁、都居于醒目位置等，但二者在目的、使用范围与时限等方面有较大的差异，要注意加以区分。

（一）写作的目的不同

广告口号从长远的促销目的出发，注重的是向受众传递有关商品或企业的长期的理念或概念，以求给人长久且深刻的印象。广告标题则是为具体的一个广告方案而写作的，以即时性、鲜明性印象见长。

（二）使用范围与时限不同

广告口号通常在一个较长的时段内持续反复使用，且适用于此时段内有关该产品或企业所作的不同媒介形式的广告。广告标题则只是一则具体的广告文案的标题，不可重复使用。

（三）形式要求不同

为便于受众的长期记忆，广告口号在表达上简明、生动、易读易记，讲究句子的锤炼、词语的推敲和音韵的和谐。而广告标题并不刻意追求长期记忆效果，因此在表达形式上要求不如标语那样严格，有时可使用较长或较复杂的语句。例如，中国联通的一则广告标题是“网络今非昔比、精彩无处不在”，而广告口号则为“引领通信未来”。广告的标题是广告正文的高度概括，它所概括的广告主体和信息必须鲜明集中，人们看到它就能理解广告主要宣传的是什么。一条广告语可以选择不同的诉求点，即强调的东西不同，但总要突出某一方面。比如，神州热水器的广告语“安全又省气”，让人很轻易地就记住了热水器的与众不同之处，且抓住了消费者对品质方面的特殊要求。又如，欢乐时光食品的一条广告语“开启欢乐时刻，收获美好时光”，这句话向消费者展示了该公司的创业理念，会让受众的心瞬间浸入温暖的氛围，使人们对该公司推出的食品立刻产生一种想要拥有的强烈的愿望。因为品尝了该食品，也就享受了欢乐美好的生活。

七、公益广告

公益广告属于非商业性广告，不以营利为目的，是为实现传达观念、呼吁关注、倡导风尚等社会效益而进行的广告宣传活动。

（一）公益广告的特征

1. 有爱

公益广告总是要宣扬一种至高无上的情怀。创作公益广告必备的一项素质不是精湛的技艺，而是爱心。爱心是公益广告的灵魂，公益广告所体现的是对人的终极关怀，没有爱心的作品只能是苍白无力的说辞，起不到任何作用。

2. 用情

真情实感是公益广告诉求的旋律，也是它打动人心的最主要的力量。在公益广告创作中，能把“爱”的语言生动表达的是“情感”。一则公益广告，若想在现代广告信息的汪洋大海中脱颖而出，就要善于抓住公众的心理，善于拨动受众的心弦，引起公众的注意，激起情感的共鸣，要么润物无声，要么撼人心魄，在人们的心灵深处植入情感的种子。

3. 求“俗”

这里的“俗”不是粗俗或庸俗，而是通俗。公益广告的诉求对象是全体社会公众，从传播学角度讲，是诉求范围最广泛的信源。也就是说，公益广告的主题的表达要简明，要站在普通人的立场上说话，让最广泛的受众读懂广告的信息，对于刻意做作的作品，多数情况下，公众来不及理解便已错过，或心生厌烦。

4. 尽美

“美”是公益广告的魅力之所在。公益广告要尽可能地为公众理解和接受，但这并不意味着单调和乏味，公益广告的创作也同样追求美感。不同地区不同民族的人们即使在语言上不能相通，在生活方式上不能协调，但对美的评判标准、对美的审视与体验却高度相似。公益广告创作中的“美”是要求运用多样化的表现手法，高扬基于真善美、基于公益事业的主题。

（二）公益广告的主要主题类型

1. 人的自我关怀

目前关于个人自我关怀的公益广告主题主要有：健身强体、心理健康、防火防盗、交通安全、自强自立等。

2. 人与人之间的关爱

人与人之间的关爱包括亲情、友情、对弱势群体的关注、慈善救助等。常见主题如下：尊老爱幼、公民无偿献血、关心弱势群体、关爱艾滋病患者、发展慈善事业、救助贫困地区、关注希望工程、帮助失学儿童等。

3. 人与社会的协调

人与社会的协调包括对社会公德、教育、伦理、信仰、法律、民族、国家等的关注。常见主题如下：尊师重教、反腐倡廉、维权意识（打击盗版，消费权益）、诚信原则、社会公德（行为规范，文明秩序，家庭伦理）等。

4. 人与自然和谐

人与自然和谐包括维护和尊重地球上的一切动物、植物、环境资源，使人与自然和谐发展。常见主题如下：节约和保护水资源、保护动物、保护植物（特别是森林资源）、人口问题等。

5. 人、社会、自然三者之间的和谐共生

也可以说是对“地球问题”的关注。常见主题如下：渴望和平，反对战争，人类命运共同体，人类所面对的共同的灾难等。

（三）公益广告的创意原则

1. 简约性原则

公益广告与商业广告同样要有自己的USP理论（向消费者说一个“独特的销售主张”，向受众陈述产品独特的、能够带来销量的卖点），所不同的是，公益广告的USP理论的目的是要推销一种社会公益观念，要求表述明确、针对性强、语言简约精练、通俗易懂。能让大众接受的作品才能真正达到说服公众的目的。简约而不简单的创意配以适当的美学表现手法，一件成功的公益作品便会由此产生。

2. 互动意识原则

公益广告的最终目的是要将一种公益观念转变成为公众的具体行动。这也就要求公益广告的创意要充分调动公众的情绪，格调亲切温馨，以情动人，以理服人，以美感人，让公众参与到创意中来，使信源和信息接受者之间形成一种意识上的互动。公众的参与度决定着公益广告作品的生命力，公众对作品的互动性意识的形成也是公益广告作品效果的最佳验证。好的公益广告往往会以强烈的感召力量取得深入人心的效果，或令人会心一笑，或催人瞬间落泪。

3. 寓言性原则

寓言是穿着外衣的真理，它不只是描写生活，而且深刻地理解生活，评价生活，启迪人们对生活的正确认识。寓言以最简洁的文字、最朴实的故事、最贴近生活的方式，向人们阐述了最深刻的真理。公益广告要向公众传达的信息如果不借助有说服力的创意的话，便会只剩下让人感到乏味的真理，便只能以说教的口吻和方式向公众传达信息，其结果可想而知。所以说，寓言是强度诉求的可靠保证。为此，公益广告可以借助某种夸张或变形的手法，或虚构一段故事情节，使广告呈现出强烈的幽默感和讽刺性，观众自会有所领悟。

4. 独创性原则

公益广告的独创性创意原则是最难做到的。因为公益广告不同于商业广告，公益广告主题是全社会所共同拥有的。若要进行深度的挖掘是难上加难的，这就需要广告人运用多种思维方式，选取恰当的切入点，调动各种因素，运用巧妙的修辞手法和新颖的表现手法，对不同的意象进行设计组合，以探索一条不寻常的路。只有这样，才可能另辟蹊径、不落窠臼。

5. 时效性原则

公益广告的主题虽然具有客观性，虽然已经存在于全社会的普遍关注之中，但在新的时代背景下，在中华民族伟大复兴的今天，为配合党和政府的时政工作，给予公众最及时的人文关怀，公益广告的创作要求感召力强、贴近社会的脉搏、紧跟发展的步伐、发掘时代的精神。因此，无论是从正面赞美歌颂，还是从反面讽刺评判，公益广告的大方向都应该是给广大人民带来正能量。

（四）公益广告创作中存在的问题

总体来说公益广告创意水平不高，精品比较罕见。多数广告作品流于概念化、口号化，没有摆脱说教立场。没有站在公众的立场，不以公众为导向，就不能实现很好的沟通效果。主题针对性不强，表现手段单调、枯燥，缺乏趣味性。并且往往是空喊口号，而实际上，公众获得的信息或触动几乎为零。违反诉求简明直观的特性，信息传递过于曲折。玩弄文字游戏，不能产生震撼力，使广告收效甚微。结果自然起不到公益广告的作用。

广告是营销的工具和手段，营销功能应被视为广告与生俱来的本质功能。营销离不开传播，传播功能是广告的最基本功能，广告通过信息的传播起到促进、劝服、增强、提示的作用。由于广告内容和传播媒介等方面的不同，广告的文本形式有着很大差别。但从写作角度上看，大部分的广告还是具有一些共同的成分和规范的。

总之，在信息时代，广告已深入到社会生活的各个方面，它用简练、生动的语言，集中而形象地表明商品的特色，表达消费者的愿望和要求；它用富有感情色彩的语言来吸引受众、感染受众，不仅使人们了解商品、信任其商品，同时也成为一种社会文化。

例文 11-3

上网采购，选择阿里巴巴

一个月，要为意大利客人采购 30 款童装，品质要高，还要安全环保，用传统方式去找，根本做不到。（引言）

采购，我上阿里巴巴，厂家选择多，而且诚信可靠，想要什么都能找到，客人非常满意。供应商有保证，再难的订单也敢接。上网采购，阿里巴巴，确实有用。（中心语）

阿里巴巴，商人的网站。（结束语）

例文 11-4

广告语

1. 保护嗓子，请用金嗓子喉宝。（金嗓子喉宝广告语）！

2. 福气多多，满意多多（福满多方便面广告语）！

3. 情系中国结，联通四海心（联通公司广告语）！

4. 金牌七匹狼——金牌七匹狼，男人的风采！

5. 随时随地随心，支付万变，托付不变。（支付宝交费）

例文 11-5

公益广告

1. 妈妈的心脏，在数月前移植给了他，爱让心跳不止（“器官捐献”公益广告）

2. 红灯、绿灯、警灯，灯灯为令；弯道、坡道、直道，道道小心。（交通公益广告）

3. 每天的第一口呼吸 / 都像是这座城市的过滤器 / 环境，是你、是我共生的一种关系 / 越来越珍惜 / 环境也就会越来越包容 / 每一口呼吸都越来越顺畅 / 这就是自由的意义 /——守护生态，你我同行。（保护环境的公益广告）

4. 管住脏、乱、差，留下真、善、美。（讲文明公益广告）

5. 启迪，传承，明礼，关爱，守望，睦邻。——一双筷子，承载中国数千年的情感。有滋有味，幸福中国味。（幸福中国味）

6. 别让等待，成为遗憾。（感恩父母公益广告词）

7. 冰冷，黑暗，恐惧，绝望……当灾害突然降临，谁来挽救你的生命？是从天而降绝处逢生的力量，是穿越火海英勇无畏的决心，是乘风破浪无惧风雨的担当，是无私忘我众志成城的希望，更是背后最庄重的承诺和信仰。我们是辽宁应急救援。应急救援，在你身边。（应急救援公益广告词）

8. 二话不说，只说普通话；口口声声，声声普通话。（校园推广普通话公益广告词）

9. 心有多大，舞台就有多大。（央视公益广告）

【综合训练】

1. 请为下面这则消息拟一个恰切的标题。

【中国新闻网 5 月 23 日】2021 年 5 月 22 日 13 点 07 分，“杂交水稻之父”、中国工程院院士、“共和国勋章”获得者袁隆平逝世。

当天，灵车所经之处，所有车辆自觉静止、喇叭齐鸣。这一路，无数各地民众自发夹道护送袁老，悲恸高呼“袁爷爷，一路走好！”在长沙明阳山殡仪馆，献花队伍从白天排到了晚上。

袁隆平生前常说，“人就像种子，要做一粒好种子。”他用一生为这句话写下注脚。撑起大国饭碗，让亿万国民皆温饱。他创建的超级杂交稻技术体系，使中国杂交水稻研究长居世界领先水平，为中国人把饭碗牢牢端在自己手中，作出了重大贡献。深耕尤思苍生，愿后世禾下且乘凉。他研发的杂交水稻，使数百万人脱离了饥饿。

联合国经济和社会事务部称，他是“真正的粮食英雄”。1999 年，为表示敬意，经国际小天体命名委员会批准，一颗小行星被命名“袁隆平星”。如今，您去往了星辰，化作那颗编号 8117 的“袁隆平星”，将粮食的种子、创新与奋斗的“种子”，留给了后来人。

5 月 24 日上午 10:00，袁老遗体送别仪式将在长沙举行。今夜，让我们一起仰望星空，点亮这颗“夜空里最亮的星”！

2. 针对身边新近发生的最值得报道的事件，按照“倒金字塔”结构写一则消息。

3. 根据所给消息的部分内容，请在横线位置给下面这则消息拟写一段消息的导语。

标题：《弗洛伊德案一年后，又有让非裔“无法呼吸”的警察被控罪》

导语：____

33 岁的埃利斯于 2020 年 3 月 3 日在步行回家的路上被警察拦截。警方称他当时被指在十字路口骚扰了一名女性。

根据警方的说法，警员问埃利斯他在干什么，后者回答称“自己身背逮捕令，想和他们谈一谈”。警方称之后埃利斯开始不断击打警车，这导致警员呼叫支援，继而在试图拘捕他时与其扭打。警方表示埃利斯当时抓住了一名警员的胸口，将其推倒。

最终，埃利斯被制伏在地，戴上手铐。他当时说“我不能呼吸了”。在逮捕过程中，埃利斯停止了呼吸，失去意识。他被当场宣布死亡。验尸官指出，由于身体被束缚而缺氧，导致了埃利斯的死亡。

验尸官将埃利斯的死判定为“他杀”，但根据美媒获得的完整尸检报告，埃利斯体内还含有致命剂量的甲基苯丙胺。该报告补充说，“如果没有相关条件，不太可能仅仅因为身体被控制而导致死亡”。

当地时间 5 月 27 日，当时涉事的 3 名警官中，两人被控二级谋杀，一人则被控一级过失杀人。当地警员工会指责相关控罪是“政治驱使的猎巫行动”。

2020 年 5 月，明尼苏达州非裔男子弗洛伊德在被警察拘捕过程中死亡，他死前喊出的“我不能呼吸”，成为席卷全美抗议活动的标志性口号。

4. 试推理分析下列广告词都是什么广告。并结合广告采用的修辞手法，对这些广告进行评析。

（1）掌握世界，一呼天下应。（ ）

（2）一表人才，一见钟情。（ ）

（3）闪亮滴眼液，谁用谁闪亮。（ ）

（4）除了相片，什么都不要带走；除了脚印，什么都不要留下。（ ）

（5）默默无蚊。（ ）

（6）我的名声是吹出来的。（ ）

（7）阁下驾驶汽车，时速不超过 30 里，可以欣赏本市的美丽景色；超过 60 里，请到法庭做客；超过 80 里，欢迎光顾本市设备最新的医院；超过 100 里，祝您安息吧！

（ ）

（8）也许你的指尖夹着他人的生命！（ ）

（9）不要让我们的孩子只在博物馆里才能见到今天的动物。（ ）

5. 广告写作训练

（1）尝试为本地某一旅游景点创作一则广告。

（2）请拟一条以“礼让他人”或“爱国”或“食品安全”为主题的公益广告词。要求主题鲜明，态度真诚，构思新颖，语言简明。（10~60 字）

第十二章　演说文书写作

第一节　演讲稿

一、概念

演讲是在会议上或其他公开场合就某个问题对听众说明事理，发表见解。演讲稿就是在演讲之前所写作的底稿。

演讲稿是一种带有宣传性和鼓动性的应用文体，要求论点鲜明、逻辑性强、富有感染力。当然，演讲未必都使用演讲稿，如不少著名的演讲都是即兴之作。但重要的演讲最好还是事先准备演讲稿，因为它可以帮助演讲者梳理思路，组织材料，使演讲内容更加深刻，富有条理；另外也可以帮助演讲者消除临场紧张的心理，增强演讲者的自信心。

二、特点

（一）声传性

演讲稿是根据口头发表的需要而写出的文稿，是现场演讲的依据，是由“心声”变有声语言的中介。因此，声传性是演讲稿的显著特点。为了发挥演讲稿声传的特点，撰写演讲稿要做到“上口”和“入耳”。所谓“上口”，就是指词句适合口语表达，讲得顺口，自然流畅，具有平时交谈时“讲”的特征；所谓“入耳”，是指听起来明白易懂，没有什么障碍。演讲稿只有做到了上口和入耳，经得起说和听的考验，才能达到声传的目的，起到交流思想情感的作用；否则，忽视了任何一面，都会有损于感情和信息的交流。

（二）临场性

演讲活动是演讲者与听众面对面的一种交流和沟通。听众会对演讲内容及时作出反应：或表示赞同，或表示反对，或饶有兴趣，或无动于衷。演讲者对听众的各种反应不能置之不顾，因此，写演讲稿时，要充分考虑它的临场性，在保证内容完整的前提下，要注意留有伸缩的余地。要充分考虑演讲时可能出现的种种问题，以及应对各种情况的策略。总之，演讲稿要具有弹性，要体现出必要的控场技巧。

（三）整体性

演讲稿有自己的体系，有自身的完整性。一篇演讲稿是演讲者的思想深度和知识广度的综合表现。在写演讲稿的过程中，要考虑演讲的话题和它的目的性，要了解演讲时的时间、空间环境和听众情况，要考虑演讲表情、动作、语言运用等。这些相关要素，构成和规定了演讲稿的结构和内容的整体性。任何脱离整体性而以单体结构形式显示出来的演讲，都不能构成完美有效的演讲。

三、种类

演讲稿从内容上可分为以下几类：

（1）政治类演讲稿。包括竞选演说、就职演说、述职演说、政治动员、开（闭）幕词、祝酒辞等。

（2）学术类演讲稿。包括科研报告、学术讲座等。

（3）社会生活类演讲稿。包括演讲赛、巡回报告等。

（4）教学类演讲稿。教师用的有开场白、收束语、介绍作家作品，以及进行思想教育的讲稿；学生用的有读书报告、问题辩论、专题演讲、论文答辩等。

（5）法律类演讲稿。常用于律师。

四、写法

演讲稿的写作，从结构上看分为标题、称谓、正文、致谢。

（一）标题

（1）从结构形式来分，演讲标题可以有正题、副题和插题。一篇演讲稿一般只有一个正题；有时内容较复杂，或另有所指，便在正题下面加上副题。副题与正题相互补充，相得益彰；有些篇幅较长、内容较复杂、涉及面广的演讲，有时在段落或章节之间用上插题。插题往往反映了各部分的基本内容。

（2）按照制作技巧和功能来分，演讲标题的类型有揭示主题型、设问引发型、界定范围型和象征比喻型。揭示主题型的标题，往往警策醒目，能使听众产生有正确指向的心理定式，与演讲者进行同步思考；设问引发型的标题，能引人注目，启发听众积极思考；界定范围型的标题，限定了演讲范围及可能涉及的问题；象征比喻型的标题，往往形象生动，诱人联想。

（二）称谓

要热情、友好、亲切、全面、别致。本着先外后内、先高后低（职务或职称）、先女后男、先疏后亲的顺序，要把到会的所有人员都包括进来。

（三）正文

演讲稿正文由开头、主体、结尾构成。

1. 开头

正文的开头部分，应该用最简洁的语言、最经济的时间，把听众的注意力和兴奋点吸引过来，关注演讲的内容和中心。开头说得不好，可能会使听众失去继续了解的兴趣，因此，演讲开始要别开生面、扣人心弦，同时为下文的展开精心铺垫。开头的方法很多，通常有以下几种：

（1）设问式开头。演讲者一开始就提出一个或几个出乎意料的问题，触发听众神经元的亢奋，能够迅速唤起听众的兴趣和注意力，引起人们深思，自然地激发听众的参与意识。同时提问能加深听众对问题的记忆与理解。但须注意，设问式开头问题要设计得当，如果失当甚至故弄玄虚，便可能弄巧成拙。

（2）叙事式开头。演讲者一开始就讲述新近发生的奇闻怪事或令人震惊的重大事件或生动感人的故事，这种开头，由于故事具有情节生动、内容新奇等特征，容易赢得听众的关注，并能造成悬念，激起听众的兴趣。用故事触发兴趣的开头，要求做到：第一，叙事简明扼要，短小精悍，不可啰唆拖沓；第二，事情本身要有针对性，耐人寻味，能触发听众的兴趣；第三，所叙事情要与中心论题密切相关。

（3）解题式开头。这种开头扼要地解释、说明演讲题目的含义，能自然顺畅转入主体的论述。解题式开头，要避免冗长啰唆，同义反复；要力求出新，不落俗套。

（4）明旨式开头。这种开头开宗明义，概括主要内容，直接揭示主题，说明意图。明旨式的开头，要做到集中突出，语言准确凝练，不宜转弯抹角、过多渲染铺垫，否则就容易造成开头臃肿与主体比例失调。这种开头方式往往在比较庄重严肃的演讲中使用。

（5）抒情式开头。这种开头意在渲染气氛，以情感人，使听众迅速受到情绪感染，注意聆听演讲内容。这种开头多采用排比、比喻、比拟等修辞手法；多用诗化的语言，有的干脆直接引用诗歌进行，因而自然优美，形象生动，引人入胜。但抒情式开头，一定要有真挚的感情，不可矫揉造作、无病呻吟。

2. 主体

主体是演讲稿的主干部分，篇幅较大。要使演讲的观点站得住、立得牢，就必须做到内容充实丰满、有血有肉，要围绕中心论点，处理好论点与论据之间的关系，合乎逻辑地逐层展开论述，做到结构严谨、层次清楚、过渡自然。在这一部分中，也要组织和安排好演讲高潮，要使演讲者和听众在情感上产生强烈的共鸣。

（1）安排好讲述层次。

演讲稿的讲述层次可分为纵向组合结构、横向组合结构和纵横交叉结构。

① 纵向组合结构，是按照时间的推移来排列层次，包括直叙式和递进式两种。直叙式以时间先后为序，或以事情的发生、发展或变化过程为序。这种结构层次比较单一，事情的来龙去脉很清楚。运用这种方法，要注意突出重点、兼顾一般，切忌平均用力、平铺直叙。递进式按照事理的展开或认识由浅入深的递进过程来安排结构层次，或按照演讲者感情发展的脉络来安排层次。按照事理展开，多采用“叙事 – 说理 – 结论”的模式，即摆情况，作分析，下结论，也就是提出问题，分析问题，解决问题。按照由浅入深的递进过程安排层次，其内容则呈螺旋式层层深入，由表及里。这样的安排，说理透彻，说服力强。按照演讲者感情发展的脉络来安排层次，内容起伏跌宕。

② 横向组合结构，或按事物的组成部分展开，或按空间分布展开，或按事物的性质归属关系展开。按照不同的排列展开方式，横向组合可分为简单列举式和总分并列式。简单列举式是围绕主旨，把选取的材料逐条逐项并列排出。它们从不同角度来表现演讲中心。总分并列式则常遵循总分思路辐射式地展开，并列的各部分按照事物的逻辑关系分类安排，分别围绕主旨阐述一个问题，或说明事物的一个侧面。

③ 纵横交叉结构，适用于内容丰富、容量较大、时间较长的演讲。它以时间顺序为主线，穿插横向组合材料；或者以横向组合为主，其间穿插纵向组合材料。采用这种结构，不宜搞得太复杂；否则，听众难于理解。

（2）组织和安排演讲高潮。

演讲稿不仅要求结构严谨，内容丰富，而且要有波澜起伏的段落和引人入胜的高潮。演讲高潮，实际就是演讲者和听众感情最激昂、精神最振奋的地方。它是运用典型的事例，准确的、阐释精当的议论，深刻的哲理，恰切的修辞，生动的语言，真挚的情感，得体的动作所组成的强烈的兴奋点。

如何组织和安排演讲的高潮，许多有经验的演讲者在写演讲稿时，或是通过对所举事例的准确恰当地阐释，从中提炼出惊世骇俗的观点及深刻的哲理而片语惊人，掀起高潮；或是运用比喻、排比等修辞手法，妙语连珠，掀起高潮；或是通过演讲的中心论点的精练，透辟地议论，字字珠玑，一语中的，使听众为之折服而掀起高潮；或是运用充满感情的语言，设计自然得体的动作，饱含真挚热烈的情感，为听众创造一个真切动人的意境而达到高潮；或是语言运用富于变化，时而严峻论理，时而轻松谈笑，时而慷慨激昂，时而诙谐幽默，使听众情绪起伏，掀起高潮。

组织和安排演讲高潮时需要遵循一些原则。首先，体现演讲高潮的名言、警句或简短的议论，要从可靠的事实或充分的事理中自然生发出来，切忌牵强附会、生涩难懂。其次，演讲的高潮要切实体现出情感浓烈、哲理丰富、令人回味无穷的特征。要像磁石那样，紧紧地吸引住听众，台上台下要达到高度的和谐统一。再次，要以简洁明了的语句、亲切得体的方式，生动有力地将自己与听众的思想感情推向高潮。切忌拖泥带水、冗长啰唆。

3. 结尾

结尾是演讲稿的自然收束，设计巧妙的结尾往往出人意料、耐人寻味。常见的结尾类型有：

①总结式结尾。扼要地总结演讲内容，能起到提醒、强调的作用，给听众留下完整的总体印象。

②感召式结尾。提希望，发号召，表决心，立誓言，祝喜庆，贺成就，以激起听众感情的波涛，给人以心志的激励。

③抒情式结尾。是演讲者在叙述典型事例和生动事理后，油然而生的激情。以抒情方式结尾，言尽而意未尽，留有余韵，给人启迪。

④警言式结尾。即通过引用谚语、成语、格言、警句、诗词等方式结尾。这种结尾言简意明，多有韵律，使内容显得充实丰满，具有哲理性和启发性。

⑤呼应式结尾。与开头呼应，使整篇演讲首尾圆合、结构完整。

从不同的角度谈结尾，样式还有很多，比如议论式结尾、象征式结尾、呼告式结尾、幽默诙谐式结尾、示物式结尾等。总之，结尾要有一定的高度，如异峰突起，要韵味深刻，使听众情绪激动感奋，切忌虎头蛇尾或画蛇添足，努力避免陈词俗套和语言无味。

（四）致谢

对听众表示谢意。

五、写作要求

（一）要注意演讲对象

从实际效果上看，演讲者的一切行为都是围绕听众进行的，所以，要了解听众，注意听众的组成，了解他们的性格、年龄、受教育程度、出生地，分析他们的观点、态度、希望和要求。掌握了这些之后，才可能正确决定采取什么方式来吸引听众、说服听众，取得好的演讲效果。

（二）主题要集中鲜明，要有新意

文贵创新，听众愿意听的是从没听过的新情况、新事物、新思想，所以，不能老生常谈，不能杂乱无章。一篇演讲稿只能有一个中心，全篇内容都必须紧紧围绕着这个中心去铺陈，这样才能使听众得到深刻的印象。

（三）要以情动人，以理服人

"感人心者，莫先乎情"。只有在感染人、打动人的基础上，演讲才能够起到教育鼓舞他人的作用。有情还要有理，既要有热情的鼓动，又要有冷静的分析，要把抒情和说理有机地结合起来，做到动之以情、晓之以理。

（四）语言要简洁生动、通俗易懂

演讲稿的语言需要通过演讲者把无声语言转化为有声语言，直接作用于听众。所以，不能说假话、大话、空话，不能过于概括和抽象，不能过分晦涩难懂。要多用比喻，把抽象道理具体化，把概念的东西形象化，让听众听得明白、听得入耳。作者最好能通过试讲或默念加以检查，凡是讲不顺口或听不清楚之处，均应修改与调整。

例文 12-1

将奉献写在生命的旗帜上

舒孟良

朋友们：

楚地长空，辽阔高远；潇湘热土，如诗如画。

湘江，流淌着母亲的血液；洞庭，哺育了中华民族新一代优秀儿女……

葛振林、雷锋、欧阳海、袁隆平、邹延龄、彭楚政、冷卫红……他们喝着湘江水，有着洞庭魂，他们是华夏的铁骨精魂，是永远不落的星辰；他们是挺立潮头的英雄，是无数人心中的楷模！

拂去历史的云烟，抚摸时代的丰碑，追寻英雄的足迹，心潮澎湃的人们不难发现，英模们那一颗颗爱国的心，那一腔腔沸腾的血，在那飘扬于历史长空的生命旗帜上凝聚成了两个字：奉—献—

那奉献是赤诚的奉献、无私的奉献、崇高的奉献。

那奉献像火把，是无怨无悔的燃烧，是至死不渝的真情；

那奉献像一泓清泉，是长年的流淌，是不计名利的付出；

那奉献像老牛背犁，是默默的耕耘，是热血铸就的忠诚。

那奉献，又像火苗跳跃的一刹那。葛振林宁死不屈，舍身跳崖，慷慨赴死；欧阳海无私无畏，勇推惊马，高亢豪迈；戴碧蓉千钧一发，拼死救人；小赵宁见义勇为，魂留沃土；邹延龄敢向长天寻新路，吴宏权一身正气震四方；冷卫红身残志坚夺金牌，刘志艳临危不惧成大义。那都是一瞬间的壮烈，又都是永恒的辉煌！

那奉献，更像一首经久不息的颂歌，永世回荡在广袤的神州大地。

“罗同志，我永远也忘不了你的救命恩情，我们要世世代代纪念你。”21 岁的罗盛教奉献出年轻的生命，谱写出了国际主义的壮烈颂歌。

“学习雷锋好榜样，忠于革命忠于党。立场坚定不忘本，共产主义思想放光芒。”雷锋的一生，奉献的一生，这像圣火一样一代一代传播着的《雷锋之歌》，超越时空，与岁月同在。

“清清泉水引梭落，党的恩情暖心窝，吃水不忘引水人，万年感谢解放军。”“扶贫状元”彭楚政 14 年如一日，以一颗赤诚的心与湘西人民同甘共苦、同舟共济，演奏出一曲湘西脱贫史上的壮歌。

“我是一支蜡烛，照亮勤学者的征途 / 当你打开知识的宝库，蜡烛已流尽了最后一滴泪珠 / 但我并不悲伤，我的光，已闪烁在有志者的双目里。”妈妈老师覃申媛扎根山区，呕心沥血，教书育人，《烛光》之歌，动人心弦。

唯楚有材，于斯为盛。三湘英模们，他们的名字因奉献而闪光，他们的事迹因奉献而催人泪下，他们的精神因奉献而历久弥芳，他们生命的旗帜因写上奉献两个字而永世飘扬！

朋友们，我们缅怀英模，我们渴盼奉献；我们向往崇高，我们崇拜奉献！我们这个时代需要奉献，这是个需要奉献的时代！

“白云奉献给蓝天，岁月奉献给季节，我拿什么奉献给你，我的朋友……”有人唱着这样的歌说：“我在平凡的岗位上，做着平凡的事，是一个普通得再普通不了的人。我无法奉献，也不需要奉献。”

其实，奉献对任何人都不苛刻。不能长成参天大树作栋梁之材，不妨作一棵小草为春天献上一丝新绿；不能成为高山昭示一种雄壮，何妨当一块路碑，为迷途的旅人拂去心头的阴云；不能像海洋用宽阔的胸怀拥抱百川，又怎么不可以是一条小溪为干涸的土地捧上甘露！

“要把有限的生命投入到无限的为人民服务中去。”雷锋这样说了，也这样做了。只要我们把自己微不足道的工作，纳入为人民服务之中，我们的工作就会充满生机，我们的生命就会因奉献而获得新的延伸。

朋友们，奉献是神圣的、伟大的，祖国需要我们奉献，火热的生活需要我们奉献。英模们为我们奉献了汗水、眼泪、热血和辛劳；而新时代的我们更需要接过他们的旗帜，在奉献中完善生命，在奉献中实现人生的价值，在奉献中获得真知和坦荡，在奉献中实现人生的飞跃。

让我们将奉献写在生命的旗帜上，肩负着历史的重托，去迎接明天的太阳吧。

谢谢大家！

第二节　解说词

一、概念

解说就是解释说明。解说词就是结合事物的图像、实物等进行解释说明的文辞。它通过对事物的准确描述，生动渲染，来感染观众或听众，使其了解事物的来龙去脉、特征和意义等，达到宣传的效果。

二、作用

（一）对视觉的补充作用

让观众在观看实物和形象的同时，从听觉上得到形象的描述和解释，从而受到感染和教育。

（二）对听觉的补充作用

即通过形象化的描述，使听众感知故事里的环境，犹如身临其境，从而达到情感上的共鸣。

三、种类

解说词是配合实物或照片、画面的说明。从内容上分有产品展销解说词、文物古迹解说词、摄影图片解说词、影视剧解说词等。

四、特点

（一）文艺性

解说词虽名曰“解释说明”，但不是干巴巴的说明和说教，而是通过富于感染力的、形象的语言对实物和形象进行描绘，使一些表面上看起来普普通通的实物、平淡无奇的画面变得生机勃勃，甚至震撼人心、感人肺腑。所以，人们又常常认为一篇好的解说词就是一首感人的诗词。

（二）大众性

解说词是供人看、供人听的，是通过语言的表达来发挥其作用的，所以语言文字必须雅俗共赏，为广大群众所喜闻乐见。

（三）实用性

解说的目的是让观众对解说对象加深认识，增进了解，获得更多的信息，所带来的商业价值是不可估量的。

五、写法

解说词的结构分为标题、开头、主体、结尾四个部分，其结构原则与一般文章的结构原则大致一样。主要有以下几种写作形式。

（一）描述型

以时间的先后作解说的顺序，对说明对象进行内在或外部的描述。人物、产品介绍、生产流程等解说多采用这种方法。

（二）说明介绍型

按照事物空间存在的形式，或从外到内，或从上到下，或从前到后，或从整体到局部，把事物的名称、功用、类型、特点、关系等依次解释明白，使观众、听众了解、熟悉。

（三）分析型

按照事物的内在逻辑关系安排顺序。这种内在的逻辑关系或为因果，或为递进，或为主次，或为总分，或为并列等。其基本方法是从一般原理到特点结论，或从一系列事实提出一般原理。所遵循的写作思维方式是演绎、归纳或对比。

（四）一般认识型

按照人们认识事物的规律和习惯，一般总是由浅入深、由近及远、由抽象到具体对事物进行解释说明。

六、写作要求

（一）叙述清晰

认真研究解说对象，准确把握解说事物的关系，找准物与物、人与人、人与物之间的联系，按照并列关系、递进关系、总分关系、主次关系等把说明对象串联起来，构成一个有机整体，真实地反映复杂的客观事物。

（二）语言具体实在

解说词要写出人们从客观实物、画面看不到的东西，而这些“东西”不能用“很美丽”“十分紧张”等概念化的语言来表述，而是要用具体实在的语言帮助观众在脑海里勾勒画面。

（三）针对不同的解说对象运用不同的表达方式

解说词的表达方式有新闻式、文艺式、阐述式。对电视新闻、新闻图片进行解说时，宜用新闻式，突出新闻性；对影视剧进行解说时，宜用文艺式，大量借用诗文名句、成语、俗语，综合运用对偶、对比、拟人、夸张、排比等多种修辞手法，使语言充满激情，生动形象；对科学知识展览进行解说时，宜用阐述式，以平实的语言、准确的概念进行解说。

例文 12-2

锦绣江南鱼米乡——无锡

无锡，地处长江三角洲中心地带，南临太湖，京杭大运河绕境而过。“有锡兵，天下争；无锡宁，天下清。”它从汉初因锡山锡资源枯竭而以“无锡”作县名，至今已有两千多年了。这里，气候温和，土地肥沃，物产丰富，素称“鱼米之乡”。16 世纪前后，被称为“布码头”，与长江沿岸汉口的“船码头”，以及镇江的“银码头”齐名。19 世纪中期，成为全国四大米市之一。20 世纪以来，随着民族工商业的兴起，位于沪宁铁路中段的无锡，人称“小上海”，成为重要商埠，今天的无锡已经成为以轻工、纺织、电子、冶金、机械等行业为主的发达的中等工业城市。

茫茫太湖为无锡增添了绮丽秀色和无穷魅力。于“太湖佳绝处”的鼋头渚，饱览湖光山色，令人心胸顿开；登鹿顶山舒天阁，眺望湖中三山，仿佛身临仙境。寄畅园、梅园、杜鹃园、吟苑，显示江南园林之精致。泰伯墓、惠山寺、第二泉、东林书院，令你发怀古之幽情。无锡的风光，具山水之胜，共湖海之美，兼人工之巧，深得旅游者的喜爱，更是疗养胜地。

无锡特产传统工艺品惠山泥人以及太湖银鱼、蚕桑、丝绸久负盛名，无锡肉骨头、油面筋和水蜜桃都是中外扬名的风味食品。随着改革开放和旅游事业的发展，无锡——这颗太湖明珠——将发出更加绚烂的光彩。

【综合训练】

一、根据所提供的材料，联系现实生活中的实际问题，确立主题，写作演讲稿。

要求：（1）格式正确，说理清晰，表达准确。（2）行文具有独特的视角、切身的感受、鲜明的个性。（3）字数：700 字左右。

1. 有一块大石头，多年以来一直横亘在一位老农的农田当中。这块石头碰断了老农的好几把犁头，还弄坏了他的耕种机。老农对此无可奈何，巨石成了他种田时挥之不去的心病。一天，在又一把犁头打坏之后，他想起巨石给他带来的无尽麻烦，老农终于下决心要搬掉这块巨石。于是，他找来撬棍伸进巨石底下。他惊讶地发现，石头埋在地里并没有想象的那么深、那么厚，稍使劲就可以把石头撬起来，再用大锤打碎，清出田地，老农脑海里闪过多年来被巨石困扰的情景，再想到可以更早些把这桩头疼事处理掉，禁不住一脸地苦笑。

2. 匈奴使者远道来到洛阳，魏王曹操准备接见他，可是感到自己生得又矮又丑，不足以威服来使，于是在朝中挑选了一个仪表堂堂的人，让他穿戴自己的衣冠，假充魏王，高坐大堂之上。曹操自己则打扮成一个卫兵，按着腰刀，站在一旁。会见很顺利完成了。曹操便派密探打听使者对魏王的印象。匈奴使者惊叹地说："魏王气宇轩昂，果然是名不虚传，可是他背后站着一个执刀的卫兵，依我看，那个人才是一个了不起的英雄。"

3. 江南一带的河里面有一种鱼，人们叫它"河豚"，河豚喜欢在桥墩之间游来游去，迎头撞在桥墩上，顿时怒气冲冲，无论如何都不肯走开，怨恨桥墩为什么要撞到自己。一面骂，一面张开两腮，竖起浑身的刺，满肚皮充满了怒气，浮到了水面上，许久都一动不动。这时候，鸢鸟掠过河面，一把抓住了圆鼓鼓的河豚，啄开了它的肚皮，美餐一顿。

二、你的同学或亲友要来你就读的学校参观，请你为他们设计一条参观的路线，并准备一篇介绍学校情况的解说词。